UNDER
THE
BACKGROUND
OF
URBAN
RENEWAL

城市更新背景下城市旅游休闲公共空间的构建与管治研究

A STUDY ON THE CITY TOURISM AND LEISURE SPACE ORGANIZATION AND GOVERNANCE

林章林◎著

中国旅游出版社

序 言

在全球化与城市化不断加速的今天，文、体、旅、商的融合发展不仅是时代的要求，更是推动经济社会可持续发展的重要路径。如何有效整合这些领域的资源与优势，已成为当今社会各界共同关注的焦点。2015 年“全域旅游”作为新的旅游发展理念首次被提出，以旅游产业为引领，带动文化、体育、商业、教育、工业、农业、交通等各个产业面向更广大的市场升级转型。从 2019 年开始至今的拉动内需、促进消费的政策要求，也对旅游业综合能力的发挥提出了更高要求。2024 年国家体育总局提出了“跟着赛事去旅行”，要求体育竞赛“进景区、进社区、进商圈”，在实现文、体、旅、商跨界融合方面走得更加务实和具体。

林章林老师在文旅行业的履历堪称辉煌。他曾于原上海市旅游局任职多年，深知政策的导向与规划的要义；在知名旅游集团公司担任高管期间，积累了丰富的实战经验，洞察市场的风云变幻。如今，他在我院从事体育旅游专业的教学和管理工作，以其渊博的知识和丰富的经验，为培养新一代的体旅人才倾尽全力。林章林老师撰写的《城市更新背景下城市旅游休闲公共空间的构建与管治研究》深入剖析了在城市更新的大背景下，如何将旅游与文化、体育、商业等有机融合，为打造具有活力和吸引力的城市公共空间提供了理论支撑和实践指导。这对于推动城市空间的优化建设，相关产业的协同发展，实现资源的优化配置，具有重要的启示作用。

林章林老师的这部专著有诸多特色和亮点。其一，它具有极强的前瞻性，准确地把握了城市发展的趋势，提前为未来可能出现的问题提供了应对策略。其二，书中运用了大量的实际案例进行深入分析，使理论与实践紧密结合，让读者能够更加直观地理解和应用。其三，创新性地提出了一系列新颖的观点和方法。例如，林章林老师创造性地构建了“城市旅游休闲公共空间体系模型”，建立了城市旅游休闲公共空间层级评价指标，构建了城市旅游休闲公共空间的整体系统，并预测了发展趋势。他结合相关影响因素，梳理分析中国现有的城市旅游休闲公共空间的管治体制和模式，系统化地提出了六大管治提升策略。此外，林章林老师主张打破传统的空间边界，促进城市中“生产”“生活”“休闲”三类空间的互动融合，形成共建共享的良好局面。这些创新观点和方法为行业的发展注入了新的活力，开拓了全新的思路和视野。在近几年上海的城市发展中，五大新城规划建设、15 分钟生活圈建设等实践工作均验证了林老师研究结论的有效性。可以说，这本书是服务社会的有力工具。通过对城市公共空间的深入研究，能够为政府部门的决策提供参考，为城市的规划和发展贡献智慧，从而提升城市的品质和居民的生活幸福感。

在人才培养方面，林章林老师的这部著作也是一份宝贵的教材。它不仅涵盖了丰富的专业知识，更展现了林章林老师多年来在政产学研领域的思考与探索，为学生提供了一个全面而深入的学习范本。通过这本书，学生能够更好地理解行业的发展趋势，掌握跨领域的知识和技能，从而为未来投身文体旅商融合发展的事业做好充分准备。

林老师的这部专著是他多年心血的结晶，也是我院在文体旅商融合发展研究领域的重要成果。我们希望通过这样的研究，服务更广泛的社会利益。我诚挚地推荐这本书，相信它将为学术界、产业界以及政府部门带来非常好的启示与思考。希望更多的读者能够从中获取灵感，共同为实现文、体、旅、商的深度融合以及社会的可持续发展贡献智慧与力量。

上海体育大学经济管理学院院长

2024 年 7 月 30 日

前言

2015—2017年在中国的旅游业发展历程中具有划时代的意义。中国旅游业在改革开放后历经近40年的发展，不断深入社会生产生活的方方面面，完成了从以“旅行社、景点、宾馆”为主的小旅游时代到以“全时、全景、全业、全民”为特征的大旅游时代。官方表述为从景点旅游向全域旅游的发展。2015年8月，原国家旅游局下发《关于开展“国家全域旅游示范区”创建工作的通知》，首次在国家层面对“全域旅游”概念进行界定，并对示范区的申请进行了首次规范引领。2016年4月发布《全域旅游示范区创建验收标准》。2017年6月发布《全域旅游示范区创建工作导则》。这既是对2015年全国开始的供给侧改革的回应。2018年3月国务院办公厅印发《关于促进全域旅游发展的指导意见》，使全域旅游工作得到全面提升。

我于2002年6月进入原上海市旅游局工作，历经政府机关公务员、企业高管和高校教师三重身份的转换，至今从事文旅工作已有22年。2016年我在华东师范大学完成了博士论文《城市旅游休闲公共空间组织及其管治研究——以上海为例》，选取从中华人民共和国成立以来截至当时上海旅游休闲公共空间地理空间60年的演进数据，并结合城市空间管制模式的演化总结都市旅游从小变大的发展规律。从地理学科的视角来论证全域旅游发展的路径，而城市是全域旅游中的一种载体和类型。2017年我进入景域驴妈妈集团，行经全国各地开展文旅项目的规划和咨询工作。将旅游休闲公共空间的研究成果运用到产业发展的实际中，也在实践中进一步验证和修正了研究结论。2021年我在复旦大学完成了博士后的出站报告《城市更新背景下公共休闲空间的发展与管治研究》，从管理学的角度延续了此前的研究。报告里对两个城市案例做了研究和论证。一个是上海市宝山区，这是传统的工业区，是上海“十四五”规划纲要提出的“中心辐射、两翼齐飞、新城发力、南北转型”的空间新格局中“北转型”的区域。其产业转型，从“钢花”到“浪花”“樱花”的发展具有代表意义。另一个是安徽省黄山市，这是一个非常典型的旅游城市。我在企业工作期间与黄山股份合作，多次去往黄山开展调研，有了研究的基础条件。报告中对黄山市公共休闲空间的发展变迁，演变的动力机制，旅游公共休闲空间与旅游环境的耦合状况进行了分析。从2020年开始我在上海体育大学执教体育旅游专业，连续发布了《2021中国体育旅游产业发展趋势报告》《2022中国体育旅游产业发展趋势报告》《2023中国城市体育旅游竞争力指数研究报告（北京、上海、广州、深圳）》等报告。完成了《上海市户外运动发展空间和路径研究》《上海市体育公园服务质量评价体系构建和实证研究》等一系列政府决策咨询课题。数年来对国内城市文体旅产业及空间的发展状况和趋势的持续观察，验证了研究的有效性，这是一种幸福。由此也萌生了将这个研究成果整理出来与读者共享的心愿。

书籍是对一个历史阶段的记录。本书名为《城市更新背景下城市旅游休闲公共空间的构建与管治研究》，是在整合博士论文和博士后出站报告的基础上编撰完成的。其中第四章《上海城市旅游休闲公共空间组织》和第七章《上海城市旅游休闲公共空间的管治提升》所用的数据为1949年一直到2016年间上海城市发展和旅游业的数据，并在此基础上进行了数据可视化的处理。这些数据所反映的上海旅游从景点旅游向全域旅游发展过渡的历史阶段。从2016年至今又过去了8年，上海的城市旅游休闲公共空间发展得更加多元了。特别是2018年后随着文化和旅游部的成立，上海也成立了上海市文化和旅游局，浦东新区还成立了上海市浦东新区文化体育和旅游局。上海城市旅游休闲公共空间的管理格局和管治方式都发生了极大的变化。虽然在今天看来这些数据均已过时，但研究结论和对发展趋势的预测仍然是准确有效的。

为了方便读者查阅使用，在这里对书中所提到的各类城市旅游休闲公共空间的数据集中做一个更新。截至2023年年底，上海有各类公园达到832座。其中，城市公园477座、口袋公园265座、乡村公园89座、主题公园1座①。全市共有市、区级公共图书馆20个、文化馆19个、备案博物馆165个，免费开放的有135座②。全市共有星级饭店154家,A级旅游景区144个，红色旅游基地34个③。全市各类体育场地59702个，体育场地面积6471.93万平方米，人均体育场地面积2.60平方米④。上海工业遗存达290处，涉及30个制造业大类，在2023年上海工业旅游主题日活动现场，推出了覆盖全市16个区的10个主题39条上海工业旅游深度体验线路⑤上海市文化和旅游局共评选出205个上海市民“家门口的好去处”⑥。2019年上海设置了100家演艺新空间，从2024年开始在上海市文化和旅游局的指导下，上海市演出行业协会对百家授牌演艺新

① https://www.shanghai.gov.cn/nw4411/20240301/cd38d656c8cf4cfc9ccde6be3a031a5e.html

② 2023年上海市博物馆年度报告

③ 2023年上海市国民经济和社会发展统计公报

④ 2023年上海市体育场地统计调查主要数据公报

⑤ 上海工业旅游官网 https://www.itripsh.com/article/18810/21.html

⑥ https://www.shanghai.gov.cn/nw31406/20240131/0df2bf99295f45e8b96d97a16499f921.html

空间全面开展年度登记测评和复核审理工作，淘汰不合格的，增加新的演艺新空间[①]。

我们有幸生活在一个不断变革且人人都在追求美好生活的时代。正如党的十九大报告里所提出的，我国社会主要矛盾已经转化为人民日益增长的美好生活需要和不平衡不充分的发展之间的矛盾。旅游已经深入到普通大众的日常生活之中。今年，国内及出境旅游的人数也依然可观。以自己的观察和研究来记录这个时代，如果还能为当下和未来的发展提供些许参考，则是作为一个旅游从业者的荣幸了。我深知自己的研究能力非常有限，成果也非常稚嫩，之所以觍颜出版，一则是对自己20余年从业经历中所亲历亲见的城市发展成就保留一段历史资料；二则是盼望诸位方家能不吝赐教，让我有更多的交流请教、学习提高的机会。

感谢上海体育大学经济管理学院和李海院长给予我的大力支持；感谢我的博士生导师杜德斌教授、博士后导师郭英之教授给我的悉心指导；感谢上海师范大学吴国清教授、上海商学院符全胜教授等良师益友对我的帮助；感谢我的研究生刘元梦、张思屼、郭娟在数据整理等方面所做出的辛苦付出；感谢我的太太在我两次人生转变和科研写作中给予我的充分信任和支持。

林章林

写于2024年7月27日夜的航班途中

---

① 上海市演出行业协会 http://www.spaa.com.cn/page51?article_id=383

目 录

第一章 绪论

人地关系是地理学研究的根本问题。在城市发展过程中，城市化、逆城市化、再城市化都是人文地理学科反复思考的问题。随着城市经济社会的发展、产业的转型升级、三次产业结构的变化调整、人民群众基本需求的变化提升以及可持续发展等观念的深入人心，对城市再生问题的研究成为近年来世界各国研究的热点。旅游休闲日益成为人民群众日常生活中不可或缺的组成部分，以旅游休闲为代表的第三产业在城市产业发展中的比重也日益加大，甚至成为衡量一座城市现代化程度的重要指标。公共旅游休闲已经成为城市发展历程中继市场、保卫、集聚、居住、生产等基本功能之后的又一项重要功能，正在悄然对城市的空间结构发生着影响。城市的规划和政府的管理常常滞后于市场的变化发展，不当的规划、管理会成为城市发展的限制性因素，而背离为民众提供公共服务的初衷。“城市规划前瞻性、严肃性、强制性和公开性不够；公共产品和服务供给不足，环境污染、交通拥堵等‘城市病’蔓延加重”①。如何能够发现城市公共旅游休闲发展的规律，进而在城市公共空间调整、城市公共旅游休闲基础设施建设、城市旅游公共服务体系构建、城市公共管理和公共服务提升等方面形成自觉，是人文地理发展必须着重思考的问题。

2023年年底我国常住人口城镇化率为66.16%②，当前城镇化已处于中期后半阶段，意味着“盘活存量、做优增量、提升质量”的转型逻辑将是未来城市内涵式升级的关键，城市更新成为应对系列发展难题的有效手段。从2013年印发的《国务院关于加快棚户区改造工作的意见》，提出“棚改既是民生工程，也是发展工程”；到2015年中央城市工作会议“尊重城市发展规律”和“提倡城市修补”的工作部署表述；到2019年中央经济工作会议首次强调“城市更新”这一概念，明确“存量住房改造提升和城镇老旧小区改造”等计划；再到2021年党的十九届五中全会首次提出“实施城市更新行动”，城市更新在地位和作用逐渐凸显的过程中已上升为国家重要战略，为城市的建

① 2016年2月6日中共中央、国务院《关于进一步加强城市规划建设管理工作的若干意见》,http://www.gov.cn/zhengce/2016-02/21/content_5044367.htm?_t=t.

② 中华人民共和国2023年国民经济和社会发展统计公报。

设、运营、管理等多方面指明了方向。

城市更新一直以来都是与城市的产生和发展相伴相生，从城市产生的那一刻，就一直在更新，只是在不同的发展阶段，其具备的内涵有所不同，且中西方发展有所差异。“城市更新”于 1958 年 8 月在荷兰召开的研讨会上作为专有名词的概念被提出，最开始主要是指对自己居住的场所进行改造以及改善街道、公园、绿地和不良住宅区等环境。2009 年深圳颁布的《深圳市城市更新办法》中，明确了“城市更新”的含义，这也是我国第一次从政策层面给予的官方定义。现在，各省份对城市更新的界定大同小异，但基本可以归纳为“是由特定主体对城市特定区域内的空间形态、功能等多方面进行整治和优化的过程，主要包括对城市内部基础设施、配套设施、生态环境、现有土地及建筑物等品质的完善和提升”。相较于城中村改造、旧城改造等表述，城市更新是一个融合了城市结构、功能体系及产业结构等多方面更新与升级的概念。在学界也给出了相关定义，城市更新是指城市在空间形态上的演替，并在功能结构上不断完善和提升的过程，可以看作是区域空间的整体性拓展。

从以产业为主推动城镇化发展，再到城镇化中后期以存量更新为主的变化过程可以发现，本质而言，推动社会发展的各种社会要素只有在一定空间下，才能呈现自身的价值和意义，并以此发挥功能。因此对空间的合理构建和充分利用是当前中国城市更新的重点。城市空间的构建和演化与城市治理方式、治理格局的变化之间也相互影响，在城市发展总体规划和城市更新的具体实践中，城市空间的构建也成为城市治理的手段之一。

随着社会的发展和生活水平的提高，在追求各种经济指标的同时，人们也越来越关注生活质量的提高。城市建设的指导思想也在发生重大变化，经过了以生产为主的阶段，建设“宜居、宜业、宜学、宜游”的新型城市成为城市更新的发展方向，城市休闲功能的地位逐渐突出，城市人群的结构发生变化，城市治理方式也在不断调整。因此对城市休闲空间的变化进行梳理，对城市休闲空间的管治模式加以总结，并进行理论上的探讨，将对更多城市休闲空间的建设发展有着重要意义。

一、研究背景

（一）理论背景

对“空间”和“结构”的研究由来已久（陶伟等，2002），成为人类考虑自身存在的基本维度之一。“时间”和“空间”既是哲学思考的命题，也是地理学的基本考察对象和研究工具。为了研究的不同目的，学者们把“地理空间”分成了各种类型。如吴国清（2008）依据行政角度，把“地理空间”分为“政治空间”和“非政治空间”；依据发展的角度，分为“确定的空间”和“流动的空间”；依据形态的角度，分为“实体空间”和“虚拟空间”等。各种分类在城市空间上对应着“行政区”“经济区”“功能区”“规划区”“建设区”“保留区”等概念。

“结构”首先是针对系统而言的，是系统内部各个部分之间的关系。现代系统论认为，结构决定功能。因此要使系统的功能得到提升，首先需要使系统的结构得到优化。城市空间就是一个系统，把城市空间抽象化成点、线、面的结构是研究城市空间的常用方法。从这个意义上说，如同碳元素的不同组合形成石墨和钻石一样，对城市空间的优化可以是对“点—线—面”等基本要素的重新组合。而根据模块化的原理，和物质不断细分的哲学命题，“点—线—面”等基本要素也能继续分解，或者依据不同的需求重新对其内容进行定义，由此带来城市空间的整体优化。城市旅游休闲公共空间是城市空间的一个重要类别，对其结构的研究，就是对组成此类空间的要素识别、要素间的关联以及不同结构关系的演化过程的揭示。这是城市旅游产业研究、城市休闲行为研究等深入发展的一个重要方向。可惜目前的相关研究成果都仅仅停留在产业现象、行为现象层面，缺少对基础研究的深入思考。

空间管治是地理学研究的一个重要组成部分。公共空间管治是一个系统和过程，其研究目的是通过对人、财、物等要素的合理配置，来提高社会生产力。城市就是一个人与地、自然与社会共生共存的巨大空间。以往对城市地理的研究往往只关注了自然要素的部分，将其单纯视为自然科学的一部分，忽略了人类社会规律对自然的影响和作用，因此很多研究成果很难真正落实。也为这一领域的研究留下了空白。

（二）现实背景

1. 国内外城市更新发展状况

（1）国外城市

通过对国外文献的检索和资料的查询，了解到西方主要城市的更新大体经过了三个阶段。

起步阶段。城市更新的起源可以追溯到20世纪50年代，为恢复遭到经济萧条打击和两次世界大战破坏的城市，西方国家开展大规模的城市更新（urban renewal）运动。主要内容是清除贫民窟和解决住房匮乏问题。

探索发展阶段。20世纪90年代，到了后工业时期，城市更新研究出现了一种新的倾向，即城市“绅士化”（Gentrification），也称为“中产阶级化”。此外，人本主义思想和可持续发展观念逐渐被大众所接受，城市更新也越来越注重居民意愿和公众参与，强调从经济、社会、物质、环境等多维度的综合更新，公众参与、伙伴关系（partnership）被广泛讨论。主要集中在物质空间层面，强调可持续发展。

成熟发展阶段。21 世纪初，经济全球化的趋势愈发强烈，文化创意产业以其独特优势为城市更新注入新的活力。城市更新集中在文化创意层面。

总结来看，西方主要城市更新的重点可以概括为伙伴关系与公众参与、绅士化、可持续发展 3 个方面。可以看出城市转型将会是未来城市更新的新趋势。

（2）国内城市

自 20 世纪 90 年代以来，中国的城镇化发展速度加快，大规模城市改造使城市发生了翻天覆地的变化。国内城市更新延续至今也大体经历着三个阶段。

阶段一：大规模激进。1992 年，党的十四大明确指出要建立社会主义市场经济体制，“房地产热”使得房地产开发活动成为推动城市更新的主要力量，国内许多城市开始大规模的城市更新改造，范围从旧城区扩展到新区。

随着城市更新以空前的规模和速度发展，城市拆迁补偿制度不合理和法律不健全等问题日益突出，城市风貌被日渐摧毁，“千城一面”的现象愈发严重，引发社会各界的关注。因此进入第二个阶段。

阶段二：小规模渐进。城市更新的改造方式由大规模激进式向小规模渐进式的转变愈发受到提倡，这一阶段也可以称为城市更新的转型期。历史街区和历史名城保护等问题为城市更新提供新方向。

阶段三：多元化发展。城市更新内容愈发多元化，如工业遗产、文化导向、公众参与、空间生产等。2014 年，中共中央、国务院印发的《国家新型城镇化规划（2014—2020 年）》中，强调改造更新与保护修复并重，并且要健全旧城改造的机制，优化提升旧城的功能，为城市的更新注入新的活力。

总的来看，我国城市更新表现为以下三种方式：一是对城市老城区的道路进行翻新、拓宽以及沿街建筑物置换的中心区改造；二是将具有一定历史记忆和文化符号价值的建筑物翻新或重塑为现代性空间的文化区改造；三是将城中村及棚户区、老旧小区或靓化改造或拆迁重建为混合居住区的改造。无论哪一种空间重组，其空间实践都是通过赋予旧空间以现代化社会内涵以适应城市现代性空间的需要。

对国内城市更新发展总结而言，研究重点主要集中在旧城改造与房地产开发，历史街区和工业遗产的保护与更新，广州—深圳、香港等城市更新的探索与实践，公众参与的初步探讨 4 个方面。过去主要在广州、深圳、上海等沿海发达城市展开，主要解决在城镇化过程中出现的矛盾和问题。未来的重点将逐步向老工业城市、资源型城市、收缩型城市等转变。

2. 城市旅游休闲公共空间发展的现实需求

世界上的国际化大都市往往也都是旅游休闲产业发达城市。2010 年的上海世博会提出了“城市，让生活更美好”的理念。这都为城市旅游休闲公共空间的研究提出了要求。

第一，休闲时代来临，国民休闲成为刚性需求，国民日常休闲中最易接近且高频使用的城市旅游休闲公共空间日益发挥着重要作用。参考国际上的通行经验，一个国家或地区的旅游休闲消费发展与国民生产总值，特别是人均国民生产总值关系密切。中国从2010年开始人均GDP达到3000美元，旅游休闲产业也开始高速增长。国务院于2013年颁发的《国民旅游休闲纲要（2013—2020年）》，提出了建设现代国民旅游休闲体系的发展目标。而作为全国经济水平最为发达的上海，早在2000年前已经突破人均GDP3000美元，经过十几年的发展，休闲活动早已深入市民日常生活中。城市旅游休闲公共空间作为市民日常休闲活动中最易接近、高频使用且最为集中的区域，将在满足国民休闲需求方面发挥着日益重要的作用。

第二，在城市功能更新的背景下，城市的游憩功能将体现在城市旅游化的过程之中。城市应具备居住功能、工作功能、交通功能以及游憩功能等基本功能，及其相互关系的处理，是1933年国际现代建筑协会在《城市规划大纲》中所做的贡献，也为世界各国城市规划建设工作所认可。城市旅游化则成为现代城市发展的一个重要趋势。而城市的游憩功能则蕴含其中。朱竑、贾莲莲（2006）对城市旅游化进行了界定，认为这是一个城市不断满足日益发展的旅游需求的过程。因此可以说在城市更新中城市游憩功能是在以城市旅游化的形式实现。

第三，大旅游背景下，都市旅游吸引物从单一的景点过渡到具有游憩环境的城市公共空间。大旅游背景下，旅游业散客化趋势增强、旅游活动更加泛化，旅游目的地由景区向城市过渡（吴必虎，2012），都市旅游吸引物从单一的景点过渡到具有游憩环境和功能的城市公共空间。作为都市旅游代表的上海，已经发展出为市民、游客提供旅游休闲所需的产品与服务设施，并具有旅游、文化、商业、娱乐等现代服务产业高度融合与集聚特征的城市公共空间，例如徐家汇源、田子坊、外滩等城市区域，越来越成为上海都市旅游的精彩片段。

第四，开放式景区蓬勃发展，但是存在较多服务与管理漏洞。“没有围墙、不收门票”的西湖景区突破了旅游城市的门票经济，对国内其他旅游城市，乃至旅游景区的发展产生了重大影响。上海作为都市旅游代表，其开放式景区多以城市旅游休闲公共空间为载体。曾有徐家汇源成为全国首个4A级开放式景区，外滩于2014年也正在筹办创建5A级开放式旅游景区。但是2015年的“上海外滩事件”对开放式景区提出了质疑，暴露了其服务与管理中存在的漏洞。于是，针对开放式景区的发展状况及问题，文旅部门提出了对城市旅游休闲公共空间进行深入研究，以求对开放式景区进行重新的理论解读和实践整合。

二、研究意义

（一）理论意义

经济与政治、市场与管理从来都是相辅相成、相伴相生的。以往许多城市空间的研究者往往因为工作条件及身份的限制，存在理论研究与实际工作相脱节的问题，特别是在操作环节，遭遇与城市公共管理部门语境不一致的问题。笔者作为社会公共管理工作的实践者，本书将城市旅游休闲公共空间的组织与管治结合起来综合思考，将公共治理的方法和手段引入城市地理空间的思考构建之中，对拓宽研究视野、丰富研究手段、落实研究成果具有一定的作用。

（二）现实意义

对城市旅游休闲公共空间的研究对城市的建设发展主要存在以下几大意义。

第一，有益于聚焦并整合城市旅游休闲公共空间，充分满足市民及旅游者休闲需求。城市旅游休闲公共空间是市民日常生活中最容易接近，而且高频次使用的，与RBD（休憩商业区）、CBD（中央商务区）、旅游景区及科普娱乐单体休闲点等多种旅游载体重合（徐波林，2014）。而在上海这种旅游都市中，这些资源很少以单一要素出现，更多地以复合形态呈现，这就对上海城市旅游休闲公共空间整合提出了更为迫切的要求。通过对城市旅游休闲公共空间的重新界定，提出新的概念，并对其提出规范化的建设要求，从而满足上海市民及旅游者休闲需求。

第二，有助于在新一轮的城市更新中，将旅游休闲功能主动纳入城市规划。适值上海市“十五五”规划编制前期研究之际，其编制过程中可强化文旅规划单位的参与，尤其重视旅游空间与城市空间的融合发展。将城市旅游休闲公共空间作为上海城市旅游的重点区域，促进城市游憩功能在城市空间上的深化，顺应城市旅游化过程。

第三，有助于把握上海都市旅游的精彩片段，并加强服务与管理中存在的漏洞。大旅游背景下，都市旅游吸引物从单一的景点过渡到具有游憩环境的城市公共空间，都市旅游的精彩片段更多地体现为集聚优质旅游休闲资源的城市片区，这都是最为活跃的城市公共空间。而这些区域面临着旅游休闲环境、安全、咨询及设施建设等诸多方面的服务与管理问题，为了解决这些问题，提出城市旅游休闲公共空间的理念作为上海都市旅游的精彩片段，并将其作为都市旅游中的重点区域。通过选划城市旅游休闲公共空间，确定范围，研究建设内容以及强化城市旅游休闲公共空间的网络化、等级化建设，从而弥补公共服务管理中的漏洞。

第四，有助于开拓新的领域，推进上海都市旅游的发展，实现建设世界著名旅游城市的目标。在城市功能更新中将旅游休闲功能从地标、点缀上升到每个重点城市区域的必备功能，都市旅游关注的管理重点从景区、景点、街区的单一、封闭式管理到城市活跃公共空间的统筹、开放式管理，这些推进着上海都市旅游理念与实践的发展。并在上海都市旅游理念与实践发展中，通过城市旅游休闲公共空间的提出与建设，形成服务优质、形象鲜明、管理便捷的城市旅游休闲公共空间网络，从而更好地把握都市旅游精彩片段，实现世界著名旅游城市目标。

三、相关概念诠释

（一）城市旅游休闲公共空间

城市旅游休闲公共空间（City Tourism and Leisure Public Space）是指以宜业、宜居、宜游为发展目标，以旅游休闲产业为主导，兼具商业、文化等现代服务产业集聚发展特征，公共旅游休闲资源富集，能为市民、游客提供旅游休闲活动所需的环境、设施、服务及管理的城市区域。城市旅游休闲公共空间具有空间尺度范围大、可游憩性强、市场知名度高等特点。

随着城市功能的变化和提升，旅游休闲日益成为城市更新的方向和手段。城市旅游休闲公共空间是生活与社交活动的主要区域和重要节点。在新一轮城市更新中，优化城市旅游休闲公共空间，对满足旅游休闲供求关系，进而实现对各相关行业的结构布局调整，从而在整体上优化城市产业布局和空间结构具有重要意义。

（二）城市旅游休闲公共空间组织

空间组织（Spatial Organization）是地理学开展空间研究的重要概念，也是一个综合、复杂的概念。既可以是空间系统的组织方式，也可以是空间各要素的结构形态，还可以是对空间要素动态分配的过程。城市空间组织就是城市发展阶段与过程的空间反映（宁越敏等，2011）。通过对城市中各类空间要素的组织规划，从而使城市发展从无序向有序演进，城市功能从低级向高级演进（谢守红，2004）。目前对空间组织的研究主要集中在对其内涵外延的界定研究；对其格局演变的定量研究，如人口迁移与空间变化研究、城镇化发展研究、产业发展的空间扩散和空间重组研究等；以及空间组织演化的驱动机制研究等。

城市旅游休闲公共空间是城市空间的一个组成部分，是人们进行各种旅游休闲活动的场所，一个有组织、有秩序的系统，其空间组织结构是城市旅游休闲系统中各要素的空间组织关系的反映。韩凤（2007）认为，城市的空间组织结构往往随着时间和空间的变化而发生变化。城市旅游休闲公共空间的组织结构也适应着城市历史发展中功能的演进而发生变化，但在特定的时间内具有相对的稳定性，即阶段性特征。这为研究城市旅游休闲公共空间的组织构建提供了可能。

（三）城市旅游休闲公共空间管治

“管治”（Governance）是一个比较古老的词汇，英文中意为治理或管理的方式和行为，强调一种动态的综合的过程。管治的建立以“调和”为基础，是调和不同的利益得方，并采取共同的行动使各方利益得以持续的过程[①]。作为一个概念，管治（Governance）与统治（Government）、管理（Management）有联系也有不同，它强调多个主体共同参与，平等协作，展开对公共事务的管理。

在城市公共空间的发展过程中，由于城市建设投资主体的多元，城市移民来自各个地方，形成了不同的社会族群和市民阶层，各方本着各自的利益，要求共同参与城市的公共事务管理，这个各方协同参与，相互调和的过程就是城市公共空间管治。张京祥（2000）认为，管治的实现需要依赖社会成员间的相互的持续不断的作用。

根据“全球治理委员会”（Commission on Global Governance，1992）的观点，管治是“争取使用政治权威控制和经营社会及资源以争取社会和经济的发展”，并且强调了在此过程中的“法治精神”“公共机构公正地管理和使用开支”“政府领导向人民负责”以及“建立在信息技术基础上的政治与行政公开”。这更加强调了现代政府在社会管治中的作用，与我们国家在改革开放后一直进行的政府行政体制改革，建设责任政府、法治政府、服务政府的理念是完全契合的。党的十六大报告中提出“扩大公民有序的政治参与”，也正体现了政府改革建立“小政府、大社会”[②]，培育市民社会，建立社会管治的发展方向。

城市旅游休闲公共空间的管治则是在以旅游休闲产业为主导的城市特定公共空间中的秩序、利益协调过程。政府主管部门、市民、游客、相关企业、社会团体等都在其中发挥作用。

四、研究的主要内容

（一）城市旅游休闲公共空间更新

1. 理念关系

从20世纪30年代到70年代，西方发达国家开始从工业社会向后工业社会过渡，城市更新就成为一个迫在眉睫的重要命题。1933年《雅典宪章》中将游憩功能作为城市的四大功能之一，更加注重人本主义在城市发展中的作用，也由此为西方国家的城市更新指出了新的发展方向。

中国在城市及社会经济高速发展之后也面临城市更新的问题。中国学者最早从改

---

① 仇保兴．新农村如何建立城乡协调发展模式.http://news.xinhuanet.com/.2007.8.

② 十六大报告解读 http://www.people.com.cn/GB/shizheng/252/9483/9487/index.html.

善物质环境的角度思考城市更新，以后再关注到提升城市的整体环境（张浩，2012）。并发现中国城市的实际情况与西方“城市更新”的概念并不完全相符（吴晨，2005）。翟斌庆等（2009）对中国城市更新的一些代表性观点概念做了梳理，并与城市游憩功能存在理念上的对应关系（见表 1-1）。

表 1-1　国内城市更新概念与城市游憩功能的对应关系

作者	理念		城市游憩功能体现
陈占祥（1980）	城市更新	（1）城市是“新城代谢”的过程;（2）城市更新目标是振兴大城市中心地区的经济，增强社会活力，改善其建筑和环境;（3）强调对历史文化区域中建筑和原有风貌的保护，对内部进行现代化改造	（1）城市游憩功能是一个不断发展提升的过程;（2）强调城市中心地区的环境改善，实际上是游憩环境提升;（3）强调对城市中历史文化风貌区的保护与开发
吴良镛（1994）	有机更新	（1）妥善处理目前与未来关系，体现可持续理念;（2）强调北京旧城改造的整体环境的改善	（1）可持续发展的城市生活环境;（2）城市整体环境的美化，即游憩环境的提升
张平宇（2004）	城市再生	（1）伴随城市化升级，对城市问题的解决;（2）强调城市政策与系统改善	（1）通过城市问题，对游憩功能的重视
于今（2007）	城市更新	（1）对建筑物等客观实体改造;（2）对生态环境、视觉环境、游憩环境等进行改造	（1）城市区域游憩设施建设;（2）城市区域游憩的视觉环境、服务提供等进行改善

注：根据翟斌庆等学者观点整理。

中国城市更新的概念反映到城市游憩功能方面，存在较多的对应关系，主要表现在:（1）城市更新中强调整体环境改善，即游憩功能在城市整体环境上的体现;（2）城市更新中中心城区、历史风貌区等地区的环境改善与内部建设，即游憩功能在城市局部区域的体现;（3）城市更新中对建筑物等客观实体改造，对生态环境、视觉环境、游憩环境等进行改造，即游憩功能在城市局部区域具体实施理念上的体现;（4）城市更新中对目前与未来关系处理、系统改善、城市问题等关注，即游憩功能在城市系统中的定位与发展。

2. 发展关系

城市更新的一个重要发展方向是城市旅游化。早期研究者，如朱竑、贾莲莲（2006）在定义城市旅游化时，认为城市旅游化是城市发展的一个过程，其目的是满足日益发展的旅游需求，其手段是在城市规划建设过程中相关方面的主动迎合。城市旅游化包含城市建设中对旅游基本要素的投入，城市旅游休闲及其相关产业的发展以及产出效应，对游客身份、作用的认知及认同，旅游休闲相关活动的组织等多个方面。在本质上，并非仅仅是旅游业在城市中的发展以及供需关系的满足，而是城市功能的变化。后来的学者如成英文（2014）注意到了城市强化其作为旅游目的地功能的问题。

在城市旅游化的进程中，旅游的发展对城市功能提升主要起到以下四个方面的作用：一是对城市游憩功能提出更高的目标要求，体现在战略层面和终极意义的追求上；二是对城市商业、文化、生活、居住、交通等各方面的软硬件服务提出观赏性、游乐性、人文性的“美”的需求；三是对城市规划的功能区分配、微观布局方面提出更为高水平的要求，集中体现在具备游憩功能，让商业、交通、居住等方面的布局与设计，尤其是在城市公共休闲空间及绿地建设的扩展与深化方面，完成游憩层面的“最后一公里”；四是对居民休憩需求的关注与落实，集中体现在通过休闲空间、设施、服务的完善来优化居民生活结构和重新通过休闲来塑造现代城市文明。

这里还涉及另外一个概念——“旅游城市化”。从最早 Mullins（1991）的研究到黄震方（2000）、陆林（2005）的研究，基本是从城市化的角度来界定旅游与城市间的关系，将旅游的发展所带来的人口的流动作为城市发展的驱动力。人口流向是从非城市地区到城市地区。由此也解释了“旅游城市”这种类型城市的发展。黄震方等（2000）注意到城市与旅游的联系越发紧密，作用也日趋显著。在这个过程中，城市的旅游休闲功能逐渐增强。

以上研究梳理可以看出，“城市旅游化”与“旅游城市化”是城市旅游休闲公共空间更新的两个驱动力，两者互相带动，互相促进。

（二）城市旅游休闲公共空间的组织构建

空间组织是地理学开展空间研究的重要概念，也是一个综合、复杂的概念。既可以是空间系统的组织方式，也可以是空间各要素的结构形态。城市旅游休闲公共空间是城市空间的一个组成部分，由多种要素有机构成的，形成一个有组织、有秩序的系统。城市的空间结构往往随着时间和空间的变化而发生变化（韩凤，2007）。城市旅游休闲公共空间的组织结构也适应着城市历史发展中功能的演进而发生变化，但在特定的时间内具有相对的稳定性，即阶段性特征。这为研究城市旅游休闲公共空间的组织构建提供了可能。

按照人们活动方式的不同，城市空间可以划分成各种类型，如居住空间、工作空间、游憩空间、通行空间等，政府公共管理和公共服务中对应的也就有了各种不同的职能。依据简化和统一化的原理，城市旅游休闲公共空间的各个要素最终会以几种常见的空间形态表现出来。而不同的形态结构将成为开展城市旅游休闲公共空间管理的重要基础。

程必定（1989）、刘再兴（1997）、李小建等（1999）、顾朝林等（2000）、陶伟等（2002）、刘俊（2003）、吴国清（2008）等学者们对于空间结构要素识别做过很多的研究。（见表 1–2）

表 1-2　空间结构观点列表

学者	年份	观点
程必定	1989	结节点通过渠道联结，形成经济中心、经济腹地和经济网络
刘再兴	1997	现代区域空间结构包括节点、域面和网络
李小建等	1999	空间结构由点、线、网络和域面组成
顾朝林等	2000	空间结构要素归纳为节点、梯度、通道、网络、环与面
陶伟等	2002	城市旅游空间分为点、线、面三个层次
刘俊	2003	区域旅游目的地空间分为点、线、面
吴国清	2008	“点—线—面（点—轴—圈）”三要素，即旅游节点（斑块）、旅游轴线（廊道）、旅游域面（基质）

注：根据以上学者文中表述整理。

（三）城市旅游休闲公共空间管治的实践与发展

改革开放以来，我国市场经济快速发展，市场主体更加多元，生产要素的流动加快。从 20 世纪 90 年代以后的政企分开、政事分开，到 21 世纪头十年提出倡导市场应当在基础资源配置中发挥主导作用，再到党的十八大以后，中央大力推进的政府行政改革，对审批权的大量削减以及对成立社团组织的逐步放开等。经济社会的发展，要求更多的主体发挥综合协调治理的作用。“管治”的理念的引入恰好符合这样的历史发展需要。城市是个庞大复杂的综合系统，城市以及城市空间是管治需求表现最为集中的地方。21 世纪以后，学者们在城市管理理论中对此进行了很多的研究。如沈建法（2000）提出城市管治是对社会经济关系的调整；张京祥（2000）基于我国城镇现行管理体制，尝试提出了城市管治的体系架构。顾朝林（2001）注意到了我国与西方发达国家在社会经济体系、历史文化底蕴和行政等级体系等方面的不同，这在推进我国城市管治中更加务实和有效。他进一步提出中国的城市管治实践首先需要政府转变职能，弱化行政区经济。这对后来政府行政体制改革的一系列步骤的实施有着很好的指导意义。罗小龙等（2001）研究了公众参与城市规划的可能性，构想了中国公众参与城市规划的组织形式，等等。

城市公共管治包括城市基础设施、公共服务设施和社会公共事务等方面。在参与主体、管理层次、时间、逻辑、专业等方面都呈现出系统化、多元化、结构化、立体化的特点。（见表 1-3）

表 1-3　城市公共管治体系表

维度	类型
参与主体	政府、市场、社会

续表

维度	类型
管理层次	市级、区级、街道、社区、网格
时间	前期规划、中期建设、后期运行
逻辑	预测、决策、组织、实施、协调、控制
专业	市政基础设施、公用事业、交通管理、废弃物管理、市容景观管理、生态环境管理等

注：根据宋刚（2007）观点整理。

在城市旅游休闲公共空间的管治中，政府主管部门、市民、游客、相关企业、社会团体等都在发挥作用。然而正如姜晓丽（2013）等学者在不断沉淀前人研究成果的基础上，更加务实地关注中国的国情与实际，寻求中国城市管治的脉络和特点。可以看到，这是一个不断动态发展的过程，行政力量依旧在中国城市经济发展中起着主导作用，而政府的历次改革又恰恰是在从单一管理模式向综合管治模式的不断演进。这与以往研究中对西方政府与市场关系的简单归纳是不同的。

政府主管部门通过规划的制定和实施，对城市旅游休闲公共空间进行有效开发；通过对旅游等相关产业制定政策，规范引导发展，从而带动区域内相关经济产业的发展；通过功能分区，对城市旅游休闲公共空间采取分级分类的管治模式，以满足不同市场的要求；通过公共管理和公共服务的提供，维护正常有序的市场秩序，提升城市旅游休闲公共空间的影响力和吸引力。本书着重对政府在城市旅游休闲公共空间管治中的转型进行探讨。

1. 政府在城市旅游休闲管治中的作用

根据世界旅游组织对政府在发展旅游休闲业中所起作用的研究结果，政府对旅游休闲的管治一般通过制定产业发展规划、制定相关法律法规、开展公共财政投入等手段，实现对基本休闲权利的满足，对社会资源的有效开发利用，对旅游产业的引导建设以及对环境的保护等目标。（见表 1-4）。

表 1-4　政府参与旅游业的基本职能

基本职能	具体内容
政策规划	强调经济贡献 促销主要定位于国际市场，而国际促销又主要针对入境市场
产业调控	饭店等级划分制度 旅行社经营许可制度 保护旅游消费者权益 提供各项保障

续表

基本职能	具体内容
协调中介	协调好各政府部门之间，特别是中央政府与地方政府之间以及政府与私营部门之间的关系
提供协助	提供城市旅游公共服务基础设施 提供足够的启动资金 通过调研提供信息

注：根据冯奕东（2002）相关表述整理。

2. 政府职能在城市旅游休闲公共空间发展不同阶段中的转变

政府作为城市旅游休闲公共空间管治主体中的重要一方，在城市旅游休闲发展的各个不同阶段承担不同的任务。基本可以分为以下四个阶段（见表 1–5）。

表 1–5　政府参与旅游休闲管治的阶段变化

阶段	作用	政策“主导者”	核心职能
第一阶段	促销者	解释国家形象	广告 提供公众信息 包揽国际市场促销
第二阶段	激励者	开发旅游基础设施	开发旅游资源 改善基础设施 提供启动资金 参与旅游业经营 旅游教育与培训 提高就业队伍素质
第三阶段	介入者	保护旅游者	保护消费者和国家遗产 旅游保险价格管制 对经营者进行管制 市场监管
第四阶段	协调者	需要更有效地利用资源	放松管制（帮助而非领导） 危机管理 资助旅游项目 为旅游企业提供充分、必要的信息 对旅游业市场运行情况与发展趋势进行监控与预测 填补私营部门剩余的空白之处 公私合营开展促销 协调各种横向关系（不同产业和部门之间）和纵向联系（国家、旅游企业、民间协会、旅游者之间） 开展区域合作和联盟

注：根据匡林（2001）整理，有改动。

第一个阶段是旅游业发展的起步阶段，政府承担建设者的角色。

在旅游业发展的初期，首先往往需要服务接待的硬件设施。包括住宿、交通、餐饮等为大规模旅游接待提供服务配套。在这个阶段私有企业还无法感知商机，或者无力介入如此大规模的硬件投入。由政府部门和国有企业承担相应的经营及宣传工作。政企不分是这个阶段的特点和必须。

第二个阶段是旅游业的发展阶段，政府的职能更多地体现在政策引导和对市场规则的制定上。

私有企业开始看到旅游业发展的巨大商机，资本的逐利性导致私有企业大量进入旅游市场，政府管理部门则从具体经营环节退出，从事宏观调控和管理，称之为政企分开。政府职能部门通过推行旅行社许可经营、饭店等级划分评定等措施来提高旅游竞争力。

第三个阶段是旅游业的成熟阶段，政府起到市场协调的职能。

在全球经济自由化、财政公平分配思潮以及政府机构精简的大气候中，一些经济相对发达国家的旅游业正朝着自由化方向前进，管制功能弱化。政府更多的不是对产业管制，而是保护旅游者及其他消费者的权益。政府职能部门将旅行社许可经营、饭店等级标准评定等职能移交给旅游行业协会等社会中介机构实施。

3. 城市旅游休闲公共空间的公共服务

对城市旅游休闲公共空间的建设与规划的落脚点和主体内容是对城市旅游休闲公共空间旅游公共服务的完善。根据《中国旅游公共服务“十二五”专项规划》的界定，旅游公共服务的提供方是政府和其他社会组织、经济组织，目的是满足海内外游客的公共需求，所提供旅游产品与服务具有基础性和公益性的特点[①]。旅游公共服务的内容则包括旅游交通、旅游信息、旅游管理、旅游安全、旅游环境等方面（谷艳艳，2011）。

城市旅游休闲公共空间的公共服务是从景区点公共服务向城市公共服务的过渡，应辨析与城市公共服务、景区点公共服务的区别和联系。在服务范围上，城市旅游休闲活动空间的公共服务范围是城市中一个区域，小于城市公共服务范围，却大于景区景点的公共服务范围；在服务内容上，侧重于以旅游休闲目的实现为基本出发点，还包括了景区景点公共服务中所不具备的邮政、通信、公共安全等内容。而城市公共服务则更加全面，是以居民生活、工作、学习为出发点；在服务对象上，城市旅游休闲活动空间的公共服务对象包括了本地居民和外来游客。在服务对象上比景区点更加拓展，而在服务目的上比城市更加专一。

五、内容安排

本书章节及内容具体安排如下。

① 中国旅游公共服务“十二五”专项规划，2011 年。

第一章绪论。阐述本书的研究背景、目的和意义，界定本书所提出的核心概念，理清研究方法和研究思路。

第二章理论基础与综述。相关理论及其发展为本书的研究奠定了扎实的基础，也提供了工具和方法。对研究综述的系统梳理可以清晰地把握相关领域的国内外研究动态、发展方向以及既有研究成果中的局限和缺失，以确定本书的研究主题以及研究思路。

第三章城市旅游休闲公共空间的组织。梳理城市公共休闲空间的演化，分析城市旅游休闲公共空间的组织结构和组织演进，构建城市旅游休闲公共空间体系模型，总结提炼城市旅游休闲公共空间的特点，对其进行分级分类、构建体系，并推导其发展趋势。

第四章上海城市旅游休闲公共空间组织。分析上海旅游休闲公共空间的基本单元，及其空间分布特点。通过与城市道路发展、城市人口发展的关联，分析上海城市旅游休闲公共空间的演化。提出上海城市旅游休闲公共空间的选划原则、选划方法，并基于地图作业、资源评分完成对上海城市旅游休闲公共空间的选划。

第五章城市旅游休闲公共空间管治。分析假期、市场、土地等影响城市旅游休闲公共空间管治的相关因素，总结我国城市旅游休闲公共空间管治的体制与模式，提出城市旅游休闲公共空间的管治策略。

第六章城市旅游休闲公共空间演化的动力机制及影响因素。将城市更新作为外驱动力，将空间管治作为内驱动力，并对管治与更新关系进行深入分析，从而构建出城市旅游休闲公共空间演化动力机制。

第七章上海城市旅游休闲公共空间的管治提升。通过对上海城市旅游休闲公共空间管治的进程与发展的回顾，提出其提升的路径和方法。

第八章上海市宝山区城市旅游休闲公共空间构建及管治。以宝山区旅游城市旅游休闲公共空间为方向深入分析，通过“点—线—面”的模式构建宝山区的旅游城市旅游休闲公共空间，形成了十类旅游产品，提出宝山区旅游城市旅游休闲公共空间的服务标准体系，从而使该空间能规范、有序地发展。

第九章黄山市城市旅游休闲公共空间构建及管治。对黄山市的城市结构形态进行阐述，从内外驱动力来解释黄山市城市旅游休闲公共空间演变机制，依托“点—线—面”的模式，分层次地进行黄山市旅游景点、旅游线路、旅游空间的空间构建，进一步提出了黄山市旅游城市旅游休闲公共空间的标准化管治办法。

第十章结论与研究展望。总结本书的主要结论和贡献，探讨此次研究存在的遗憾和不足，并对今后的研究提出展望。

本章小结

旅游休闲已经成为人民群众日常生活中不可或缺的组成部分，以旅游休闲为代表的第三产业在城市产业发展中的比重日益加大，成为衡量城市现代化程度的重要指标。公共旅游休闲已经成为现代城市的重要功能，正在对城市的空间结构发生影响，成为城市更新的重要驱动力。城市旅游休闲公共空间结构是否科学合理，会对城市经济、社会的可持续发展产生促进或抑制的效果，因此也成为政府决策咨询和学界理论探讨的关注重点。

本章立足地理学对“空间”“结构”以及“空间管治”的研究方法，结合国内外城市更新发展状况、城市旅游休闲公共空间发展的现实需求，对城市旅游休闲公共空间、城市旅游休闲公共空间组织、城市旅游休闲公共空间管治等基本概念加以厘清，同时梳理了国内外城市更新的发展阶段以及城市治理的特征、趋势等，为后文进一步研究城市治理提供理论依据。选取国内外城市更新和城市治理的典型案例，为总结适合我国城市发展的城市治理模式和路径提供参考。

第二章　理论基础与综述

一、理论基础

（一）区域科学理论

1. 中心地理论

中心地理论是区位论的一个组成，最早由德国经济地理学家 Walter Christaller（1933）提出。当一个居民点能够为本地及其周边其他地区提供所需要的商品和服务，承担其中心职能时，称之为“中心地”。Christaller 提出的理论前提假设是均质化的空间。表现为自然条件和资源相同而均质分布、人口均匀分布、人们的收入相同、对物资和服务的需求相同、消费方式相同、有统一的交通系统、相同规模的城市交通便利程度一致、任何中心地提供的同样物质和服务价格相等。由此归纳为区域内城市等级与规模的正六边形模型（图 2-1）。这是一个理想化的理论状态，将区位论推向宏观化，也由此成为各项具体研究可以普遍遵循的方法。城市旅游休闲公共空间结构研究也同样遵循这一理论基础。

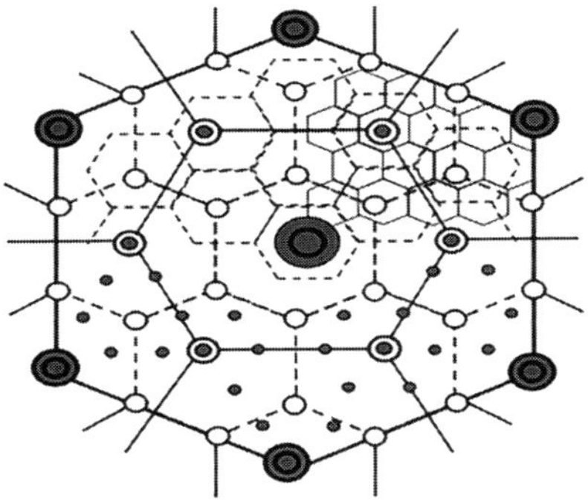

图 2-1　Christaller 市场原则下的中心地系统

2. “核心—边缘”理论

“核心—边缘”理论由美国学者 Friedman（1966）提出，认为任何一个地区都是由核心区域和边缘区域组成。核心区域，指城市经济增长速度快的经济发达地区。边缘区域，是与核心区域相对的经济较为落后的区域。这两者间相互依存，共同构成一个地区的经济发展系统。“核心—边缘”理论旨在解释地区间由互不关联、孤立发展—彼此联系、不平衡发展—相互关联的平衡发展的区域系统的形成过程。中国学者汪宇明（2002）将这一理论运用到了区域旅游空间研究，认为区域旅游空间结构可以简化成

“核心—边缘”空间结构模型，在进行区域旅游资源整合、景区土地利用、功能配置、旅游圈层构造，促进区域旅游联动发展等方面非常具有实践指导意义。

3. 增长极理论

法国经济学家 F.Perroux（1950）首次提出增长极理论（GrowthPolar Theory）。他认为经济空间具有不平衡性，在发展中存在极化作用，从而会产生一些类似磁铁中磁极的极。这些极会对外部因素产生吸引，同时极与极之间产生排斥，从而形成“场”，“场”的中心被他称之为增长极。

经济增长的状况并不是均衡地出现在所有地方，而是在增长极上首先出现，再向其周边扩散，过程通过某些渠道完成。最后影响整体经济发展状况。不同的增长极的强度不同，影响力也不相同。F.Perroux 从工业生产的发展状况进行思考，认为增长极首先是“高度联合的一组产业”，由推进性的主导工业部门所组织，并且能快速推动其他部门的增长，进而将其周边的区域极化为增长极。

经济学家 J-R.Boudeville 把抽象的增长极与具体的经济区域联系起来，指出区域经济发展存在不平衡性，这就使得资金、物资、信息和人才逐渐聚集到少数地区。这些地区成为区域经济的增长中心，他把这称之为“区域增长极”。

增长极对区域经济的发展具有极化（即集聚）和扩散两个相反的作用。极化作用又称回流效应，是指增长极吸引区域内其他地区的资源实现自身经济的快速发展，其实质是牺牲了区域内其他地区经济增长。扩散作用是指由于生产要素的流动具有极大的惯性，在增长极规模达到最优时仍然会有资源不断地流入，为了避免过度拥挤，就会造成资源一定程度上向周边扩散（马勇等，2002）。

曾坤生（1994）认为 F.Perroux 及后续学者对于增长极理论的研究解释了经济发展不平等的必然性。F.Perroux 从增长极理论出发，提出可以分散建立一个或多个极来带动地区经济发展的构想。

4.“点—轴”理论

“点—轴”理论是对增长极理论的发展。经济学家陆大道在深入研究中心地理论、空间扩散理论和增长极理论之后提出，并应用于区域开发。该理论通过网络分析法，将经济聚集区看作是“点”，即增长极；将经济聚集区周边交通线路看作是“轴”，即生长轴。首先选择一些资源条件好、发展潜力大且交通条件便捷的地带进行重点开发。良好的交通条件会使得资源和人口的流动变得更加便捷，运输费用减少，吸引资源向交通干线周边聚集，逐渐形成增长极。

各增长极和发展轴之间是存在等级区别的，应优先发展级别较高的增长极和发展轴。利用增长极对资源的吸引力和凝聚力以及轴的资源流动作用，逐渐形成新的经济区域。

“点—轴”理论在我国的国土开发和区域发展中得到广泛应用，其反映了社会经济空间组织的客观规律。这对于城市旅游休闲公共空间结构的演化分析同样具有重要的理论价值和现实指导意义。旅游休闲客体通常首先在级别高的旅游休闲节点上集聚，再通过交通到别的增长节点，形成由不同等级的旅游休闲节点和不同等级的旅游发展轴线组成的区域旅游休闲空间结构，这是一个有机的城市旅游休闲公共空间结构体系。由此，“点—轴”理论与传统的圈层结构理论、增长极理论、“核心—边缘”理论等一起，共同构成了城市旅游休闲公共空间优化研究的基础性理论。

5. 城市更新理论

“二战”之后西方开始了城市更新运动，从对贫民窟的清除、对邻里关系的重建、对旧城区的再开发到对社区人居环境的提升（董玛力等，2009）。相应的“城市更新”的含义也多次演变——城市重建、城市复苏、城市更新、城市再开发、城市再生等。与其说“城市更新”是一种理论，不如说是一种发展的思潮更为妥当。我国学者方可（1998）曾将西方的城市更新理论归纳为三个流派——（1）从形体规划出发的实践；（2）从人本主义角度的反思；（3）从可持续发展思想出发的探索。杨志中（1987）、方可（1998）、吴志强（1999）、宋云峰（2006）等学者对此各有论述。Robert 和 Sykes（2000）则把城市更新概括为一种针对城市问题的观念和行为，做出长远、持续性的改善和提高。（见表 2-1）

表 2-1　城市更新理论流派及观点

流派	研究者	观点
形体规划	杨志中（1987）	形体规划的任务主要是确定城市的个性目标、功能与活动在一定地域内的空间布局
	吴志强（1999）	通过形体规划可以解决城市发展面临的困境，并形成理想的城市发展模式
人本主义	宋云峰（2006）	强调城市发展应该主要考虑人的物质和精神需求，“利人原则”在城市更新中应处于核心地位
可持续发展	方可（1998）	多元化发展，城市更新的目标更加广泛、内容更为丰富；城市更新趋向于进行社会邻里更新等小规模改建，并谋求政府、社区、个人和开发商、工程师、社会经济学者的多边合作

注：根据以上学者文中观点整理。

西方的城市更新是城市化进程中发展的必然，我们国家的城市高速发展也已经到了这一阶段。城市旅游休闲公共空间结构的优化就是在这一大的背景下提出的。西方近半个世纪的理论和实践探索为这一研究提供了非常翔实的佐证和借鉴。

6. 城市规划理论

19 世纪城市规划理论主要适用于解决城市问题，在这个阶段基本是先有实践再产生理论。19 世纪 40 年代，英国率先完成了工业革命，紧接着展开了对社会公共卫生的改造计划。到了 19 世纪中期，欧洲多个国家开始实施城市规划建设，以古典建筑学的规划手段进行城市设计和改造。这一时期，美国也开始进行土地的网格规划，以相关条例为依据，有效解决了城市土地出让的问题。早期的城市改造活动并没有系统化和理论化，因此城市规划理论的提出者被认为是城市改造中的理论先驱，对城市科学规划的建立具有重要作用。其中比较有代表性的包括霍华德的田园城市理论、马塔的带型城市理论等。因此，城市规划理论为城市旅游休闲公共空间的演化提供了理论依据，使得城市旅游休闲公共空间从规划着手，以科学合理的方式为人们提供适宜的休闲环境和服务。

7. 有机更新理论

吴良墉教授在北京老城区城市更新的研究中引入了“城市有机更新论”，提出城市的改造是一个动态过程并不断发展，主张在可持续发展的基础上寻求城市的更新与发展。有机更新理论认为要遵循城市内在的发展规律、顺应城市肌理，按照城市更新的目标与要求，协调安排好过去、现在和将来三者的联系。当前我国城市更新既要考虑物质空间的整合与重构问题，同时也要关注城市历史文化遗产和社会关系的永续发展。由此我国城市旅游休闲公共空间的更新与优化也应该是在整体性的城市更新框架下，在城市整体空间结构和功能布局协调发展的基础上，体现出系统性、综合性和协调性，使新旧空间并存，形成有机的、多元的城市旅游休闲公共空间形态，从而达到城市旅游休闲公共空间结构调整、基础设施和公共服务功能完善的作用。

8. 城市触媒理论

“城市触媒”（Urban Catalysts）理论是 1989 年由美国学者 Wayne Atton 和 Donn Logan 提出的。他们认为“城市触媒”效应是指城市化学链式反应，一些城市中的元素就能加快或改变城市发展的速度，这样的元素可能是一个公园、一座体育场馆等。一个具有良性“触媒”作用的城市规划可以给城市的发展带来积极效应（见图 2–2）。

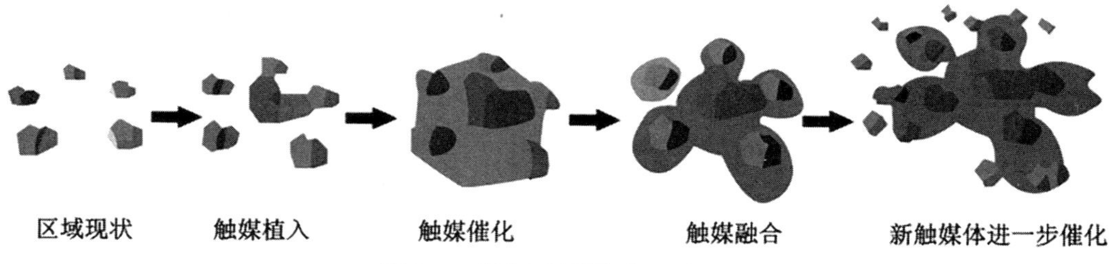

图 2–2 “城市触媒”作用过程

城市触媒可以是物质的，也可以是非物质的。物质的主要是指城市中的地标建筑或公共空间等；非物质的大多是指城市内部的节事活动、体育赛事、艺术项目等。这些也都是促进城市旅游休闲公共空间更新优化的重要元素。城市旅游休闲公共空间以触媒为撬棍，推动休闲空间结构渐进、可持续性地更新和优化。因此，这一理论也解释了城市旅游休闲公共空间在更新过程中，能够引起周边空间的调整，在一定范围内产生共振，产生更大范围的区域性联动。

（二）空间管治理论

1. 新公共管理理论

20 世纪 70 年代末，传统的科层管理和官僚制越来越不适合新的政府行政管理，西方发达资本主义国家开始实施新的政府变革。英国和美国政府对公共部门组织管理模式进行了被称为“新公共管理变革”的根本性革新。

英国公共管理学家 Christopher Hood（1991）对西方政府改革的政府管理新模式进行总结，首次提出“新公共管理”概念。进而形成新公共管理理论（New Public Management Theory）。他将新公共管理概括为七大特征；美国学者 David Osborne 和 Ted Gaebler（1992）基于新公共管理理论，提出“重塑政府”的十大原则。（见表 2-2）

表 2-2　新公共管理特征及重塑政府原则

新公共管理的七大特征	重塑政府的十大原则
公共领域的专业化管理	起催化作用的政府
明确的目标与绩效测量标准	社区拥有的政府
强化产出控制	竞争性政府
公共部门的分散化	具有使命感的政府
引入竞争机制	讲究效果的政府
重视私营部门的管理方式	受顾客驱使的政府
强调有效利用资源	有事业心的政府
	有预见的政府
	分权的政府
	以市场为导向的政府

注：根据 Christopher Hood（1991）和 David Osborne 与 Ted Gaebler（1992）论述整理。

国内学者近几年来也对新公共管理理论进行研究。赵有声、徐扬（2012）认为胡德的对新管理运动的审慎深入的批判性反思对于新管理理论的形成和发展起到了极大的推动作用。

胡税根（2014）认为，在新公共管理理论中，政府不再是唯一提供公共服务的主体，他提倡公共服务市场化、民营化。

2. 新公共服务理论

通过对“新公共管理”运动的反思，Robert B.Denhardt、Janet Vinzant Denhardt 夫妇建构出了“新公共服务”理论。认为整个社会治理体系的核心是“公民”，提倡公民社会，重构政府与社区、政府与公民之间的关系，强调他们彼此之间的沟通与合作，实现对社会的共同治理（吴光芸等，2007）。

我们国家在进行政府职能改革中明确提出了建设服务型政府的目标。中国的学者对此做了大量的研究。如刘熙瑞（2002）对服务型政府做出了界定，也崇尚“公民”的概念。强调公民意志和为公民服务。吴玉宗（2004）从政府工作层面进行总结，提出服务型政府的工作目的、工作内容、工作程序以及工作方法等。辛静（2008）指出公共行政的根本目标是源于共同价值准则的公共利益。

3. 委托代理理论

美国经济学家 Bede 和 Means 在 20 世纪 30 年代提出了委托代理理论（Principal-agent Theory），其基本点是将企业的所有权与经营权相分离，以实现公司运营的效率和价值目标最大化。20 世纪六七十年代，随着研究的深入，学者们发现政治等社会其他领域也同样存在“委托—代理”关系（张金艳，2009）。公共选择理论的创始人——James M. Buchanan 正是基于“委托—代理”关系的研究，首次在政治决策分析中引入了经济学的方法，获得诺贝尔经济学奖。

关于政府的委托—代理关系。法国思想家卢梭提出的近代民主理论的核心是人民订立契约建立国家，人民便是国家权力的主人[①]。法国思想家孟德斯鸠在此基础上进一步分析了人民与代理人的关系，指出应该各司其职，代理人代理人民去做他们“做不好的事情”[②]。政府就是他所说的“代理人”。所谓“自己做不好的事情”，就是处于同一社会关系中的人们各自利益的相同部分—公共利益—需要通过政府来实现（王浦劬，2006）。公民委托政府及其公务人员代理其“行使公共权力、实施公共管理、提供公共产品、实现公共利益、满足公共需求”（邓铭奋，2007）。

（1）政府的职能

在现代民主政治中，政府的职能是由全体公民授权产生，其目的是代理人民来管理国家具体事务，包括行政决策的做出，公共安全、公共卫生的维护，公民基础教育、基本生活的保障以及对社会基础设施的供应和完善，对环境的保护等。其外延还随着

① （法）卢梭 . 社会契约论［M］. 北京：商务印书馆，2003.

② 孟德斯鸠 . 论法的精神［M］. 北京：商务印书馆，1961.

社会经济的发展而逐渐扩大。

（2）政府的架构

一个国家的政府机构常常由中央政府和地方政府共同构成，承担不同的职能。George J.Stigler（1957）认为不同的地区应有权自己选择公共产品和服务的种类与数量，而这正是地方政府在本辖区内应该提供的。目前我国具有五级政府（贾康等，2002），分别是中央和省级（包括自治区、直辖市、特别行政区）、市级、县级（区级），以及乡镇（包括街道）。按委托—代理理论，中央政府是全国居民的代理人，省级政府是省级区域内居民的代理人，并以此类推。

中央政府没有也不可能有能力直接经营和管理如此之多的公共资产，就需要委托地方政府来代为管理。因此政府就有了双重身份，它既是初始委托人的代理人，又是最终代理人的委托人（高燕妮，2009）。在市场经济体制下，中央与地方政府之间不再是单纯的行政隶属关系，而是具备不定期的契约关系。刘有贵、蒋年云（2006）指出委托代理关系实际上是社会生产力的大发展和规模化大生产出现的结果。李小明（2011）认为中央和地方政府之间的关系符合委托—代理关系依赖的三个条件：信息不对称、契约关系、利益关系。

4. 标准化原理

随着社会主义市场经济的建立，经济全球化的发展，信息技术的快速发展和广泛应用，为标准化开拓了广阔的发展空间。标准化的基本原理有四个，即统一原理、简化原理、协调原理和最优化原理。统一原理，是指为了保证事物发展的秩序和效率，确定适合于一定时期和一定条件的一致规范，并且这种规范能够使被取代的对象在功能上达到相同效果。简化原理，是指为了有效地满足需要，对标准化对象的各个方面进行筛选、提炼和精简，使低效能的、多余的和可替换的环节被剔除，从而在保持精简合理的情况下确定所必要的环节。协调原理，是指为了使标准的整体功能达到最佳，通过有效的方式将系统内外相关因素进行协调，使之保持相互一致。最优化原理，是指按照特定的目标，对标准系统的构成因素进行调整、选择，使之达到最理想的效果。在城市旅游休闲公共空间的管治过程中，应充分体现标准化思想，以标准化手段提升管治能力，促进城市空间的优化和更新。

5. 竞争优势理论

竞争优势理论是美国学者迈克尔·波特（Michael Porter）提出的，该理论在学界具有广泛的影响力。迈克尔·波特在《竞争优势》《竞争战略》《国家竞争力》三本著作中，对国家竞争力、企业竞争力进行了深入的研究，系统完整地介绍了“竞争优势理论”。该理论强调战略管理的重要性，认为在资源丰富的地区不一定比缺少资源地区的竞争力更强，将丰富的资源要素进行科学合理的利用、配置才是提高竞争力的关键。

迈克尔·波特在这一理论的指导下，提出了钻石体系，即钻石模型（见图 2-3）。该模型认为一个国家的竞争优势是一种动态的、综合的竞争力，由内部因素和外部力量共同作用下构成的。其内部因素也是竞争优势的决定因素，包括要素条件、需求条件、相关及支持性产业和企业战略、结构和竞争对手，外部力量主要是指机会和政府，具有不确定性。

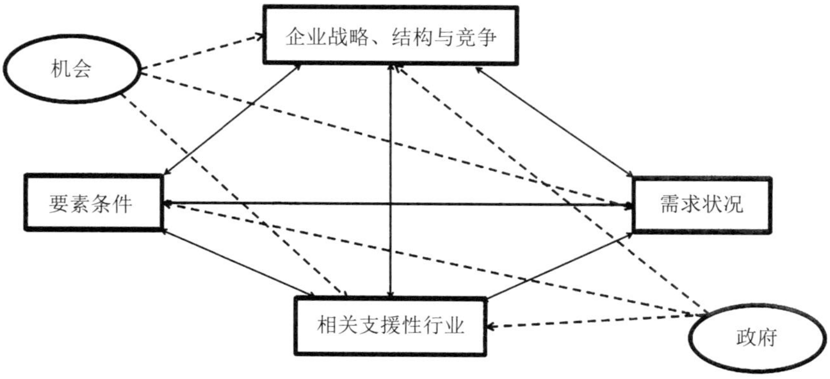

图 2-3　钻石模型

从竞争优势理论来看，城市旅游休闲公共空间中要对资源进行合理配置和长期有效利用，只有管理者、政府、社会各方的共同参与才能让城市旅游休闲公共空间可持续发展。

二、国内外研究综述

（一）旅游休闲的动机与需求

1. 旅游需求动机

研究旅游需求动机的文章很多，首先是集中在旅游的需求背景分析，其次是旅游商品、徒步旅游等具体旅游业态发展背后的需求动机。近年来对休闲旅游的出现及需求动机等方面也有很多分析文章。

刘纯（1999）认为旅游动机具有多元性，她从社交的、尊重的和自我实现的需要，智力的需要，冒险的需要，一致性的需要，复杂性的需要等六方面对旅游动机的形成进行了分析。李明娟（2011）从马斯洛需求层次理论出发将酒店顾客的需求分为直接需求和间接需求。其中以酒店的核心功能所满足的顾客直接需求已经明显下降，而以安全、社交、尊重和自我实现为主的间接需求在今天已经成为人们的主导需求，对此的满足才是造就忠诚顾客的最主要的方面。

徐君兰将游客对旅游商品的需求分为四个层次：基本需求、探新求异的需求、纪念收藏的需求和社交需求。她认为旅游者的购物需求来源于理智动机和感情动机。这样的分析对旅游商品的设计、销售提供了很好的依据。

在休闲旅游需求动机研究方面，李能慧等（2003）运用计划行为理论及模型对金门观光客行为倾向模式进行了研究。邢逸玲（2004）借助计划行为理论对台湾东华大学学生进行跑步、上网吧、KTV 三种休闲活动的消费行为意向进行研究。张艳艳（2010）针对天津的休闲旅游可持续发展提出了相关建议。

2. 休闲需求动机

在休闲的需求动机研究方面，马惠娣（2006）强调休闲是人民日益增长的精神方面的需求。周雪晴（2001）从休闲经济的角度分析了休闲消费需求的特点及其波动现象，提出了需求管理的具体策略和措施。张磊等（2002）指出休闲经济的兴起是一国整体经济水平提高的必然结果，而中国已经进入了休闲经济的时代。孙天厌（2003）认为休闲与经济存在内在的联系，休闲产生的经济条件是有钱，休闲产生的社会条件是有闲，休闲对经济的增长有拉动作用。

在居民休闲活动的影响因素研究方面，刘志林等（2001）以深圳市民活动日志调查为基础，分析了个人社会经济属性的制约因素对居民休闲空间的影响。陈正伟（2002）以重庆市居民为研究对象，比较系统地阐释了当前城市居民的主要休闲方式以及城市居民休闲方式选择与有关需求的相关程度。杨国良等（2003）通过对成都市城市居民的休闲消费活动的调查统计，认为城市居民休闲活动的次数、花费、时间、方式、态度以及参与活动的空间等都会受到城市居民消费结构和消费水平的影响。

对这些研究成果在时间序列上的梳理，可以明显感觉到人们从旅游需求（更多的指传统观光旅游）到休闲需求的发展，从基本的生理需求到更高层面心理需求的发展，以及由满足需求而生发的旅游休闲产业布局调整、业态调整等，从而为城市旅游休闲公共空间的发展演进找到依据。

（二）休闲、游憩与旅游

“休闲”“游憩”“旅游”是学术研究中常常混用而又各有侧重的三个概念。

1. 休闲

从中国文字的造字法则来看，“休”为会意字，人倚木而“休”，现代也可引申为人与自然的和谐相处。“闲”也是会意字，表示空隙，再从物理空间上的空隙转注为时间上的空闲。“休闲”这个词指借助某种环境、方式消除体力上的疲劳，同时再引申到精神上的享受。在西方，英文单词“leisure”是由希腊语演变而来，是一种“有社会价值”的娱乐和人的自我发展。从文字本源理解，中国的休闲理念主张相对“静”的状态，而西方的休闲方式则更侧重在运动中娱乐，主张与劳动所不同的另一种“动”的状态（马惠娣，2005）。

1899年，美国经济学家Thorstein B Veblen发表《有闲阶级论》，描述了在当时新兴的资产阶级，由于拥有了财富而脱离劳动，进而成为一种生活方式的现象。既在一定程度上揭示了闲暇生活方式与经济、财富之间的关系，又在源头上为后来学界对于“lazy”（懒惰）与“leisure”之间的讨论埋下了种子。此后学者们对休闲的研究越发深入具体，包括休闲时间、休闲文化、休闲与经济发展、休闲与社会生活（马惠娣，2003）以及休闲与工作、家庭、宗教之间的关系等。

法国作家罗歇·苏（1941）在《休闲》一书中对休闲的概念做了较为系统的阐释。他认为“休闲”首先是一个时间概念，是可以自由支配的时间。其次是一种活动概念，是可以“根据个人的愿望和爱好所自由选择的活动”。另外休闲是一种心理态度，是“自由的感受”。美国休闲学专家Jeffrey Gobbi（2000）也对“休闲”进行了全面探讨。他认为“休闲”是一种相对自由的生活，是与文化环境和物质环境的外在压力的相对而言。由此可见，探讨休闲的一个关键词就是“自由”，包括时间上的自由、空间上的自由、选择上的自由、心理上的自由。从哲学上说，自由又恰恰是人类不断追求的境界。

从心理学的角度看，真正的休闲是具有高度的自由选择与很强的内在动机的活动，有助于人们实现自我，追求高尚的精神生活，是一种有益于个人健康发展的内心体验（郭晓勇，2006）。

从经济学的角度看，休闲产业是服务经济的重要组成部分，有着很强的经济带动效益，对拉动消费和生产、促进其他产业升级转型、改变产业格局、增加就业也起着巨大的作用。也是国民经济的重要来源。因此政府会根据经济发展的情况，调整国民休闲时间的长短，并通过政策引导消费方式。

从文化的角度看，休闲是为不断满足更高层次的精神需要而进行的一种文化创造、欣赏和建构。徐明宏（2004）指出休闲的价值不是实用，而是精神上的愉悦，这种愉悦是在源于自由中的审美、创造和超越。

中国旅游研究院《中国休闲发展年度报告》（2011—2012）中将休闲归结为活动方式，是人们在工作之余所有使身心放松的活动的总称。从这个意义上说，“旅游”属于“休闲”的范畴。

2. 游憩

在中国汉字中，“憩”是“愒”的异体字，而愒者，息也。指休息，特别是时间较短的休息，如：小憩片刻。“游憩”共用也是古来有之，指游览与休息。《晋书·羊祜传》：“襄阳百姓于岘山祜平生游憩之所建碑立庙，岁时飨祭焉。”北魏郦道元《水经注·洹水》：“渌水平潭，碧林侧浦，可游憩矣。”所说的“游憩”，都是指游玩和休息。

现代的“游憩”概念则是从西方国家引入的，英语 Recreation。而对于游憩（Recreation）的内涵，国外学者自 1958 年起就曾做过讨论。近 60 年来西方学术界的各种论述很多。Torkildsen G. 等（2010）所著《休闲与游憩管理》和 John J. Pigram 和 John M. Jenkins（2011）所著《户外游憩管理》对历史上国外学者们的各种论述做了归纳评述，众多观点有相似的地方。一是在闲暇时间内进行的；二是多从活动维度界定；三是多强调游憩的目的性；四是多强调参与者的主动性和自愿性。

随着旅游业的兴起并成为人们生活中非常重要的一部分，在游憩概念中加大旅游的论述比重成为学者们思考的方向。黄羊山（2000）提出了“有游之旅”和“无游之旅”两个概念，认为游憩是两者之和。俞晟和何善波（2003）认为游憩要“离开居所一定范围”，就有了旅游的要素。周常春和董武亮（2004）把在闲暇时间内发生，其目的是恢复人的体力和精力，所开展的活动统称之为“游憩”，并认为“游憩是更广泛意义上的旅游”。这就把“休闲”“游憩”“旅游”三者等同了。

3. 旅游

在中国古代“旅”和“游”是既有相同之处，也各有侧重点的两个词。“旅”是旅行、外出。是为了实现某一目的而在空间上产生位移的过程；“游”是为了达到游览、观光、娱乐等目的而外出。所以，“旅行”偏重于行，“旅游”则有观光、娱乐之意。据报道，“旅”和“游”二字在山东昌乐骨刻文中发现，是使用古老的文字（赵书军，2013）。在南朝沈约《悲哉行》:“旅游媚年春，年春媚游人。”和唐朝王勃《涧底寒松赋》:“岁八月壬子，旅游于蜀，寻茅溪之涧。”中能看到“旅游”合用，就是旅行游览之意。

在西方，旅游（Tour）一词也有着颇为古老的渊源。来源于拉丁语的“tornare”和希腊语的“tornos”，含义是“车床或圆圈”（陈道山，2010）。“tourism”的意思是“按照圆形轨迹的移动过程”，所以旅游有往复行程的含义，离开居住地一段时间后再回来的活动。

对于现代旅游的内涵，中外学者都有比较多的论述。王兴斌（2004）曾进行了归纳总结，划分为早期的定义、经济化的定义、文化的定义、官方的定义等。认为旅游的本质是寻求愉悦，外部特征是时间上的“暂时”和空间上的“异地”。保继刚和楚义芳（1999）将旅游归结为游憩活动的一部分，并从经济现象、文化生活的角度给出了定义。依然遵循了异地性和短暂性。其突出的特点是增加了产业方面的要求，即旅游目的地的旅游接待设施。

另外，“休闲”“游憩”与“旅游”三者之间的关系也一直是研究所绕不开的问题。冯维波（2007）认为三者间是包含关系；王兴斌（1996）则认为彼此是交叉关系（见图 2-4）。

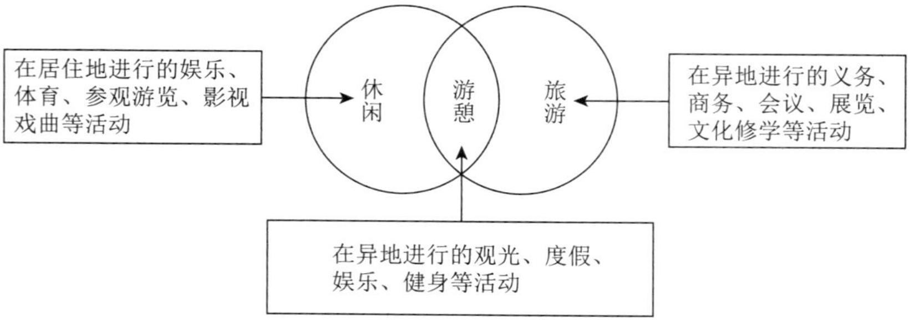

图 2-4　休闲与旅游的关系

资料来源：王兴斌（1996）

Hall，Page（2002）认为休闲、游憩和旅游是相互有交集的三个部分；而将“商务旅游”和“目的性休闲”排除在休闲的范围之外；而将是否离开居住地作为旅游和游憩的区别。用虚线表示的是休闲、旅游和游憩三者之间的界限是柔性的，并不能做出完全的区分。（见图 2-5）

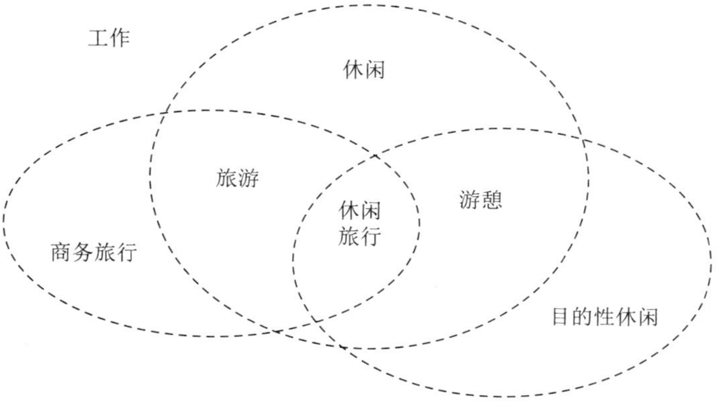

图 2-5　休闲、游憩与旅游的关系

资料来源：Hall，Page（2002）

随着经济社会的发展，跨界融合已经是一个必然的趋势。吴必虎（2001）曾经指出，人为地区分游憩和旅游，只是为了满足经济统计和分析的需要，而在本身的行为上，游憩者和旅游者并不能完全做出区分。

以上研究基本是基于人的需求，从人的行为角度来对旅游、休闲、游憩进行异同分析，进而涉及地理空间和时间维度的辨析。

从工业时代起流水线式的作业，高度细分的劳动分工以及现代化劳动的条件，在促进社会经济大发展的同时，也造就了人和人之间的分隔、孤立，人际交流贫乏。而高度的城市化发展，垂直的居住形式，小家庭式的社会结构以及降低的生育率，都导致了社会关系的缩减。而旅游、户外健身、剧院演出、电影等形式的休闲活动则是增进人际交往的非常好的方式，是治疗社会病，让人回归社会人的非常好的手段。

（三）城市旅游休闲公共空间的功能变化

城市休闲空间不仅是城市公共空间的一部分，也是人们休闲、娱乐等物质与精神文化生活的承载地。从古代封建专制形成的封闭城市空间转向现代社会开放性的空间，消费结构的转变推动了人们生活方式的转变，居民开始重视生活质量和生活舒适度，希望有更好的休闲环境，城市旅游休闲公共空间应运而生。

空间休闲的实质功能有二：一是调整人们的休闲方式，人们长时间从事工作易造成脑部疲劳，当人们从工作空间转换到休闲空间时，用脑方式也就发生了变化，从而可以缓解疲劳；二是转移人们的休闲空间，自古以来人们在家庭之外的公共场所休闲自由度有限，因此大多选择在室内进行休闲活动。但长期在同一地点进行工作、休闲等多重活动易产生倦怠感，进而导致无法达到休闲放松的效果。因此，随着个体流动性增强，休闲空间和休闲资源也应相应增加。休闲场所可分为公园、街道、广场等，也可根据功能的不同划分为居住场所、消费场所、交往文娱场所等。政府在开发休闲资源的同时，也应配置相应的休闲服务设施，为人们提供各类休闲场所。

1. 城市休闲空间类型

我国城市休闲空间的分类起步较晚，从不同角度对城市休闲空间进行分类会产生不同的结果。值得注意的是，城市休闲空间是不断变化的，其具体的内容可能随着社会的发展和人的需要而逐渐增加，也有可能被逐渐淘汰。大多数城市休闲空间的分类并不能包含全部的类型，仅仅是划分较为突出的空间类型，具有一定的局限性。同时，由于不同地区的社会、经济和文化等背景条件的不同，城市休闲空间的类型也相差较大。

从经济角度来看，可以分为非营利性休闲空间和营利性休闲空间，也可以称之为公益性休闲空间和商业性休闲空间。顾名思义，非营利性和公益性都可以视为是政府部门或非营利机构主导建设并免费提供给人们休闲的空间，主要是为提高居民生活质量，优化居民生活环境，例如城市绿地、广场、图书馆、公园等；营利性和商业性休闲空间可以视为以营利为目的但仍可以为人们提供进行休闲活动的空间，例如电影院、饭店、滑雪场、酒吧等。

从服务对象来看，可以将城市休闲空间划分为基本休闲空间和非基本休闲空间。其中非基本休闲空间主要是为本地居民提供休闲服务，基本休闲空间则主要是为外来游客提供休闲服务，但二者并不存在明显的界线。

从空间形态来看，可以将城市休闲空间分为点状空间、线形空间和面状空间三类。点状休闲空间是一种占地面积较小的空间，在功能上可能是一片绿地，也可能是一栋建筑；线形休闲空间通常是沿河流或道路等线性空间延伸的长条形空间；面状休闲空间则相对来说占地面积较大，在城市中多是以大型公园、旅游度假区等形态呈现。

从空间功能来看，又可以将休闲空间分为实用型休闲空间、运动型休闲空间和文化型休闲空间。运动型休闲空间与竞技体育场地的概念并不相同，运动型休闲空间注重满足休闲者内心休闲的需求，为其提供健身运动的场所；实用型休闲空间不仅只具有一种功能，而是以家务劳动为主同时兼有休闲活动的空间；文化型休闲空间则是能够使休闲者在休闲活动中提高文化素养的空间，例如参观博物馆等文化教育场所。

城市休闲空间具体形态复杂多样，随着城市空间功能的转化，不断会有新的休闲空间形态的出现。值得一提的是，城市休闲体育空间作为城市休闲空间的组成部分之一，承担着越来越重要的功能和职能，被大众所广泛关注，也是城市居民用于休闲娱乐、健身运动的物质载体。对于城市休闲体育空间而言，休闲作为一种现代化的城市发展模式，通过城市体育休闲空间的规划，可以将体育场馆、健身房等资源建设作为核心，通过全民体育理念的应用，为人们提供室外广场、公园等活动区域。

城市休闲体育生活空间是一个复合概念，简单来说就是在城市具备进行休闲体育活动的空间。由于体育设施和场地有限，我国城市居民的休闲体育活动并非都是在正规体育场所开展的。事实上，更多的城市居民往往会借助一些其他的公共设施，例如在城市公园、广场等非正规休闲体育场所进行。因此，这与常乃军（2011）对城市休闲体育空间的界定一脉相承，城市休闲体育空间应该包括休闲空间成绩（包括由休闲体育设施组成的特定物质环境空间）以及居民休闲体育活动所形成的行为环境空间，即城市休闲体育生活空间 = 城市休闲体育物质空间 + 城市休闲体育行为空间。此外城市运动休闲空间的概念与城市休闲体育空间相类似，都强调满足人们的运动休闲、锻炼的需要。

依据供给主体角度分析，城市体育休闲空间可以划分为以下几种。第一，私人休闲体育空间，主要以商业形式为主体，将营利性作为核心的非公益性体育休闲服务模式；第二，公共休闲体育空间，主要是在政府的主导下，通过与第三方的服务融合形成的非营利性场所，建设目的是满足城市居民的体育休闲需求。这类体育休闲场地表现出公益性、公共性及普适性等特点，能为城市提供公共体育服务，是一种重要载体与平台，主要包括公园、开放绿地等。

2. 城市旅游休闲公共空间类型

城市旅游休闲公共空间的分类是建立在城市休闲空间分类的基础之上的。城市旅游休闲公共空间作为一种综合的空间形态，是城市的重要组成，也是城市功能的重要载体，应该为生活在其中的人服务。

国家标准《城市旅游休闲公共空间分类与要求》（GB/T 31171-2014）从休闲空间

功能的角度将城市旅游休闲公共空间划分为两类，即综合公共休闲空间和专项公共休闲空间，从而利于对公共休闲空间进行规划、建设、布局及服务（见表 2-3）。

表 2-3 我国国家标准中对城市旅游休闲公共空间的分类

空间类型	举例
专项公共休闲空间	运动场馆、文化场馆、休闲步道、自行车道、特色市场、青少年活动中心、老年活动中心、休闲水域、特殊公共场所等
综合公共休闲空间	中央休闲区、公园、城市广场、休闲商业区、滨水休闲区、社区休闲中心等

资料来源：《城市旅游休闲公共空间分类与要求》（GB/T 31171-2014）

值得注意的是，城市旅游休闲公共空间强调具备休闲娱乐等功能的城市公共空间，因此在研究中常有学者将城市旅游休闲公共空间称作城市游憩空间，如吴必虎（2003）对城市公共游憩空间进行了划分，陈渝（2013）对城市公共游憩空间进行了分类，但实际上两位学者所提及的都是城市旅游休闲公共空间的概念。城市游憩空间是城市公共空间的一部分，简单来说就是具备游憩功能的城市空间，与狭义概念上的城市公共空间有着非常相似的内涵。

近年来，还有许多学者提出了城市旅游休闲公共空间的概念，城市旅游休闲公共空间作为城市旅游休闲公共空间的一部分，在发展过程中受到历史文化传统等各方面因素的影响，深刻反映了城市生活的发展历程。

潘东燕（2016）将城市旅游休闲公共空间划分为资源开发型、节事选址型、产业调整型以及文化传承型。资源开发型旅游休闲公共空间是以自然资源开发为重点，以自身良好的资源禀赋为依托而建设的一种空间模式；节事选址型旅游休闲公共空间是指以举办各类节事、体育赛事等活动基础设施为依托形成的休闲空间，并以此促进基础设施的有机更新；产业调整型旅游休闲公共空间是指以产业结构调整为方向，以区域的旅游资源为基础形成的休闲空间，例如将已经废弃的工业设施、工厂等改造为展览馆、商业综合体等；文化传承型旅游休闲公共空间强调社会经济与人口、旅游资源及生态环境的协调发展，使人能够在旅游、休闲的同时感受文化氛围，接受文化教育。

旅游休闲已经成为人民大众最普遍的生活需求，城市旅游休闲公共空间的划分也已经从单一走向多元化发展，不断与经济、社会、物质环境的更新相结合，展示出丰富的内容，从而能够满足更大的旅游休闲消费人群需求。

（四）城市各类旅游空间

旅游空间是开展旅游活动的载体（毕丽芳等，2012）。因此针对旅游空间的研究为数众多，包括：中央商务区（Central Business District，CBD）、游憩商业区（Recreational

Business District，RBD）、旅游商务区（Tourism Business District，TBD）、中央活动区（Central Activities Zone，CAZ）、环城游憩带（Recreation Belt Around Metropolis，ReBAM）、中心旅游区（Central Tourist District，CTD）、旅游度假区、开放式景区、风景名胜区等。

1. 中央商务区（CBD）

这是城市综合休闲发展中出现得较早的概念。最早产生于20世纪20年代的美国，根据Burgress E.W.（1923）的理解，CBD是“城市最核心部分”，包括有百货商店、其他商店、办公机构、娱乐场所、公共建筑等设施。以后CBD的内涵不断发展，功能不断完善，成为经济发展的中枢区域。截至2015年，我国已获得国务院批准挂牌的三大CBD为北京朝阳CBD、上海陆家嘴CBD、广州天河CBD。

2. 游憩商业区（RBD）

C.Stansfield和J.E.Ckert（1970）最早提出RBD的概念，是指为了满足来城市旅游的游客需要，而集中设置的街区。在时间上有“季节性”的特点，在空间上实现饭店、娱乐业、旅游吸引物和礼品商店等的集聚。StephenL.J.Smith（1992）也认为RBD是建立在城镇与城市里各类旅游设施集中的特定零售商业区组成，以此来吸引大量旅游者。他在概念中减少了“季节性”的时间概念，同时把供需双方的关系做了调整，不是由供方被动地满足需求，而是主动地创造需求。Shaw和Williams（1994）在旅游者之外，将“城市居民”也作为RBD的吸引对象，并且认为RBD是一个逐渐形成的过程。

保继刚（1995）首次将RBD的概念引入国内，并在城市旅游研究中加以运用。此后，国内学者如刘恒飞（2008）针对上海、武汉、重庆、广州、苏州等地广泛开展应用研究，并取得了一定的成果。从现有的研究来看，在RBD的相关概念、形成机制、特征类型、功能等方面都取得了一定的进展（张立生，2006），但研究领域不够宽泛，理论性不足等；另外，RBD空间范围界定、规划设计、国际成功案例借鉴等方面的研究和应用尚待加强。

3. 旅游商务区（TBD）

Getz（1993）提出了旅游商务区（TBD）的概念。与RBD有联系，也有不同。Getz以欧洲的古老城市为例进行研究，认为TBD是以游客为导向的区域，与城市中心商务区（CBD）相邻甚至重叠。这是由于欧洲古老城市的城市景观和城市公共服务体系本身具有多重功能导致的，但也为城市同一空间的多样化功能开发提供了启发。

TBD在空间形态上可以分为点状、条状、块状、环状等多种样式。如大型购物中心、主题公园、历史景点等即为点状形态；以特色购物步行街、美食街、历史街区等为条状形态；大型旅游综合体等是块状形态；而受河流等自然因素或古城墙等历史遗迹影响所形成的休闲、观光、旅游区域，则是环状形态。

4. 环城游憩带（ReBAM）

英国的 Ebenezer Howard（1898）是最早“环城游憩带”构想的人。在他的田园城市模型中提出在城市外设置林荫大道，进而形成城市公园与居民区（梁志超，2013）。虽然是近乎乌托邦式的构想，却给后世的研究带来很多好的启迪。美国的盖恩（1972）提出了“都市旅游环带模式”，他以城市旅游核心区为中心，用四个拓展的同心环形带来区分不同的旅游功能，并提出每个旅游带的吸引物和设施以及不同旅游活动的空间分布特点。

我国学者中吴必虎（2001）最先提出环城游憩带概念，在他的论述中，环城游憩带空间位于城市郊区，环绕城市外围，服务对象是以城市居民为主，外来旅游者为辅，内容是游憩活动，功能是观光、休闲、度假、娱乐、康体、运动、教育，关键是土地利用。（见图 2–6）

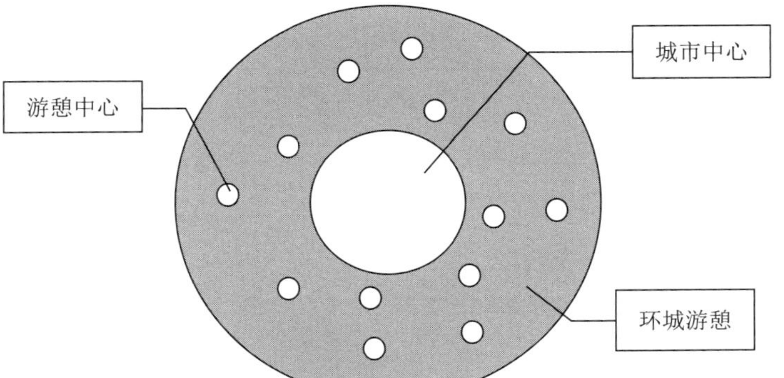

图 2–6　环城游憩带概念示意图

资料来源：吴必虎（2001）

有些学者将环城游憩带归结为大城市周边形成的土地利用现象，是城市居民在双休日到城市郊区所进行的郊野休闲度假活动；还有学者认为，环城游憩带是由城郊各个大小不同的游憩区所组成。由于交通的便利和区位上的优势，城市近郊能够满足市民在节假日的休闲游憩需求，因此会在城市近郊形成若干个游憩区。而环城游憩带再将所有零散的游憩区连成整体，便于城郊土地有序、规范地规划开发利用。

5. 中央活动区（CAZ）

CAZ（Central Activities Zone）即中央活动区，是在 CBD 的基础上发展出来的，突出并强化商、旅、文等相关产业的集聚发展，并且具备功能。成为城市中全天 24 小时的活动中心和活力中心。钱智等（2011）认为，从本质上说，CAZ 就是将 CBD 、RBD 等功能结合在一起的综合性区域和多元化中心。

CAZ 在北美洲、大洋洲的一些分散型的特大城市中比较显著，非常突出的特点是形成“工作、生活和休闲三位一体的独特城区”这与以往城市规划建设中依据功能进行分区的设计理念完全不同了。

6. 旅游综合体

“旅游综合体”是聚集综合旅游功能的特定空间，是以旅游休闲为导向对土地进行综合开发。也有人认为，旅游综合体是一个“泛旅游产业聚集区”。杨新军等（2005）将“旅游综合体”与“城市综合体”进行了比较，找出两者间的关联，进而认为旅游综合体是以旅游为导向的土地综合利用方式。

7. 相关术语比较

以上 CBD、RBD（TBD）、CAZ、ReBAM、旅游综合体等学术概念都与城市旅游休闲公共空间有关。它们的区别主要体现在区位、资源、业态、服务对象等方面的不同，其主要特征见表 2-4。

表 2-4 旅游休闲活动空间相关术语比较

名称	主要特点			
	区位	依托资源	主要业态	服务对象
CBD	城市或区域的最核心地段	（1）最集中最高档的零售业 （2）最高的人流、信息流及可达性	高端零售业为主的商业	商务人士、市民、游客
RBD（TBD）	城市特色街区，不一定位于城市中心区	特色旅游产品集聚在一定区域而提供的氛围、产品及服务	特色纪念品及小吃等为主的旅游业	游客
CAZ	城市中心	具备 CBD、RBD 双重资源特征，同时增加生活居住要素	突出除商务以外的旅游、休闲、文化等各类产业高度融合	市民、游客
ReBAM	城市周边	城市郊区土地资源丰富，连接城区交通便利	与观光、休闲、度假、娱乐、康体、运动、教育相关业态	市民为主，游客为辅
旅游综合体	旅游产业主导的城市区域	旅游休闲资源富集；旅游产业齐全	旅游要素高度集聚融合	游客
城市旅游休闲公共空间	特定经济区；旅游产业主导的城市区域	旅游休闲资源富集；旅游产业齐全；政府强力推动	旅游要素高度集聚融合	市民、游客

注：根据前人研究成果对比整理。

本书在对前人所有概念辨析整合、继承扬弃的基础上，提出“城市旅游休闲公共空间”（Urban Public Tourism Leisure Space）的概念。“城市旅游休闲公共空间”是旅游功能区在城市化进程和城市更新过程中的一种表现形式。一般来说，RBD（TBD）、CBD、CAZ、ReBAM、旅游综合体等都属于城市旅游休闲公共空间。城市旅游休闲公共空间既包含以上所有研究对象，又与它们有所区别。

“城市旅游休闲公共空间”相比于 CBD，其区别在于（1）空间分布更加多样，不一定位于城市的最核心地段；（2）业态以旅游业为主，兼顾其他业态；（3）依托资源类型多样，不一定是商业中心；（4）服务对象侧重于旅游休闲角度进行服务人群划分。

“城市旅游休闲公共空间”相比于 CAZ，主要区别类似于和 CBD 的比较，新增加的不同之处在于“城市旅游休闲公共空间”范围更大；且在旅游休闲方面，“城市旅游休闲公共空间”和 CAZ 的功能和业态更为接近。

“城市旅游休闲公共空间”相比于 RBD，其区别在于（1）“城市旅游休闲公共空间”包含 CBD，而 RBD 不包含 CBD。城市旅游休闲公共空间可以是商业主导的旅游中心，如徐家汇源，而 RBD 则是旅游商务中心。（2）城市旅游休闲公共空间依托的资源类型更加多样。

“城市旅游休闲公共空间”相比于 ReBAM，其区别在于，ReBAM 是作为城市附属配套区域而存在的，是与工作、学习相对的一个单纯休闲的概念。而城市旅游休闲公共空间则更加综合，是包括工作、生活区域在内的综合范畴，更加贴近于宜居城市的概念。

“城市旅游休闲公共空间”相比于“旅游综合体”，其区别在于（1）旅游综合体很少位于城市核心地段，多分布于城市中心区外围，因为城市核心地段主要为商务区，而旅游综合体为旅游产业主导。“城市旅游休闲公共空间”则要求具备商业中心、历史风貌区、滨水空间、A 级旅游景区、公园绿地、广场、活动场馆等较高等级的城市旅游休闲资源，因而在空间分布上更强调城区中人流密集的地方。（2）“城市旅游休闲公共空间”相对旅游综合体而言，产业集聚程度要求较低，因为旅游综合体是一个相对独立而面积较小的旅游休闲区域，而“城市旅游休闲公共空间”的产业服务依靠城市的总体发展水平，可以通过其周围的其他产业获得相应的服务。（3）“城市旅游休闲公共空间”的业态更为宽泛。

综上，“城市旅游休闲公共空间”与以上相关研究对象的主要区别于：（1）空间布局较广，但位于城市市区的可能性较大，因为商业中心、历史风貌区、滨水空间、A 级旅游景区、公园绿地、广场、活动场馆等这些高等级旅游休闲资源在城市市区分布较为广泛。（2）依托的旅游休闲资源等级较高。（3）城市旅游休闲公共空间主导业态是旅游，同时兼顾其他产业，它的业态要求更多地依靠城市发展水平，但也必须能便捷地提供旅游休闲相关服务。（4）其功能是多元化的，可以是具备商务、旅游、休闲、文化等综合化的功能，也可以是以商业中心、历史风貌区、滨水空间、A 级旅游景区、公园绿地、广场、活动场馆等旅游休闲资源为主的其中一种或多种类型，因而可能除具备旅游休闲功能之外，同时具备城市交通中心、文化中心、商业中心等多种职能组合。（5）城市旅游休闲公共空间的服务对象主要从旅游休闲角度进行划分，包含所有旅游休闲对象。

（五）公共性理念及其演化

1. 中国古代早期的公观念

中国的制度和文化自古传承，因此考察一下中国古代的公共性思想或者叫公观念，对今天的社会公共管理有借鉴意义。

是与“家—国—天下”的社会结构在中国古代2000多年的皇朝历史中一脉相承，非常典型。而中国古代的“公观念”也与此结构密切相关。根据古代文献，“公”与“私”是一组相对的概念。“公”的观念被极其推崇，成为规范人们行为的最高准则，与“天”平齐。所谓“天下为公”就是这个含义。而源于君权神授的法理，皇帝或皇族“奉天承运”代表了“公”，进而朝廷、官员等与皇权密切相关的一系列人或物也都具有了“公”的属性或特征（胡群英，2009）。民间所谓“青天大老爷”“秉公执法”就是这个意思。与之相对“私”则是指个人或家庭及其日常活动。由此可见，公观念或公共性思想在凝聚个人成为共同体、巩固社会结构和形成稳定而有序的社会关系和社会秩序的过程中发挥着重要作用，具有非常重要的意义。中国古人由公观念出发构造出的一套公共性思想体系，成为古代社会治理的理论基础，并且融入了民族文化，影响至今。

2. 中国现代对于公共性思想的论述

人与他人的交往、人与自然的物质交换都是必不可少的，由此自然而然地产生了公共性。

王乐夫（2003）认为，公共性资源由政府控制，因而政府的行为应当具有最大的公共性。同时他也提到公民和自治性团体在公共性上的体现。贾英健（2008）指出，公共性是社会群体公共理念和组织形式的反映。而周志山（2011）则认为，公共性体现了人类的特征，既是对个体利益扬弃，从而考虑他人利益的公共理念，又是人们互相照顾的生活状态。

胡群英、郭湛（2010）的认识更为系统。概括而言，有四个方面。第一，公共性表达的是一个基本事实——人类在同一个世界上以群体的方式共同生活。第二，人的组织化生活方式划分了公私活动，并由此产生了公共性。第三，人类发展的历史，社会关系秩序构建的需要产生公共性。第四，由于公共性的存在，人类才能超越其个人能力的有限性，为人类生存的连续性创造条件。

现代国家治理活动的普遍性对公共性提出了更高的要求。现代国家工业化、现代化的进程也强化了分工合作的价值理念。张雅勤（2012）等学者提出，公共性价值包含辩证统一的两个方面——实质公共性与形式公共性。实质公共性是在行政主体对“社会公共利益至上性”的价值判断中获得的，在功能表现上会将维护和实现公共利益作为思想和行动的根本出发点和最终旨归，会表现为一种“利他性”。同时，作为国家治理核心价值的实质公共性会在治理制度、治理组织、治理体制、治理工具、治理方式与治理技术等种种形式中得以体现，并因形式的改进和完善而得到更加充分的实现[①]。

3. 西方对于公共性思想的论述

西方公共性的概念源自古希腊。而作为社会科学概念的公共性则被认为是现代公民社会公共行政的根本属性（葛荃，2013）。德国政治理论家 Hannah Arendt 在其《人的条件》一书中提出“公共领域”的概念，并认为公共性是一种人与人的共同存在，彼此通过言语和行动而形成相互间的联系。德国哲学家 Jürgen Habermas 认为，公共领域是一个社会空间，具有开放性。公共领域成为市民社会和国家之间进行调节的一个领域。

可见，现代社会公共性的认定是以权利为本位的，其价值内涵是“公平与正义”。与公共性相关的概念是公共空间或公共领域，公共领域原则上向所有公民开放（Jürgen Habermas，1968）。

4. 马克思的理论中对公共性思想的讨论

作为社会主义国家建设的总的指导理论，马克思主义中包含了大量公共性思想。而对于唯物史观中的公共性问题也成了一个特别研究的领域。我国学者有着大量的研究。贾英健（2008），卞绍斌（2008），袁祖社（2008），张莉华（2009），张翀（2010），杨仁忠、任滢（2011），周志山、冯波（2011）。（见表 2–5）

表 2–5　马克思理论中的公共性思想

学者	观点
贾英健（2008）	马克思把共产主义的实现与公共性的理想目标的真实性存在联系在了一起
卞绍斌（2008）	马克思深刻洞察到现代性所造成的“个体主体”与“公共生活”的分裂事实；他对未来社会形态的描述正是为了建立现代“公共生活”
袁祖社（2008）	公共性追求到马克思那里形成了人类思想史上最纯洁最彻底的科学体系。立足于人类自主创造、自为拥有的公共性实践之上，确立了具有最广泛群众基础的无产阶级为基本立场，以人的自由全面发展为终极价值指向，以最普遍的公正为核心的共产主义的制度安排
张莉华（2009）	马克思是从人存在的角度来关联公共性的，而马克思理论中所说的实践本身就是人类的公共活动，实践的类型决定了公共性的类型
张翀（2010）	马克思对公共性问题的研究是通过公共利益、共同体、自由人的联合体等具体概念进行的

① 对“实质公共性”与“形式公共性”的内涵及其特征更具体的描述参见：张雅勤，行政公共性的生成渊流与历史反思，中国行政管理，2012，6；张雅勤，对公共行政公共性的概念解析 . 浙江学刊，2012，1

续表

学者	观点
杨仁忠、任滢（2011）	根据马克思社会发展三阶段理论，只有在以人的全面发展为基础的未来社会，社会公共性才能得以充分发展
周志山、冯波（2011）	马克思所揭示的社会关系本质蕴含着一种以主体间的合作共处为意蕴的公共性理念和追求

注：根据以上学者文中表述整理。

从这些研究成果中可以看出，正是从公共性出发，才能理解马克思所说的——“每个人的自由发展是一切人的自由发展的条件”。[①]

5. 服务型政府建设

“服务型政府”的提出是我国的理论创新，张康之（2000）的论文《限制政府规模的理念》，首次使用“服务型政府”这一概念。在学术界对于“服务型政府”的概念则有不同的理解。刘熙瑞（2002）强调公民本位、社会本位的理念和社会民主秩序的框架。强调政府管理中必须彻底扭转过去以政府为中心的“官本位”“权力本位”状态，树立“民本位”的立场，做到以公民为中心，一切以服务社会为宗旨。

2003 年“非典”危机过后中央对政府公共服务职能开展了反思，认为“服务型政府”强调政府职能的转变，强化公共服务职能，认为服务型政府的管理职能应由以往的经济领域转移到公共服务领域（谢斌等，2011）。2004 年中央明确提出“服务型政府”的概念并向全国各级政府推广。于千千等（2012）总结这一转变时，也称之为“公共服务型政府”。在发展十多年后，张小云等（2015）再次总结，认为服务型政府是政府机构改革的一个方向，提升政府公共服务质量是这一改革的目标，而转变政府职能是这一改革的关键。“经济调节、市场监管、社会治理、公共服务、环境保护”是党的十六大对政府的职能定位。王澜明（2005）认为这也是对我国构建的服务型政府的职能定位。尤其是公共服务职能。肖陆军（2007）指出，强化公共服务意识，明确公共服务职能是服务型政府必须做到的，应努力构建现代公共服务体系，并凸显“统一、公开、公平、公正”的特点。

6. 城市旅游休闲公共空间治理模式演变

城市旅游休闲公共空间涉及的利益相关者众多，包括政府管理者、企业、游客、居民等。在城市旅游休闲公共空间演变初期，受当时政治环境和制度的影响，主要采取的是政府主导的、统一的大规模改造方案。随着社会的发展和时代的进步，政府垄断性的政策规划开始显现弊端。政府开始通过鼓励企业投资，在政府的指导下，采取

① 《马克思恩格斯选集》第四卷，北京：人民出版社，1995 年 P 730

政企合作的模式治理城市旅游休闲公共空间，这样的新模式很大程度上缓解了政府的财政和规划压力，但同时也造成了一定的社会弊端。企业为了谋求更大的经济利益，对城市旅游休闲公共空间不断进行扩张，特别是一些改扩建行为给当地居民的生活带来了严重的负面影响，造成城市治理弊端。城市旅游休闲公共空间演变的后期，社区也加入了对城市旅游休闲公共空间的管治环节，形成了政府、企业、社区及民间组织机构等多角色合作的治理模式。（见图 2-7）

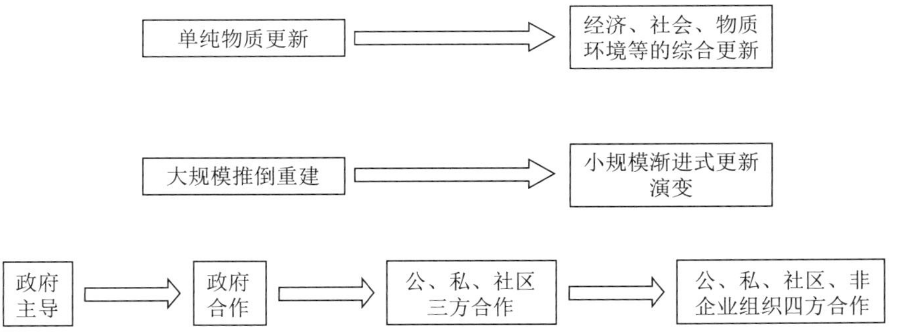

图 2-7　城市休闲公共空间演变模式

三、国内外城市治理概述与借鉴

（一）国外城市治理概述

20 世纪以来，国际形势不断变化，西方国家在新形势下不得不转变城市管理的方式和理念，以寻求城市发展。在此背景下，西方城市为解决城市内部问题，城市治理得到了较快的发展。城市治理作为一种空间治理的概念，在西方城市治理的实践中并没有形成固定的模式。由于时空和背景的不同，也就使得城市治理的模式各具形态。张诗雨（2015）在对国外城市治理模式的分析中，主要研究了三类比较重要的城市治理模式，分别是“皮埃尔的四种城市治理模式”“城市伙伴制治理模式”和“新公共管理模式”，并且认为在西方国家的城市治理中新公共管理模式已经得到了广泛的运用。陈福军（2003）通过对美国城市治理模式的研究，认为美国形成了三种较为典型的城市治理模式，分别是企业式城市治理模式、改革政府模式和公私共同治理模式。

此外，不同国家、不同城市，甚至同一城市的不同发展阶段城市治理可以呈现出不同的特征。谢媛（2010）认为在西方国家的城市治理中，是以协调而非控制为基础，体现的是社会多方的持续互动，并且呈现出四大主要特征：（1）社会主体参与程度不断提高；（2）城市政府与社会合作程度日益加强；（3）城市社区与城市议会的治理功能日益突出；（4）城市与区域之间联合治理的趋势不断凸显。龙菲（2004）在研究西方城市治理时，认为虽然各地的具体做法有所不同，但也存在某些共同的特点和主张，体现在:（1）主张地方分群;（2）强调伙伴制和多重治理;（3）注重决策的过程和地区导向。城市治理中的主要特征也体现了西方城市治理的发展趋势，对我国城市治理有重要的借鉴意义。

进入 20 世纪 90 年代后，世界的政治、经济、社会等诸多方面再次发生变化。城市化进程的加快使得城市在不断扩张与发展的同时出现了更多的社会问题和环境问题，因此城市管理者迫切需要寻找一种新的机制和促进城市的发展。在这样的背景下，西方政治家提出了一个新的目标:“少一些统治，多一些管治（less government，more governance）”，由此，城市管治的概念被提出。城市管治作为城市治理的重要手段，迅速成为多个领域研究的热点，并且广泛出现在政治发展研究之中。随后，西方学者对城市管治进一步研究，并对城市管治的特征进行了概述:（1）城市管治并不是一套固定的规则，而是一种动态的过程;（2）城市管治是持续的互动;（3）城市管治的基础在于相互协调，而不是控制;（4）城市管治涉及多方主体，包括公共部门和私人部门。

可以看出，城市治理、城市管治的研究是西方城市研究的重点和热点。在同样的时代背景下，我国开展对城市管治的研究也是有必要的，并且西方城市治理的方式与特点在一定程度上可以为我国城市治理提供经验借鉴。

（二）国内城市治理概述

20 世纪 90 年代初，我国开始对城市治理进行研究。随着国外经典理论和治理模式的引入，拓宽了国内学者的研究视野，也促使更多学者开始思考本土化的城市治理模式。徐顽强、王文彬（2019）对新中国成立以来我国城市治理主题和内容的变迁进行了梳理。从主题上看，我国城市治理经历了理念升级、主体强化、行为转向、生态扭转以及目标转换。相对应的内容也发生了变化，从传统管理理念向现代治理理念转变，从以政府为主导转向多元化主体转变，从公众被动参与向自觉行动转变，从呆板固化的方式向灵活有效的方式转变，从专注于城市本身建设向城乡融合、城乡一体化发展转变。

目前，我国城市治理的研究大多集中在对城市治理内涵、治理理论、治理主体、治理目标等方面的研究。尤其是城市治理主体中，越来越强调公众参与的重要性，并成为研究的新方向和新热点。例如马海韵等（2016）指出，公民有序参与城市治理是新时期城市治理良性发展需要，并提出要从转变主体理念、促进公民意识的觉醒、加强制度设计，使城市治理有法可依、打造智慧城市，为城市治理提供技术支持、健全法制，明确公众的义务和责任、借鉴国际经验，为我国城市治理提供参考。黄鹰、安然（2015）在对城市治理主体进行界定时，提出了服务型政府、责任型企业、协调型非营利组织和参与型市民四大定位，并且进一步阐述了各主体职责，为我国城市治理体系的构建奠定了一定的理论基础。

在西方治理模式的影响下，我国开始对城市管治进行思考，并逐步探索适合我国国情的城市管治方法。罗震东、张京祥等（2002）在具体分析了我国城市管治的发展现状后，提出了我国城市管治模式的发展方向，其一是完善和运作管理模式和社团模式，将市场中的管理思想引入政府机构中，并且建立完善的公众参与机制，使公众能够广泛参与城市治理；其二是将多种管治模式充分协调和有机结合，从而促进城市的健康有序发展。黄光宇、张继刚（2000）同样也对我国城市管治的发展提出了路径建议，认为城市管治的关键在于观念的转变，要与我国国情充分相结合，同时要增强城市管治体系的公平性和科学性，使“软件”与“硬件”相结合，增强人的法治和德治意识，提高信息技术水平，从而进一步推动城市管治的良性发展。

（三）国内外典型城市经验借鉴

1. 巴塞罗那

1975 年西班牙独裁统治时代结束时的巴塞罗那社会问题严重，整个城市经济萧条、面貌破败，百废待兴。当时的市政府并没有选择大规模推倒重来的方式建设城市，而是在规划下开始了对城市的小尺度改造，渐进式改善城市的居住环境和公共空间，这也成了后来闻名于世的“针灸法”。

首先，市政府先从小型公共空间入手，以“点式切入”，将社区内的停车场、空地以及废弃地统一改造成为社区公园，将这样的闲置空间变为居民的亲切空间。这样的方式简单、易行且花费较少，以小规模的改造触发周边环境的变化，使巴塞罗那成为一个真正可以居住的城市。

其次，市政府又将铁路北站前的废弃地改建成了城市休闲公园，被占用的公共空地也恢复重建成了广场，使巴塞罗那居民拥有了更多可以活动的良好公共场所。对于巴塞罗那，市政府明确了要提升城市公共空间的品质，并且这是一项永久性和持续性的行动。此后，巴塞罗那陆续对城市 400 多处公共空间进行了改造，改变了城市面貌，使城市焕发了生机，也迎来了新的发展机遇。

1992 年，巴塞罗那举办了第 25 届夏季奥林匹克运动会，借助奥运会实现了巴塞罗那的整体转型发展，为其带来了更多的产业支撑，巴塞罗那逐渐从工业城市向旅游城市转型，并且将城市的开发重点转移到海滨地区，之后成为人们居住和游览的热点区域，就此激发了城市发展的新活力。不仅如此，巴塞罗那还有着“公共艺术之都”的美名，整个城市充斥着文化与艺术氛围，众多的艺术作品和艺术气息渗透到城市空间，对城市生活、城市形态以及城市建筑等都产生着深刻影响，其中高迪设计的教堂就是巴塞罗那艺术气质的典型代表。

巴塞罗那城市更新经验

巴塞罗那从小广场、小花园、人性化的街道等小项目空间入手，分阶段有次序地推进城市建设，积少成多，由量变到质变，比华而不实的“大手笔”更见功效；在对公共空间的改善的同时，加强对自然历史遗产的保护，使城市建筑与艺术品紧密结合，这也是将艺术向城市空间渗透的过程，让公共艺术成为城市景观的一部分。

巴塞罗那城市治理经验

把人放在城市治理的核心位置，打造多元包容韧性的城市治理体系；强调公民参与，重视引导广大市民积极参与城市治理；倡导数字民主与数据共享开放，数据成为城市治理的关键要素与指导城市行动的可持续发展目标；以社区发展与生活质量提升为核心的城市发展思路，将技术、社区、人三者之间的互动作为城市发展的重点。

2. 巴尔的摩

巴尔的摩曾是美国第三大城市，是一座有着悠久历史的工业港口城市，也是美国东部地区重要的文化城市和休闲城市。巴尔的摩内港更新改造作为城市再开发的经典案例，对城市公共休闲空间的演变具有重要的意义。随着港口经济日益衰败，城市中心的工业基础不断瓦解，人才外流，城市呈现出破败的景象。

20世纪50年代，为扭转巴尔的摩中心区衰败的局面，复兴计划开始萌芽。1957年，查尔斯商业中心作为第一个城市更新项目开始实施，此后陆续规划了对内港及周边地区更新改造的行动计划。1964年，巴尔的摩制定了内港区海岸线范围的总体规划，在保留原有滨水空间和有历史价值的标志性建筑基础上，以商业、办公和休闲活动为开发导向，不断引进新的功能业态，从而打造具有滨水特色的商业中心。此外，在总体规划实施中，对滨水岸线的生态系统进行了完善和优化。在沿滨水岸线布置了滨水散步道和滨水广场，沿滨水带布置了游乐场、博物馆等不同功能和形态的建筑物，拉近了人与自然的亲近关系，也方便人们开展各项亲水活动。①

2013年，巴尔的摩内港区在原有设计格局的基础上将其占地规模扩大，划分为内港、内港东、内港西三个部分，进一步激发内港区的新动力。三个区域各自功能定位明确，构成合理的结构体系，不仅能够进一步强化内港区对城市的辐射作用，也能够以区域发展的形式激发城市活力，促进城市经济发展和形象提升。

巴尔的摩城市更新经验

以城市功能改造为核心，在尊重历史场所、生态和自然资源的基础上强化了巴尔的摩的本土特色，以显示功能和产业的多样化；实现了产业结构整体调整与功能升级，

---

① 美国巴尔的摩市内港更新改造案例 www.360doc.com/content/21/0424/11/31439406_973884095.shtml.

从而推动整个城市与内港的更新；以公共空间自身良好的资源禀赋为依托，以政府有效的决策领导行为为保障，是城市更新的有效手段。

巴尔的摩城市治理经验

管理体制法治化，有较完善的城市治理法律体系，有明确的法律规范，为城市区域发展提供保障；重视城市规划，并能够严格执行城市规划；注重利用先进的科学技术手段，实现信息电子化，提高城市的服务管理水平。

3. 上海市

2015 年《上海市城市更新实施办法》印发，"城市更新"这个专有词语诞生。从最初的房屋拆迁，到房屋征收，再到当前的城市更新，上海城市发展的思路正在由传统的利用增量土地向利用存量土地转变，由此城市更新成为上海转型发展的关键点。

上海经历了长期的城市更新，从发展阶段来看，20 世纪五六十年代是城市的重建阶段，20 世纪八九十年代是城市复苏阶段，21 世纪初的 10 年代是城市再开发阶段，2014 年以来是城市复兴阶段。从时间点看，从 1927 年"大上海计划"的"设世界港与上海"，到 1964 年"上海市都市计划"中"上海为港埠都市，亦将为全国最大工商业中心之一"，再到 20 世纪 50 年代强调国内工业基地职能，改革开放后的"国际大都市"与"四个中心"以及 2010 年上海世博会的举办都是城市更新的里程碑。可以说上海的城市更新也伴随着产业结构的转型，其中主要表现在四个方面：一是工业区及工业用地的转型和升级以及对工业遗产的保护与利用；二是滨水区的产业、功能和空间的转型；三是在旧区改造中，对历史文化风貌和历史建筑的修缮和保护；四是注重公共开放空间，增添公共绿地及广场等，优化市民的生活空间。

上海市城市更新经验

强调以人为本的更新理念，在增加城市公共空间的同时，注重保护历史风貌；更新类型较为全面，更新的类型不仅包括传统的居住区、工业区等，还不断拓展城市公共空间；更新模式从大规模改造向小规模有机更新转变；以公众需求为导向，将"公共空间""公共观念"深刻地印入公众脑海，促进公共空间的更新改造。

上海市城市治理经验

将"人民至上"理念和"以人民为中心"思想贯穿于城市治理的每个环节，体现城市治理的人性化和人文关怀，以满足人们对美好生活的追求以及全面发展的需求作为城市治理的根本目标；以法治化为治理基础，实现城市治理的精细化，为城市治理提供有力保障；注重城市治理各主体间的良性互动，注重社区治理体系的科学化建设，坚持信息互联互通，上下对接联动。

4. 广州市

广州地处华南、珠江三角洲的入海口，是我国重要的对外贸易港口城市，海上丝绸之路的通道之一。2008 年在全国率先开展“三旧”改造试点至今，广州依靠新机制，激发城市发展新动能，成为粤港澳大湾区经济发展的重要增长极。

自 2009 年以来，广州市开始实施城市更新改造，建立了“三旧改造办公室”。自此广州市的城市更新发展主要经历了两个阶段：第一阶段是 2009 年到 2014 年，属于全面改造的实施阶段，重点实施旧厂房、旧村落（城中村）和旧居住区的改造。但在这个阶段是直接将老旧建筑全部拆除，取而代之的是时尚的购物中心，这也使得有些有着悠久的历史的建筑被拆除，不再拥有任何的文化痕迹。第二阶段是 2015 年至今，城市更新基本进入常态化阶段。广州市撤掉了原来的“三旧”改造办公室，重新设立广州市更新局。接着，一个新的概念开始出现——微改造。与原来拆除重建模式不同的是，拆除重建主要关注经济目标，而微改造在注重经济目标的同时，还注重老旧建筑文化、社会网络关系等社会价值。总的来说，全面改造侧重的是空间腾挪，以政府主导为主，依据相应的法律法规，制定相应的程序和规则，对城市重点区域进行更新，使城市空间结构、形态及功能布局得到优化。微改造关注历史文化的传承，但又不同于传统的综合整治，它强调在保护老旧建筑的前提下植入新的业态，强调产业与项目的有机融合。同时，微改造坚持以人为本，鼓励社会公众参与，关注项目产业、经济、文化、人居环境及城市安全的有机协调。

广州市城市更新经验

建立和完善城市更新法规体系，为城市更新提供了有效的法律保障；根据更新主体自身特点，采用配套的更新策略，灵活运用综合整治、改变功能、拆除重建、历史文化保护、生态修复等多种模式进行城市项目更新；将公众参与落到实处，通过了解居民真实诉求，及时发现问题，使公众需求有效融入城市更新中。

广州市城市治理经验

城市体验是广州城市治理的重要手段，对改善人居环境、提高城市治理水平具有良好效果；充分运用人工智能、大数据等前沿技术，大力推进数字化城市管理，提升城市治理的信息化水平；重视城市区域间的均衡与协调发展；完善城市管理的参与、监督机制，充分调动社会力量的积极性；提升城市交通运输能力，持续发展城市公共交通，提升交通服务水平。

本章小结

城市地理学以往的研究成果、理论和方法为城市旅游休闲公共空间研究的开展提供了丰富的手段。尽管在对理论基础的梳理中发现关于城市旅游休闲公共空间组织及其管治研究还没有形成统一的理论体系，但从相关研究中还是能够借鉴到理论工具和研究方法。

第一，城市更新思潮及相关理论为提出和认识城市旅游休闲公共空间提供了相应的研究角度和方法。对城市发展理想模式的思考以及“利人原则”的核心地位是城市旅游休闲公共空间组织结构构建的基本出发点；而政府、社区、个人等主体多边合作的可持续发展，为城市旅游休闲公共空间管治策略的研究提供了参照。

第二，城市旅游休闲公共空间高度的关联性要求在其规划建设的过程中必须以区域科学的原理来指导。借用中心地理论、“核心—边缘”理论、增长极理论以及“点—轴”理论能很好地解释城市旅游休闲公共空间组织结构演化过程，构建相关空间组织模型以及推导各种模式的变化。

第三，城市旅游休闲公共空间管治中涉及政府、协会、企业、个人等多个主体，以及土地、规划、资金、政策等多个方面。借用新公共管理理论以及其后发展的新公共服务理论，能够重新认知不同主体在空间管治中的职能变化及其作用的发挥。

第三章　城市旅游休闲公共空间的组织

一、城市旅游休闲公共空间概念辨析

（一）城市空间（Urban Space）

从词义上说，“城市”是“城”与“市”的组合。“城”的功能是防卫，指用城墙所围起来的地域。《管子·度地篇》上说“内为之城，城外为之郭”，城指内城的城墙，郭指外城的城墙。“市”指进行物资交易的场所。这两者都是城市最初的功能，也是最原始的形态。Ratzel（1897）认为城市是人群和房屋的密集结合体，交通方便，而且有一定面积。我国《城市规划基本术语标准》（GB/T 50280-98）按照产业形态区分所给出的定义是，以非农业产业和非农业人口集聚为主要特征的居民点。无论何种定义解释，都能看出，城市是人类生活的重要载体，同时为人的各类活动提供适合的场所。人的因素在其中占据主要位置。正如亚里士多德在《政治学》中指出的，实现公民的共同利益和目标，是城市存在和价值的根本点所在，按亚里士多德的话说，就是“创造美好的生活”。这也是 2010 年上海世博会“城市，让生活更美好”主题标语的根本出处。

（二）城市公共空间（Public Space）

胡纹（1991）认为，城市空间包括两个方面，即建筑空间和城市公共空间。建筑空间满足人的生存需要。而不同社会文化的交流、共存的城市公共空间才是城市最本质的体现。

据考证，古希腊的雅典于历史上最早出现城市公共空间（陈胜兰，2013）。公元前 500 年左右，在雅典古卫城附近建成了一个用于举行宗教仪式、进行物品交易的场所，平时也供市民娱乐之用。这是历史可考的最初的城市公共空间。大多数城市在发展的过程中都会形成一个或几个中心区域，成为城市发展的核心，这也是城市公共空间的最为集中的表现。因此也可以说，考察城市公共空间的形成过程，能够反映出城市发展变迁的历史。

俞晟（2003）从广义和狭义两个方面进行定义。广义上说城市公共空间主要包括以下五部分：供应空间、处理空间、交通空间、生活行为空间和环境要素空间。在狭义方面则主要是指城市中相对开放的空间，强调对全体公众的开放，用以满足公众进行具有聚集性和滞留性的社会活动。杜立柱（2002）则更强调城市公共空间的公共所有属性以及使用上的自由平等。刘英杰（2000）分析公共空间由“物理空间”和“心理空间”两部分组成，特别是“心理空间”，他认为这是源于视觉、知觉所引起心理上的紧张反应。非常有价值。

大多数学者的研究都关注到了城市公共空间所包含的旅游、休闲、娱乐的功能特性。王建国（1999）提到城市公共空间可为城市居民提供户外游憩场所，且有防灾和景观上的功能。李德华（2001）所编的《城市规划原理》中也对城市公共空间进行了狭义和广义的分析。狭义的空间包括街道、广场、居住区户外场地、公园、体育场地等。广义的空间可以扩大到城市中心区、商业区、城市绿地等公共设施用地。并且为了满足市民的生活需求，可以在这些地方进行“表演、展览、体育竞赛、运动健身、消闲、观光游览、节日集会及人际交往等各类活动”。周进（2005）和杨保军（2006）的定义中也都开始关注城市公共空间的文化特征和休闲功能。提出“包括自然风景、硬质景观（如道路等）、公园、娱乐空间等”。

由此可见，随着现代城市的不断发展，休闲娱乐功能已经是城市公共空间中不可或缺的组成部分，并且功能比重在不断提高。

（三）休闲空间（Leisure space）

人们休闲的需求与行为是多种多样的。可以按性别、年龄、受教育程度、收入等做出不同的划分。也可以依据民族、国家以及文化等维度进行大的分类。Kaplna M.（1960）[①] 曾经按时代的不同，对美国人前工业时代的休闲行为和工业时代的休闲行为进行对比。Geoffrey Godbey（2000）又进一步对工业时代和后工业时代的休闲行为进行了对比。因为休闲的概念很广，因此休闲空间也是一个宽泛的概念。城市中能够供人们开展休闲活动的地方都是休闲空间。以城市社会空间化的视角来看，这正是社会活动分工的结果，也是其在空间上的载体。人们休闲的需求和方式不同，因此休闲空间也是多元化的。可以按照休闲目的划分，也可以按照休闲活动方式划分，不一而足。

将休闲空间与城市相叠加，就有了“城市休闲空间”的概念。指在城市中能够达成人们休闲意愿、进行休闲活动，并达到休闲效果的空间。人的生理需求以及生产力的发展，精神文化生活的专门化，使休闲成为现代人生活的一个组成部分，可以视为

① Kaplna M.（1960），Leisure in America：A Social Inquiry.New York：John Wiley Sons.

人的社会活动的分化。城市休闲空间的产生和发展正反映了社会活动的分化。

（四）游憩空间（Recreation space）

游憩作为一种行为，属于休闲的范畴，因此游憩空间也属于休闲空间的一部分。游憩空间的概念产生于西方近现代城市发展过程中。18 世纪城市中萌芽发展的咖啡馆和音乐厅、19 世纪的城市街心公园、公共运动场都是城市游憩空间的雏形和要素。到了 20 世纪初，游憩空间已经成为西方城市规划建设中不可缺少的内容，进而成为衡量城市生活质量的重要标准。现代城市的游憩空间则更加注重满足人的心理需求和精神需求，更注重人与自然的和谐相处，更注重人际的文化氛围和体验，成为城市管理中的一个重要组成部分。

按供给性质，游憩空间可以分为公共性和商业性两种。公共性游憩空间是由政府部门提供的非营利休闲设施和场所，如公众音乐厅、博物馆、图书馆、公共体育场、城市绿地公园等；商业性游憩空间是由商业机构所提供的以营利为目的的游憩场所、设施和产品，如宾馆、高尔夫球场、网球俱乐部、主题公园、收费景点等。

（五）城市公共休闲空间（Urban public leisure space）

按照休闲活动在空间上的对应关系以及空间的所有属性划分，私人休闲空间和公共休闲空间成为城市休闲空间的两种主要形式。住宅是最主要的私人休闲空间，除了居住功能以外，住宅也是一家人进行休闲活动的场所。

按照俞晟（2003）在《城市旅游与城市游憩学》的划分方式，城市公共休闲空间就是除去交通等功能性使用，再除去商务洽谈等工作行为，供人们停留、消费、娱乐和游玩的公共空间。强调人们使用时间上的相对自由，使用方式上的自愿以及愉悦身心的目的。而这在广义上又几乎可以囊括了城市中所有的公共空间。因此在前文关于“城市公共空间”的论述中也多跟休闲有关。

人们的休闲活动外延广泛，因此公共休闲空间的类型也很多元。如果以距离远近对应使用频次的维度划分，城市公共休闲空间可以从居民小区的公共空地，到社区公共场所，再到城市公园、广场等逐级放大。参与休闲活动的人数也逐级增多。

（六）城市旅游休闲公共空间（Urban public tourism leisure space）

根据前文关于休闲、游憩和旅游的关系辨析，可以看到三者间相互交集重叠的现象。而空间就是具体行为发生的载体。这里需要回归到“人”这个维度来进行辨析，也就是空间使用的主体。城市公共休闲空间的使用主体主要有两类人：本地市民和外来游客。因为使用城市公共休闲空间的时间段、时长、获得感知的愿望等的不同，而使城市公共休闲空间有了分类。一类是以外来游客游览观光为主要功能的，比如被称为“中华第一街”的上海南京路步行街、东方明珠电视塔、北京的天安门广场等。由于是城市的地标性空间，成为外地游客到此一游的必经之地。比如因为有“不到长城非好汉”的说法，爬长城已经成为外地游客到过北京旅游的象征。本地居民也会去，但不是主流。此类空间的使用主体呈现出时间短、流量大、流速快、消费快等特点。在旅游业中也称之为“观光旅游”。城市空间在这个发展过程中会为特定的主体提供相应的服务，这就形成了分异，成为城市旅游休闲公共空间。有的城市公共休闲空间就是专门为吸引游客建造的，如一些仿古特色街区，也自然属于这个类型。

有的学者已经关注到本地居民和外地游客之间，有时候是可以相互转换的。“外地游客或许会因为对城市的喜爱而成为城市移民，而城市居民也许会因为工作迁动而成为城市的游客”（郭晓勇，2006）。于是在对城市旅游休闲公共空间的使用上会趋同。这只是一个方面。对于大旅游时代的到来，休闲度假旅游的发展，更多的外地游客开始驻足城市，来深入了解、品味一个城市的精彩；而城市化的不断发展，城市多中心形态的产生，城市各个区域间的距离在拉大，而且各自都在飞速发展，城市里的信息容量早已大大超过了熟人社会的范畴。即便是这个城市的居民，也并不再像以前那么熟知城市。在同城间感受到由发展变化带来的差异性，市民旅游由此产生，市区一日游也开始兴起。而基于人才引进，人员流动而产生的城市移民潮，城市已经打破了以往多年不变的人口结构，更多的是由来自各地，甚至是各国的新居民组成。融合已经是城市发展的趋势。本地市民和外地游客的界限也越来越模糊。因此城市旅游休闲公共空间正在成为非常重要的城市空间类型。

概括地说，城市旅游休闲公共空间是为包括本地市民和外来游客在内的城市居民提供观光、休闲、娱乐、社交等行为，满足其恢复体力、放松精神、提高审美、强化沟通等目的的城市公共场所。城市旅游休闲公共空间的产生是城市发展到较高阶段的产物，是城市功能提升、城市产业转型升级、城市更新发展的结果。（见图 3-1）

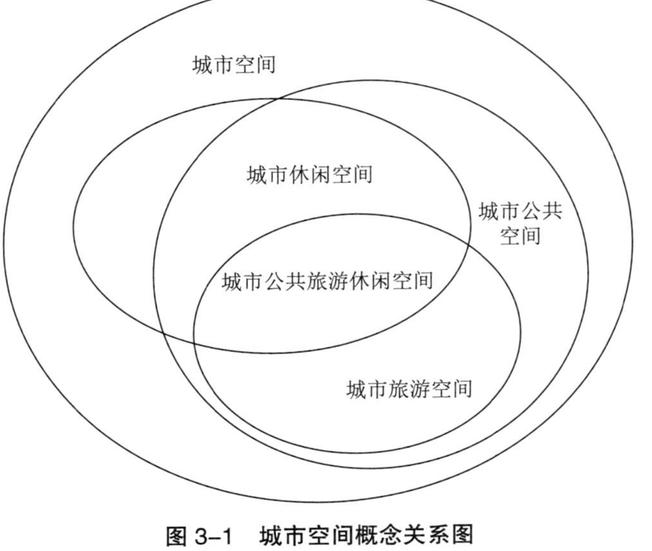

图 3-1　城市空间概念关系图

二、城市旅游休闲公共空间的组织结构

（一）城市旅游休闲公共空间的基本单元

城市旅游休闲公共空间是城市旅游休闲资源配置和城市旅游休闲活动分布在空间上的组织形式。从城市发展的历史来看，城市旅游休闲公共空间的发展演进大多都遵循了一个从小范围到大范围，从私密到公开，从特定功能到公用功能的过程。城市旅游休闲公共空间基本单元（下文简称基本单元）的类型多样，包括城市公园、绿地、城市广场、景点、景区、体育场馆、演艺场所等，这些单元通常都有独立的法人或管理机构，是部门统计的最小单位，本文将其作为城市旅游休闲公共空间最基本的要素单元，并以此作为城市旅游休闲公共空间的组织结构的基础。

1. 城市公园

城市公园是为市民提供自然化休闲生活的场所，是城市中重要的生态景观。也是城市中最主要的公共旅游休闲空间形态之一。而随着公园景观的增加，在设计建造时注重体现城市精神和文脉，公园也成为城市文化的传播窗口，对外来游客产生吸引力。特别在城市更新的进展中，公园可以起到重新组织构建城市景观的作用，重新焕发城市活力（钟子杰，2011）。城市公园的起源和发展经历了从私人休闲空间走向公共休闲空间的过程。英国工业革命时，城市人口的集聚带来对休闲游憩需求的迅速激增。通过资产阶级革命，皇家园林和封建领主的私家花园开放成了公众共享的空间。如著名的海德公园，1066 年以前曾是威斯敏斯特教堂的大庄园。1851 年，随着伦敦国际博览会在海德公园水晶宫的举办，海德公园成为各种集会的场所。如今海德公园已经成为伦敦市民和游客旅游休闲的重要场所（马聪玲，2015）。

城市公园作为公共场所，具有公共物品的属性，园内硬件设施也具有公益属性。因此满足市民的需求应成为城市公园治理的主要依据。市民既使用公园，又应该参与公园的建设，并对其进行管理（钟子杰，2011）。同时城市公园也可以为游客提供一个公共活动和社会交往的场所，比如在公园内举行的各类展览以及具有地方特色的文艺演出等活动，都是将国内外游客作为吸引服务对象的（郭晓勇，2006）。各种社会文化活动在城市公园中的开展，也成为一种典型的大众文化现象，对游客具有独特的吸引力。

2. 城市广场

城市广场是一种典型的城市公共活动空间，常常具有一定的尺度规模，并由建筑物、道路、景观等要素组成，具备多种城市生活功能（付达院，2014）。

人类具备群居特征，其集体活动常常会在开阔平坦的地块上举行，成为城市广场

的起源。也成为人们进行交流沟通的场所。进而在这些地方以及周边地区逐渐形成居住场所，并且配套设置各类活动所需的设施，久而久之形成城市。这或许只是城市形成的一种模型，但城市广场却往往是一个城市或城区的中心（侯春蕾，2013）。

19 世纪奥地利学者西特在对大量中世纪欧洲城市的广场进行考察之后总结认为，城市广场以市民的需求为出发点，便于人们公共使用、彼此交流、开展活动，并且具备宜人的尺度。他同时指出，城市的发展应该依靠自然环境、各类功能设施以及广场等之间的协调配合，构成一个和谐统一的有机整体。而在中国古代，伴随商品经济的出现和发展，人们需要更为广阔的公共区域来进行商品交换，中国古代的城市公共广场由此出现，并呈现出“街市合一”的特点。

无论东方还是西方，城市广场最大的特点都在于社会意义和文化价值的承载。如在欧洲，早期出现的雅典集市广场、罗马共和广场以及在中世纪出现的教堂广场，都是提供给市民进行集会、狂欢和开展其他活动的场所，14、15 世纪意大利的广场直接反映了文艺复兴时期的精神，其中威尼斯圣马可广场被誉为“欧洲最美丽的客厅”。而在中国，传统的“市井”和“庙会”这两个元素构成了中国古代城市广场的空间，就是人们集聚、交换商品，举行宗教、民俗等活动的地方。而现今快速发展，受到广大市民群众喜爱的“广场舞”，就是以城市广场为公共空间，方便市民交流情感、缓解压力的一种生活方式（司艳宇，2015）。

3. 体育场馆

这里所说的体育场馆是指由政府出资兴建，为举办各类体育、竞技体育赛事，为社会大众提供体育运动场地，也为文化演艺活动提供场地、设施和服务的场所。

我国的体育场馆尤其是大型体育场馆均由政府等公共部门投融资兴建，也被称为“公共体育场馆”。因其国有或集体所有的属性，而天然具有公益性（杜浩等，2014）。2011 年国家体育总局刘鹏局长指出，大型体育场馆既属于公共体育服务体系，也属于公共文化服务体系，应满足人民体育需求。

近年来，体育休闲产业在国内发展迅猛，体育健身已经成为休闲娱乐的重要组成部分。体育休闲产业所代表的是一种新的城市文化和生活方式（姜虹，2008）。随着人们生活水平的提高和休闲时间的增多，体育场馆利用最大的受众是普通市民。在体育场馆举办的各种喜闻乐见的活动以及举办体育赛事的同时兼容社区运动的方式，就是在吸引普通市民的广泛参与。目前体育场馆的发展表明，民众的社会参与越来越成为体育场馆的主要价值。

4. 公共图书馆

公共图书馆由政府等公共组织负责建设和维护，是搜集、整理、收藏图书资料以供人阅览、参考的机构[①]，也是城市的重要组成部分。从古至今历来如此，特别在西方的城市发展历程中体现得尤为显著。

图书馆是城市公共空间的一部分，向每个公民开放，是公众获取知识信息的窗口，具有开放性的特点。一方面，从物理意义上来说，图书馆是一个向公众开放的场所；另一方面，图书馆也代指公共知识空间，图书馆起着汇集信息、存储信息、传播信息的功能（刘懿，2012）。随着图书馆的不断发展，现代图书馆不仅限于通向知识和信息的入口，还作为一种信息交汇的社区，在这一社区内包括各种关系、服务、人和资源。公民普遍拥有获取文化的权利，图书馆作为公共空间，得到公众的共同参与和普遍认同。公民可以在此自由平等地交往、沟通。因此图书馆被称为“城市文化客厅”，也具备城市公共空间的休闲价值，能够增强人们之间的相互认同，培养审美观，并且提升道德情操。可以说，图书馆的这种闲暇教育促进了人的全面发展。人们按照自己的喜好自觉自发地组织参与休闲文化活动，并依照自己兴趣的指引，挖掘自身潜力，在拓展自己的发展空间的同时又产生了工作激情和创造力，从而促进社会的和谐发展（刘懿，2012）。

5. 博物馆

博物馆是向公众开放且不追求营利的文化机构，它对人类发展的物质见证进行收集、保护、研究、传播和展览，它为研究、教育和欣赏的目的服务，为社会和社会发展服务（邹瑚莹等，2002）。

各类博物馆基本由展陈部分、服务部分、保管贮藏部分、修复加工部分、管理办公部分和学术研究部分组成。博物馆作为公共空间，供观众参观、游览（许广，2008）。

与图书馆一样，博物馆本质上具有文化休闲性，它通过多种形式的展览、营造高质量的文化环境，开展多样化的文化休闲活动，从而也成为多功能的休闲场所。对于越来越多的参观者来说，到博物馆去参观也成为和到影剧院看演出、去景点旅游等一样的休闲活动（唐晶等，2012）。同时诸如商业、活动等功能的加入，让传统博物馆建筑在展示功能发挥的基础上，也逐渐承载着展示各种文化和信息的功能，为人们提供交往和交流的公共平台。人们来到博物馆，不再只是为了参观学习，也是为了创造和他人交流的机会和空间。

6. 购物中心

购物中心是一种商业集合体，分为集中于室内和室外一个固定区域两种情况。由企业集中开发、运营、管理。在这里各种零售业态和服务设施集中。现代购物中心里

---

① 网络资料：http://baike.baidu.com/subview/17618/17618.htm.

还设有餐饮、电影院、游乐场、美容院、展览厅等多种消费业态，由单一的购物场所发展成综合性商业、娱乐和社交中心（章明等，1988）。

购物中心是一种多功能的建筑综合体，由零售业发展而来的成熟商业空间形态。现代购物中心利用各种文化元素设计和高科技设备设施，为顾客创造舒适、愉悦的休闲娱乐环境，人们可以在其中进行吃喝玩乐等各方面的活动，几乎容纳了传统城市生活中的全部内容，逐渐成为市民活动的中心（罗建兰，2007）。同时购物中心还为顾客提供了一种进行社会交往活动的空间，如电影院、餐厅、咖啡馆、游乐场等，人们可以在这里开展社区活动、聚会、约会等娱乐和交往活动，由此成为城市社会公共活动的中心。

7. 工业旅游景点

工业旅游是以工业企业的建筑环境、设备设施、生产或工艺流程、企业文化与管理等作为旅游吸引物，满足游客的求知需求，从而实现企业的经济效益和社会效益的专项旅游产品（戴道平，2002）。而工业旅游景点则是实现这些目标的公共空间和公共旅游资源。

近现代城市的发展都与工业发展密不可分。通过工业旅游对各类工业资源的挖掘、转化和创新利用，展示了城市的工业发展文脉和工业文明成就，同时也为文化创意等新兴产业的发展提供了空间。工业旅游景点这一独特的吸引物成为外来游客深入了解城市基因的窗口。自全国工业旅游点作为公共的旅游景点和旅游线路以来，就越来越多地吸引了来自各地的游客的参观和体验。更重要的是，游客在对工业生产流程、工业资源的参观过程中，能够更加深切地认识到工业生产与生活的息息相关，形成独特的审美体验。如上海国际节能环保园，就让游客实地感受到了“节能环保”创造了美好的生活。而太太乐食品有限公司，在“鲜味之旅”中感受鸡精带来的轻松、鲜美、健康、快乐的生活，游客们在参观、游玩、娱乐的同时也获取了更多的社会、生活感受。

利用工业厂房遗迹而开发成功的文化创意园区，往往集设计、艺术、音乐、表演、餐饮、购物等时尚元素于一身，成为市民休闲消费和游客旅游观光的绝佳去处。北京的 798 文化创意园区、上海的田子坊都是典型的例子。

8. 旅游景区

旅游景区是以旅游休闲为主要功能的公共空间。城市内的旅游景区则是城市旅游休闲公共空间的典型，具有准公共物品的特性。从道理上说，旅游景区既然利用的是公共资源，应该做到人人都能自由参观使用。虽然收取门票对于所有游客来说也是一致的，并无歧视，但日益高昂的门票的确把很多低收入群体挡在了大门之外。这就是排他性的表现，其背后有着很多方面的原因。随着旅游经济的发展，开始有很多旅游景区实施低费或免费模式，其公共性特征更加明晰。

旅游景区作为旅游目的地的基本组成单位，往往拥有良好的自然、人文环境和比较完备的服务设施，因此也成为各种主题活动、社区活动、节日庆典等活动的重要场所，这类活动不仅能起到为旅游景区吸引游客的重要作用，同时，也使景区成为一个文化交流的平台和场所。如北京西山风景区连续举办的园林茶文化节（海杨，2007）、上海豫园每年元宵节举办的元宵灯会等，都是将景观、历史、文化、民俗等元素融合，成为市民、游客休闲、交流的平台。

9. 特色街区

特色街区是融食、住、游、购、娱为一体的公共旅游休闲空间。既是市民活动空间的组成部分，也是城市对于外地游客的旅游吸引物。特色街区本身是具有历史文化沉淀的城市区域板块，是城市整体系统的一部分，同时通过有意识地保护、开发而增加了展现城市文化、塑造城市形象的功能，成为旅游产业链的组成，能够满足人们旅游、休闲、体验等需求（杨萍芳等，2015）。

随着城市生活的发展，人们思想观念的更新，特色街区已经不再是文物式的静态展示，不再是从原先的市民生活功能简单地转移为旅游、观光。生活和旅游，市民和游客不再是一组对立的概念。现在更强调生活着的特色街区，城市发展的现实同时也是历史的组成部分。特色街区逐渐融入现代城市生活，能进一步满足城市居住、交通等方面的需要，是面向市民生活的公共空间，能为居民提供一个综合的多功能环境，而不是孤立的城市组成部分，如上海七宝老街、南京路步行街，北京王府井大街，都成为游客和市民进行游览、购物、交通出行等方面的公共空间。与此同时，特色街区作为城市文化的集中展现地，也成为城市特色产业汇集的区域。

10. 旅馆（国际青年旅舍）

旅馆是为旅客提供住宿、饮食等服务的公共建筑。国际青年旅舍的理念之一就是提倡世界青年不分种族、国籍、肤色、宗教、性别、阶级和政见，在旅舍活动中相互了解[①]。

结交朋友、经济实惠以及喜欢青年旅舍的独特风格是游客选择青年旅舍的主要原因。青年旅舍与经济型酒店的最大不同之处在于注重为入住者提供一个进行交友和文化交流的空间（王晶等，2014）。在具有浓厚民族文化的地区如西藏、青海、西安等地，国际青年旅舍也成为宣传当地特色民族文化的窗口。同时，通过文字、涂鸦、留言板、“交换书”（姜慧琳，2015）等创新模式增强住客之间的信息交流。

（二）城市旅游休闲公共空间的要素识别

用“点—线—面”等空间形态来归纳概括空间的要素是学界一个较为成熟和公认的做法。本文沿用这一要素识别方式，同时对其内涵与外延加以发展，加上“圈”，形

① 网站资料：http://www.yhachina.com.（国际青年旅舍中国）——关于 YHA。

成“点”（由若干基本单元构成的空间区域）—“线”（点与点之间的连接通道）—“面”（市域范围内旅游休闲活动空间的整体构架）三级形态来描述城市旅游休闲公共空间的基本要素，同时依据等级划分，与街道（郊区为乡镇）、区县和市三级行政区划相对应，来构建城市旅游休闲公共空间的基本模型。

1. 点（游憩点 Recreation Node）

游憩点指由若干个基本单元与其周边的居住区（Residence Community）（包括居民住宅和旅馆）相结合所形成的一个聚核状的形象空间，是城市旅游休闲公共空间组织结构系统的重要组成。基本单元的内聚力作用和辐射状影响共同产生的极化效应是游憩点生成的动力机制。

游憩点的形成包括核心区域的基本单元，外围的居住区以及内部的通行道路和附属配套设施。包含常住居民、外来游客、游憩资源经营方的工作人员等。它不同于以往单一功能的旅游景点，是一个功能复合多元的区域。（见图 3-2）

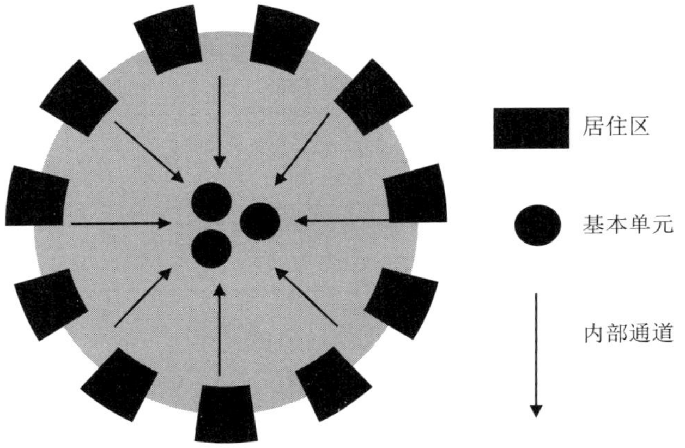

图 3-2 “游憩点”示意图

对于不同的游憩点可以依据其内在的基本单元的不同构建不同的等级体系。基于公共管理和公共服务的需要，不同基本单元都有其相应的服务标准。服务标准基于对人的需求的满足情况的不同，根据其规模大小、服务项目的多少、服务品质的高低等对这些基本单元划分了等级，并由此构成了相应的体系。本文以上海为例进行相关分析，因此有些服务标准采用的是上海的地方标准。（见表 3-1）

表 3-1　城市旅游休闲公共空间基本单元服务等级标准

基本单元	服务标准	服务等级	起草单位
景点、景区	《旅游景区质量等级的划分与评定》（GB/T 17775—2003）	A、AA、AAA、AAAA、AAAAA	原国家旅游局
城市公园	《城市绿地分类标准》（2002）		原建设部
	《上海市星级公园评定办法》（2009）	二星、三星、四星、五星	上海市绿化和市容管理局
体育场馆	《体育休闲旅游基地服务质量要求及等级划分》（DB31/T 755—2013）	三星、四星、五星	原上海市旅游局、上海市体育局

续表

基本单元	服务标准	服务等级	起草单位
博物馆、美术馆	《博物馆、美术馆服务规范》（DB31 /T 866—2014）		原上海市旅游局、上海市文化广播影视管理局
购物中心	《商店购物环境与营销设施的要求》（GB/T 17110—2008）		商务部
	《零售业态分类》（GB/T 18106—2004）	社区购物中心、市区购物中心、城郊购物中心	商务部
	《文化旅游休闲空间服务质量要求第1部分：商业体》（2015）		原上海市旅游局、上海市商务委员会、上海市文化广播影视管理局
工业旅游景点	《工业旅游景点服务质量要求》（DB31/T392—2007）	达标单位、优秀单位	原上海市旅游局、上海市经济和信息化委员会
历史风貌街区	《（全国）商业街区管理技术规范》（2007）		商务部
	《旅游特色街区服务质量要求》（LB/T 024—2013）		原国家旅游局

另外游憩点的内部通行道路的设置应着重考虑人体健康和绿色环保的要求。以步行、自行车、电瓶车等绿色通行方式为宜。

2. 线（游憩通道 Recreation Route）

线性的“游憩通道”，指由城市交通基础设施组成的线状道路，是连接城市交通枢纽和“游憩点”之间以及不同“游憩点”之间的通道，是运行城市旅游休闲活动公共空间载体。“游憩通道”一般依托“游憩点”而存在，是城市旅游休闲活动的基础设施，发挥着为各“游憩点”之间实现物质流、资金流、人员流及信息流的运输、交换和融合的功能。“游憩通道”依托城市交通而设立，也是由政府公共投入的城市公共服务体系的一个重要组成部分。城市公共服务体系承担着不同的功能，因此并非所有城市道路、轨道交通、水上交通都能成为“游憩通道”的。这跟“游憩点”的分布有关，也跟旅游休闲活动发生的时间有关，同时还跟交通线路的主题设计有关。错峰填谷，以旅游休闲活动来充分发挥城市交通体系的运能，也是城市更新、升级转型的一个很好的选择。

交通线路的分布和方向直接影响客流的走向和聚散，成为决定“游憩点”通达性的关键因素。借用城市交通线路的衡量标准，本文也用线路总长度和线路密度两项指标来衡量城市游憩通道的发达程度。线路密度的计算方法一是城市各类交通运输线路的总长与城市总面积之比；二是各类交通线路的总长与城市总人口（包括常住人口和游客）的比值。综合这两种方法，可得出计算城市游憩通道综合密度的计算公式：

$$D = \frac{L}{\sqrt{S \cdot P}}$$

公式中：D 为交通线路综合密度，L 为交通线路总长度，S 为城市总面积，P 为城市总人口。

3. 面（游憩区域 Recreation district）

"游憩区域"，由"游憩点""游憩通道"所组成，是这些要素所覆盖的地区和受"游憩点"辐射影响的地区。（见图 3-3）

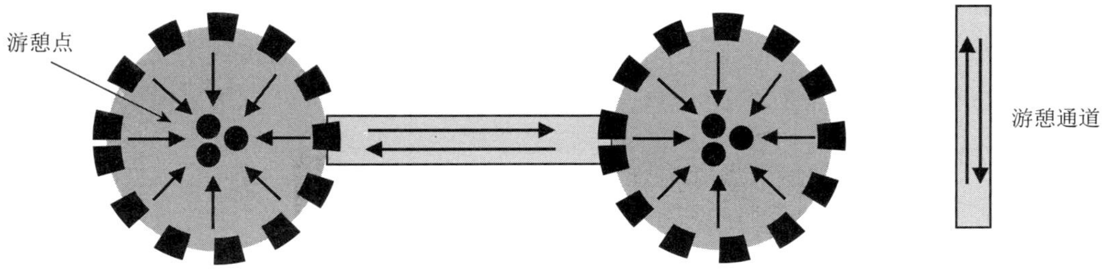

图 3-3　游憩通道示意图

"游憩区域"是各种城市旅游休闲活动的空间承载。其空间范围会随"游憩点"和"游憩通道"的变化和相互影响而发生变化。当"游憩区域"附近出现新的"游憩点"，进而构成新的"游憩区域"时，其功能和影响力也会随之增强。不同的"游憩区域"通过不同的联结方式在空间上的相对集聚，就会形成更大范围的游憩板块结构。（见图 3-4）

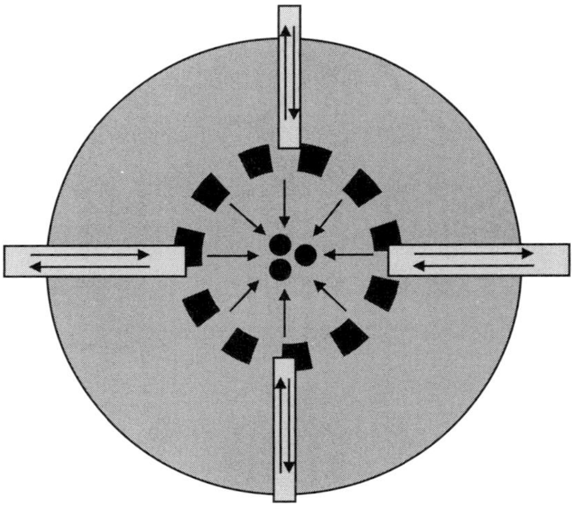

图 3-4　游憩区域的基本结构

"游憩区域"包括"基本单元""游憩点""游憩通道"等空间实体要素，以及这些要素相互间的作用和影响在地表上的扩展范围，或者说是作用面和影响面。

（三）城市旅游休闲公共空间的结构

1. 单核结构、双核结构、多核网络化结构

"游憩区域"作为城市旅游休闲公共空间体系是以特定"游憩点"为核心，通过游憩通道将其与周边其他游憩点连接起来组成的整体区域。具有向心性和层次性的特点。

即以一个或多个游憩点为核心，以游憩通道为纽带，在周边一定范围内形成辐射带动效应，影响一定数量和规模等级的游憩点全面发展，共同构成一个完整的空间体系，呈现一体化发展趋势。游憩点的空间范围越大，其基本单元的等级越高，空间辐射带动能力也就越强。

“游憩区域”具有中心性，在不同的城市表现为单中心或多中心；旅游休闲活动的分布在一定范围内具有内聚性，即在同一个“游憩点”内，由周边向中心集聚。由城市交通道路构成的“游憩通道”有一个不断发展的过程，由“游憩通道”连接不同的“游憩点”，从点—轴结构不断扩展成为网络结构。“游憩通道”的发展，带活了旅游休闲活动的流动，又带动“游憩点”的不断扩大；同时在不同“游憩通道”的交叉节点也逐渐生成了新的“游憩点”。“游憩通道”与“游憩点”的发展构成了互为因果的关系。由不同级别的“游憩点”的相互衔接，逐渐形成资源互补、分工协作的城市旅游休闲公共空间体系。

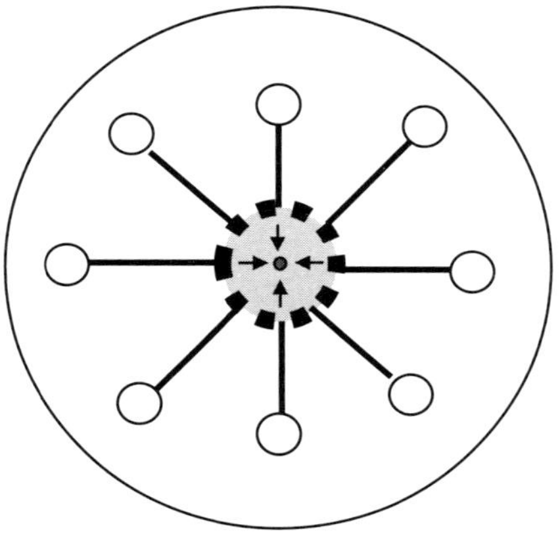

图 3-5　单核结构

这是城市旅游休闲功能不断发展的结果，也是客观、主观双向推动作用的结果。“游憩区域”是一个动态发展的系统，具有开放性、辐射性、扩散性特点，其空间结构要素组合形态根据城市经济社会发展水平、城市地理空间形态、城市产业、人口发展阶段等的不同，呈现多样化形态。有以某一个“游憩点”为核心的单核结构（见图 3-5），有以 2 个“游憩点”为核心的双核结构（见图 3-6），也有以多个“游憩点”为核心，构建多层次体系的多核网络化结构等（见图 3-7）。

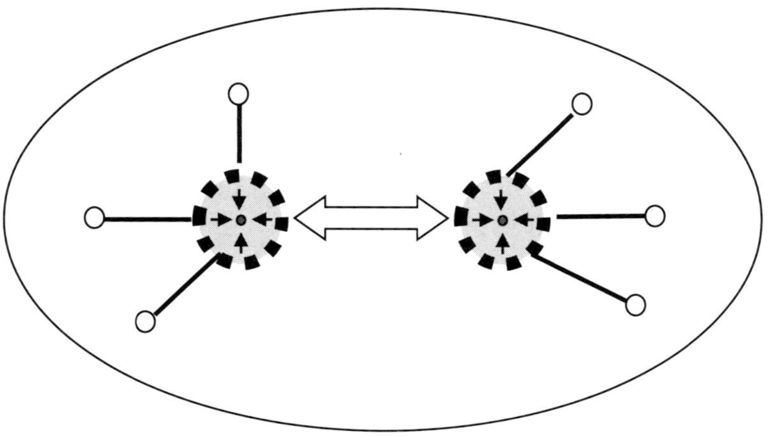

图 3-6　双核结构

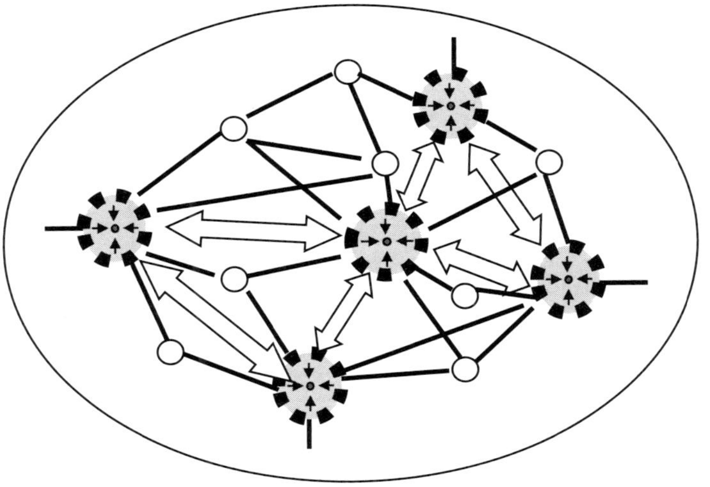

图 3–7　多核网络化结构

2. 结构演化机制

城市旅游休闲公共空间结构，即“游憩区域”的演化是一个复杂的过程，涉及经济、社会、环境、文化等多重原因。这是一个各种动力相互作用的过程，主要是空间聚集和空间扩散两种力量此消彼长、不断制衡的结果。这也是城市旅游休闲公共空间结构演进的主要动力。

在城市旅游休闲公共空间发展的初期，空间聚集作用起着主要作用。旅游休闲活动在市中心聚集，居住在城市周边的人们会在节假日等时间向中心城区汇聚，完成旅游休闲活动。郊区由于交通不便，公共配套设施不完善，旅游休闲资源开发不充分等原因难以得到重视。因此在空间上会表现为“优者愈优”而“劣者愈劣”的马太效应。单核结构的城市旅游休闲公共空间也表现出明显的同心圆结构特征。

伴随城市化进程，城市空间范围不断扩大，当市中心的人口容量、环境容量达到饱和时，城市产业和人口开始由市中心向郊区扩散，空间扩散机制开始发挥作用。原本以市中心为核心的城市旅游休闲公共空间辐射影响范围也不断扩大。随着市中心周边新的地区逐渐形成人口集聚地和产业集聚地，也会形成新的“游憩点”，城市旅游休闲公共空间体系也因此从单核结构向多核结构发展。空间扩散机制明显。以市中心为核心的城市旅游休闲公共空间结构由聚集转向扩散的过程中，市场发展、人口增加、产业转移、规划建设、政策导向等都起着推动作用。

3. 结构演化趋势

多个“游憩点”借助“游憩通道”实现网络化发展，是城市旅游休闲公共空间体系结构的理想状态和发展趋势。表现为“多核心”“多通道”和“大区域”的特征。

实现城市旅游休闲公共空间网络化发展是一个长期演化的过程，需要满足三个条件：一是由高质量、高效率的“游憩通道”所形成的交通网络体系；二是由产品种类多、服务品质好、管理完善、功能互补的城市旅游休闲公共空间基本单元所构成的资源网络体系；三是由不同规模大小、尺度空间、服务能级以及有知名度、影响力的“游憩点”所构成的层级空间体系。

三、城市旅游休闲公共空间组织的特点

（一）全域性与地域性

城市旅游休闲公共空间是由不同空间要素所构成的有机整体，各要素之间相互作用和相互依赖，密切关联，存在着稳定的联系。以往封闭式管理的旅游景区、旅游度假区等的发展方式其实是对这种联系的人为割裂。造成各要素之间的分隔，相互配合不顺畅，游客体验碎片化的不利结果。城市旅游休闲公共空间的全域性是指把一个行政区全部作为一个旅游景区，旅游休闲产业成为这个行政区的主导产业，在地域空间上是实现景观化和全覆盖；在服务提供方式上是各行业积极融入其中，各部门齐抓共管，全城居民共同参与，全面地满足游客及居民自己的全方位旅游休闲体验需求；在评价方式上，不再停留在旅游休闲人数的增长上，而是注重旅游休闲质量的提升，追求的是旅游休闲对人们生活品质提升的意义。这里应该强调的是，全域性的城市旅游休闲公共空间的建设，有利于消除以往游客与市民的简单对立。市民游客共享一个公共空间，其中的每个人既是服务的提供者，又是服务的享有者；既是建设者，也是消费者。因此，这里所说的全域性，既包括了地理空间上的全域，也包括了人的全域。

地域性则是强调在作为全域旅游休闲空间的行政区内仍然要有旅游休闲活动的特色化和差异化。这是由人的求新求异的特性所决定的。旅游业的本质在于差异化。因为差异化的存在，产生人际的交往和流动。即使是在一个城市内部，各个区域之间也会有很大差异。因此要对一个城市内的公共旅游休闲空间进行分类和分级。一方面城市公共设施和服务体系应该均质化，保障市民游客享受品质如一的旅游休闲服务；另一方面在旅游休闲的具体产品上要体现地域性、差异化，保障市民游客旅游休闲的新奇感和满足感。

（二）开放性与层次性

城市旅游休闲公共空间具有公共性，为全体市民和游客所共享。根据经济学的集聚扩散原理，任何一个区域的发展首先都是各种因素向一个地点聚集，而后再向其他地区扩散的过程。城市旅游休闲公共空间结构发展也遵循这一原理，极化和扩散共同推动着这一空间结构的演化。在一个“游憩点”内，居住周边的市民、游客会向中心

的"基本单元"集聚，影响力越大的"基本单元"吸引的范围也会越大，随之而来的是"游憩点"的区域半径也会越来越大。增长到一定程度，突破了非机动交通工具的常规距离，同时"游憩点"内的人数承载量日益饱和，突破了人的舒适度感知，服务设施出现拥挤饱和，这时原有的大的"游憩点"就会出现分化，在其周边就会生成新的"游憩点"，分流人群。由于"游憩点"影响力的消长，整个游憩系统的开放以及"游憩通道"的连接，整个"游憩区域"的面积也由此扩大，实现了城市旅游休闲公共空间的演进。上海外滩、南京东路和人民广场三个"游憩点"的发展，最终扩展成整个连接在一起的"游憩区域"就很典型。

"游憩区域"因为具体实现的功能上的差异以及市场知名度和影响力的不同，会天然分化成不同的级别，由此使得城市旅游休闲公共空间结构呈现出等级结构。大多数的城市发展本身就是一个中心集聚而后扩散的过程，因此高级别的城市旅游休闲公共空间往往集中在城市的中心区域，低级别的城市旅游休闲公共空间则分散于城市周边区域。对城市旅游休闲公共空间层次性的揭示，并不由此产生客源市场的排他性，而是可以更好地满足客源市场不同层面的需求。使得不同旅游休闲需求的市民游客能够各得其所。同时层次性地揭示可以更好地实现空间的有效管治。

（三）功能复合性与多样性

城市旅游休闲公共空间是包括城市大型商业中心、公园、博物馆、图书馆等在内的各类形式的旅游休闲活动单元的集成，是生活在城市中的市民和游客开展的旅游休闲活动的空间载体和平台，其形式是多样的、丰富的。城市本身作为社会经济发展的混合体，是多元文化的集合。城市中的各个阶层、族群，甚至包括来自各个国家、民族的人在一个城市中的旅游休闲活动内核就是多元文化的交流和融合。文化的多元性也成为城市旅游休闲公共空间的表征及内涵，是一种能够满足多重文化体验和消费需求的场所。正如郑默凡等（2006）所说的那样，城市的文化和空间脉络，既是对传统文化和空间形态的延伸和承载，也是对来自不同地域、民族的异质文化和空间的吸纳，这使得城市空间具备了开放性、动态性、模糊性等属性。以往城市规划管理中的功能分区往往是从生产的角度出发，注重产业的布局。而产业的布局又往往是对原料产地或市场有着显著的依附。这个从经济学角度对于均质空间和理性人的假设常常忽略了自然空间的复杂性和作为自然人的多样化需求。从人本主义的角度出发，城市的存在是为了使人们的生活更加美好，就需要对人的多样化需求充分满足。而后工业化时代，物流产业、互联网技术等的发展，也打破了以往产业发展本身的依附性。因此城市旅游休闲公共空间强调土地功能混合开发，打破以往基于一产、二产的功能区域划分界限，将住宅、商业、办公、公园等设施布局在一起，实现居住、购物、工作、娱乐、休闲、旅游等多重功能，最大限度地满足人的多样化需求，也最大限度地发挥土地的效益。

由于自然禀赋、人文历史沉淀等原因，功能复合性的城市旅游休闲公共空间也会有自己相对突出的功能，在满足人们多重需求的同时也形成自己的风格和品牌，呈现出多样性的特征。比如上海南京路、淮海路、四川北路在购物上的不同定位，云南路、黄河路、蓝村路等对餐饮美食的主打，新天地板块、田子坊板块等区域对时尚休闲文化的不同诠释。由此形成了特色丰富的城市旅游休闲公共空间，可以为来自世界各地、不同文化、民族、年龄层次的人提供多样化的服务，满足他们不同的需求。

（四）稳定性与演化性

根据哲学中运动与静止的基本观点，城市旅游休闲公共空间的形成是一个不断演进与不断沉淀的过程。与劳作谋生相对应的休息与休闲是人与生俱来的需求。这种需求对应到城市空间上就会受到社会经济发展水平、人口素质和思想观念等各种因素影响处于不断变化之中。表现为城市主体功能的变化、人们休闲时间的变化、城市公共空间区域的变化、城市交通的变化、城市休闲设施的变化、休闲方式的变化等。也就是说城市旅游休闲公共空间具有演化性的特点。在很多城市里，随着历史的更迭和观念的更新，许多其他类型的城市空间不断向公共旅游休闲空间转化。例如，许多创意文化产业园区就是利用已经废旧的老厂房，通过创意设计引入时尚和个性的商业消费形式的、成为都市旅游休闲的新选择。而博物馆的旅游开发也经历了从研究机构到大众休闲场所的过程，逐渐成为大众生活中的一部分（邹霞，2004）。而很多的体育场馆，特别是学校里的体育场馆都逐渐向公众开放，成为大众休闲体育健身的活动空间。大型商业中心谋求功能转化升级，成为具有综合功能的娱乐休闲中心，而城市老的街区改造中也重新设计，修旧如旧，综合开发，成为承载城市历史文脉的旅游景点等。

同时，城市旅游休闲公共空间也具有相对稳定性的特点。这种稳定性受城市政治、经济、社会、文化等多种因素长期共同作用而逐步形成并趋于固化。一是旅游休闲基本方式的稳定性。亲近和回归自然是人们旅游休闲的基本方式，从古至今都是如此。因此，亲水、绿色、空气清新等一直都是城市旅游休闲公共空间中的基本元素。从生产的角度出发，休息休闲的目的是恢复体力从而更好地从事生产。从生命本身意义的角度出发，生活的根本目的是提高人的整体素质，包括身体素质。因此健康养生的环境及活动也是城市旅游休闲公共空间的重要组成。二是城市空间认知上的稳定性。旅游休闲设施的打造和旅游休闲产品的设计往往是根据自然禀赋和人文历史沉淀的。这种沉淀本身就形成了人们对空间认知上的稳定性。又因为这种稳定进而成为人们对于一个城市空间在规划设计、产业定位发展上的固化。（见图 3-8）

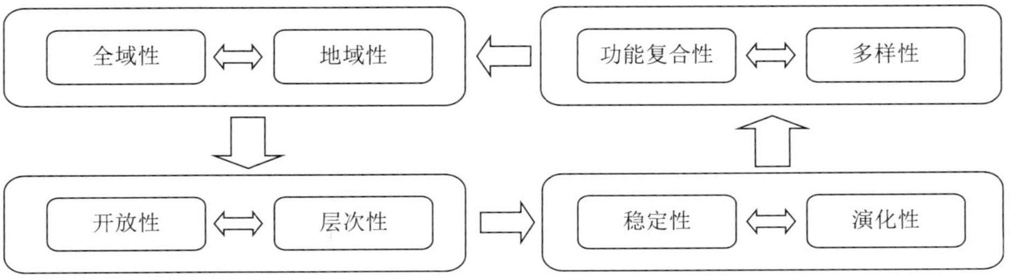

图 3-8　城市旅游休闲公共空间组织的特点

四、城市旅游休闲公共空间组织体系

（一）城市旅游休闲公共空间组织的分类

对城市旅游休闲公共空间进行分类，是开展城市旅游休闲产业发展规划的基础，也是各相关部门实现分类管理的依据。城市旅游休闲公共空间分类的方法有很多，可以依据不同的维度进行划分。有的学者从空间使用者的角度进行划分，比如郭晓勇（2006）以使用者的维度，将城市公共休闲空间划分成三类空间：以服务本地居民为主的、以服务外来游客为主的以及两者共享的。澳大利亚的文化与休闲统计系统（Australia Culture and Leisure Classifications，ACLC）从功能的角度将城市旅游休闲公共空间分为四大类。（见表 3-2）

表 3-2　澳大利亚的文化与休闲统计系统分类

类型	举例
休闲遗产类	博物馆、自然遗产保护区等
休闲艺术类	图书馆、影剧院等
休闲体育类	健身房、体育场馆等
其他休闲活动类	露营地、城市中央休闲区等

注：根据 ACLC 文件资料整理。

张剑龙等（2007）从城市规划设计的角度，对城市公共空间做了多重划分。其中以空间形态将城市公共空间可分为点状、线形和面状三类的方式对本文后面的空间分析有很好的借鉴参考意义。

城市旅游休闲公共空间作为一种综合的空间形态，是城市的重要组成，也是城市功能的重要载体，应该为生活在其中的人服务。在新时期融合发展后，包括本地市民和外来游客都会在同一个城市空间内生活。作为城市管理者的政府机构同样是依托空间和资源为全体居民提供公共管理和公共服务。我们国家的政府部门设置通常是根据产业划分或是资源分类管理。比如农业由农委管理，工业由经信委管理，商业由商务委管理，体育由体育局管理，旅游由旅游局管理，等等，诸如此类。城市旅游休闲公共空间的发展成因是多样的，有在人口相对密集的城区配套以旅游休闲设施而逐渐成型的，有源于旅游休闲本底资源的富集而发展成型的，也有因为交通枢纽带动人员往来频繁而转型升级的，等等。城市旅游休闲公共空间形态也很多元，常见的有公园、绿地、博物馆、演艺场所、图书馆、历史风貌街区、主题公园、体育场、体育馆、创意园区、购物中心、景观河道、亲水岸线、游船码头等。因此城市旅游休闲公共空间是一个开放的、发展着的范畴。基于空间成因、政府管理以及空间形态三个维度，目前可以把城市旅游休闲公共空间划分为三种类型，分别为“城区集聚型旅游休闲空间”“资源富集型旅游休闲空间”“交通枢纽型旅游休闲空间”。（见图 3–9，表 3–3）

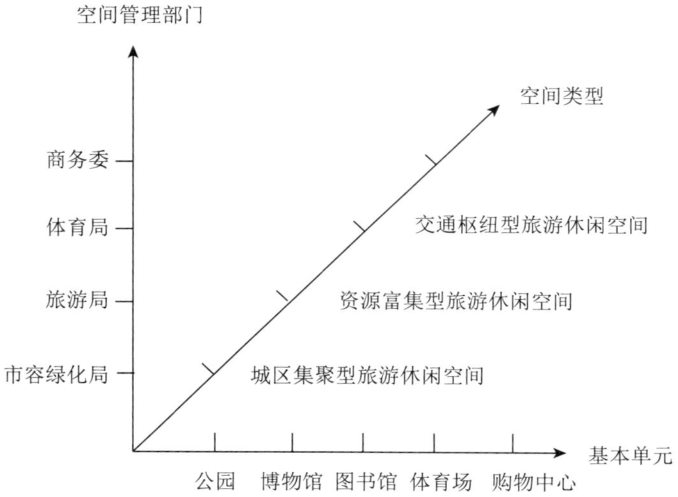

图 3–9 城市旅游休闲公共空间类型结构示意图

表 3–3 城市旅游休闲公共空间分类表

空间类型	空间形态	管理部门
城区集聚型旅游休闲空间 资源富集型旅游休闲空间 交通枢纽型旅游休闲空间	城市公园、绿地	市容绿化管理部门
	郊野公园	
	创意园区	文化广播部门
	博物馆	
	演艺场所	
	图书馆	
	历史风貌街区	
	主题公园	旅游部门
	体育场、体育馆	体育部门
	健身房	
	购物中心	商业部门
	商业街区	
	景观河道	交通港口部门 水务部门
	亲水岸线、码头	
	游艇、游览船	

这里着重做三点说明：

（1）由于城市旅游休闲公共空间具体形态多样复杂，本文对城市旅游休闲公共空间的分类是基于在不同情况下，各种不同形态的旅游休闲空间相互叠加、组合，对呈现出的不同主要特点进行归纳得出的，并不能穷尽所有的旅游休闲空间类型。

（2）城市旅游休闲公共空间形态的演变，本身是个不断发展丰富的过程。随着城市空间功能的转化，不断有新的旅游休闲空间形态的出现，比如工业旅游景区点就是一个典型的例子。

（3）随着政府管理部门的机构调整，比如大部制改革，以往按产业和资源分类管理的格局也在不断打破重构，特别是一些新的旅游休闲形式的出现，就不是既有的管理格局所能涵盖。比如邮轮，既是交通工具，又是海上酒店，还是移动的度假村，在管理上涉及交通部门、旅游部门。再比如房车，涉及工业领域的汽车生产制造，而房车营地涉及土地部门、公安部门、消防部门，房车线路又与旅游部门、路政部门等有关。

（二）城市旅游休闲公共空间组织的分级

“游憩区域”是有层级的。层级反映的是这个“游憩区域”在旅游市场上的知名度、影响力，也由“游憩点”“游憩通道”以及核心区域的若干个“基本单元”所决定。根据“游憩点”的资源禀赋及相关服务配套、“游憩通道”的交通条件以及区域建设发展空间潜力等因素进行综合考量，可以将“游憩区域”划分成不同级别。而“基本单元”根据其相应的服务等级和接待规模标准可以构成“游憩区域”等级划分的重要量化指标。（见表 3-4）

表 3-4 城市旅游休闲公共空间层级评价表

<table>
<tr><th>一级因子</th><th>二级因子</th><th>三级因子</th></tr>
<tr><td rowspan="4">游憩点
基本单元
资源禀赋</td><td rowspan="2">基本单元数量</td><td>现状数量</td></tr>
<tr><td>潜在（规划）数量</td></tr>
<tr><td rowspan="2">基本单元价值</td><td>现状价值（等级）</td></tr>
<tr><td>潜在（规划）价值</td></tr>
<tr><td rowspan="4">游憩点
服务配套</td><td rowspan="2">酒店、餐饮及购物设施</td><td>现状酒店、餐饮及购物设施数量与质量</td></tr>
<tr><td>潜在（规划）酒店、餐饮及购物设施数量与质量</td></tr>
<tr><td rowspan="2">旅游咨询中心等其他服务设施</td><td>现状旅游咨询中心等其他服务设施数量与质量</td></tr>
<tr><td>潜在（规划）旅游咨询中心等其他服务设施数量与质量</td></tr>
</table>

续表

一级因子	二级因子	三级因子
游憩通道交通条件	轨道交通	现状轨道交通线路及站点数量
		潜在（规划）轨道交通线路及站点数量
	其他公共旅游交通	现状地面公交、水上交通等线路及站点数量
		潜在（规划）地面公交、水上交通等线路及站点数量
	静态交通	现状停车场面积
		潜在（规划）停车场面积
建设发展空间潜力	旅游项目建设空间余地	—
	旅游交通建设空间余地	—
	旅游服务配套建设空间余地	—

根据“游憩区域”的层级测算结果，可以对城市旅游休闲公共空间做出三个级别的划分，即一级城市旅游休闲公共空间、二级城市旅游休闲公共空间和三级城市旅游休闲公共空间。

一级城市旅游休闲公共空间具有国家级乃至世界级的知名度，服务种类丰富，功能配套齐全，城市交通类型多元，空间区域广阔，并且具备进一步发展潜力。

二级城市旅游休闲公共空间具有省市级知名度，功能配套较为完整，城市交通便利，与城市生产、生活功能区域具有较高的空间重合度，更多立足于同一空间的复合式利用。

三级城市旅游休闲公共空间具有区县级影响力，具备基本的配套设施，交通完善，与城市居住社区空间重合度较高，生活气息浓厚，城市文化内涵丰富。

（三）城市旅游休闲公共空间组织体系模型

根据城市旅游休闲公共空间的吸引力程度的差别，根据综合发展的原则，本文把“游憩区域”所对应的城市旅游休闲公共空间划分为一级城市旅游休闲公共空间、二级城市旅游休闲公共空间、三级城市旅游休闲公共空间等级别。不同级别的城市旅游休闲公共空间的影响力、吸引力不同。一级城市旅游休闲公共空间又与时间上的重要节点，如重要节假日以及在重要节假日里举办的重大节庆活动相重叠。呈现空间重合、时间重合、活动重合的特征。而二级、三级城市旅游休闲公共空间则是平常非重要节假日以及小型活动期间市民、游客更愿意去的地方。这样由“时间”“空间”“事件”和“人”四个要素构成了城市旅游休闲公共空间的整体系统，其中时间和空间为定量，事件和人为变量。这就为城市旅游休闲公共空间的管治有效实施提供了重要的参考和依据。（见图 3-10）

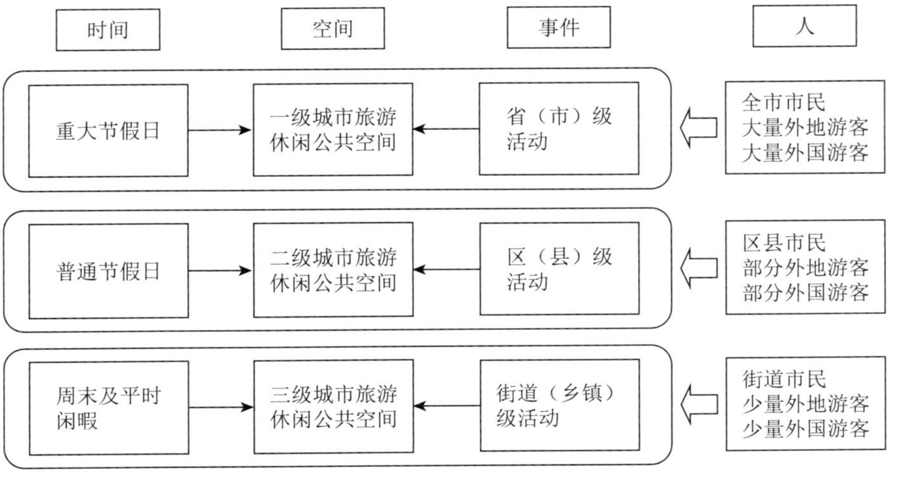

图 3-10 城市旅游休闲公共空间体系

城市旅游休闲公共空间体系的构建是为了城市发展获得最佳经济、社会和环境效益。因此充分发挥政府、企业、行业组织的共同作用，实现城市旅游休闲公共空间的管治，才能真正实现城市旅游休闲公共空间的整体有效发展。

城市里的行政区划分通常是市、区（县）、街道（乡镇）三级，在空间上都有自己固定的四至范围。作为城市旅游休闲公共空间的“游憩区域”，在地域范围上应与某一级行政区空间范围相重叠。分成三种情况，一是“游憩区域”小于或等于某个行政区的空间范围。如徐家汇源作为一个“游憩区域”，与徐家汇街道的范围基本重合，而徐汇区则包含了好几个“游憩区域”。

二是“游憩区域”跨经几个行政区的空间范围，这就涉及协调管理的问题。街道办事处是区政府的派出机构，如果在同一个区范围内，比较容易协调。如果恰好跨了几个区，则要由市一级政府进行协调。比如上海虹桥商务区，作为一个以交通集散功能为主，兼具旅游、休闲、会展、住宿等多种功能的区域，就涉及闵行、长宁、青浦、嘉定四个区的政府协调管理。

三是某两个或几个“游憩区域”在边界上互有交集重合的部分，尚不足以合并成一个“游憩区域”，或者因为各自的游憩点级别都比较高，合并将会损害原有品牌，由此带来与之相对应的行政区管理上的协调问题，需要有新的探索。比如上海的外滩区域与南京东路区域，就有相互重合的部分，又都久负盛名。而两个区域分别属于外滩街道和南京东路街道管理。在元旦、国庆等大型节日期间，就需要两个街道共同承担公共管理的责任。而两个区域也都成立了各自的管理委员会，在市场等层面进行更好的协调。

本节借鉴克里斯泰勒“中心地”理论正六边形模型的建模方法。将区域范围划定在城市内部，将城市空间假设为均质化的空间，表现为自然条件和资源相同而均质分布、人口均匀分布、人们的旅游休闲需求相同、消费方式相同、有统一的城市交通系统等。由此将一个城市内的旅游休闲公共空间体系归纳为由三级城市生活区域、三级城市旅游休闲公共空间规模、不同城市道路所构成的正六边形模型。在街道、乡、镇等人口密集的基本生活区域周边应该存在三级城市旅游休闲公共空间，以满足日常休闲生活的需求，交通以步行或非机动车为主；在区县一级的较大生活区域内应该存在二级城市旅游休闲公共空间，以满足节假日的旅游休闲需求，以基本城市道路和快速城市道路相连接，在这个范围内各个基本生活区域的居民均可以到这里来开展旅游休闲活动，其规模面积也比较大，设施环境较为齐备；在市一级的更大生活区域内应该存在一级城市旅游休闲公共空间，以满足重大节假日的旅游休闲需求，以快速城市道路相连接，全市的居民都可以来此开展旅游休闲活动，其规模面积要求更大，设施环境更加完备。三级城市旅游休闲公共空间的单体规模最小，而数量最多，分布也最广，使用最为频繁。一级城市旅游休闲公共空间的单体规模最大，数量最少，往往瞬时间的人数最多。二级城市旅游休闲公共空间居于两者中间。这是一个理想化的理论状态，能够根据具体城市状况的不同而进行调整。（见图 3-11）

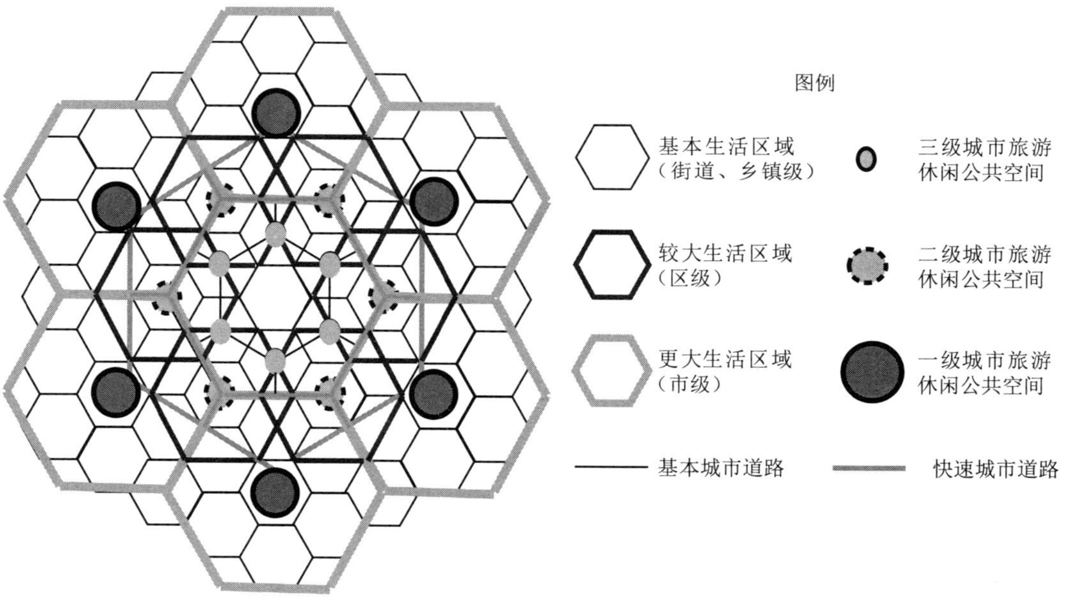

图 3-11　城市旅游休闲公共空间体系模型

（四）城市旅游休闲公共空间组织的发展趋势

1. 综合化发展

城市化进程中原有功能分区式的发展模式已经越来越不适应超大型城市的实际情况。以 2014 年的上海为例，城市化使得人们居住和工作、休闲空间截然区分，2300 万的常住人口每天来往于城市周边和城市中心，造成了极大的交通拥堵，人们花费在路上的交通时间越来越多。白天繁华的陆家嘴金融贸易区，到了晚上几近空城。人们越发希望在同一空间中实现多重目的，包括休闲的目的。由此也将推动城市公共空间，包括城市旅游休闲公共空间向功能综合化发展。而休闲空间的综合与集中有助于促进人与人之间直接的社会交往，从而丰富休闲的内在价值。城市旅游休闲公共空间的综合性主要体现在功能和内容两个方面。首先，城市旅游休闲公共空间应与周边的居民区、宾馆等居住空间相衔接，甚至是融合。其次，将观光、餐饮、购物、娱乐、文化、健身等多种休闲场所及设施设备集中在同一区域内协调配置，有利于发挥各种功能场所之间的联系，形成不同的消费组合产品，充分利用空间，满足更大的旅游休闲消费人群的需求，从而最大化地提升城市空间的综合效益（付达院，2014）。

2. 社会化发展

旅游休闲已经成为人民大众最普遍的生活需求，城市旅游休闲公共空间是为了人民大众而建设的，也应由人民大众来共同建设。城市旅游休闲公共空间的发展要求更加具有社会化参与的特点，避免排他性情况的出现。城市旅游休闲公共空间属于准公共服务，要从过去所谓的“高端”生活方式转变为最基本的生活保障系统。城市旅游休闲公共空间的社会化发展也有利于消弭人与人之间由于经济收入拉大的裂痕，在同一个空间内实现和谐共处。

3. 特色化发展

城市旅游休闲公共空间是市民和游客休闲生活的共同载体，人群的大量流动带来信息、资金、物质等的大量流动。打破了以往物理空间的隔绝，各大城市间的发展呈现出了趋同的状况，比如都是高楼大厦，都是各地美食的汇集，都是购物时尚中心等。就连英语和普通话的流行也是一个很好的例子。网上曾经有人做过统计，全国有 27 个城市提出过要建设国际化大都市的目标，这当然是不现实的。鲁迅在《且介亭杂文》中说：“只有民族的，才是世界的。”城市旅游休闲公共空间只有不断挖掘和发展自己的特色，才能迎来更多的市民和游客。

本章小结

城市旅游休闲公共空间组织是城市旅游休闲系统中各要素间的空间组织关系组成的，是各要素在空间上的结构方式和分布形式的体现。构建及优化城市旅游休闲公共空间组织，必须首先识别系统构成要素，全面系统分析各要素在空间中的相互位置、关系及作用，确定城市旅游休闲公共空间发展模式。

第一，在识别城市旅游休闲公共空间组织结构的基本单元的基础上，城市旅游休闲公共空间组织结构的基本要素可抽象表示为游憩点、游憩通道和游憩区域这三大要素。本文中的游憩点是由若干个基本单元与其周边的居住区结合构成的聚核状的空间。游憩通道是由城市交通基础设施组成的线状道路。而游憩区域，由游憩点、游憩通道所覆盖的地区以及受“游憩点”辐射影响的地区。是对传统“点—线—面”空间结构方法的延续和递进，是以更加宏观的视角对城市空间的分析。在分析三者间相互依存关系及动力机制的基础上，进一步将城市旅游休闲公共空间的组织结构分解为单核结构、双核结构和多核网络化结构。

第二，城市旅游休闲公共空间组织具有全域性与地域性、开放性与层次性、功能复合性与多样性以及稳定性与演化性的特点。依据城市功能演进发展的规律，可以分为“城区集聚型旅游休闲空间”“资源富集型旅游休闲空间”和“交通枢纽型旅游休闲空间”三种类型。

第三，城市旅游休闲公共空间组织要充分结合“时间”“空间”“事件”以及“人”这四个维度，共同构建城市旅游休闲公共空间组织体系。

第四章　上海城市旅游休闲公共空间组织

一、上海城市旅游休闲公共空间组织基本单元分析

（一）上海城市功能发展演进

休息和工作是人生存的两大基本状态。在联合国《经济、社会及文化权利国际公约》中表述“工作权”时，明确把休息、闲暇和工作时间的合理限制，定期带薪休假以及公共假日报酬列为“人人有权享受公正和良好的工作条件”之一。城市是人的集聚，因此“居住”“工作”“游憩”与“交通”被《雅典宪章》列为城市的四大基本功能。可以说，游憩区域从城市出现之初就天然存在，只是从自发存在的状态到城市有组织地规划建设则是伴随经济社会发展而逐渐实现的。

从上海近代以来的城市建设发展过程中，城市定位及功能的变迁能够比较清晰地看到旅游休闲空间的发展历程。1848 年上海开埠后，租界的开辟和扩张带来了西方近代城市建设的思想和技术，使上海迅速从一个普通的滨海小城发展成为近现代工商业城市和远东国际大都会。1946 年国民政府收回租界后编制的城市总体规划——《大上海区域计划总图》中对上海的发展定位是“全国最大工商业中心之一”。灯红酒绿的时尚消费和市井繁华是当时上海城市形象的写照。（见图 4-1，图 4-2）

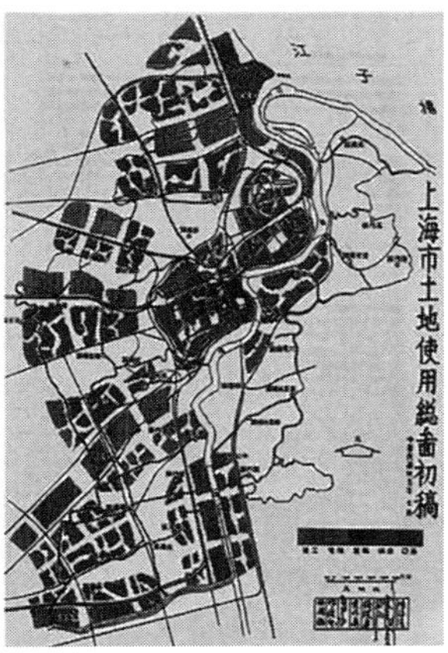

图 4-1　上海市土地使用总图（民国）

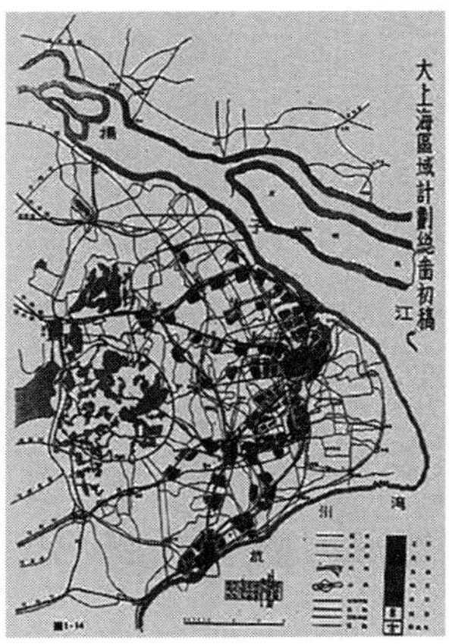

图 4-2　大上海区域计划总图（民国）

新中国成立后，上海百废待兴，城市的首要任务是发展工业，工业生产是这一时期的城市功能（王美飞，2010）。1986 年《上海市城市总体规划》提出上海的定位是“工业基地”“经济、科技、贸易、信息和文化中心”。工业生产仍是城市的主要功能。但从改革开放以后上海经济快速发展。城市生活消费、文化消费和娱乐消费也迅速发展。1990 年浦东开发开放；1992 年国家要把上海建成“一个龙头，三个中心”的重大战略决策，使上海的战略地位、城市性质和城市功能发生了巨大的变化。2000 年《上海市城市总体规划》提出上海的发展目标是我国的“经济中心、航运中心和国家历史文化名城”“现代化国际大都市”“国际经济、金融、贸易和国际航运中心”。

2014 年上海启动编制《上海市城市总体规划纲要（2015—2040）》。提出要合理布局文化创意、艺术博览、休闲旅游、健康服务、国际教育等高端服务功能区和文化产业集聚区。旅游休闲空间营造、旅游产品打造、旅游服务体系完善等成为研究的重要内容。

综上可见，上海的城市定位从新中国成立前的港埠都市、全国最大的工商业城市以及远东国际大都会，到新中国成立后最重要的工业中心之一；从改革开放前以生产功能为主（陈萍萍，2006），到改革开放后逐步向消费并重转变；直至当今提出“四个中心”和世界著名旅游城市建设目标，并进一步深化为面向 2040 年的“国际文化大都市”，上海城市功能演变主要体现在以下三个方面：一是多功能的城市发展，由以工业为主导功能的城市发展成为经济、金融、科创、贸易、航运、生态等多功能并重的城市；二是“以人为本”的城市发展，自新中国成立后至改革开放前后，上海城市发展一直强调恢复和发展经济，21 世纪以来的城市发展指导方针开始强调城市软实力的建设，强调以增强城市人文魅力和促进人的全面发展为基本出发点，营造特色鲜明的文化氛围和品质宜人的人居环境，不断增强全体市民和国内外来沪人士的幸福感、认同感和归属感，以良好的环境和服务满足市民的休闲游憩需求；三是外向型的城市发展，上海作为国家“一带一路”倡议和长江经济带战略的重要支点，作为长三角城市群的核心，一方面对接国际，发挥对外窗口的交流融合作用；一方面服务国内，引领长江经济带，培育世界级城市群。

可以看出，随着上海城市发展，旅游休闲的发展是彰显城市魅力、提升城市软实力的重要手段，旅游休闲功能已经是全球城市功能的重要组成部分。

依据前文的论述和可以获取的数据资料，本书对上海的公共旅游休闲空间分析主要针对以下七种形态：城市公园绿地、体育场馆、博物馆、公共图书馆、工业旅游点、A 级旅游景区和演艺场所。另外以旅游度假区、滨水空间作为补充。

（二）城市公园分布状况分析

公园绿地已经成为现代城市的重要组成部分，在城市空间占比上有着法律上的明确要求。上海作为长江入海口的冲积平原，公园绿地的设置上更多是依托人工建造。《上海市公园管理条例》对公园的公共属性做了明确的界定，属于“公益性城市基础设施”，是“供公众游览、休憩、观赏的场所”，起到改善区域性生态环境的作用。

绿地是一个比较大的概念，《上海市绿化条例》中将绿地分为公共绿地、单位附属绿地、居住区绿地和防护绿地等。而公共绿地则明确是指公园绿地、街旁绿地和道路绿地。

根据上海市绿化与市容管理局 2014 年的统计数据显示，上海共有城市公园 161 个，实施星级评定标准以规范其服务质量。（见图 4-3，图 4-4）

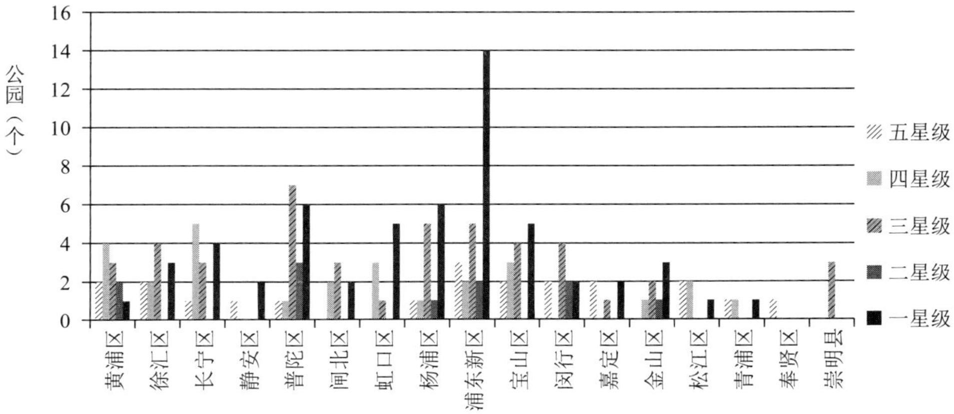

图 4-3　上海城市公园数据图①

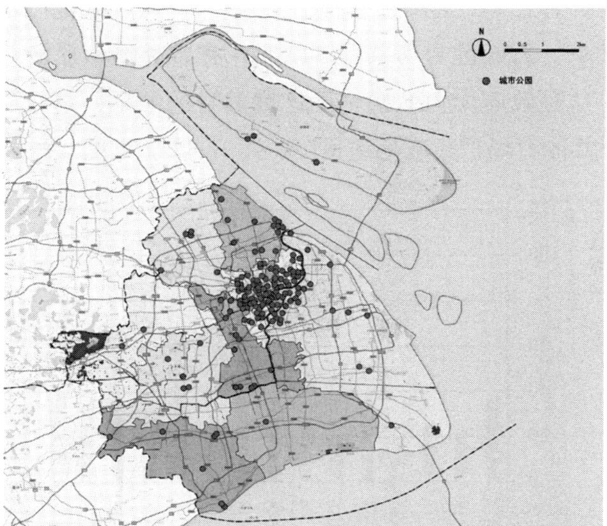

图 4-4　上海城市公园绿地分布示意图

注：根据上海市绿化与市容管理局 2014 年度统计资料绘制

① 上海市绿化与市容管理局 2014 年统计数据 http://lhsr.sh.gov.cn/sites/wuzhangai_lhsr/gongyuan_list.aspx?ctgId=6ba24e0c-2b5e-425d-a196-3621f9845239.

从图上可以看到，上海的公园绿地主要集中在中心城区，包括浦东陆家嘴及沿黄浦江地区，在郊区主要集中在各中心镇所在地。与人口分布情况呈现出非常明显的正相关性。这与上海对于公园绿地的定位、规划、建设密切相关。

《上海市绿化条例》对于项目绿地面积占比有明确的标准规定，涉及新建居住区；新建学校、医院、疗休养院所、公共文化设施；新建工业园区；新建地面道路；新建铁路等，都有明确的用地比例要求。绿化部门已经关注到绿地与其他公共旅游休闲空间之间的呼应关系，这是非常难能可贵的。

《上海市公园管理条例》对城市公园的建设用地做了非常严格的保障，规定“任何单位和个人不得擅自改变或者侵占”。规定城市规划管理部门要对公园周围的建设项目加以控制，使其与公园景观相协调。上海城市公园绿地的设置已经和居住、工作、学习等场所紧密结合了。

可以说，土地上的保障就是对公园绿地作为城市旅游休闲公共空间的最根本的保障。也正因为这样，上海的城市公园绿地的建设发展成为更新城市面貌，优化城市环境，彰显城市文明，提升居民幸福感的重要方面。

（三）体育场馆分布状况分析

作为城市旅游休闲公共空间的体育场所，是指向社会开放的公共体育场所，包括体育运动场地、建筑物和固定设施，可以供市民开展体育健身、比赛等活动，也兼顾市民游客观赏专业体育比赛的场所。纳入上海市体育局统计范围的有各类公共体育场馆、社区公共运动场、百姓健身房共计 541 个，在各类城市旅游休闲公共空间中数量最多、分布最广。这是政府大力弘扬全民体育健身的结果，是政府服务民生的一个显著体现。也是跟公共体育场馆具有用地保障分不开的。（见图 4-5，图 4-6）

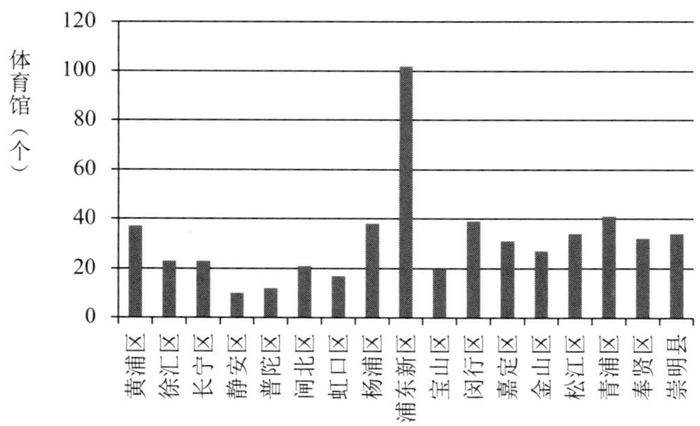

图 4-5　体育场馆数据图[①]

① 上海市体育局 2014 年度统计数据 http://new.shsports.gov.cn/SportsCulture/SportsAlmanac.

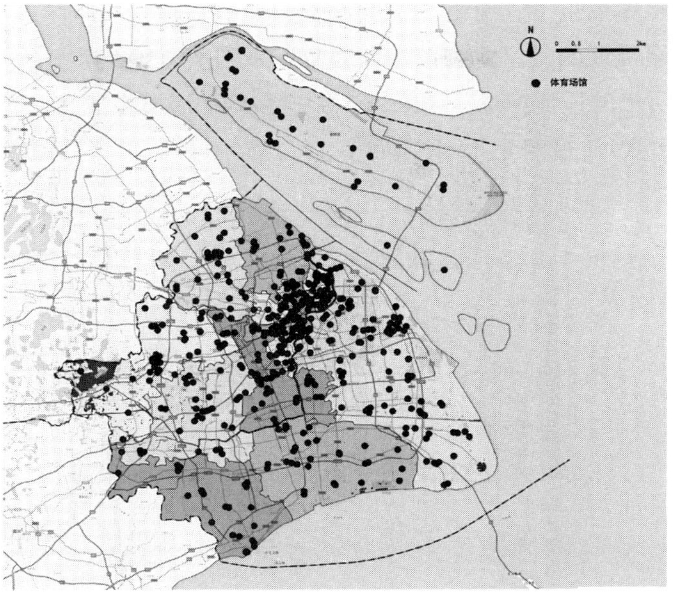

图 4–6　上海体育场馆分布示意图

注：根据上海市体育局 2014 年度统计资料绘制。

从图上可以看到，体育场馆几乎涵盖了上海所有的街道、镇、乡，其空间分布与行政区划分和人口布局密切相关。据统计资料显示，“十一五”期间，上海经常性参加体育锻炼的人数比例超过 43.5%，构建了全覆盖的体育健身设施网络（金银日，2013），全市 80% 的中小学校体育场地向社区开放[①]。“十二五”期间，上海推进基本公共体育服务均等化，全市人均体育场地面积达到 2.6 平方米。

上海市体育局制定《上海市体育场所管理办法》，明确规定，任何单位和个人不得擅自占用公共体育场所。国家发改委和住建部专门制定了《公共体育场馆建设标准》，规定各级政府将公共体育场所建设项目，列入基本建设投资计划，在资金上给予了保障。同时规定公共体育场所必须向社会开放，也就保障了广大市民、游客对城市公共体育场所的使用权利。

（四）博物馆分布状况分析

据考证，我国最早的博物馆诞生于上海。分别是 1868 年的“震旦博物院”和 1874 年的“亚洲文会博物馆”（王仁波等，1997）。而上海博物馆的前身是 1937 年正式对外开放的“上海市立博物馆”，这也是中国人在上海自办的第一个博物馆。改革开放之后，正在经历机制、体制变革的上海的博物馆业发展要跟上世界其他现代化城市的

① 《上海市体育事业与体育产业发展“十二五”规划》http://www.shanghai.gov.cn/shanghai/node2314/node25307/node25455/node25459/u21ai612826.html.

步伐，无论是在整体数量上，还是在发展理念、展示手段以及运作方式上都还有很长的路要走。但毋庸置疑的是，博物馆是外地游客来到上海，在最短的时间内了解这个城市的文明发展历史的最佳窗口。越来越多形式多样的展览也成为上海市民游憩休闲、增长知识的重要方式。（见图 4-7，图 4-8）

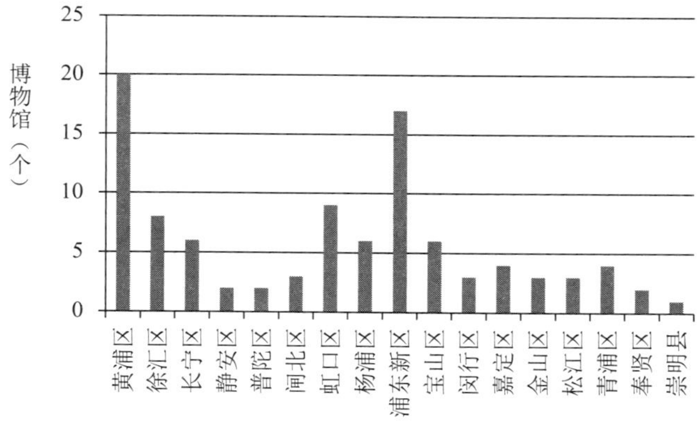

图 4-7　上海博物馆统计图[①]

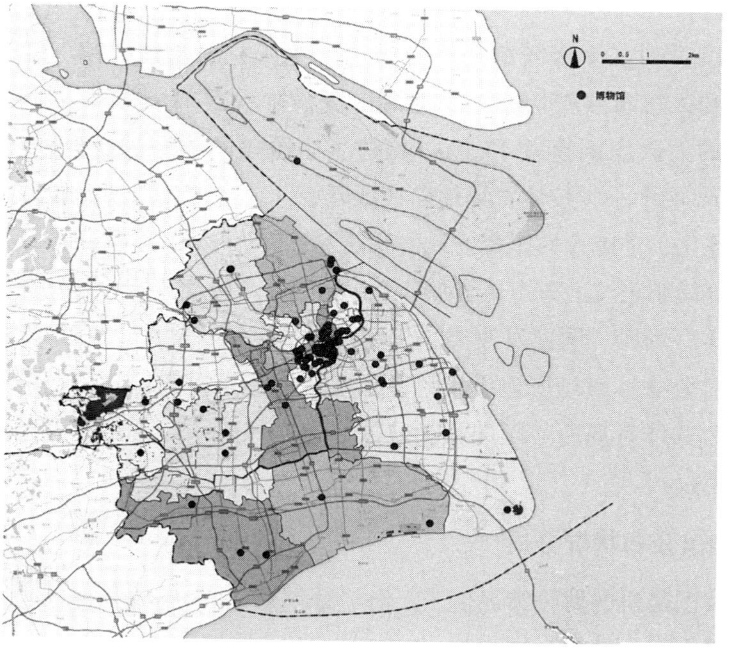

图 4-8　上海博物馆分布示意图

注：根据上海市文化广播影视管理局 2014 年统计资料绘制。

① 上海市文化广播影视管理局 2014 年统计数据 http://wgj.sh.gov.cn/node2/n1716/n1718/n1750/u1ai87449.html.

2014年，上海市有2300万常住人口，各类博物馆只有99家。从图上可以看到，上海的博物馆的总量偏少、布局不够合理。绝大多数博物馆都集中在市中心区域，广大的郊区、乡镇，新兴的人口集聚区都缺少博物馆。这离建设国际大都市目标的要求还相差甚远。另外，由于历史和认识的局限，上海博物馆的种类还比较单一，主要集中在国有艺术类、历史类等，名人类、科技类等博物馆还比较少，民间博物馆数量更少。

我国《博物馆条例》强调了博物馆的社会服务功能，鼓励向公众免费开放。并且规定政府对免费开放的博物馆给予经费支持。《上海市社会力量举办博物馆扶持资金使用管理办法》鼓励社会力量举办博物馆，也鼓励免费开放，并给予资金扶持。这些做法都会极大地带动上海的博物馆作为城市旅游休闲公共空间的发展。

（五）购物中心分布状况分析

大型购物中心是现代化城市的重要标志。国家标准《零售业态分类》（GB/T 18106—2021）对购物中心划分了类型，并具体规定了各类购物中心的选址、商圈半径和建筑面积。都在城市交通便捷、人流密集、商业繁华的地段，具有较广的服务半径，经营结构均要求有购物、饮食、娱乐等设施。从购物中心本身的形态就能看出，它已经不单纯是一个购物场所，而具备综合功能，属于城市旅游休闲公共空间的组成部分。而地理位置上的优势，又决定了购物中心在城市旅游休闲发展中不可忽略的地位。

上海的购物中心经历了快速发展的过程。根据上海市商业规划设计研究院的统计[①]，到2014年，上海共有商业面积6650万平方米，上海人均商业面积达到了2.8平方米。香港人均1.3平方米，东京1.3平方米，纽约1.1平方米，伦敦0.9平方米。从数字上看，上海已经极大超过了世界上各大都市的人均商业面积。（见图4-9，图4-10）

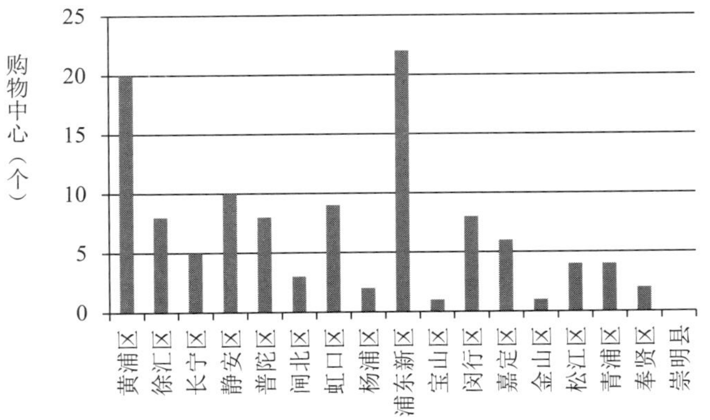

图4-9 上海购物中心统计图[②]

① 源自对上海市商业建筑设计研究院顾廷才总建筑师的访谈。

② 上海市购物中心协会2014年统计数据 http://www.chinascsc.org/Info.aspx?id=11.

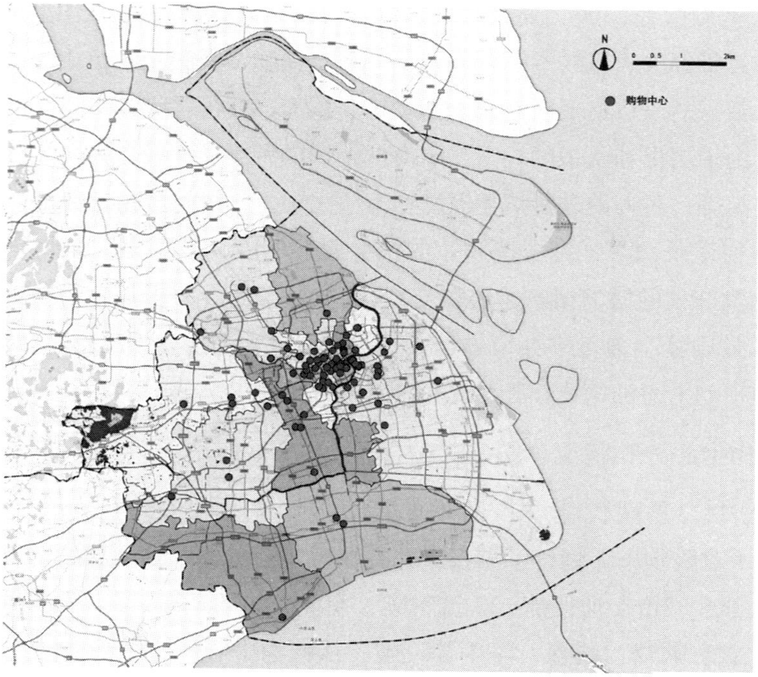

图 4–10　上海购物中心分布示意图

注：根据上海市购物中心协会 2014 年统计资料绘制。

从上海人均商业面积来判断，应该说购物中心在数量上是极具饱和了。然而在图上可以看到中心城区与郊区的差距显著。上海购物中心起源之初，主体开发建设在中心城区、内环线内，形成了局部商圈项目扎堆，使得商业资源分布不均，而近郊项目甚少，更不要说是远郊。这是商业地产开发思路的结果，也跟城市功能分区带来的地租不同有关。因此，上海的购物中心在数量上并非绝对饱和，而是存在结构性矛盾。

上海市商务委制定的《上海商业发展行动方案》显示政府引导购物中心的发展顺应上海城市建设的发展趋势，从 600 平方公里的中心城区向 6000 平方公里的广大郊区扩展。配合轨道交通及郊区新城、中心镇建设，发展新的区域性商业中心。

经济发展和政府的相关规定，间接使得高端购物消费下降。而随着电子商务的发展，越来越多的人选择了网上购物，也对实体商业造成了不利的局面。南京路、淮海路、徐家汇等购物商圈都面临客流大量减少的问题，而这又与市中心地区的商业地产过快发展有关，呈现出供大于求的局面，大型购物中心亟待转型。各大购物中心在地理位置上都占据了城市交通枢纽或者繁华地段，也是人们旅游休闲消费的理想场所。因此大型购物中心应该从纯购物消费向旅游休闲体验，商、旅、文融合发展转变。目前 K11、环球港、美罗城等大型购物中心已经开始了这样的转型之路，向旅游、休闲、餐饮、社交、文化、健身、购物等综合空间发展。

（六）公共图书馆分布状况分析

公共图书馆是由政府举办的，向社会公众开放的公益性文化机构。《上海市公共图书馆管理办法》对各类公共图书馆的建筑面积、阅览座位总数、与当地人口总数的比例、对公众的开放时间等都做了详细的规定。少年儿童是接受书籍的主要人群，也是全社会着力培养的目标群体，因此在上海的公共图书馆开设有少年儿童图书室，还有独立建制的少年儿童图书馆。随着人们对精神文化生活的重视，图书馆的综合功能也越来越齐备，已经成为市民周末闲暇及假期常去的休闲之所。（见图 4-11，图 4-12）

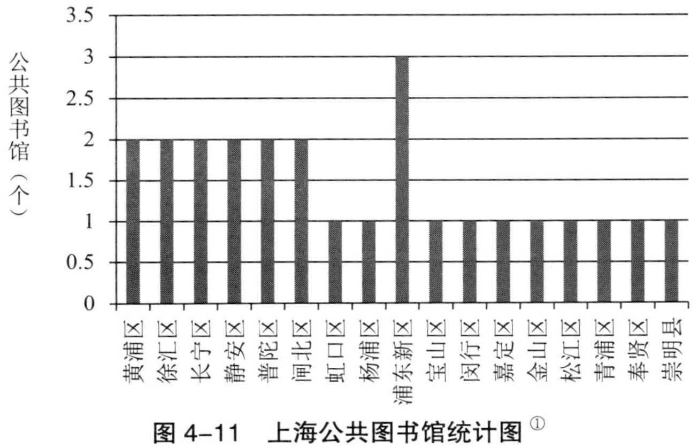

图 4-11　上海公共图书馆统计图[①]

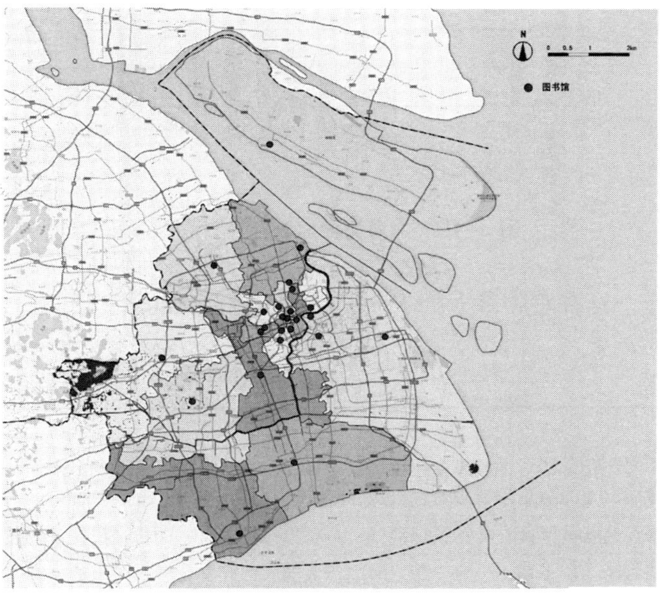

图 4-12　上海公共图书馆分布示意图

注：根据上海市文化广播影视管理局 2014 年统计数据绘制。

① 上海市文化广播影视管理局 2014 年统计数据 http://wgj.sh.gov.cn/node2/n1716/n1718/n1750/u1ai87449.html.

因为是政府有计划的公共投入，因此从图上可以看出来，上海的公共图书馆基本布局在各个区县的中心城镇，而越是市中心及其周边区域，分布越是密集。但对于上海正在快速发展的郊区来说，这样的布局显然跟不上发展的需求。

（七）工业旅游点分布状况分析

上海是我国近代工业的摇篮。发展至今，无论是传统制造业、现代制造业还是高科技产业，其都一直走在时代的最前列。可以说，工业的发展历程代表着上海的文脉，也是上海城市形象最核心的组成内容之一。工业旅游的发展与上海城市的发展息息相关，是工业生产转型、与旅游业融合发展的产物。上海的工业旅游依托雄厚的工业基础、深厚的文化底蕴，形成丰富的工业旅游产品和线路，成为上海都市旅游的一个新亮点。上海市地方标准《工业旅游景点服务质量要求》（DB31/T 392-2007）中对工业旅游景点进行了界定，突出其观赏、体验、教育、休闲功能。厂区景区化、休闲化以及很多旧厂房转型成为创意产业园区，已经成为上海新的时尚地标。目前上海已经评定过的各级各类工业旅游景点共有 56 个。（见图 4-13，表 4-1，图 4-14））

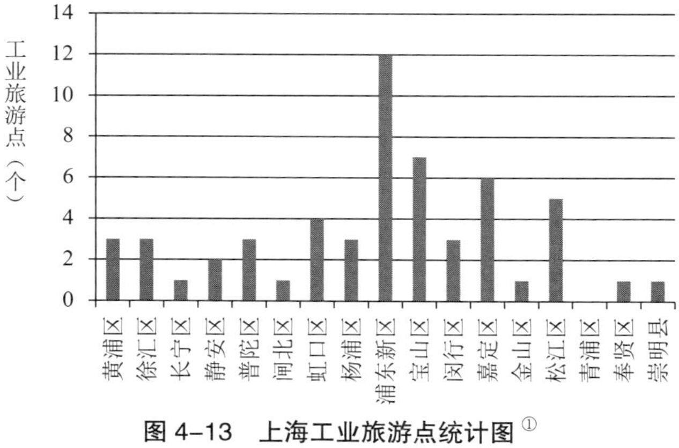

图 4-13　上海工业旅游点统计图[①]

据不完全统计，具有发展潜力的工业旅游资源有近 300 个。

表 4-1　上海工业旅游点分类表

类型	代表景点
工业企业	上海宝钢集团、上海大众汽车厂、上海印钞厂、上海 F1 国际赛车场有限公司、上海浦东软件园、上海磁悬浮有限责任公司
现代工业园区	张江高科技园区、外高桥保税区、金桥出口加工区、闵行经济技术开发区、莘庄工业区
创意产业集聚区	八号桥、田子坊、创意仓库、时尚产业园、传媒文化园、天山软件园
行业博物馆	上海工艺美术博物馆、中国烟草博物馆、江南造船博物馆、美特斯邦威博物馆、上海铁路博物馆、上海银行博物馆

① 上海工业旅游促进中心 2014 年统计数据 http://www.chinaindustrytour.com/.

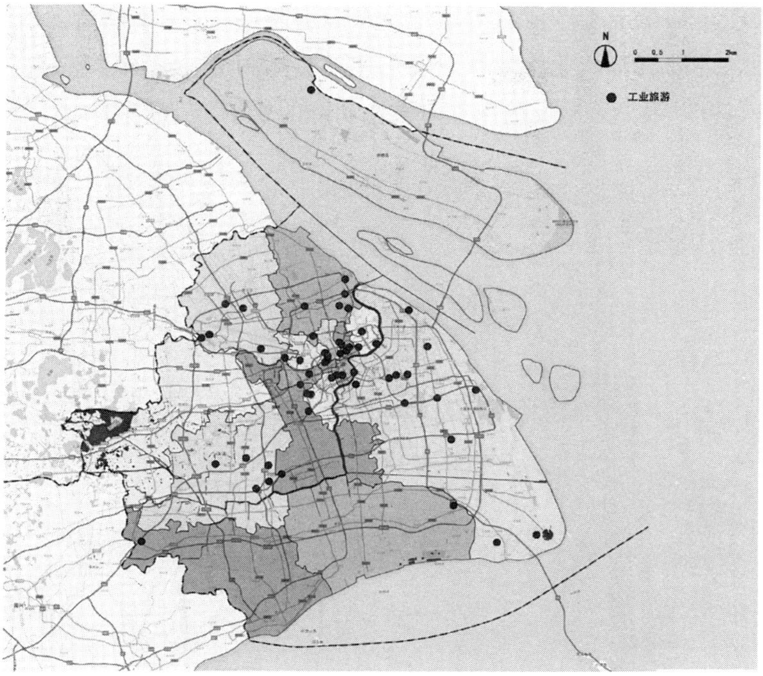

图 4–14　上海工业旅游点分布示意图

注：根据上海工业旅游促进中心 2014 年统计资料绘制。

上海工业旅游景点的空间分布格局比较复杂。依据其类型的不同而具有不同的相关因素。其中与生活消费关系密切的创意产业集聚区既与原有的工厂厂房遗址有关，又与居民区的分布有关。如在原上海第十七棉纺织总厂厂址建成的上海国际时尚中心，前身为上海金星电视一厂的“越界·创意园”。由曾经的街道小厂、巷子废弃的仓库等改造而成的田子坊等，其本质是工业用地的商业化转型。行业博物馆的选址与其他博物馆不同，往往与产业本身发展痕迹有关。以纺织业为例，上海纺织博物馆建在上海纺控集团的大楼内；上海纺织服饰博物馆坐落在东华大学内，东华大学的前身是中国纺织大学，纺织、服装设计、纺织印染、纺织机械等一直是其主要学科；在服装知名企业美特斯邦威的厂区内还有一个美特斯邦威服饰博物馆。其他大量工厂类的工业旅游景点则与工业企业的布局密切相关，属于典型的资源禀赋型。“十一五”期间形成了“一核四板块两延伸翼”的空间格局。“一核”是指中环以内建立的中心特色工业旅游区。“四板块”分别是中环以外各个产业基地基础上形成的东部高科技工业旅游区、南部化学工业旅游区、西部汽车工业旅游区、北部钢铁工业旅游区。“两延伸翼”是指东北船舶工业旅游延伸翼和东南装备工业旅游延伸翼。“十二五”期间上海工业旅游景点进一步发展，由浦西地区的内环线与黄浦江形成的半环形围合廊道以及苏州河沿岸的工业遗迹集聚轴，成为产业转型、融合发展的示范地带。进一步形成了北部精品钢材产业旅游基地、东部微电子产业旅游基地、东南部装备产业旅游基地、南部石油化工产业旅游基地、西部汽车产业旅游基地和东北部船舶制造工业旅游基地。从工业旅游景点的空间分布可以很显著地反映出上海城市功能的变革。（见图 4-15）

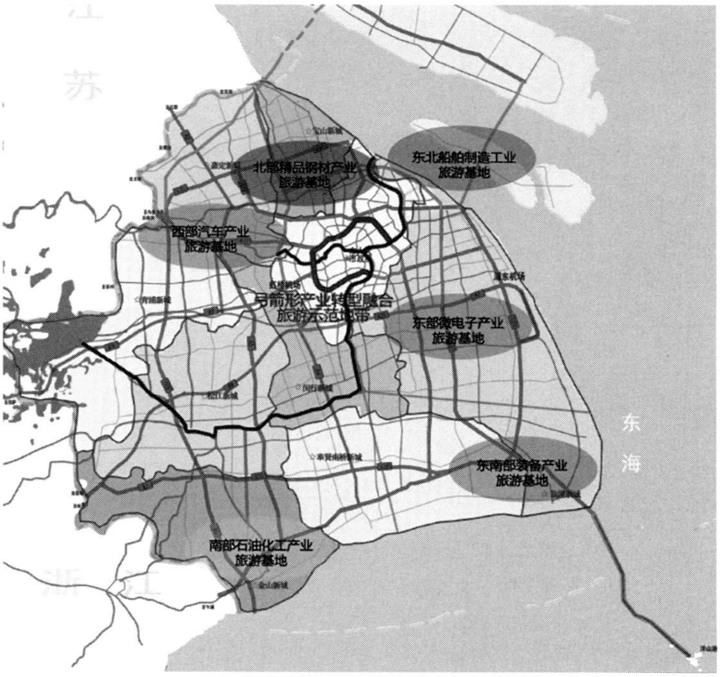

图 4-15 “十二五”上海工业旅游发展布局[①]

（八）演艺场所分布状况分析

演艺场所是个比较多元的公共空间，类型多样。文化馆、电影院、剧院、戏院、群众艺术馆以及兼具演出功能的体育场馆等都属于这个范畴。本书根据上海市文化广播影视管理局的管理范畴开展研究。《上海市公共文化场馆管理办法》规定公共文化馆按照市、区（县）、街道（乡镇）行政区划设置文化馆和文化站。明确规定了面积、人均占比和开放时间。

演艺场所既是城市居民精神文化生活的载体，也是上海旅游休闲的重要内容。上海市政府专门出台政策补贴电影院的建造和数字化改造，补贴电影放映场次，让广大群众受益。出台公益性演出专项资金的管理办法，对公益性专场演出的票价、内容、全年场次、艺术水准、知名演员比例等都做了明确规定，以保证普通大众的文化需求。（见图 4-16，图 4-17）

① 资料来源《上海旅游产业十二五发展规划》http://www.shanghai.gov.cn/nw2/nw2314/nw2319/nw2404/nw30556/nw30557/u26aw31364.html.

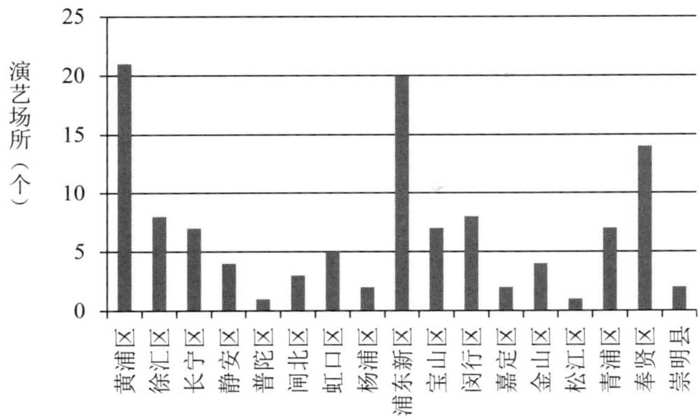

图 4–16　上海演艺场所统计图[①]

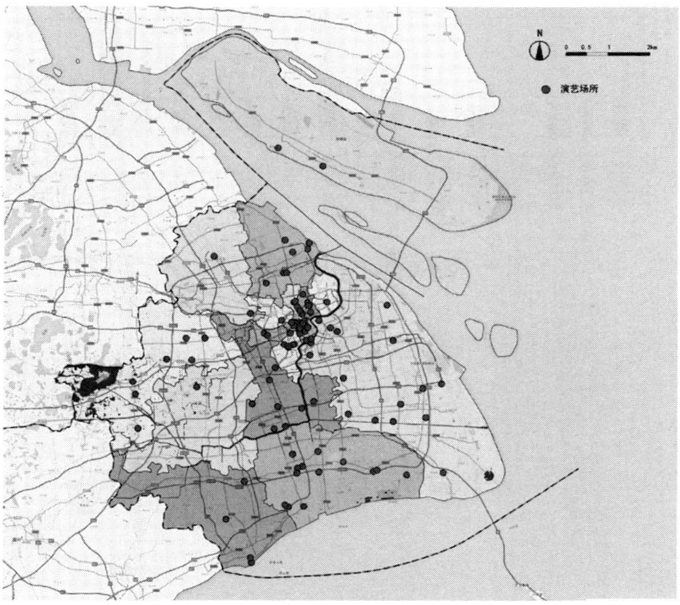

图 4–17　上海艺术表演场所分布示意图

注：根据上海市文化广播影视管理局 2014 年统计资料绘制。

演艺场所的空间布局与人口的居住区域是密切相关的。城区部分，浦西地区的密集程度远远高于浦东地区，而中心城市的密度又远远大于周边的郊区县。这跟上海城市发展的历史有关，同时也说明演艺场所的布局没能跟上人口居住地区的变化。

（九）A 级旅游景区分布状况分析

旅游景区是旅游业的核心业态，具有明确的地域范围，以旅游休闲为主要功能，配套服务设施，提供相应管理服务。包括多种具体形态。A 级旅游景区则是行业管理

① 上海市文化广播影视管理局 2014 年统计资料 http://wgj.sh.gov.cn/node2/n1716/n1718/n1750/u1ai87449.html.

的范畴，是依据国家标准《旅游景区质量等级的划分与评定》对旅游景区服务质量开展认证的结果，对通过认证的旅游景区颁发“国家 A 级旅游景区”标志牌，是衡量景区质量的重要标志。这项认证工作开始于 1993 年，已经成为我国传统旅游资源的重要代名词。我国的旅游景区质量等级划分从高到低依次为 5A、4A、3A、2A、1A 五个级别。截至2014年，上海共有A级旅游景区89家，其中5A级的有3家，4A级的有45家，3A 级的有 40 家。2A 级和 1A 级的等级太低，市场感召力太弱，上海历史上曾经有过，但随着市场的发展，都逐渐完成了升级。（见图 4-18，图 4-19）

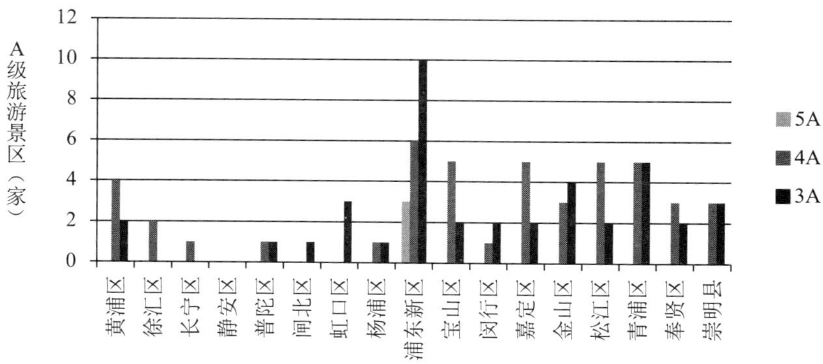

图 4-18　上海 A 级旅游景区统计图 ①

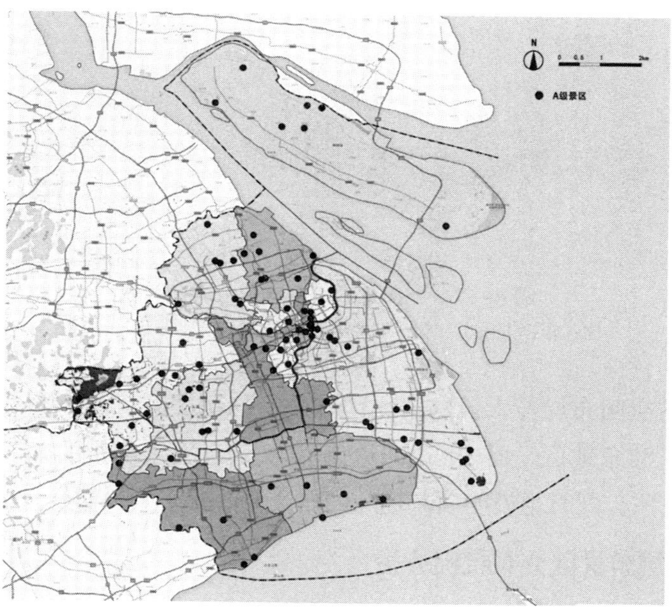

图 4-19　上海 A 级旅游景区分布示意图

注：根据《2014 上海旅游统计年鉴》资料绘制。

① 《2014上海旅游统计年鉴》http://lyw.sh.gov.cn/lyj_website/HTML/DefaultSite/lyj_xxgk_lytj_2014/List/list_0.htm.

上海在自然禀赋上不具备传统优势，因此在1997年确定了发展都市旅游的发展方向，所谓都市旅游，是集“都市观光”“都市商业”“都市文化”于一身。以人造景观为主，以产业融合为特色。上海的A级旅游景区大体可以分成如下几种类型。（见表4-2，图4-20）

表4-2　上海A级旅游景区分类表

类型	数量	名称
建筑景观类	3	东方明珠广播电视塔、金茂大厦88层观光厅、上海环球金融中心观光厅
博物馆类	9	上海科技馆、上海博物馆、上海城市规划展示馆、上海海洋水族馆、中国航海博物馆、上海宝山国际民间艺术博览馆景区、上海中医药博物馆、上海地质科普馆、上海玻璃博物馆
古镇水乡类	8	上海豫园、朱家角古镇、枫泾古镇、上海嘉定州桥、上海南翔景区、新场古镇、上海福泉山遗址景区、上海召稼楼景区
公园类	33	上海野生动物园、东平国家森林公园、上海动物园、上海共青森林公园、上海佘山国家森林公园、上海世纪公园、上海大观园、上海古猗园、上海方塔园、上海市青少年校外活动营地—东方绿舟、锦江乐园、金山城市沙滩景区、碧海金沙景区、上海月湖雕塑公园、上海长风公园·长风海洋世界景区、上海海湾国家森林公园、上海欢乐谷、上海植物园、上海明珠湖·西沙湿地景区、上海顾村公园景区、上海辰山植物园、上海吴淞炮台湾国家湿地公园、上海金罗店美兰湖景区、上海汽车博览公园、上海闻道园、上海大宁灵石公园、东方假日田园、上海滨海森林公园、黄兴公园、上海鲁迅公园、上海和平公园、上海醉白池公园、上海太阳岛国际俱乐部
重大事件及名人故居类	4	陈云故居暨青浦革命历史纪念馆、上海宋庆龄故居纪念馆、上海犹太难民纪念馆、上海南社纪念馆
农业景观类	25	上海鲜花港、上海都市菜园景区、上海马陆葡萄艺术村、前卫生态村、上海江南三民文化村景区、上海南汇大团桃园、上海南汇桃花村、廊下生态园、中国农民画村、书院人家、上海南汇渔乐湾生态园、上海玉穗绿苑、华亭人家·毛桥村、瀛东生态村、高家庄园乡村俱乐部、上海庄行乡村旅游景区、上海人然合一现代农业生态园、上海瑞华果园景区、上海金龟岛渔村景区、上海联谊枇杷乐园、上海葵园景区、上海金山嘴渔村景区、上海多利农庄生态园、上海宏泰园、上海菲尼克斯生态园
都市景观类	6	上海徐家汇源景区、上海田子坊景区、上海老外街景区、上海M50创意园、上海老码头景区、上海影视乐园
寺庙类	1	上海东林寺景区

注：本书对上海A级旅游景区的分类是根据上海A级旅游景区的市场定位进行划分。

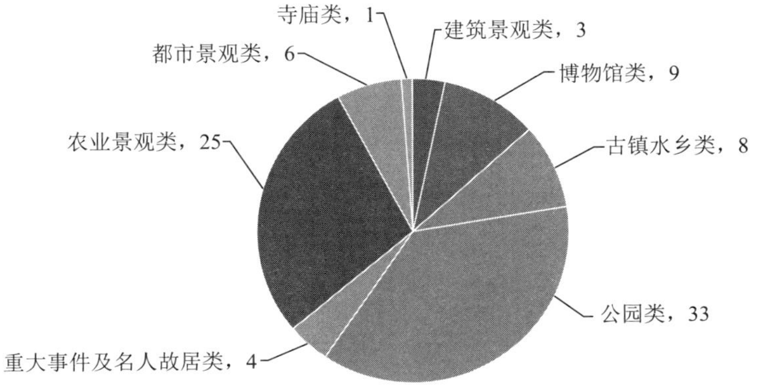

图4-20　上海A级旅游景区分类图

由图 4-20 和表 4-2 可以看出，A 级旅游景区中最集中的两大类，公园类的与人口居住情况相关、农业景观类的与农业园区分布相关。同时 A 级旅游景区的分布又与政策导向有关。各区县旅游部门鼓励本辖区内发展 A 级旅游景区，土地面积就成了发展景区的最大影响因素。因此我们可以看到，郊区普遍多于市区，而由黄浦、南市、卢湾三区合并的新黄浦区则又是市区中数量最多的。上海 A 级旅游景区在空间上集中分布于中心城区，外环以外 A 级旅游景区分布分散。

（十）大型旅游度假区、滨水空间分布状况分析

大型旅游度假区在上海的数量少，但体量大。分别是上海国际旅游度假区和上海佘山国家旅游度假区。

上海国际旅游度假区地处浦东川沙镇，总面积约 20.6 平方公里。其中包括核心区的上海迪士尼度假区和大片的外围发展功能区。此外还将保留 4.16 平方公里土地，作为国际旅游度假区的远期发展备用地进行规划控制。这是具有示范意义的现代化“旅游城”，是上海大都市新地标。其中上海迪士尼度假区的建成，改变了上海旅游休闲业的空间结构，标志着上海向着国际旅游城市的目标迈进了一大步。

上海佘山国家旅游度假区位于上海市西南，是 1992 年命名的全国首批 12 个国家级旅游度假区之一。规划面积 64.08 平方公里。拥有上海市唯一的自然山林资源，包括了多个国家 4A 级旅游景区。

这两个大型旅游度假区构成了上海旅游休闲一东一西的重要格局。

上海的滨水空间主要是苏州河沿岸区（县）、黄浦江沿岸区（县），青浦的淀山湖、奉贤的滴水湖以及长江沿岸、东海沿岸。滨水资源最丰富的区域依次为黄浦区（黄浦江、苏州河）、浦东新区（黄浦江、滴水湖）、虹口区（黄浦江、苏州河）、奉贤区（黄浦江、东海）、青浦区（黄浦江、淀山湖）、宝山区（黄浦江、长江）和崇明区（长江）。中心城区由于城市发展水平高，滨水空间将发挥更多旅游休闲功能，而郊区（县）限于设施、服务、经济半径等原因，目前旅游休闲水平较低，但也因此留下了巨大的发展空间。

从上海现有的城市公园、绿地、体育场馆、公共图书馆、博物馆、演艺场所、购物中心、工业旅游点、A 级景点景区、历史文化风貌区、大型旅游度假区以及滨水空间等城市旅游休闲公共空间类型的空间分布、发展状况来看基本呈现出以下特点。

（1）上海的公共旅游休闲资源有相对集聚的趋势。具体表现在 600 平方公里的中心城区集中了大约 60% 的公共旅游休闲资源，而占地大约 6000 平方公里的广大郊区只有 40% 的公共旅游休闲资源，而且主要集中在中心乡镇。在中心城区内的公共旅游休闲资源又大部分集中在黄浦江西岸地区。

（2）各种类型的城市公共旅游休闲资源在空间上呈现出相互叠加的状况，表现出在功能上的重合。有的是在相邻地段集中了体育场馆、公园绿地以及景区景点等；有的本身就是多重类型的重合。比如上海博物馆，既是博物馆，同时也是A级旅游景区，再比如上海体育场既是大型公共体育健身场馆，又经常在此举行音乐会、演唱会，被文化部门纳入演艺场所范畴。大型购物中心里面往往都有电影院、书吧、茶座、咖啡厅等，有的还有美术馆、画廊、健身房等设施，集文化、休闲、餐饮、购物等多种功能于一身。

（3）城市旅游休闲公共空间与居住空间相邻近。由于政府的城市公共投入承担着为城市居民服务的责任，因此博物馆、公共图书馆、城市公园绿地等公共旅游休闲空间在规划布局时，往往要考虑到城市居住空间的相互配套。“居住—休闲”成为一个整体。这本身也是城市管理思维进步和城市功能提升的一个直观体现；居住空间的第二种情况就是外来游客与本地居民更多地融合。以往基于城市商务功能的发展，上海曾经沿延安路从西向东，包括浦东的小陆家嘴地区，形成了宾馆相对集聚的轴线。2010年上海世博会时，应对宾馆住宿不足的问题，上海市以立法和标准化促进的方式创新引导了“世博人家”的发展，也就是利用居民闲置的房间用作大型活动期间的游客住宿补充单元。在此以后，随着城市度假的兴起和互联网时代对工作空间的打破，人们的行为模式发生了转变，城市“候鸟”一族发展壮大。他乡与故乡的界限变得模糊，外地旅游度假和本地休闲的界限也日益模糊。在居住空间上也开始更多地体现出社区融合的特征。比如国际青年旅舍的发展，就是往往在社区中与居民融为一体。也因此，在对城市旅游休闲公共空间的设置、规划建造上，也更多地贴近城市居住空间。

二、上海城市旅游休闲公共空间组织的演化

所有的城市旅游休闲资源都是落实在地域空间上的，截至2013年年底，上海共有108个镇，98个街道，2个乡，共计208个统计单元①。尽管在上海城市发展的历史上经历过多次行政区划变革，有县改区，区际之间合并，镇改街道，镇际合并、分化，街道合并、分化等多种形式。但绝大多数城市旅游休闲资源作为固定建筑的地理方位是不变的。本书以208个统计单元作为覆盖上海全域范围的研究基础，来研究上海城市旅游休闲公共空间结构的演化模式，以期为探究城市旅游休闲公共空间结构生长机理提供新视角。

（一）上海城市旅游休闲公共空间不同阶段的结构分析

为了更好地显示上海城市旅游休闲公共空间的分布情况及历史演进状况，本书

① 徐麟主编．上海年鉴［Z］．上海年鉴．2014.

采用核密度估计法，来分析研究上海不同时期公共旅游休闲资源的空间热点。利用ArcGIS中的空间平滑技术，对点状数据进行处理，使样本点周围产生光滑表面，以此来估计样本点周围的密度。核密度函数的形式表示如下：

$$f(s)=\sum_{l=1}^{n}\frac{1}{\pi r^2}\varphi(d_{ls}/r) \qquad \text{（公式 1）}$$

公式中：$f(s)$ 为地点 s 处的核密度估计；r 为搜索半径；n 为样本数；φ 为地点 l 与 s 间距离 d_{ls} 的权重。

在测算的基础上，采用极差、标准差、变异系数等几个指标来对比分析。

对于前文统计的上海八大类共计1199个城市旅游休闲公共空间资源进行查询，能够核实建成开放时间的为1100个。基于大的历史背景，按照1949年以前、1950年到1989年、1990年到1999年、2000年到2009年以及2010年到2015年五个发展阶段。（见表4-3）

表4-3　上海城市公共休闲空间分阶段统计

（单位：个）

类型	1949以前	1950—1989	1990—1999	2000—2009	2010—2015	总计
公园	12	59	34	34	9	148
演艺场馆	6	28	30	15	13	92
景点	2	12	11	45	19	89
图书馆	3	15	1	5	2	26
博物馆	0	28	14	38	15	95
体育场所	0	20	21	216	229	486
购物中心	0	0	14	43	51	108
工业旅游点	0	0	1	36	19	56
合计	23	162	126	432	357	1100

注：根据网上公开资料整理。

同时充分考虑上海城市环线、高速公路等快速交通道路以及轨道交通的发展历程，分析上海城市旅游休闲公共空间的发展。（见表4-4）

表4-4　上海城市旅游休闲公共空间统计特征

	1949年以前	1950—1989	1990—1999	2000—2009	2010—2015
拥有休闲设施街镇个数	14	88	182	189	200
极差	3	6	9	17	19
标准差	0.40	1.20	1.68	2.82	3.43
变异系数	4.33	1.56	1.30	1.01	0.83

1. 上海城市旅游休闲公共空间的空间集聚趋势加剧

新中国成立前后的 60 余年间，在以 2014 年上海 208 个行政单元作为基准，忽略其具体变迁的情况下（下文相同），上海拥有公共旅游休闲资源的行政单元，从 1949 年以前的 14 个，增加到 2015 年的 200 个，每个阶段都呈现出递增的态势，表明上海城市旅游休闲公共空间的均衡度在不断提升。然而城市旅游休闲公共空间的极差和标准差也同样呈逐年扩大趋势，其中极差由 1949 年前的 3 上升至 2015 年的 19，标准差由 1949 年的 0.4 上升至 2015 年的 3.43，反映随着城市经济社会的不断上升，城市旅游休闲公共空间统计的集聚式发展趋势也非常明显，说明虽然以往的劣势地区都在发展，但优势地区的发展更为显著。

60 余年间上海城市旅游休闲公共空间的变异系数呈现出逐年下降的趋势，由 1949 年的 4.33 下降到 2015 年的 0.83。表明上海城市旅游休闲公共空间在不断增加的过程中呈现出由低水平集聚向优化均衡发展的趋势。

2. 上海城市旅游休闲公共空间从单核辐射向网络化结构发展，通道扩散机制显著

上海城市旅游休闲公共空间的中心集聚态势明显，中心城区始终都是城市旅游休闲公共空间富集的地区，与广大的郊区县形成两极分化的鲜明对比。伴随着城市化进程的加速，交通道路的不断发展，在中心城区周边及郊区县的公共旅游休闲空间逐渐呈现星罗棋布的发展态势。（见图 4-21）

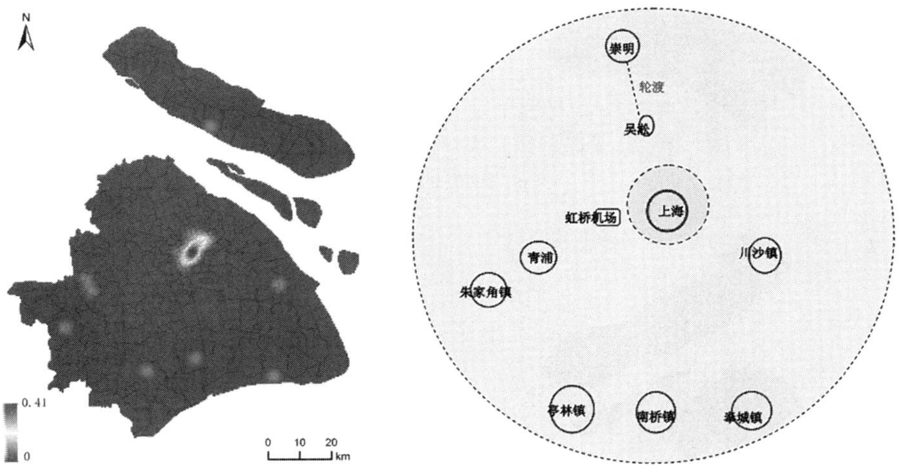

（a）1949 年以前

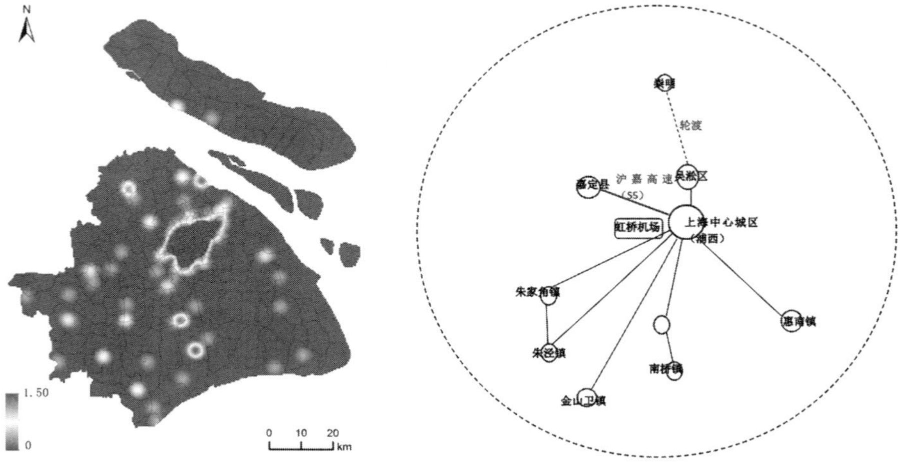

（b）1950—1989 年

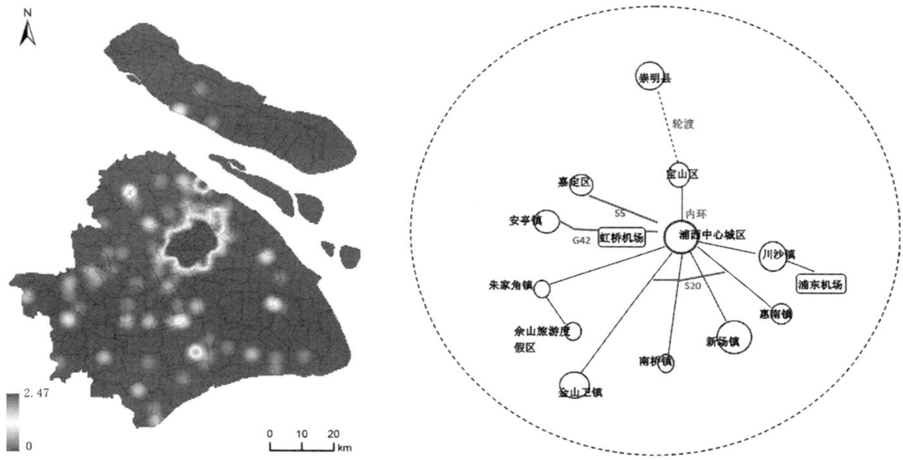

（c）1990—1999 年

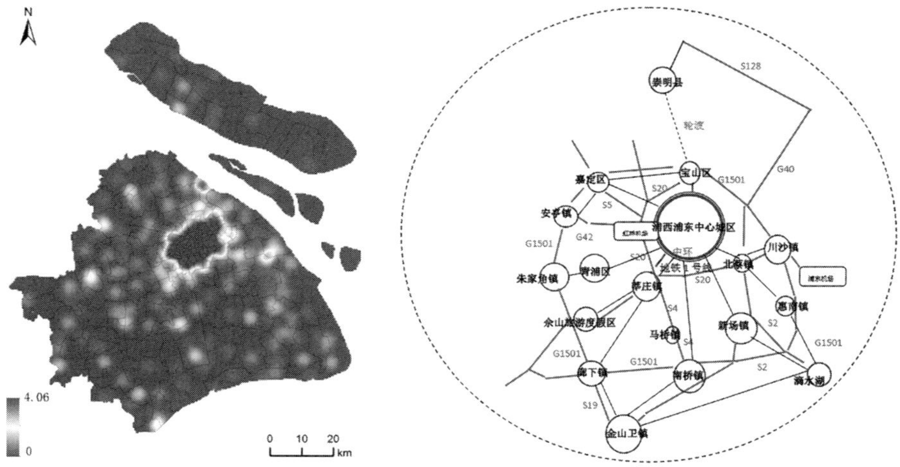

（d）2000—2009 年

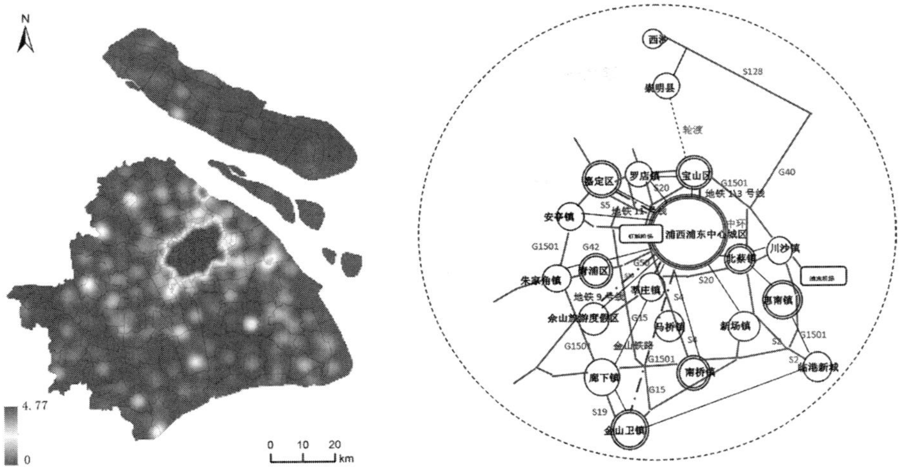

（e）2010—2015年

图4-21　各阶段上海城市公共休闲空间核密度图及示意图

（1）1949年以前

现代上海城市区域的形成是一个不断发展扩容的过程。1949年以前，上海的市域范围极其狭小，周边地区基本为其他县市，且还在不断调整的过程中（本书只是大体呈现布局特点，对于行政区划的变迁不做赘述）。各县市也以其县城为核心，呈现出各自独立发展的特点。与当时的上海交通往来并不便捷。上海的轮渡则开设很早，创始于1911年，直到20世纪90年代初一直是上海往来黄浦江两岸的唯一方式[①]。上海虹桥国际机场始建于1907年，其前身是建于1921年的民国虹桥机场。因此，考察上海城市旅游休闲公共空间的发展应该注意到，虽然郊区县的发展受到中心城市的带动及影响，但并非唯一的源头。更多呈现出多核发展、一核独大的态势。而且越是远郊越是呈现自我发展的状况。这从上海各个郊区并不一致的方言中也可以看出来。

（2）1950—1989年

随着新中国成立以后行政区划的调整，上海的市域范围日益扩大，中心城区的范围也在急剧扩大，与周边区县的相互影响也在加深。这个时期内，特别是改革开放以后，上海的城市道路开始大力兴建。1988年沪嘉高速公路建成通车，成为我国第一条全线通车的高速公路，成为连接上海城区与其科学卫星城嘉定的快速通道。上海虹桥机场于1963年成为民用机场，并进行了大规模的改建和扩建。1984年候机楼工程再度扩建，使用面积比过去扩大了一倍。1988年候机楼第三次扩建[②]。1981年铁路沪杭线扩能，1983年沪宁铁路复线建成，1987年上海铁路新客站建成使用。到1989年，上海

① 《上海“官办”轮渡诞生100周年》http://www.chinanews.com/sh/2011/01-06/2768301.shtml.

② 《上海旅游年鉴》（1978-1996）P279

市内公交线路长度达到17368公里。1970年黄浦江上第一条越江隧道打浦路隧道建成通车。1976年松浦大桥（时名黄浦江大桥）建成，改写了黄浦江无大桥的历史。这一时期，上海扩大了与周边省市及邻近国家的联系和交往。入境旅游与国内旅游也都快速发展。除市中心外，郊区着重发展嘉定、青浦等水乡景区和浦东的部分地区。从图上可以看到，其他郊区县的城镇人口及休闲设施也都在迅速发展中。

（3）1990—1999年

这一时期上海城市化进程加速，城市交通道路建设发展很快。内环高架路于1993年开工建设，浦西部分主要沿“中山南路→中山南一路→中山南二路→中山西路→中山北路→中山北一路→中山北二路→黄兴路”修建高架道路。沪蓉高速（G42）上海段于1996年通车，连接市区到闵行、青浦等地。南北高架的南段于1995年通车，纵贯上海南北中心城区。外环线（S20）南段于1998年通车，贯通闵行到浦东新区。1991年、1993年、1995年、1997年，上海相继建成了南浦大桥、杨浦大桥、奉浦大桥、徐浦大桥。延安东路越江隧道南北线工程分别建成于1988年和1996年。从北到南连同黄浦江两岸。浦东的开放开发就在这个时期快速开展，1994年东方明珠电视塔建成，以此为代表的浦东陆家嘴金融区开始兴建，并迅速成为上海又一个综合性地标区域。金茂大厦也于1999年在此落成。

1991年虹桥机场国际候机楼建成启用，1996年国内候机楼改扩建竣工。浦东国际机场于1999年9月建成通航。南汇临港地区由此得到带动发展。

1996年锦江集团开出锦江观光巴士，这是上海第一条市内汽车旅游专线，连接市内的一些重要旅游景点。

1993年上海地铁一号线南段（徐家汇站—锦江乐园站）开通，1995年全线（上海火车站—锦江乐园站）通车，1996年南延伸段通车（锦江乐园站—莘庄站），成为纵贯上海南北的交通大动脉。1999年二号线一期（中山公园站—龙阳路站）开通，横贯上海浦东浦西，与一号线形成了大十字交通格局。也带动了浦东花木镇地区的发展。

（4）2000—2009年

这个时期是上海地铁建设的高峰，2000年、2003年、2004年、2006年，地铁三号线一期（上海南站站—江湾镇站）、五号线（莘庄站—闵行开发区站）、一号线北延伸段（共富新村站—上海火车站）、二号线西延伸段（中山公园站—淞虹路站）相继开通。2007年12月29日，六号线（港城路站—灵岩南路站）、八号线一期（市光路站—耀华路站）、九号线一期（松江新城站—桂林路站），以及四号线环通段四条地铁线同时开通。2009年，七号线（上海大学站—花木路站）、九号线二期（宜山路站—徐家汇站—杨高中路站）、十一号线北一期（江苏路站—嘉定新城站—嘉定北站）也相继开通。上海形成了连接东西南北各方的密集的地下快速交通网络。地铁线路也超出了中心城区的范围，广泛连接了青浦、宝山、嘉定、南汇、松江等远近郊区。

2003年、2005年，黄浦江上新建了卢浦大桥和松浦二桥。2003年、2004年、2005年、2008年、2009年、2010年外环隧道、大连路隧道、复兴东路隧道、翔殷路隧道、上中路隧道、人民路隧道、新建路隧道、龙耀路隧道8条隧道相继通车，全面连接黄浦江两岸。

内环线浦东部分（罗山路→龙阳路）的地面快速道路于2009年年底通车，至此上海内环线全线贯通。中环线浦西段于2005年分段通车。

外环线（S20）连接嘉定与宝山同济路泰和路的北段部分于2001年通车。连接浦东新区的杨高南路和浦东机场迎宾大道的浦东部分一期于2002年通车。连接宝山同济路泰和路与上海横沔立交桥的浦东部分二期于2002年通车。至2003年外环隧道通车，上海外环高速公路全线贯通。

沈海高速公路（G15）的上海段即贯通嘉定到金山的嘉金（A5）高速公路于2007年全线建成。上海绕城高速（G1501）连接嘉定区安亭枢纽和奉贤区新农枢纽的西段于2002年建成通车。连接安亭枢纽和宝山区同济路枢纽的北段，连接S4沪金高速和浦东新区界河的东南段于2004年通车。连接S4沪金高速和新农枢纽的南段于2005年竣工。位于浦东地区的东段于2008年竣工通车。

连接市区到金山区的沪金高速公路（S4）于2002年建成。连接市区与远郊卫星城临港新城以及洋山港的沪芦高速公路（S2）北段于2004年年底通车。南段于2005年与东海大桥一起竣工通车。

沪陕高速（G40）的上海长江隧桥由长江隧道和上海长江大桥两段组成，于2009年正式通车。上海长江隧桥起于浦东新区，经长兴岛到达崇明区，将中国第三大岛与市区连接起来，也使轮渡作为唯一交通工具的状况成为历史。

虹桥综合交通枢纽建设于2009年年底竣工，成为高铁、动车、地铁、公交、出租、机场紧密衔接的现代化大型综合交通枢纽。

2000年，有着700余年历史的南市区和150余年上海开埠历史的黄浦区合并，建立新的黄浦区。东西方历史交融城市风貌成为上海最为重要的旅游休闲资源。交通的不断改善使上海郊区县的各个区域都快速发展，位于浦东新区花木地区的世纪公园于2000年落成，上海新国际博览中心于2001年建成使用，一系列高档配套设施迅速跟进，高档国际社区、商业中心也显现规模。2003年世界上首条集交通、观光和旅游于一身的磁悬浮列车在浦东开通，连接上海浦东机场至龙阳路，创造陆上极速体验。上海最大的人工湖——位于南汇新城的滴水湖于2003年基本完工，也成为上海重要的旅游休闲景观。2009年南汇区并入浦东新区。位于松江区的松江大学城于2005年基本建成，涵盖七所高校，大学生十余万人。成为上海一道特色景观。嘉定区的安亭镇交通便捷，汽车等工业发展迅速，上海 F1 国际赛车场于 2004 年建成。2002 年上海青少年校外活动营地 " 东方绿舟 " 在青浦区淀山湖畔建成。

（5）2010—2015 年

2010 年是上海的世博年，地铁十三号线世博专用线（卢浦大桥站—世博园站—长青路站）开通，同时地铁二号线东延伸段（张江高科站—广兰路站—浦东国际机场站）、十号线（航中路站—新江湾城站）（龙溪路站—虹桥火车站站）也都相继开通。2012 年十三号线一期西段（金运路站—金沙江路站）开通。横跨浦江两岸的上海世博会园区成为上海新的地标性景观，由此还带动了外滩浦西延伸段——徐汇滨江的发展，成为集体育、休闲、餐饮、娱乐等功能于一身的旅游休闲空间。

2011 年黄浦江军工路隧道、西藏南路隧道通车。中环线全线于 2015 形成闭环运行。

沪嘉高速（S5）于 2012 年 1 月 1 日全线取消收费，成为上海城市快速路。这也意味着嘉定区与中心城区越发融合了。

（二）上海城市旅游休闲公共空间自相关分析

ESDA：空间自相关分析

采用全局 Moran's I 统计量测度城市各街道、乡镇及其邻域公共旅游休闲资源的空间关联及差异程度，该统计量可表达为：

$$Moran's\ I = \frac{\sum_{i=1}^{n}\sum_{j\neq i}^{n} W_{ij} Z_i Z_j}{\sigma^2 \sum_{i=1}^{n}\sum_{j\neq i}^{n} W_{ij}}, \left(Z_i = \frac{X_i - \overline{X}}{\sigma}, \overline{X} = \frac{1}{n}\sum_{i=1}^{n} X_i, \sigma = \frac{1}{n}\sum_{i=1}^{n}\left(X_i - \overline{X}\right)^2 \right) \quad （公式 2）$$

公式中，n 为空间单元总数，W_{ij} 为空间权重矩阵，Z_i 是 X_i（空间单元 i 的属性值）的标准化变换，Moran's I 取值范围为［-1，1］，值趋向于 1，表明绝对的空间正相关；趋向于 0，表明空间随机分布；趋向于 -1，表明绝对的负相关。

局部空间自相关（LISA）认为每个空间单元彼此邻近，可有助于识别公共旅游休闲资源建设的“热点”，统计量可表达为：

$$Local\ Moran's\ I = Z_i \sum_{j=1}^{n} W_{ij} Z_j \quad （公式 3）$$

该系数正值表示同样类型属性值的要素相邻近，负值表示不同类型属性值相邻近，该指数值的绝对值越大邻近程度越大。本书通过比较 2000 年和 2015 年两个年份的“热点”，以探索性视角阐明城市公共旅游休闲资源的统计分布特征。（见图 4-22）

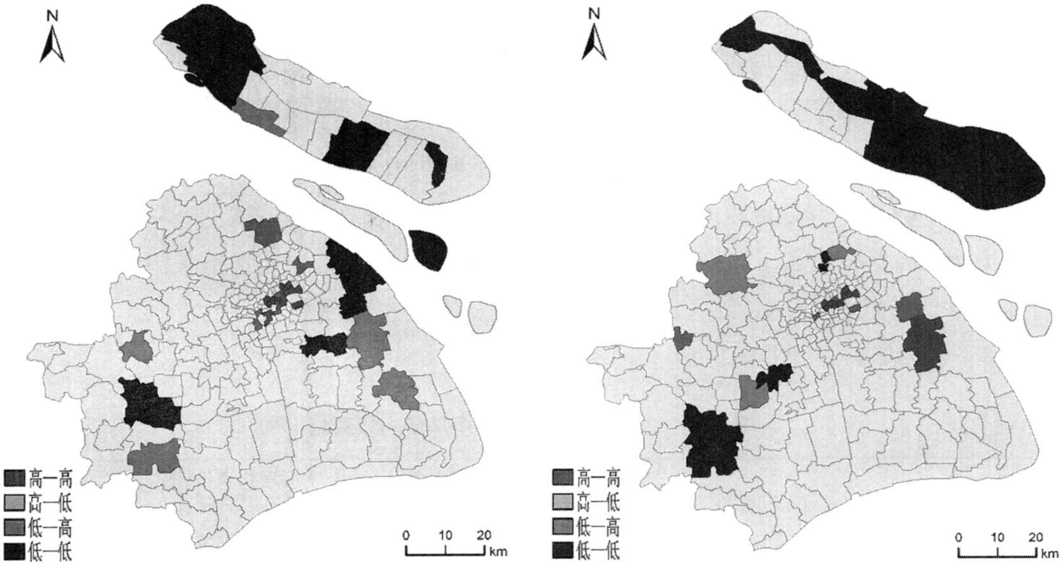

图 4-22　上海城市旅游休闲公共空间自相关分异图

15 年间，上海城市公共旅游休闲资源的 Moran's I 指数皆大于 0，且整体呈下降的趋势，由 2000 年的 0.187 下降至 2015 年的 0.172。城市公共旅游休闲资源有从空间正相关向随机分布发展的趋势，但差距不大，空间上仍呈强集聚格局。

上海中心城区旅游休闲资源具有等级高、富集度高的状况。城市公共旅游休闲资源的影响范围和服务半径在空间分布上遵循距离衰减定律，呈现出围绕公共旅游休闲资源极值区的集聚分布。15 年间，上海城市公共旅游休闲资源分布呈现出显著的集聚效应：2000 年高—高集聚区基本集聚在市中心区域，而浦东川沙地区呈现出高—低态势，表明其具备进一步发展的良好基础。果然在 2015 年随着浦东川沙迪士尼项目的发展，在这一地区生成了新的高—高集聚区。市中心则依然保持了高—高集聚态势，这在时序上具有延续性，空间上具有相对稳定性；低—低集聚区则基本集中在金山、崇明等远郊区县地区；浦东外高桥地区在 2000 年时是明显的低—低集聚区，2015 年则显示不再显著，说明了这一地区的旅游休闲资源发展正在缩小与其他地区的差距。而金山区地处偏远的地区和崇明县的大部分地区是明显的低—低集聚区，且有连片发展的态势，说明这些地区旅游休闲的发展落后于全市其他地区。低—高集聚区主要依附于高—高集聚区附近，呈零星状分布，区域在减少；高—低集聚区则散布在低—低集聚区周边，区域范围也在减少。

（三）上海城市旅游休闲公共空间与人口结构比较分析

1. 上海城市人口发展趋势

（1）近十年来上海市常住人口结构的变化

上海是个移民城市，近十年来人口总量呈不断扩大趋势。比较 2010 年上海第六次人口普查的数据①和 2000 年上海第五次人口普查的数据，能够发现上海常住人口的增长率为 40.3%，大大高于同期全国人口 5.8% 的增长水平。其中外省市来沪常住人口的增长率更是高达 193.6%。外省市来上海的常住人口占全部常住人口的比例十年间翻了一倍多。（见表 4-5，图 4-23）

表 4-5　2000、2010 年上海常住人口变化

	六普人数	五普人数	上海增长率	全国增长率
上海常住人口（万人）	2301.92	1640.8	40.30%	5.8%
外省市来沪常住人口（万人）	897.7	305.74	193.60%	-
外来常住人口占常住人口比率	39.00%	18.63%	-	-

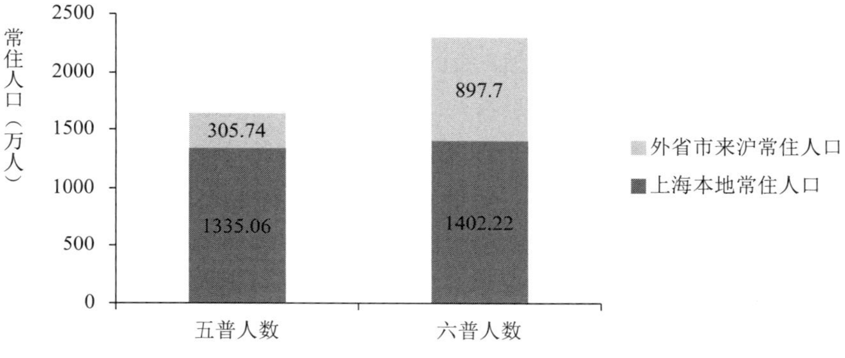

图 4-23　2000 年、2010 年上海常住人口比例示意图

注：根据第五次、第六次全国人口普查数据整理。

另外，在上海常住的港澳台居民和外籍人员有 20.83 万人，来自世界 214 个国家和地区。其中排在前三位的是日本、美国和韩国。

上海的人口比例充分说明十年来的发展，上海早已突破了传统熟人社会的局限，更加趋向国际化的人口构成。因此上海的城市公共空间和公共服务也应该突破以往单纯为本地居民服务的思维局限，以更宽广综合的视角来满足所有人在这座城市里的需求。

（2）上海城市人口扩散趋势

随着上海城市化进程的加快推进，全市人口也经历着从中心城区不断向郊区扩散

① 上海第六次全国人口普查数据公布 . 东方网 . 2011 年 9 月 26 日 .http://gov.eastday.com/renda/node9672/tt/userobject1ai1746417.html.

的过程。

近十年来，随着上海产业结构的调整以及中心城区地价及商务成本的不断上扬，历史上处于中心城区的许多大型生产企业逐步向位于郊区及其他内地省市转移，大量就业人口也随之向郊区扩散。而中心城区不断开展的旧城改造，也使得原本居住在中心城区的常住居民逐步向郊区搬迁。全市的总人口在持续增加的同时，市区、郊区的人口比例也在发生变化。2000 年市区与郊区人口还基本持平，市区略多于郊区。2010 年郊区人口已经明显大于市区。当然这也包含了上海城市化进程不断推进，市区范围不断扩大的因素。但上海常住人口向郊区扩散的趋势是非常显著的。（见图 4-24，表 4-6）

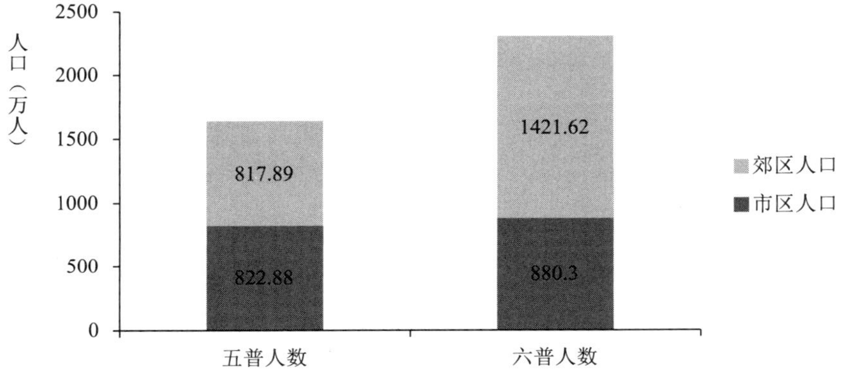

图 4-24　2000 年、2010 年上海市区、郊区人口对比情况

注：根据第五次、第六次全国人口普查数据整理。

表 4-6　2000 年、2010 年上海各区县人口分布表

2000 年上海各区县人口（单位：万人）		2010 年上海各区县人口（单位：万人）	
黄浦区	57.45	黄浦区	42.99
卢湾区	32.89	卢湾区	24.88
徐汇区	106.46	徐汇区	108.51
长宁区	70.22	长宁区	69.06
静安区	30.54	静安区	24.68
普陀区	105.17	普陀区	128.89
闸北区	79.86	闸北区	83.05
虹口区	86.07	虹口区	85.25
杨浦区	124.38	杨浦区	131.32
浦东新区（街道）	129.84	浦东新区（街道）	181.67
浦东新区（镇）	110.39	浦东新区（镇）	322.77
南汇县	78.51	-	-

续表

2000 年上海各区县人口（单位：万人）		2010 年上海各区县人口（单位：万人）	
闵行区	121.73	闵行区	242.94
宝山区	122.8	宝山区	190.49
嘉定区	75.31	嘉定区	147.12
金山区	58.04	金山区	73.24
松江区	64.11	松江区	158.24
青浦区	59.59	青浦区	108.1
奉贤县	62.43	奉贤区	108.35
崇明县	64.98	崇明县	70.37

注：根据上海第五次、第六次人口普查数据整理。

（1）南汇县于 2001 年撤县设区，2009 年南汇区并入浦东新区；

（2）根据街道和镇的不同设置，本书将浦东新区做了市区和郊区的划分；

（3）2011 年黄浦区、卢湾区两区建制撤销，设立新的黄浦区，本书其他的分析所采用的是新黄浦区数据。

2. 上海市的旅游人数统计变化趋势

（1）十年来上海入境旅游人数的变化

从近十年上海入境旅游市场发展轨迹来看，上海入境旅游市场发展较为平稳，总体呈稳步增长趋势。截至 2014 年年末，上海接待入境游客数由 2004 年的 491.92 万人次上升至 2014 年的 791.3 万人次，2014 年是 2004 年的 1.61 倍；其中入境过夜游客数从 2004 年的 385.45 万人次上升至 2014 年的 639.62 万人次，2014 年是 2004 年的 1.65 倍。（见图 4-25，图 4-26）

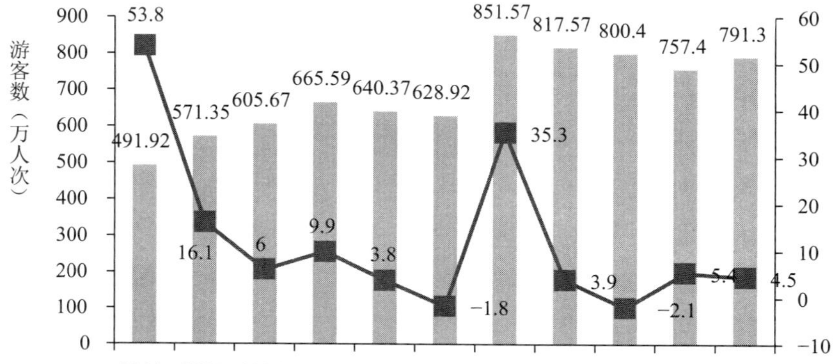

图 4-25　2004—2014 年上海接待入境游客数及同比增长率情况

注：资料来源 2004—2014 年《上海旅游年鉴》、2014—2015《上海旅游产业报告》。

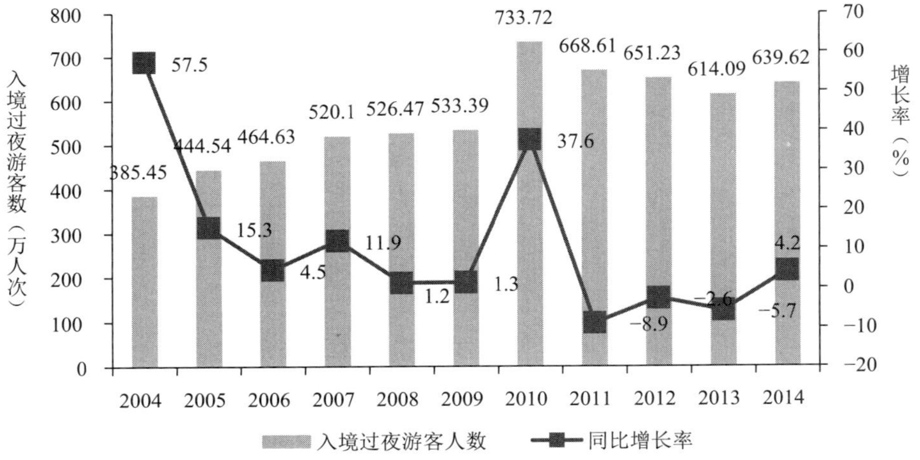

图 4-26 2004—2014 年上海接待入境过夜游客数及同比增长率情况

注：资料来源 2004—2014 年《上海旅游年鉴》、2014—2015 年《上海旅游产业报告》

对 2013 年入境游客来上海的目的统计，排在第一位的是商务活动，第二位是观光旅游，休闲度假也已经占到了非常重要的比例。观光旅游和休闲度假两个部分加起来占到了整体的 43%，充分说明上海旅游休闲产业的发展及市场需求。（见图 4-27）

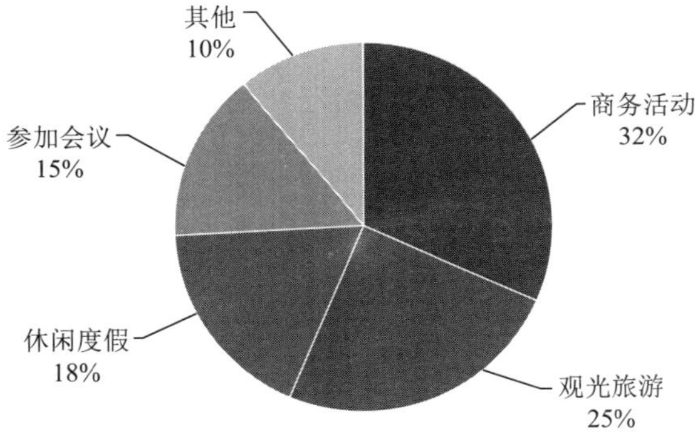

图 4-27 2013 年入境旅游者来沪旅游目的地比重

注：资料来源《上海旅游年鉴》2013。

（2）十年来上海国内旅游人数的变化

从近十年上海国内旅游市场发展轨迹来看，上海接待国内游客人数总体上呈快速增长趋势。从接待国内游客人数来看，截至 2014 年年末，上海接待国内游客由 2004 年的 0.85 亿人次上升至 2.68 亿人次，2014 年是 2004 年的 3.15 倍。尤其在 2009 年国务院颁布《关于加快发展旅游业的意见》，鼓励旅游业大发展之后，上海接待国内游客人数增速进一步提升，受 2010 年上海世博会成功举办的影响，上海接待国内游客人数突破 2 亿人次大关，达 2.15 亿人次，同比增长 73.4%。从接待游客增长率来看，以

2010 年为增长率峰值，2010 年前后接待国内游客增长率则较为稳定。（见图 4-28，图 4-29）

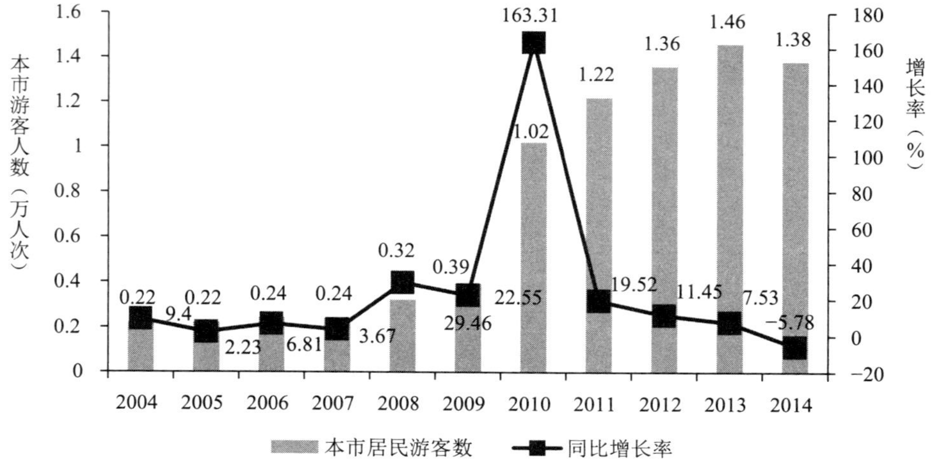

图 4-28　2004—2014 年上海接待本市游客人数及同比增长率情况

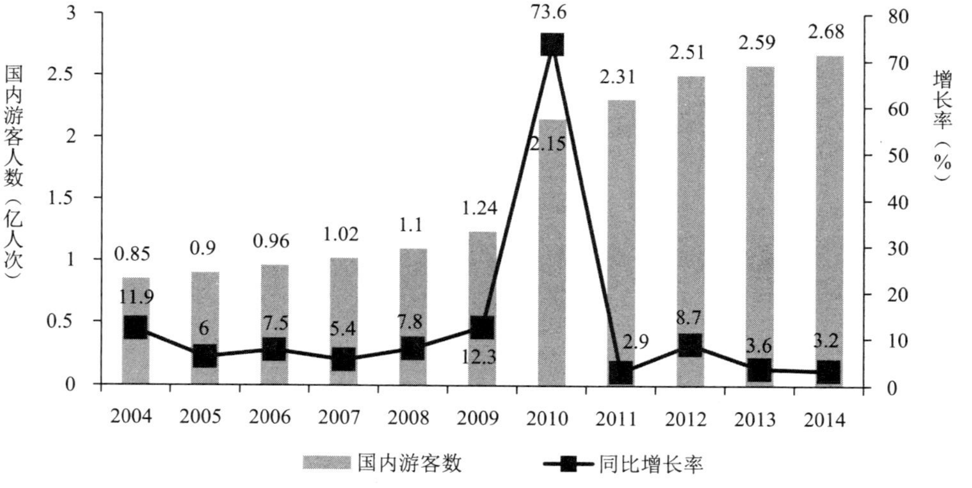

图 4-29　2004—2014 年上海国内游客人数及增长率

注：资料来源 2004—2014 年《上海旅游年鉴》、2014—2015 年上海旅游产业报告

分析国内游客来上海的目的，排在第一位的就是观光度假，占到整体的 38%。（见图 4-30）

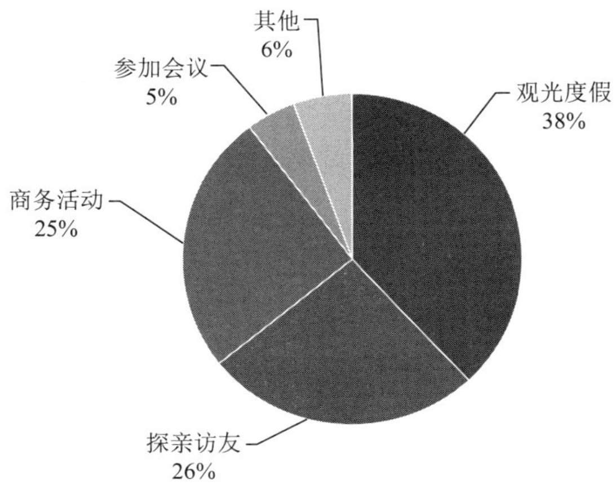

图 4-30　2013 年国内旅游者来沪旅游目的比重

注：资料来源《上海旅游年鉴》2013。

（3）十年来上海居民本地旅游人数的变化

表 4-7　2004—2014 年上海旅游人数对比统计

年份	外省市来沪旅游人数（万人次）	本市市民在本地旅游人数（万人次）	外省市增长率	本地增长率	总计	增长率
2004	6300	2200	-	-	8500	-
2005	6800	2200	7.94%	0.00%	9000	5.88%
2006	7200	2400	5.88%	9.09%	9600	6.67%
2007	7800	2400	8.33%	0.00%	10200	6.25%
2008	7842	3164	0.54%	31.83%	11006	7.90%
2009	8484	3877	8.19%	22.53%	12361	12.31%
2010	11177	11255	31.74%	190.30%	22432	81.47%
2011	10877	12202	−2.68%	8.41%	23079	2.88%
2012	11496	13598	5.69%	11.44%	25094	8.73%
2013	11368	14622	−1.11%	7.53%	25990	3.57%
2014	13000	13800	14.36%	−5.62%	26800	3.12%

本书对近年来外省来上海的游客人数与本地市民旅游人数的发展以及增长率的变化情况做一个比较，可以直观地看到其中基本同步的变化态势。（见表 4-7，图 4-31，图 4-32）

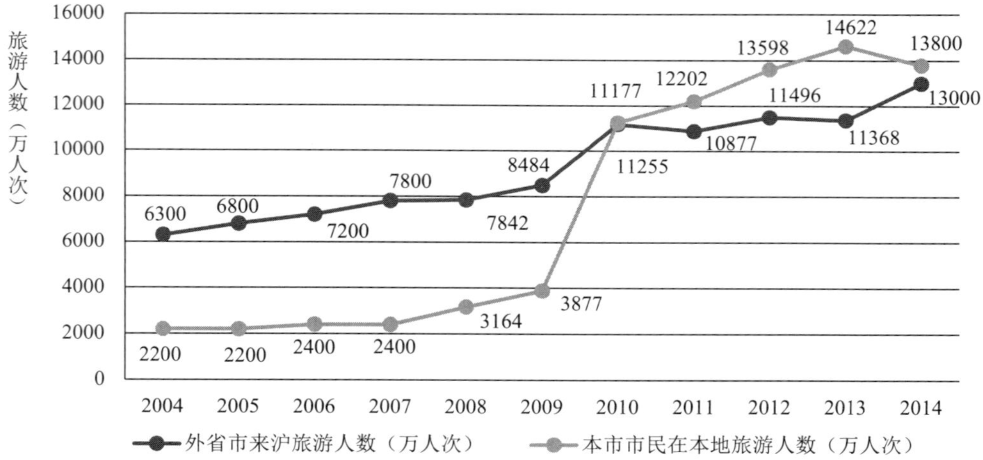

图 4-31　2004—2014 年上海国内旅游人数趋势图

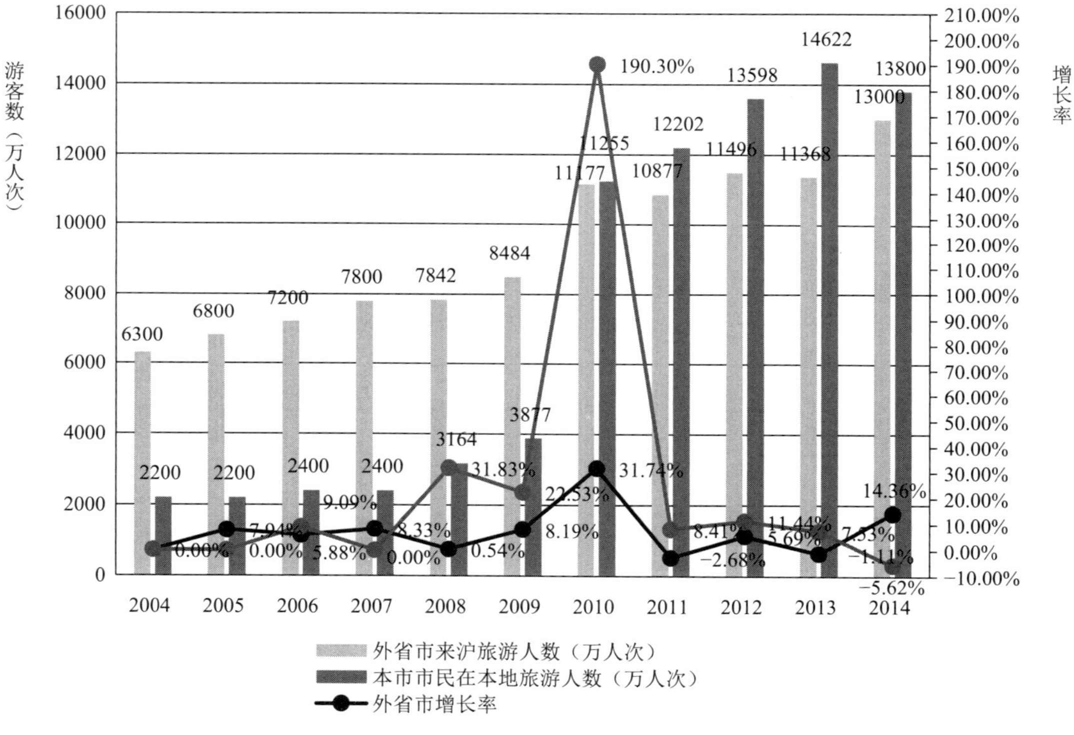

图 4-32　2004—2014 年上海外省市游客与本市游客人数和增长率

注：资料来源 2004—2014 年《上海旅游年鉴》、2014—2015 年《上海旅游产业报告》。

可以看出，外省市来沪旅游人数和本市市民在本地旅游人数都呈现出上升趋势。其中，外省市来沪旅游人数稳中有升，上升的幅度不是很大，甚至在 2011 年有小幅下降，但总体来说，在缓慢上升。本市市民在本地旅游人数上升很快，在 2008 年只有 3164 万人次，2009 年有小幅上升，到了 2010 年，则迅速增长到 11255 万人次，这主要是因为 2010 上海世博会的原因。然而，世博会过后，本地游客数量不但没有回落，反而还是以较高的增长率增长，到了 2013 年达到了 14622 万人次，总量一直保持较高的水平。在 2010 年以前外省市来沪旅游人数高于本市市民在本地旅游人数，是本地旅游人数的 2~3 倍。2010 年以后，本市市民在本地旅游人数超过了外省市来沪旅游人数，并不断上升。

近年来，外省市来沪旅游人数和本市市民在本地旅游人数总体上都呈现上升趋势。尤其是 2010 年本市居民在本地旅游人数以约 190% 的年增长率首次超越了来沪旅游人数，说明本市市民的休闲旅游在市内旅游中占有重要地位，旅游休闲活动的发展越发显得紧迫和重要。

（4）十年来上海酒店住宿的发展变化

酒店是游客到一个城市的临时住所，对酒店出租率的考察，也是对城市旅游休闲产业发展状况的佐证。近十年来，上海星级饭店平均出租率总体上平稳发展，但受世博会影响较大，2010 年星级饭店平均出租率达近十年最高值。具体来说，2004 年至 2009 年，上海星级饭店平均出租率呈逐年下降趋势；2010 年，受世博会影响而又陡然回升，平均客房出租率为 67.22%，同比上升 14.54%；2011 年至 2014 年，星级饭店平均出租率有所恢复，呈逐年上升趋势。同时，近十年上海星级饭店客房数也呈稳步增长态势，从 2003 年的 5.56 万间上升到 2013 的 6.47 万间。在 2010 年世博会结束后，并未呈现回落现象，总体上呈现持续增长趋势。（见图 4-33）

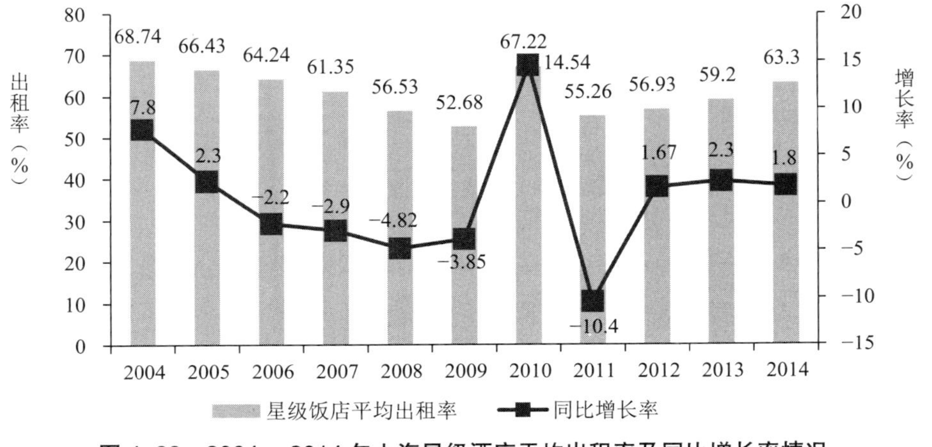

图 4-33　2004—2014 年上海星级酒店平均出租率及同比增长率情况

注：资料来源 2004—2014 年《上海旅游年鉴》、2013—2015 年《上海旅游产业报告》。

从上海的人口结构的变化、旅游市场的发展，特别是本市市民在本地的旅游发展，充分说明传统中以外地游客、本地市民来区分旅游行为和休闲行为的二元对立已经消除。在上海这座国际化大都市里，外地游客与本地市民，旅游与休闲的界限正在消解。

传统旅游学中对“旅游”的定义也在发生变化。这是上海城市发展新的契机，城市公共空间应该为市民游客提供更加充足的旅游休闲服务。

3. 上海城市旅游休闲公共空间与人口的比较

（1）城市公共旅游休闲资源与人口的占比分析

到 2013 年年末，上海全市土地面积为 6340.5 平方公里。共有 17 个区县，包括 98 个街道、108 个镇和 2 个乡（2015 年 11 月闸北区静安区合并，街道、镇、乡行政建制暂无变化）。（见图 4–34）

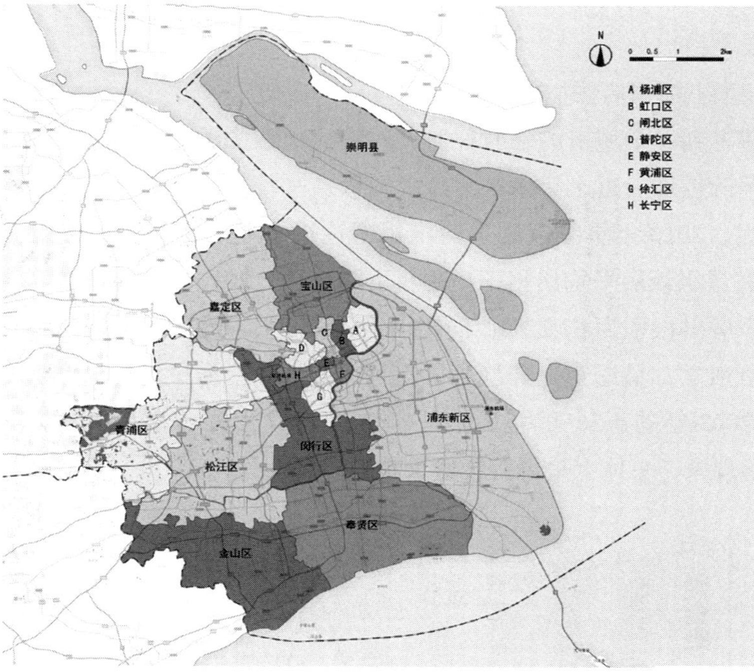

图 4–34　上海市行政区划图

按照前文所列举的 8 种城市公共旅游休闲资源考察其各区分布情况（注：历史文化风貌区、大型旅游度假区、滨水空间这几种类型往往跨行政区，不便按行政区进行对比）。（见表 4–8，图 4–35）

表 4–8　上海城市公共旅游休闲资源统计表

（单位：个）

区县	城市公园	体育场馆	博物馆	购物中心	图书馆	工业旅游	演艺场所	A 级景点	合计
黄浦	12	37	20	20	2	3	21	6	121
徐汇	11	23	8	8	2	3	8	2	65
长宁	13	23	6	5	2	1	7	1	58

续表

区县	城市公园	体育场馆	博物馆	购物中心	图书馆	工业旅游	演艺场所	A 级景点	合计
静安	3	10	2	10	2	2	4	0	33
普陀	18	12	2	8	2	3	1	2	48
闸北	7	21	3	3	2	1	3	1	41
虹口	9	17	9	9	1	4	5	3	57
杨浦	14	38	6	2	1	3	2	2	68
浦东	26	102	17	22	3	12	20	19	221
宝山	14	20	6	1	1	7	7	7	63
闵行	10	39	3	8	1	3	8	3	75
嘉定	5	31	4	6	1	6	2	7	62
金山	7	27	3	1	1	1	4	7	51
松江	5	34	3	4	1	5	1	7	60
青浦	3	41	4	4	1	0	7	10	70
奉贤	1	32	2	2	1	1	14	5	58
崇明	3	34	1	0	1	1	2	6	48
合计	161	541	99	113	25	56	116	88	1199

注：根据原上海市旅游局、体育局、商务委、经信委等统计资料整理。

具体分布方位如图 4-35：

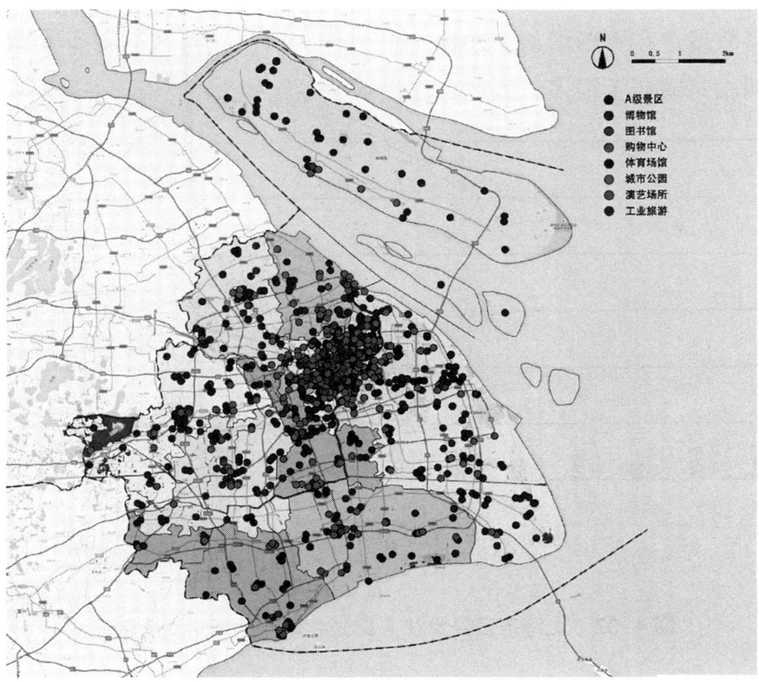

图 4-35　上海城市公共旅游休闲资源分布图

根据各区县的常住人口，分析每万人所拥有的城市公共旅游休闲资源的比例。（见图 4-36）

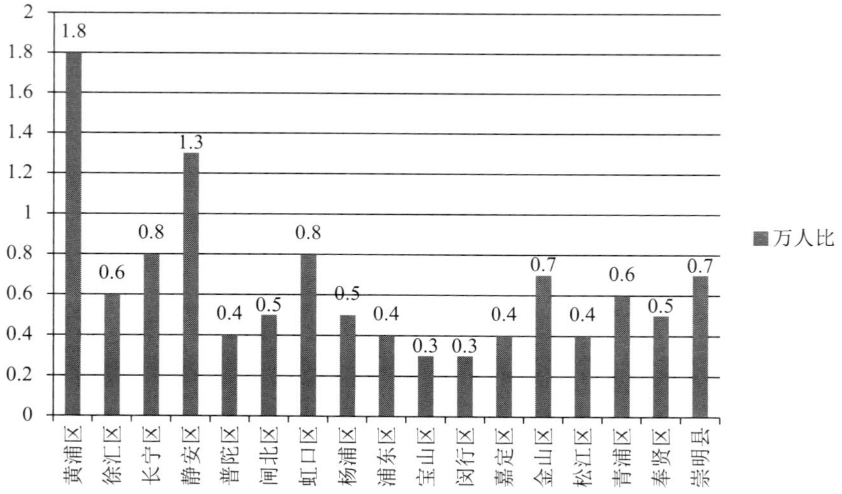

图 4-36　上海城市公共旅游休闲资源各区县万人比

从图中可以看出上海城市公共旅游休闲资源存在分布不均衡的状况。大量的资源密集地分布在占地 600 平方公里的中心城市，且浦东浦西的差距也很明显。而占地近 6000 平方公里的广大郊区则资源分散。这与上海城市发展的历史有关。但在城市的进一步发展中，比如浦东新区从 20 世纪 90 年代起的开发，已经形成了多个大面积的居民社区，人口数量也在不断增加，2010 年时常住人口已经占到上海的 22%①，然而公共旅游休闲空间相对薄弱了很多。因此存在供求关系结构上的矛盾。（见图 4-37）

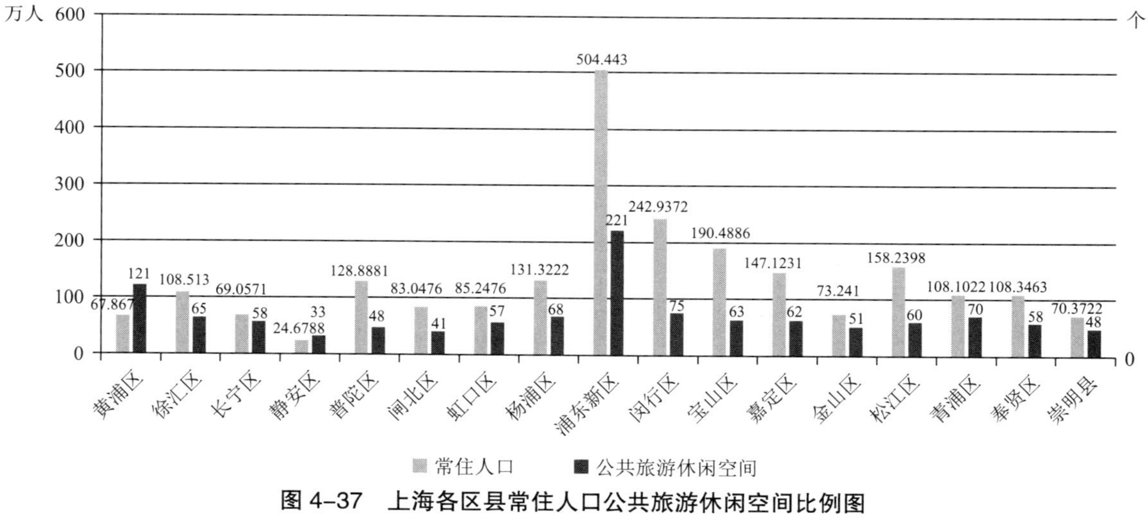

图 4-37　上海各区县常住人口公共旅游休闲空间比例图

① 根据 2010 年第六次全国人口普查的公报。

（2）双变量全局自相关分析

全域空间自相关是对属性值在整个区域的空间特征的描述。用来检验空间变量的取值是否与相邻空间上该变量取值有关。本书为探讨城市公共旅游休闲资源与人口之间的空间关联性，故构建双变量全局自相关模型，定义如下：

$$I=\frac{[n\sum_{i=1}^{n}\sum_{j=1}^{n}C_{ij}(X_i^a-\bar{X}_a)(X_j^b-\bar{X}_b)]}{\sum_{i=1}^{n}\sum_{j=1}^{n}C_{ij}\sum_{i=1}^{n}(X_i^a-\bar{X}_a)(X_j^b-\bar{X}_b)} \qquad \text{（公式 4）}$$

其中，n 为空间单元总数，C_{ij} 空间单元 i，j 之间的空间连接矩阵，X_i^a为空间单元 i 属性 a 即人口的值，X_j^b为空间单元 j 属性 b 即公共旅游休闲资源数量的值，$\bar{X}_a$、$\bar{X}_b$分别是属性 a、b 的平均值。I 的取值范围从 -1 到 1：当 I=0 时，代表空间无关；当 I 取正值时为正相关；当 I 取负值时为负相关。

基于城市公共旅游休闲资源都为永久固定设施，空间上变更的可能性不大。文本以上海现有的行政区划作为基础，详细比对 2000 年上海的行政区划，采取地域上保持一致、人口按行政区划相归并的方法。分别测算 2000 年和 2015 年上海的公共旅游休闲资源与人口的相关性。双变量全局空间自相关 Moran' I 指数分别为 0.150 和 0.028。说明十五年来两个变量之间始终是正相关的关系，且相关性呈下降趋势。（见图 4-38）

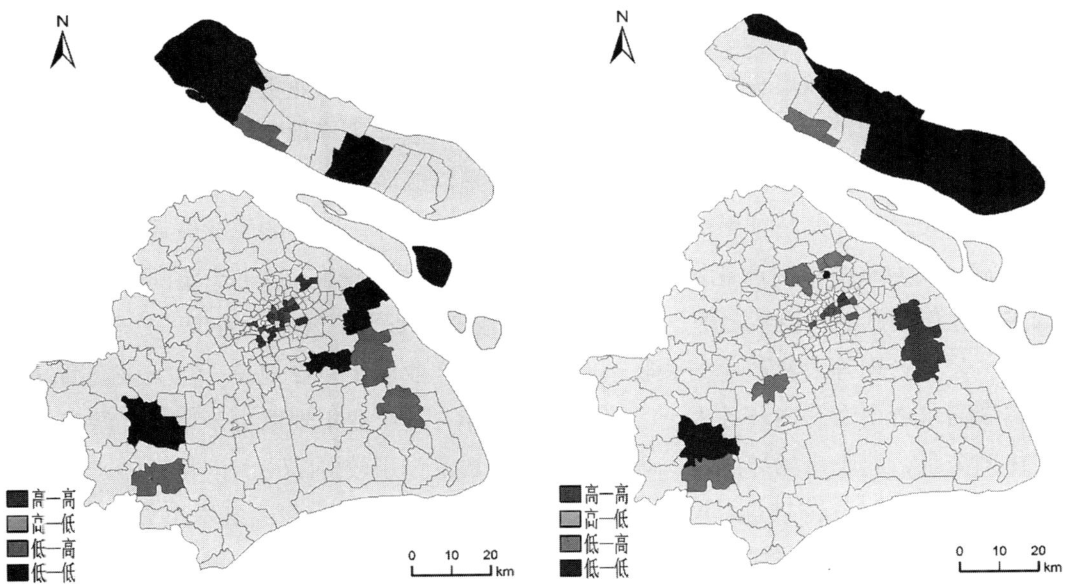

2000 年　　　　2015 年

图 4-38 上海人口与公共旅游休闲空间双变量全局自相关分异图

中心城区的变化趋势非常显著，2000 年时人口与公共旅游休闲资源的高—高集聚区基本在中心城区，两者间的匹配度非常高。但同样在中心城区范围，已经有许多低—高集聚区与高—高集聚区交错存在。表现为人口相对降低，而公共旅游休闲资源较高的不均衡态势。而浦东川沙地区、金山朱泾地区以及崇明县政府所在区域，则是高—低集聚区，表现为人口在增加，而相应公共旅游休闲资源配套不足。松江泖港地区、浦东外高桥地区以及崇明西沙湿地等都属于低—低集聚区，人口与资源均处在低层面的均衡状态。2015 年中心城区低—高集聚趋势扩大，而高—高集聚范围大大减少，表明中心人口在相对减少，而公共旅游休闲资源依然丰富。而宝山区杨行镇地区、淞南镇地区、闵行区的马桥镇地区等人口均在快速增加，但公共旅游休闲设施供给迟缓。浦东川沙地区发展迅猛，成为人口设施相匹配的新的高—高集聚区。

三、上海城市旅游休闲公共空间组织的选划

（一）上海城市旅游休闲公共空间选划的目标

城市旅游休闲公共空间是指以宜业、宜居、宜游为发展目标，以旅游休闲产业为主导，兼具商业、文化等现代服务产业集聚发展特征，公共旅游休闲资源富集，能为市民、游客提供旅游休闲活动所需的环境、设施、服务及管理的城市区域。其内涵包括以下五大方面。

1. 城市旅游休闲公共空间是以旅游休闲产业为主导，兼具商业、文化等现代服务业的城市区域

依前文论述，城市更新发展的过程表现出功能更替、产业更新的特征。城市旅游休闲公共空间的产业特点是旅游休闲产业在区域内居于主导地位，同时兼具商业、文化等现代服务业。其发展动力有三种。第一种是以旅游休闲产业发展为主导，表现为旅游城市化过程。其特征是城市基于其独特的发展文脉，富集的文化资源和发达的服务设施，成为旅游休闲产业发展的重要集聚地。具体表现在：（1）产业间以横向联系为主，除包括旅游六要素之外，还包括文化、金融、保险、建筑、咨询、广告、通信、中介、公共管理等大量产业的关联，但旅游休闲产业居于主导地位。（2）该类型的产业集聚需求者由游客向商务人士、普通市民延伸，其产业集聚取决于市民、游客的旅游休闲需求，属于市场导向型，政府的前置性划定作用较弱。（3）该类型的产业集聚空间布局常常以旅游景点、城市公园绿地等旅游休闲公共空间的基本单元作为依托，逐步增加商业用地、居住用地等，形成综合性城市区域。（4）产业集聚从旅游业六要素开始，在旅游城市化过程中向文化、金融、保险、建筑、咨询、广告、通信、中介、公共管理等大量产业延伸，最终形成具有一定现代服务业集聚特征的城市旅游休闲公共空间。

第二种是以城市发展为主导的，表现为城市旅游化过程。其产业特点是零售商业

居于主导地位，随着不断发展，增加文化、休闲、旅游等具备游憩功能的产业。具体表现在：(1) 产业间联系形态较多，依托零售业、交通运输、房地产、创意产业等主导产业形成多样化的产业间联系。(2) 该类型的产业集聚吸引商务人士、普通市民等人流的同时吸引游客。(3) 该类型的产业集聚空间布局常常以城市中的商业中心、产业园区等作为依托，逐步增加城市公园、体育场馆、娱乐设施等旅游休闲用地，促进商旅文融合，形成城市具备游憩特征的旅游休闲公共空间。

第三种是以城市交通枢纽发展为主导的，表现为功能转型的过程。其产业特点是现代综合交通产业居于主导地位，随着大客流的集散并不断停留，在其周边逐渐增加住宿、会展、休闲、旅游等产业。具体表现在：(1) 产业间联系形态较多，依托交通运输业、住宿业、零售业等主导产业形成多样化的产业间联系。(2) 该类型的产业集聚需求者由吸引商务人士、游客到吸引普通市民。(3) 该类型的产业集聚空间布局以城市大型综合交通枢纽为依托，逐步增加购物中心、宾馆、会展等商业用地和娱乐设施、城市公园等旅游休闲用地，实现功能转变，形成城市中独具特征的旅游休闲公共空间。

根据商业中心、历史风貌区、滨水空间、A 级旅游景区、公园绿地、广场、活动场馆 7 种城市旅游休闲公共空间基本单元，其旅游、休闲、商业、文化等现代服务产业集聚又有不同的发展要求与特征，如滨水空间更强调水上娱乐产业，商业中心更强调零售业的等级，历史风貌区强调产业发展与文化保护的平衡。但是都具备上述城市旅游化或旅游城市化过程的发展特征，都必须具备一定的现代服务产业水平。

2. 城市旅游休闲公共空间是依托城市公共旅游休闲资源而具备核心吸引力的区域

(1) 吸引力的核心是不可移动的公共旅游休闲资源客体。依前文论述，旅游休闲公共空间的空间结构对应是"游憩区域"，其核心是由若干个"基本单元"所构成的"游憩点"。而以旅游景区、城市公园绿地、博物馆等为代表的"基本单元"都属于城市中不可移动的公共旅游休闲资源。其吸引力在于这些资源本身影响力的级别以及对全体市民游客无排他性的服务。

(2) 在旅游城市化、城市旅游化以及设施功能转型的趋势下，城市旅游休闲公共空间所涵盖的范围不断扩大，更多地表现为一个有空间载体的吸引力场域。空间上的承载力和可能性以及服务、管理上的配套成为判断城市旅游休闲公共空间等级的重要维度。

(3) 在实际发展中，城市区域的范围不断生长，人口不断扩大，需求也更加多元，公园绿地、博物馆、公共图书馆、公共体育场馆、购物中心、A 级旅游景区、历史风貌区、滨水空间、城市广场等单一基本单元无论在规模还是功能上均无法满足其所在区域的市民、游客的需求。这些基本单元的组合和集聚，才是成为城市旅游休闲公共空间的核心条件。

3. 城市旅游休闲公共空间各项功能的实现需要依托公共管理和公共服务的开展

城市旅游休闲公共空间的公共管理和公共服务不同于一个城市的公共管理和公共服务，它的范围是城市中一个区域，也就意味着并不承担城市公共管理、公共服务的全局性，比如天气预报；同时，也不同于景区的公共管理和公共服务，并非由某一个机构单独实施，而是由社会化的机构承担。且旅游休闲活动服务对象还增加了市民的需要。内容包括人口、信息、交通、通信、治安、环卫、医疗、食品药品监督、水电煤供等综合方面。需要把握以下两点。

（1）需明确属地化管理。城市旅游休闲公共空间是一个开放式区域，其公共管理与公共服务内容涵盖面广，大大超出了旅游部门的管理范围，属于社会公共管理的范畴。在功能区范围内的旅游休闲公共服务有赖于社会公共服务部门对旅游服务功能的承担。因此，在服务落实中应打破条条分割、条块分割，主要由属地化的社会公共服务部门来推动落实。

（2）需强化设施建设突出游憩环境。需通过强化游步道、标志标牌和基础设施环境等来凸显城市旅游休闲公共空间的内涵。旅游休闲功能区的发展目标是宜业、宜居、宜游，因此完善的游憩环境是其重要特征。这是区别于城市其他区域的显著表征。

4. 城市旅游休闲公共空间的服务对象应为市民和游客

城市旅游休闲公共空间作为一个开放式区域，具备公益性的特征和多功能的属性，市民和旅游者均可进入。旅游休闲公共空间既是一个城市区域，又是一个城市的旅游休闲中心，同时具备两者的功能，能为市民及游客提供各种城市旅游休闲服务。

5. 城市旅游休闲公共空间应具备良好的外部交通条件

城市旅游休闲公共空间是城市空间的重要节点，应有良好的道路通达条件，并实现城市交通集散站与城市旅游休闲公共空间之间、不同的城市旅游休闲公共空间之间通畅的交通衔接。如有城市主干道连接，有城市轨道交通的站点，有公交线路、车站、码头等城市公共服务设施的配套，并具备与其规模相适应的停车场地。

（二）城市旅游休闲公共空间的选划原则

城市旅游休闲公共空间是一个新概念，在上海的选划，需考虑其基本内涵及上海实际旅游休闲发展特征。原则是进行选划的指导思想和依据，是选取区划指标、建立等级系统和确定区划方案的基本准绳。结合城市旅游休闲公共空间的发展定位与实际情况，应考虑以下几个原则。

1. 地理区位与行政区划相协调的原则

首先，注意与行政区相协调，尽量不打破行政区范围。城市旅游休闲公共空间是客观旅游休闲经济的体现，而行政区则是国家机关便于治理需要的体现，由历史积淀和长期发展形成，也是自然、人文和社会因素不断磨合、积极协调的结果。因此，在确定旅游休闲功能区范围时，应注意与行政区相协调。行政区在长期发展的过程中，形成了自己较为完备的社会公共管理、公共服务的体系，这为实施城市旅游休闲公共空间的管治打下了良好的基础。

其次，在同一行政区内，尽可能保证相邻地域间的连续性与完整性。整体效益是系统优化的主要目标。从理论上讲，任何一种区划，地域上都应具备连续性和完整性。在城市旅游休闲公共空间选划时，应考虑相邻地域间的连续，不允许出现遗漏、重叠等现象，城市旅游休闲公共空间选划应保证其在地域上和职能上的完整性。

再次，考虑空间上的隔断物，尤其是城市中的高架路、江河以及与旅游休闲空间单元的高大建筑群。城市中的高架路、江河以及与旅游休闲空间单元的高大建筑群，往往从平面步行路线、视觉上、心理上隔断人流，出现这种情况，原则上不应划分为同一个城市旅游休闲公共空间。

最后，对明显连续的城市旅游休闲公共空间但不属于同一行政区的，应强化地域合作。在上海的旅游发展中，类似黄浦江、苏州河、南京路等旅游休闲基本单元具有明显的连续性，应从市政府层面加强城市旅游休闲公共空间的相关合作。

2. 类型与功能相协调的原则

首先，城市旅游休闲公共空间的功能定位应考虑其主导空间基本单元的类型。城市旅游休闲公共空间规划内一般有多种基本单元，各类基本单元所起的作用不尽相同。受自然地理分异规律和人类历史发展规律的制约，往往其中某一种类型的基本单元起着主导作用，使城市旅游休闲公共空间表现为或以商业中心为主，或以A级旅游景区为依托，且主次分明，主题鲜明。因此进行城市旅游休闲公共空间规划时，要从基本单元的总体特征出发，找出其相似和差异，可以突出某种类型的基本单元作为划分的主要依据，从而考虑公共服务及相关业态布局的合理性。

其次，城市旅游休闲公共空间的类型确定应选择易于辨识、易于操作的判定依据。城市旅游休闲公共空间包含的内容复杂多样，因此其类型的判定应从城市中已有的评定体系和认知范围中抽取为人们所易于接受的判定依据。这就需要注重空间上的辨识性、语言上的通识性，而不宜选择过分学术化、概念化的类型判定依据。

3. 稳定与发展相协调的原则

首先，城市旅游休闲公共空间应保持一定的稳定性，对原有的相关旅游空间、城市空间等有所继承。城市旅游休闲公共空间是城市公共空间的一部分，是从旅游城市化和城市旅游化响应过程中的城市空间产物，那么其选定依据就要从这两个方向基本空间单元入手，使得旅游休闲活动更好地与旅游城市化和城市旅游化相衔接。

其次，城市旅游休闲公共空间的选划依据有一定的发展性，要在一定程度上面向未来。城市旅游休闲公共空间应结合城市更新，对新出现的公共旅游休闲资源可以逐步纳入城市旅游休闲公共空间范畴。

（三）城市旅游休闲公共空间选划方法

本书试图将构成城市旅游休闲公共空间的基本单元进行地图空间上的叠加，并对各个基本单元按等级赋分，叠加出来分值越高的，为公共旅游休闲资源越富集的区域。达到一定分值的，即为城市旅游休闲公共空间。

本书对上海 208 个街道（乡镇）的公共旅游休闲资源进行排查，并通过前文中的类型划分和类型评分进行类型界定、打分。本书认为，城市旅游休闲公共空间须具备三种及以上较高等级的基本单元才能具有较大的旅游休闲空间，充分吸引市民及游客开展旅游休闲活动。通过排查及取舍，分析 208 个行政单元的评分情况，舍去分值较低的行政单元，选划符合条件的区域，并分成等级，以便于更好地分析与管理。

1. 基于地图空间作业的初步选划

依据前文所作图上分析的城市公园、体育场馆、博物馆、购物中心、图书馆、工业旅游、演艺场所和 A 级景点这 8 种基本单元再进行空间叠加，根据离散聚合情况进行初步选划。（见图 4-39）

图 4-39　上海城市公共旅游休闲功能区选划示意图（1）

虚线圈所框定的区域就是各种类型的基本单元集聚度比较高的区域。而市中心部分是基本单元最为密集的区域（实线圈所示）。这就为上海城市旅游休闲公共空间的选划找到了大致的空间位置。（注：受地图精度等因素的限制，本图上所作框定仅为示意，并不能框定全部区域。）

第二步是将所初步框定的区域在行政区划图上进行叠加，分析这些空间区域与行政区划之间的关系。（见图 4-40）

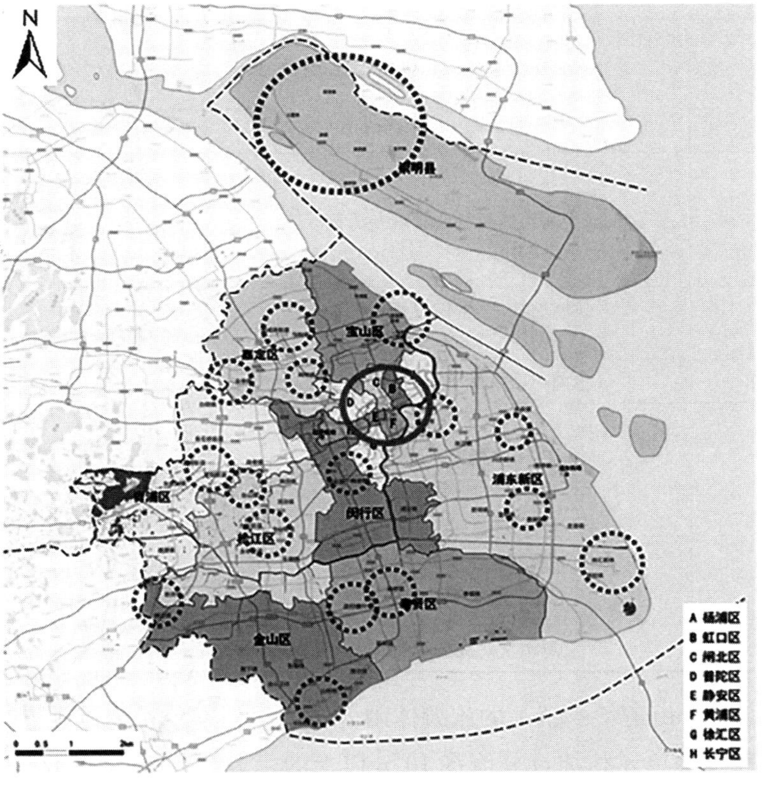

图 4-40 上海城市旅游休闲公共空间选划示意图（2）

根据图上标识的框定区域，与上海街道、乡镇一级行政区划有着很高的重合度。空间边界也都大体完整。符合前文对于城市旅游休闲公共空间与行政区之间关系的分析，也为进一步开展选划奠定了基础。

2. 基于资源评分的选划

在前面地图作业所进行的初步区划结果的基础上，对这 8 种基本单元进行赋值打分。（见表 4-9）

表 4-9　基本单元禀赋量化表

基本单元	等级划分依据	等级	分值
公园绿地	《上海市星级公园评定办法》	5 星级	5 分
		4 星级	4 分
		3 星级	3 分
		2 星级	2 分
		1 星级	1 分
景点、景区	《旅游景区质量等级的划分与评定》（GB/T 17775）	5A	5 分
		4A	4 分
		3A	3 分
体育场馆	《上海市体育场所管理办法》	市级	5 分
		区级	4 分
		社区级	3 分
博物馆	《博物馆、美术馆服务规范》（DB31/T 866-2014）		3 分
公共图书馆	《上海市公共图书馆管理办法》		3 分
购物中心	《零售业态分类》（GB/T 18106）	市区	5 分
		城郊	4 分
		社区	3 分
工业旅游景点	《工业旅游景点服务质量要求》（DB31/T 392）	优秀单位	5 分
		达标单位	3 分
演艺场所	上海市文广局的行业管理		3 分

通过对 208 个街道（乡镇）的旅游休闲公共空间基本单元进行排查，根据分值具体情况，三种基本单元相加且分值在 10 分以上的，上海各区县符合条件的街道（乡镇）共有 105 个。将城市旅游休闲公共空间按层次集中度分析，可分为 3 个等级，其中 10~20 分为三级，21~40 分为二级，41 分以上为一级。其中排除因单一资源过于密集而分数较高的街道（乡镇）。其选划合格的上海城市旅游休闲公共空间得分情况如下（见表 4-10）。

表 4-10　选划合格的上海城市旅游休闲公共空间一览表

街道（乡、镇）	A 级旅游景区	博物馆	工业旅游	公园绿地	购物中心	体育场馆	图书馆	艺术场馆	总分
陆家嘴街道	22	12		3	19	3	3	3	65
徐家汇街道	4	6		8	20	13	6	8	65
南京东路街		6		11	19	4		24	64

续表

街道（乡、镇）	A级旅游景区	博物馆	工业旅游	公园绿地	购物中心	体育场馆	图书馆	艺术场馆	总分
外滩街道		6		4	37		3	6	56
瑞金二路街		6	5	6	10	8	3	9	47
石门二路街				1	25	10	3	6	45
花木街道	9			1	20	3	3	6	42
华阳路街道		12		16	5	8			41
四川北路街		9		5	23	3			40
友谊路街道	4	9	3	11		7		6	40
南桥镇		3		5	10	12	3	6	39
长寿路街道		3	5	10	15			3	36
夏阳街道	7	6		4	4	9	3		33
川沙新镇		6	3	4	4	9	3	3	32
南京西路		6		5	18			3	32
张江街道		6	9			15			30
安亭镇	4	3	8	5		9			29
惠南镇	3	3		3		19			28
莘庄镇		3		7	4	8	3	3	28
高桥镇		3		6		18			27
欧阳路街道		3	3	7	5	3		6	27
豫园街道	4	3			17	3			27
梅陇镇	4		5		10	4		3	26
江川路街道				11	4	4		6	25
新场镇	3	3		3		12		3	24
江桥镇			5		9	6		3	23
山阳镇	3	3			4	9	3		22
五角场街道		3	3	3	10	3			22
小东门街道	3	6	3	4	3	3			22
半淞园路街		6	3	3		6		3	21
嘉兴路街道			6	3		9		3	21
佘山镇	12				3	6			21
仙霞新村街				3	5	7	3	3	21
大宁路街道	3			3	5	6		3	20
枫林路街道		3		3	5	3		6	20
江宁路街道			6	1	4	3	3	3	20

续表

街道（乡、镇）	A级旅游景区	博物馆	工业旅游	公园绿地	购物中心	体育场馆	图书馆	艺术场馆	总分
罗店镇	7			4		6		3	20
泥城镇			5			12		3	20
五里桥街道		6		4		7		3	20
湖南路街道	4				9		3	3	19
南汇新城镇	4			3		12			19
七宝镇		6			9	4			19
淞南镇	3		9	1		6			19
朱家角镇	7	3				3		6	19
宝山路街道		8				4		6	18
城桥镇		3		6		3	3	3	18
海湾镇	12	3				3			18
江浦路街道		6		3		6	3		18
赵巷镇	3				9	3		3	18
祝桥镇		3				12		3	18
枫泾镇	7		3	1		6			17
马陆镇	4				4	6	3		17
曲阳路街道				4	4	6		3	17
石化街道	4			7				6	17
真如镇				10		4	3		17
书院镇	7					9			16
新成路街道	4			3		9			16
新泾镇		3		1	5	7			16
中山街道	4	6	3			3			16
周浦镇					4	12			16
大团镇	6					9			15
南翔镇	8				4	3			15
天平路街道		3	5	4		3			15
五角场镇		3		1		11			15
殷行街道	4			4		7			15
淮海中路街		6		3	5				14
浦兴路街道				1	4	9			14
潍坊新村街					14				14
宣桥镇	5		3			6			14

续表

街道（乡、镇）	A级旅游景区	博物馆	工业旅游	公园绿地	购物中心	体育场馆	图书馆	艺术场馆	总分
长风新村街	4			5	5				14
曹路镇			3		4	6			13
顾村镇	7	3	3						13
平凉路街道		6		1		3	3		13
上钢新村街				5		8			13
提篮桥街道		3		2	5	3			13
吴泾镇				3		7		3	13
延吉新村街				7		3		3	13
周家渡街道				1	5	7			13
定海路街道		3	5	1		3			12
奉城镇						6		6	12
金桥镇						12			12
菊园新区		3	3					6	12
老西门街道		12							12
四团镇			3			6		3	12
唐镇						12			12
吴淞街道		3	3			6			12
新海镇	6		3			3			12
月浦镇				3		6		3	12
柘林镇	3					3		6	12
周家桥街道		3		1	5		3		12
北蔡镇					5	6			11
高东镇			5			6			11
虹梅路街道			6	5					11
天山路街道				3	8				11
张堰镇	3			2		3		3	11
长桥街道	4					7			11
曹杨新村				5	5				10
方松街道		3			4		3		10
共和新路街				4		3		3	10
虹桥街道		3		4		3			10
江湾镇街道						4	3	3	10
金杨新村街		3			4	3			10

续表

街道（乡、镇）	A 级旅游景区	博物馆	工业旅游	公园绿地	购物中心	体育场馆	图书馆	艺术场馆	总分
练塘镇	4					3		3	10
马桥镇			3			7			10
洋泾街道				2		8			10

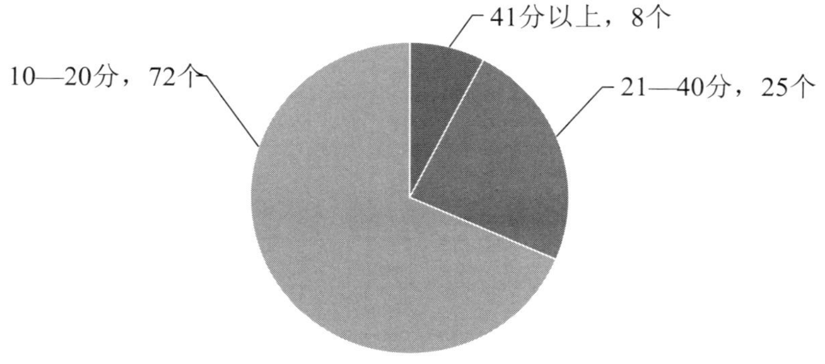

图 4-41　三个等级城市旅游休闲公共空间比重图

一级城市旅游休闲公共空间（41 分以上）为 8 个，占总数的 8%；二级城市旅游休闲公共空间（21—40 分）的为 25 个，占总数的 24%；三级城市旅游休闲公共空间（10—20 分）的为 72 个，占全部总数的 68%，数量上呈现出随等级上升而递减的状态（见图 4-41）。

其中一级城市旅游休闲公共空间所对应的行政单元有陆家嘴街道、徐家汇街道、南京东路街道、外滩街道、瑞金二路街道、石门二路街道、花木街道和华阳路街道。全部都在上海中心城区。其中黄浦区 3 个、浦东新区 2 个、徐汇区 1 个、静安区 1 个、长宁区 1 个。其中陆家嘴街道辖区范围内汇集了东方明珠电视塔（5A 级）、金茂大厦（4A 级）、环球金融中心（4A 级）和上海中心等高等级地标性建筑，与之隔江相对的就是外滩街道辖区范围内的外滩风景名胜区，以及一脉相承的南京东路步行街。这三个街道辖区连同黄浦江成为世界知名的都市旅游名片。徐家汇街道所辖的徐家汇源是中国第一个城市开放式国家 4A 级旅游景区，旅游资源丰富。瑞金二路街道辖区是上海都市景观、都市文化最为典型的区域，历史悠久、人文荟萃、著名的淮海中路商业街就在这里。石门二路街道连同南京西路街道共同构成了上海市中心最为繁华地段。再往东延伸就和人民广场、南京东路、外滩连成一体。花木街道是浦东新区的又一处精华所在，上海新国际博览中心、东方艺术中心、世纪公园（4A 级）、上海科技馆（5A 级）等标志性设施都在其辖区范围内。华阳路街道地处上海中心城区长宁、普陀、静安三区的交汇处，交通便利，都市商业发达，以“凝聚力工程”而闻名全国。中山公园在其辖区范围。

二级城市旅游休闲公共空间所对应的行政单元大体可以分成两种情况，一类是旅游休闲资源较为富集的地区，一类是城市人口集聚的地区。前者最为典型的是佘山国家旅游度假区所在的佘山镇和上海国际旅游度假区所在川沙新镇。由于佘山国家旅游度假区地域范围大，还地跨了天马镇、小昆山镇和方松街道，共 4 个行政单元，因此在地域空间上有重新整合的需要。而上海国际旅游度假区本身已经在川沙新镇原有的辖区空间上做了新的切割。因此当这两个城市旅游休闲公共空间发展成熟后将上升为一级城市旅游休闲公共空间。而南京西路街道虽然按得分列为二级，但与石门二路街道、南京东路街道等相互连接，空间毗邻，共同属于大的一级城市旅游休闲公共空间范围。第二类情况比较典型的是位于中心城区范围的四川北路街、五角场街道、仙霞新村街道等，都拥有密集的居住人群、成熟的商业设施，已经成为上海城市区域性的地标空间。还有位于郊区的江桥镇、莘庄镇、惠南镇等，都是在历史上不断汇聚形成的地区中心，也往往都是郊区县政府所在地，相应的生活配套设施比较完善。另外还有一种情况兼具这两种类型的特点，如豫园街道、小东门街道、半淞园路街等，在上海的发展历史上是与租界相对应的华界老城厢所在地。历史悠久，人员密集。既是规模庞大、发展成熟的居住社区，也因为历史人文而成为集中展现上海城市风貌的区域。如古香古色的豫园城隍庙就在这个区域。在空间上又与外滩及其延伸段相连接。

三级城市旅游休闲公共空间基本是上海各区县的成熟社区空间所在地，大多都具有较为悠久的历史而逐渐发展成熟。如闵行区的七宝镇、嘉定区的南翔镇、金山区的枫泾镇、宝山区的罗店镇、青浦区的朱家角镇等本身都是历史悠久的江南水乡古镇，如今也是融居住、休闲、旅游为一体的热门旅游景区，被称为“生活着的水乡古镇”。其他也都是市民日常生活、工作、学习以及休闲活动的空间。

上海的行政区划经过历次调整，目前共有 16 个区，通常认为黄浦区、静安区、长宁区、普陀区、虹口区、杨浦区、徐汇区以及浦东新区的一部分（本书以街道与镇的行政设置相区别）为中心城区。所占地域面积大约 660 平方公里。将宝山区、奉贤区、嘉定区、闵行区、金山区、松江区、青浦区、崇明区以及浦东新区的大部分称为郊区县，所占地域面积大约 5680 平方公里。文本所统计的城市旅游休闲公共空间在地域分布上为中心城区 53 个，郊区县 52 个。然而同市域面积相比较则差距巨大。

中心城区每 100 平方公里范围内有 8 个城市旅游休闲公共空间，而郊区县每 100 平方公里范围内只有 0.9 个城市旅游休闲公共空间。这种巨大的不平衡与上海旅游休闲资源的不均衡分布情况是一致的。（见图 4-42）

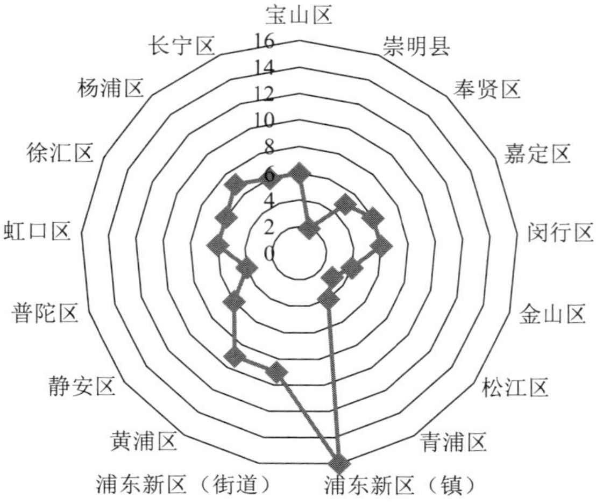

图 4-42　上海各区县城市旅游休闲公共空间分布状况

由于本书旅游休闲资源等级赋分有一定的主观色彩，存在某些赋分偏低或偏高的情况出现，会对旅游休闲资源分值评价存在影响，但主要类型，如 A 级旅游景区、城市公园、工业旅游景点、购物中心、体育场馆等都采用已有标准或行业划分规则，可以确保本书所提的城市旅游休闲公共空间选划基本符合现实状况。

3. 上海城市旅游休闲公共空间的动态发展

以上基于资源评分的选划与前文基于地图空间作业的初步选划结果基本相互印证，也与“十一五”“十二五”期间上海旅游业的规划发展相契合，证明了选划方法的科学性和有效性。但这些选划与等级划分还只是基于现状的分析，基本属于静态分析。进一步从动态发展的角度来看，还应关注以下几点。

（1）城市旅游休闲公共空间的数量将进一步增加

随着国际化的发展，上海外来人口还会增加，中心人口的外移趋势仍将继续，郊区县中心城镇的能级将不断扩大，其他的城镇能级也会生长。人口集聚型的城市旅游休闲公共空间数量将会增加。同时，随着旅游休闲方式的变化，邮轮、游艇等休闲方式常态化，滨水空间、岛屿空间将充分得到利用，房车营地、房车小镇等也会进一步得到发展，资源富集型的城市旅游休闲公共空间数量也将会增加。

（2）城市旅游休闲公共空间的类型将更加丰富

在前文空间分析中曾预计过第三类城市旅游休闲公共空间的可能性——交通枢纽型。目前在上海的大虹桥地区和浦东临港地区已经初步成型。随着空港的发展，多种交通的立体网络格局将为这两个地区带来大量的人流。相应服务的配套，特别是商业设施的不断入驻，将改变交通枢纽地区的消费格局。从单纯满足过境旅客的简单需求到带动甚至引导市民、游客的休闲消费需求。其他服务产业将以链条带动的方式在这两个地区快速成长。可以预期，这两个地区将发展成为上海城市空间上的重要节点，打破现有的行政区划，成为高等级的城市旅游休闲公共空间。

（3）不同等级城市旅游休闲公共空间的动态成长

本书所提出的三个等级的城市旅游休闲公共空间不是一成不变的。按照前文所分析的城市功能动态发展规律，随着上海城市的发展，其旅游休闲功能还将进一步增强。城市公共旅游休闲资源的能级也还将进一步提升，其服务半径也将随之增大。低级别的城市旅游休闲公共空间会向高级别发展。

（4）相邻的城市旅游休闲公共空间之间将相互合并，成为更大空间

公共服务的更加便捷，公共管理的更加高效以及旅游休闲资源的相互衔接将促使一些类型相同，空间邻近的城市旅游休闲公共空间相互合并。目前从外滩、南京东路、人民广场到南京西路四个功能区就有成为一体的趋势。特别是全域旅游概念的提出和兴起，上海突破景区景点，中心城区旅游休闲的全域化将成为发展的趋势。今后区隔不同城市旅游休闲公共空间的主要因素将不再是资源本身，而是公共服务能力和公共管理能力的极限。（见图 4-43）

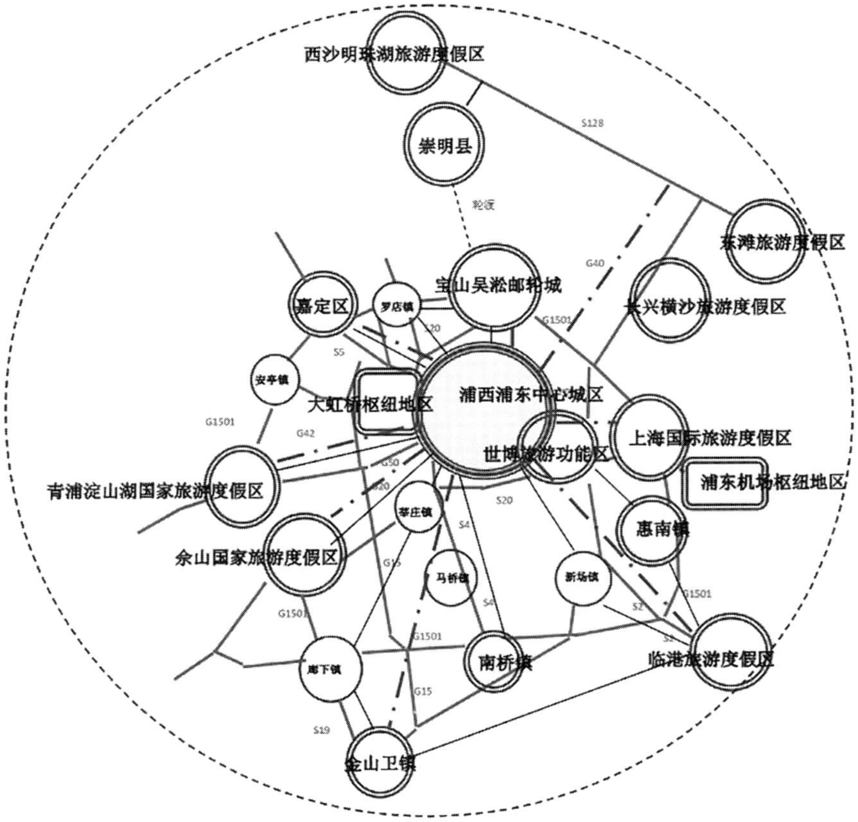

图 4-43 上海城市旅游休闲公共空间发展预期图

本章小结

上海是中国经济发展最为先进的城市之一。1997 年上海率先提出并实施的“都市旅游”，以都市风光、都市文化和都市商业为特征，将城市发展与旅游休闲融为一体，可以说是当下全国开展全域旅游的先导。而 2010 年举世瞩目的上海世博会更是以“城市，让生活更美好”为主题，在全国城市更新发展中处于领先地位。以上海市为案例，探析城市旅游休闲公共空间组织结构演进规律，能够对上海的城市规划建设提出实际指导，还能对国内其他城市的发展起到示范借鉴效果。

第一，上海城市旅游休闲公共空间的发展未能跟上城市化进程的步伐，具体表现在 600 平方公里的中心城区集中了大约 60% 的公共旅游休闲资源，而占地大约 6000 平方公里的广大郊区只有 40% 的公共旅游休闲资源，而且主要集中在中心乡镇。在中心城区内的公共旅游休闲资源又大部分集中在黄浦江西岸地区。以新中国成立 60 余年间的空间分布数据分析，城市旅游休闲公共空间的空间集聚趋势在加剧的过程中出现由低水平集聚向优化均衡发展的趋势。

第二，伴随着上海城市化进程的加速，交通道路的不断发展，在中心城区周边及郊区县的旅游休闲公共空间逐渐呈现星罗棋布的发展态势。上海城市旅游休闲公共空间从单核辐射向网络化结构发展，通道扩散机制显著。

第三，上海全市人口从中心城区不断向郊区扩散。入境旅游市场、外省市来沪旅游人数和本市市民在本地旅游人数都呈现出上升趋势。根据上海城市旅游休闲公共空间资源各区县万人比测算，上海城市旅游休闲公共空间资源分布不均衡的状况非常明显，存在供求关系结构上的矛盾。

第四，根据城市旅游休闲公共空间组织构建的模型，本着功能区与既有行政区相融合的原则，经过赋值打分、科学选划，2014 年上海符合城市旅游休闲公共空间选划条件的街道（乡镇）共有 105 个，分成三个级别，占到上海总的街道（乡镇）数量的一半以上。但是以面积比来测算，则中心城区与郊区县还是存在巨大反差。这一方面能够反映出上海城市旅游休闲功能的相对完善程度，同时再次印证了上海城市旅游休闲供求关系结构上的矛盾。但随着新兴旅游休闲业态的发展以及城市区域本身的发展，可以预计的是，上海城市旅游休闲公共空间将呈现出动态发展趋势，城市旅游休闲公共空间的数量将进一步增加，类型将更加丰富，不同等级城市旅游休闲公共空间的动态成长以及相邻的城市旅游休闲公共空间之间将相互合并，成为更大的空间。

第五章 城市旅游休闲公共空间管治

一、城市旅游休闲公共空间管治的相关影响因素

（一）中国休假时间的改变对空间管治的影响

中西方古代都有公休假日的制度。现代社会随着经济的发展、观念的革新和对工人权益的不断重视，工作时长逐渐在缩短，公休假日制度日趋完善。从20世纪初的工业国家普遍规定的每周工作48小时，到1935年后工业发达国家基本实行的每周工作40小时，再到21世纪初部分发达国家每周的工作时长缩减为35小时，甚至更短（曹灿明，2009）。可以看到公休假日制度的建立和假期的延长与生产力水平的提高有着此消彼长的负相关关系。

现代中国的假期制度演化也同样遵循着与生产力发展相关的规律。

1. 法定假期制度的不断调整

《中华人民共和国宪法》中明确保障劳动者的休息权利，规定了基本的休假制度①。1991年中共中央、国务院专门印发了《关于职工休假问题的通知》②在制度上予以再次恢复，1995年国务院修改职工工作时间。决定从5月11日起，实行5天工作制③。1999年国务院出台办法，对假期时间做出集中调整，实施"黄金周"④。

"黄金周"现象恰恰反映出全国人民强烈的旅游休闲愿望和旅游休闲消费能力。这为政府经济结构调整、经济导向政策调整、公共服务配套实施等都起到了很好的启示作用。

2015年8月国务院办公厅出台《关于进一步促进旅游投资和消费的若干意见》。其

---

① 国务院公报．中华人民共和国宪法［EB/OL］.http：//www.gov.cn/gongbao/content/2004/content_62714.htm.

② 国务院办公厅．中共中央、国务院关于职工休假问题的通知［EB/OL］．中发电〔1991〕2号．http://www.lszrsj.gov.cn/zcfg/Print.

③《国务院关于修改〈国务院关于职业工作时间的规定〉的决定》。

④ 国务院办公厅．全国年节及纪念日放假办法（1999年）［EB/OL］．国务院令第270号．http：//www.34law.com/lawfg/law/6/1185/law_461789174346.shtml.

中对优化休假安排做了具体规定以进一步激发旅游消费需求。在国务院的这个意见中，既有要求各级政府制定带薪休假制度实施细则、实施计划的规定，也有对各地错峰休假、弹性作息的建议。特别是每周 2.5 天休假制度的倡导成为社会关注的亮点。（见表 5-1）

表 5-1　我国法定休假制度的演变

时间	休假制度	休假时长	备注
1949—1994 年	每周单休制度	周日	《中华人民共和国宪法》中对于发展劳动者休息和休养的设施以及职工的休假制度有着明确的规定
1994—1995 年	每周五天半工作制（大周末和小周末的休假制度）	大周末即每周休息两天，小周末即每周休息一天	大周末对于我国旅游的促进起到很大的引导作用，但作为全民旅游还仅仅在发展初期
1995 年	每周双休制度	每周工作不超过 40 小时，每周休息两天	这一制度一直持续至今
1999 年	“黄金周”制度	每年春节、“五一”、国庆三个假日实行七天的连续休息	这一休假制度的根本目的是拉动内需，刺激消费。在实践中极大地激发了全国人民的旅游愿望
2008 年	“大、小黄金周”制度	国庆和春节两个“大黄金周”各放假七天；“五一”改为放假三天，增加清明、端午、中秋三个传统节日各三天休假，俗称“小黄金周”	新休假制度有利于弘扬和传承民族传统文化，合理调配旅游者流动，提高旅游体验质量和生活质量

注：根据网上公开资料及文件整理。

2. 带薪休假制度

法国在 1936 年通过立法确定带薪休假制度，是世界上最早实施带薪假期的国家。1948 年的《世界人权宣言》明确提出了“定期带薪休假”的权利（Ellen Furlough, 1998）根据 Davidson Rob（1998）的研究，在 20 世纪 80 年代法国人中的 60% 已经享受带薪假期了。

1995 年 1 月 1 日起我国施行的《中华人民共和国劳动法》中规定了带薪年休假制度。[①]2007 年 12 月 7 日国务院通过的《职工带薪年休假条例》，是对 1995 年《中华人民共和国劳动法》相关规定的落实。规定职工基于不同工作年限的带薪年休假时长。

梳理发展历程就能看到，职工带薪休假制度自 1995 年写进法律，2007 年出台具体办法，20 年过去了还只是在党政机关、事业单位和国有企业能够实施，大量的民营企业以及外资企业都还没能普及。这一制度制定、出台、实施的过程背后恰好与我们国家的改革开放、经济和社会制度调整过程相契合。与人们对于劳动与休假的观念、生

① 全国人大常委会．中华人民共和国劳动法（1995 年 1 月 1 日）[EB/OL] .http://www.fujianren.cn/?action_viewnews_itemid_1338.html.

活品质的观念变化有关，也与广大人民群众的财富积累、社会保障等有关，同时也与全社会经济发展阶段、产业发展阶段有关。

（二）城市旅游休闲市场的发展及对空间管治的影响

根据原国家旅游局公布的统计数据，2014 年我国接待入境游客人数 1.28 亿人次，国内旅游人数 36.3 亿人次（见图 5-1）。中国的旅游业发端于入境旅游，在刚刚改革开放的 1978 年，我国入境旅游人数 180.92 万人次，而 1984 年的国内旅游人数也仅仅 2 亿人次。30 年间，我国的旅游业发生了翻天覆地的变化，已经成为重要的民生产业。从以往旅行社、宾馆、景区核心产业向全面产业融合、业态创新转变。

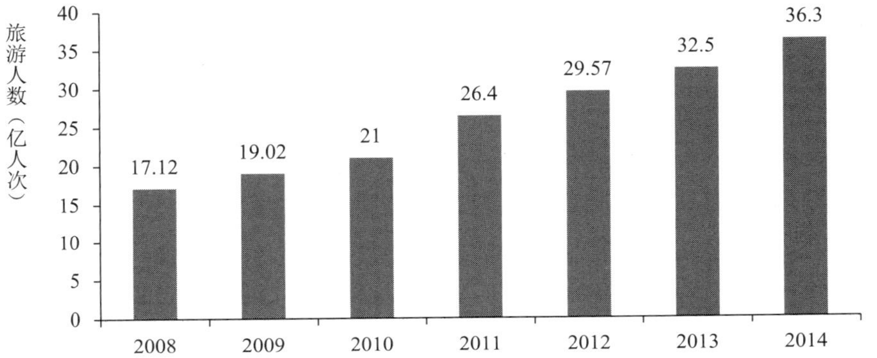

图 5-1　中国国内旅游人数统计

注：来源于《中国旅游统计年鉴》

1. 城市游客与消费状况分析

北京和上海是中国两个大型都市型城市，分别是中国的政治中心和经济中心，也都是以都市旅游为主要发展方向，并形成了各自特点的旅游城市。分析这两个城市的旅游状况，在国内具有典型的意义。（表 5-2）

表 5-2　北京、上海 2014 年旅游统计

城市	入境旅游			国内旅游			客房出租率	本市旅游	
	人数（万人次）	天数（天）	人均花费（美元）	人数（万人次）	天数（天）	人均花费（元）	星级饭店	人数（万人次）	人均花费（元）
北京	427.5	4.24	1078	15600	4.99	2324	57.6%	10100	364
上海	791.3	3.29	854.06	13000	4.1	2714.41	59%	13800	

注：根据原北京市旅游发展委员会、原上海市旅游局公布的统计资料整理。

通过北京和上海的旅游数据对比可以看到，上海的入境游客人数大于北京，而游客停留的时间比北京短。这与上海作为国际口岸城市，又有着对外交流的传统有关，但也说明北京的历史文化旅游资源较之上海更具有吸引力，数量也更多。这也能从国内游客人数比较中，北京大于上海的状况看出来。中外游客来到这两座城市停留的时间都在半周以上以及较高的旅馆出租率，都呈现出明显的休闲度假旅游特征。另外本地旅游的人数激增，基本与国内其他省市来的游客数量持平（上海的本地旅游还略高），都基本占到传统国内旅游统计人数的半数。恰恰反映出两个城市本地市民旅游休闲需求的旺盛。

2. 城市的散客旅游发展状况分析

根据对游客组织服务方式的不同，可以分为团队旅游和散客旅游。团队旅游是由旅行社组织并提供全程服务的团体式旅游形式。在市场的发展中又有单位组团、散客拼团、全包价团、半包价团等具体方式，不一而足。但总的来说，都是游客通过旅行社的组织前往旅游目的地的旅游。这是旅游服务作为一个经营行为发展的最主要的方式。因为信息上、价格上以及服务上的优势，旅行社团队旅游曾经在旅游业的发展过程中占据主体地位。而散客旅游则是游客不通过旅行社（或个别服务项目由旅行社提供，如机票、酒店等。）组织，自己安排全部行程并完成旅游行为的方式。近年来，各地散客旅游的比例都在大幅度提高，在国内城市旅游中已经完全取代了旅行社团队旅游的主体地位。（见表 5-3）

表 5-3　北京、上海 2014 年旅行社旅游统计

城市	旅行社入境游客人数（万人次）	占比	同比	旅行社国内游客人数（万人次）	占比	同比
北京	109.8	25.7%	↓ 10.1%	317.2	2%	↓ 0.7%
上海	71.6	9%	↓ 7.52%	670.8	2.5%	↓ 15.9%

注：根据原北京市旅游发展委员会、原上海市旅游局公布的统计资料整理。

从 2014 年北京和上海的数据看出，无论是入境游客还是国内游客，经由旅行社接待的比例都非常小，并且都在持续下降中。其中北京由旅行社接待的入境旅游人数还能占到 1/4，上海则已经不到一成。这与两个城市蓬勃发展的旅游市场形成了强烈的反差。从另一个意义上说，来这两个城市旅游的游客绝大多数都是散客，城市旅游散客化的特征极其明显。

城市旅游散客化时代的到来的原因主要有五个。

一是游客的成熟。中国的旅游业从作为外事接待的入境旅游开始，进而发展国内旅游和出境旅游。在近 30 年的时间里，旅游从一种奢侈消费行为迅速为大众所接受和熟悉，并已经成为人民群众生活的一个组成部分。国务院于 2009 年出台的《关于加快发展旅游业的意见》中曾预计到 2015 年，中国国内旅游人数将达到 33 亿人次，出境旅游人数达 8300 万人次，城乡居民年均出游超过 2 次。从统计数据就能看出，这个预期已经提前达到并且超过了。在旅游组织方式上，随着消费的成熟，中国游客已经非常成熟，清楚自己要玩哪里以及怎么玩，已经不再依赖旅行社的全程组织和协助就能自主安排自己的游程了。

二是信息的透明。互联网时代的发展使得信息透明化程度越来越高，游客可以在网上找到所有与旅游相关的资讯，旅行社作为旅游信息垄断的时代结束了。

三是城市的旅游公共服务体系日益完备。从公共交通到餐饮、住宿，从道路交通指引到旅游咨询服务中心，外地游客可以在城市里很便捷地出行，并完成旅游所需要的一切活动。

四是旅游服务标准化的程度越来越高。特色化的旅游资源和标准化的服务水准完美融合，使得游客既能得到异地差异化的快感，又能享受到自己熟悉的服务，既有新奇，又没有隔阂。而标准化发展的背后恰恰又是基于旅游潮和移民潮所带来的各地人员流动，打破了以往的熟人社会，进而实现文化上的融合。近十年来，城市以更加开放的姿态迎接着外地和外国游客。

五是城市度假的兴起。在经历了走马灯式观光游之后，旅游休闲度假更加回归了它的本意——身心享受。而城市，特别是大城市，拥有完善的基础设施，成熟的消费模式，发达的服务业，最新最时尚的资讯，同时又具有历史演化过程中保留下来的文化遗迹，完全符合休闲度假的需求，因此越发成为游客旅游休闲的选择。

而随着信息传播手段的变革，多元化的工作形式出现，有一大批人已经可以告别以往程式化的工作环境和节奏，在任何地方办公和生活了。本地市民与外地游客之间的界限越来越模糊。“旅游”与“休闲”的概念界定也在发生改变。在早期的定义中，“旅游”被视为“休闲”的一个组成部分，是实现休闲目的的一种具体形式。如今两者基本合二为一。狭义的休闲成了旅游的目的，而广义的休闲成了旅游过程中的具体的行为。（见图 5-2）

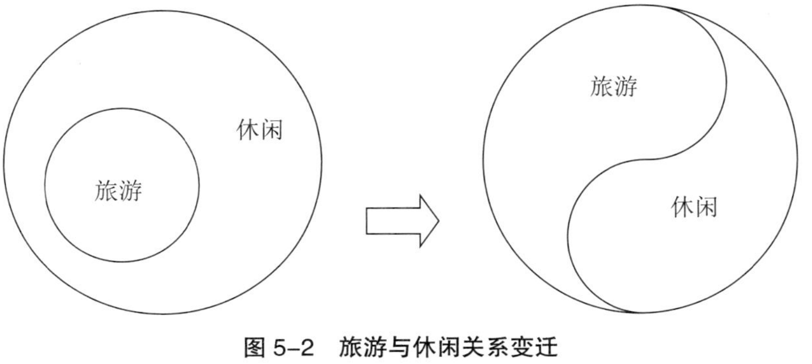

图 5-2　旅游与休闲关系变迁

主体与行为的双重变化对城市的公共管理提出了新的要求。从城市旅游管理体制到公共旅游休闲空间的具体管理模式都应该顺应这个形势而做出调整。

（三）城市土地分类对空间管治的影响

城市旅游休闲的发展在空间上的呈现，其根本在于土地。在中国，土地几乎是所有产业发展过程中最为关键的因素，也是城市旅游休闲公共空间管治得以实施的前提条件。

1. 城市旅游休闲公共空间用地分类标准分析

我国现行城市公共用地分类标准主要分为两类：第一类是大部分地区依据国家相关标准执行的。第二类是在相关标准基础上稍作改动的地方标准。

现行的《中华人民共和国土地管理法》是2004年修订颁布的，2011年住房和城乡建设部制定国家标准《城市用地分类与规划建设用地标准》（GB 50137—2011）与之相对应。根据国家标准的界定，公共管理与公共服务用地的性质是非营利的公益性设施用地，由政府控制，建设服务设施，以保障基础民生需求。根据标准中对建设用地和非建设用地的细化分类，可以发现，本文中所提到的各种城市旅游休闲公共空间形态，在功能上有了趋同的倾向，但在现有的管理标准中所规定的性质不尽相同。

北京、上海、江苏、广州、深圳等地在执行国家标准的基础上，根据本身发展情况建立了各自的用地标准体系。

总的来说，我国的土地分为建设用地和非建设用地两类，其中在城市建设用地中包括“公共管理与公共服务用地”“商业服务业设施用地”“工业用地”“绿地”等在内的九种类型。城市旅游休闲公共空间中的公园绿地、城市广场等都属于“绿地”类；公共图书馆、博物馆、体育场馆等属于“公共管理与公共服务用地”。这两类的性质是公益性，由政府负责投资建设，供全体市民享用。

“商业服务业设施用地”则是以营利为主要目的的商业服务设施。演艺场所、旅馆、购物中心等属于这个范畴。

工业旅游景点由于本身工厂的转型，在土地性质上属于“工业用地”转“商业服务业设施用地”。

“景区点”这个词本身不是土地概念，而是一类旅游休闲设施的统称，其中既有公益类的，也有商业类的，这在土地性质的划分上比较复杂。供游览休憩、起到公园作用的风景名胜属于“绿地”范畴；以私人投资、营利为主的风景名胜区则属于“商业服务业设施用地”；其他风景名胜区则分别归到“非建设用地”中的“水域”“农林用地”以及“其他非建设用地”。（见表5-4）

表 5-4　城市旅游休闲公共空间土地类型划分

<table>
<tr><th>旅游休闲空间基本单元</th><th>土地类型</th><th>大类</th></tr>
<tr><td>图书馆</td><td rowspan="3">公共管理与公共服务用地</td><td rowspan="14">建设用地</td></tr>
<tr><td>博物馆</td></tr>
<tr><td>体育场、体育馆</td></tr>
<tr><td>商业街区</td><td rowspan="7">商业服务业设施用地</td></tr>
<tr><td>演艺场所</td></tr>
<tr><td>购物中心</td></tr>
<tr><td>历史风貌街区</td></tr>
<tr><td>主题公园</td></tr>
<tr><td>健身房</td></tr>
<tr><td>旅馆</td></tr>
<tr><td>城市公园、绿地</td><td rowspan="2">绿地</td></tr>
<tr><td>城市广场</td></tr>
<tr><td>工业旅游点</td><td rowspan="2">工业用地（转商业服务业设施用地）</td></tr>
<tr><td>创意园区</td></tr>
<tr><td>景观河道</td><td rowspan="2">水域</td><td rowspan="3">非建设用地</td></tr>
<tr><td>亲水岸线</td></tr>
<tr><td>郊野公园</td><td>农林用地</td></tr>
</table>

注：依据《城市用地分类与规划建设用地标准》（GB 50137—2011）。

从现有的土地标准可以看出，这是基于生产保障的土地标准，还是处于基本生存需要的用地规范。现行的土地管理制度也是为了满足最根本的生存保障。马斯洛在分析公共服务时把需求分为“保障性需求”和“发展性需求”。保障性需求是关系到公民人权的基本需求；而发展性需求则是更高层次、更高质量的需求。徐晓绵、周玉和赵旭（2013）曾就这两种需求在公共用地上的对应进行了相应的分类分析。他们的分析中将文化、教育、体育进行了用地需求上的考量，但是尚没有注意到旅游休闲发展对于人民群众发展的重要性，这也应该成为发展性需求非常重要的一个组成部分。

现有城市旅游休闲公共空间的各种形态的存在也恰好反映了人民群众发展的需要，而现行的土地标准已经与这一态势明显不符，不同类型的划分将自然的空间产生了人为割裂，由此也造成了管理上的复杂。

2. 对城市旅游休闲公共空间属性认知的突破

中国人收入的提高和旅游休闲消费意识的觉醒带来了近年来全国旅游业井喷式的大发展。公共旅游休闲空间在总的供给上呈现不足，无法满足人民群众日益增加的旅游休闲需求。表现在新建城市旅游休闲公共空间面临土地供给的制约，特别是新兴旅游休闲业态，如农家乐、房车营地等，如果是在建设用地上进行投资建设，则投资成本巨大；如果是在非建设用地上投资建设，则面临相当大的合法性障碍。仔细分析，这里面的关键问题是认知，即公共旅游休闲空间的土地属性究竟是什么？

关于认知，依前文可见，基于现行的土地分类标准和管理制度，城市旅游休闲公共空间被人为割裂成了几种土地类型。作为“公共管理与公共服务用地”的图书馆、博物馆、体育场馆等土地使用有保障，且其中的休闲功能、社交功能等已经大大拓展，与以往的定义已经有了很大的不同，但限于公益属性而无法更好地开发。历史风貌街区、购物中心、演艺场所、主题公园等大量旅游休闲空间仍然被政府单纯地视为营利性的商业设施，土地使用权属于“商业服务业设施用地”。当经济社会发展后，城市公共空间的性质和功能都在发生变化，有融合也有变迁。城市旅游休闲公共空间承担了满足人民群众变化发展着的精神文化需求的职责，即使是具有营利性质的单位也已经转变成了准公共产品。因此在认知上，应该跳出以往单纯以产业划分的局限，更多地从功能上考虑。如果可以认定为公共产品或准公共产品，则可以依据《中华人民共和国土地管理法》相关条款：“城市基础设施用地和公益事业用地，经县级以上人民政府依法批准，可以以划拨方式取得。”这既解决了合法性的问题，又为资金投入问题的解决打开了一扇门。

（四）城市规划对空间管治的影响

城市规划是城市旅游休闲公共空间的前瞻性呈现，是城市发展格局的蓝图。这既是城市公共管理的重要组成部分，也是实施公共管理和公共服务的先导。对城市功能的理解往往是随着经济社会的发展而发展的，同时还有知识上的积累、理论上的更新以及理念上的革新。以往受制于人的因素以及部门的职守，城市规划常常滞后于城市的发展。由于历史上对城市功能的理解偏重于生产和居住，对经济的考核也是以 GDP 作为衡量，又由于旅游休闲资源的管理非常分散，很多城市的旅游部门作为政府的直属机构并不纳入政府组成，缺失话语权。旅游业的发展规划也很难纳入城市总体规划当中。因此在城市发展与公民休闲需求之间常常存在矛盾。

1. 城市旅游休闲规划存在的问题

（1）缺少可供市民游客驻足休闲的空间

对于城市中可用于旅游休闲开发的历史街区、建筑古迹等，规划部门主要做的不是开发性规划，而是保护性规划；旅游规划又往往只能局限在景点本身，对周边地段缺少协调手段。因此在空间上存在断层，缺乏可供游客停留下来的公共休闲空间。这就使得游客只是匆匆前来观光游览一遍，缺乏停留下来体验的机会。景点门票经济、大规模掠夺式的观光旅游以及由此带来的城市景点周边交通拥堵等现象也就在所难免。并且城市旅游吸引物这样的点状布局规划，导致游客仅仅知道旅游点，而不知道整个城市。政府通过旅游来宣传城市形象的意愿也就难以实现。上海长期以来城市形象碎片化，整体旅游宣传形象的不明晰，也跟规划上的空间缺失有着极大的联系。而城市旅游休闲公共空间的构建则可以弥补这一不足。

（2）城市管理者对服务对象的认识不同而产生的矛盾

一直以来，我们国家的城市管理者都是基于户籍制度来开展公共管理和公共服务，将服务对象区分为本地市民和外地游客。城市规划的主要对象是市民的居住空间、工作空间、学习空间等。旅游规划则是以游客在旅游过程中食、住、行、游、购、娱等基本要素的供应作为对象。将这两方面人群对立，就将矛盾集中反映在对城市公共资源占用上，凸显了城市公共资源的稀缺性。事实上，这种冲突根本上是源自城市规划管理者的认识差距，也是城市发展的阶段性特征所造成的。在全球化发展、人员大流动的今天，居民和游客的界限也日益模糊，城市早已成为两者共享的空间。这就要求城市管理者以更开阔的视野来认识服务对象。城市旅游休闲公共空间的构建与分层设置，可以更好地协调多方利益，满足人们对于旅游休闲的共同需求。

（3）城市功能定位的不同带来产业布局上的矛盾

矛盾必有主次，对于城市而言，其主要功能必然是解决一段时期内城市的主要矛盾。因此根据历史阶段的不同，区位及自然禀赋的不同，城市又可以有不同分类。在世界范围内，经历了三次产业转移的浪潮，几个波次地带动着不同层级的城市由前工业化时代，到工业化时代，再到后工业化时代的转变。目前世界各大城市普遍采用以服务业的 GDP 比重来衡量城市经济社会的发展水平。各相关部门对城市主导产业的认识不同，就会在有限的城市空间里形成矛盾冲突。对于北京、上海、广州等大型甚至特大型城市而言，产业类别齐全，城市功能多样，要更好地满足人民群众的物质文化需求，从人的角度来看待城市的可持续发展。旅游业是一个综合性产业，依托相关产业存在的同时也不断撬动需求，引导其他产业升级转型发展，形成新的经济增长点。因此城市规划应该充分考虑旅游休闲以及与之相关产业的空间布局，使城市不仅成为生产中心，同时也是消费中心、休闲中心。

2. 城市旅游休闲公共空间的规划重点

基于城市更新的理念，在对城市旅游休闲公共空间的规划中应着重体现三个方面。

（1）以人为本，实现城市环境生态化、社区景观化

人是社会的人，更是自然的人。传统的城市发展使城市与自然对立了起来，似乎田园自然意味着落后，而高楼大厦意味着先进。现代人们越发意识到回归自然的重要性。城市应该与自然相互融合，建立完整的绿色生态系统。绿色生态系统包括公园、绿地等

平面绿化和高架、楼顶等的立体绿化，还包括亲水岸线、绿色廊道等。城市社会生态系统则包括生活环境、成长环境以及人际交往环境等。发挥社区在人群社会交往方面的功能，让不同的人群能在一个景观化的美好氛围中实现旅游休闲、身心愉悦的愿望。

（2）合理利用空间，实现区域功能的复合化

以前的城市规划功能分区，是以产业分类为导向，将区域功能单一化，使居住、工作、休闲等区域分开，实现产业的集聚式发展和城市管理的便捷。但这种城市化进程也使得城市区域范围越来越大，俗称“摊大饼”。交通拥堵、能源消耗、空气污染等城市问题也由此产生。这种功能布局模式无法满足发展中的人们日益多样化的需求，同时也人为地割裂了人际的交往。以旅游休闲为主导的城市规划并不是简单排斥其他产业，旅游休闲业的发展也不可能代替其他产业的产能，而是强调对城市土地的综合利用，打破单一功能区域划分格局，将商业、办公、住宅、休闲等设施集中布局。由原来单一功能空间向多功能复合型空间转化。由此也为老城区改造、传统产业的升级转型等提供新的思路。

（3）对旅游休闲资源的挖掘利用，形成多中心化和多层次的公共旅游休闲空间

能够使人产生游览兴趣和休闲效果的被称为旅游休闲资源，或者叫作旅游吸引物。这样的吸引物可以在空间上形成一个个的“点”。由这些“点”的影响力而产生辐射圈，就形成了“面”。从旅游学科的角度考量，吸引物基于其市场知名度、空间体量规模等的不同可以划分出不同的等级。有国际知名的，有国内知名的，还有地区知名的。等级越高的，其影响面也就越大，各地人们造访的频次也就越高，各种服务业态的集中度也就越高。由此在城市中自然形成了一个中心范围，其对周边的影响效力会如同同心圆一样从中心向周边依次递减。现代城市，特别是大城市的发展中会有多个中心的出现，并形成自己或大或小的影响范围。影响力大的城市旅游休闲公共空间往往占据城市的中心位置，或者在发展中形成城市新的中心区域（称为次中心或者副中心），影响力较小的城市旅游休闲公共空间分布于城市的各个街道社区之中。

对多中心化、多层次、景观化、功能复合式的城市旅游休闲公共空间的构想，在根本上是对经济区划与行政区划之间的矛盾的探讨。在后工业化时代，服务经济大发展，旅游休闲既是人民群众提高生活水平的普遍诉求，属于改善国计民生的事业，也是拉动消费，带动生产的产业，同时极大地促进相关产业的升级转型。

二、城市旅游休闲公共空间管治的组织建构

依前文论述，城市旅游休闲公共空间的管治在于弥补传统管理方式的单一和不足，更加注重空间内多元主体的参与和相互间的协调。

政府部门作为城市空间管治的主要方面依然存在，但更强调其角色定位以及方式

的转变。管治中的权力运行不再是简单的命令和执行，而要注重上下互动和横向协同，通过各个主体之间的沟通、合作、协商，来确立共同的目标，实现城市旅游休闲公共空间的最佳秩序。

随着旅游业的大发展，作为城市旅游休闲公共空间管治主体之一的旅游行政主管部门本身也在不断变化。基本遵循了由单一行业管理向综合管理转变的轨迹。旅游行政主管部门在地区旅游产业发展中更多地发挥着统筹协调的功能。所谓统筹，就是要用整体观念、系统思维、统一考虑、统一谋划，把旅游业放到地方经济社会改革发展的总体战略中予以考虑。所谓协调，就是理顺产业运行机制，这就需要各相关部门互相配合、互相支持，形成推动旅游产业发展的合力。由于历史的原因和发展本身带来的变化，我国旅游业的整体发展和旅游管理的职能一直是不匹配的。所谓“大产业，小部门”，与旅游相关的资源往往并不由旅游部门管理，因此协调是旅游业发展中非常重要的内容。

实现统筹协调旅游及相关行业发展的典型方式主要有三种：一种是建立旅游跨部门的统筹协调机制，二是直接赋予旅游部门更多统筹协调职能，三是旅游协会等社会机构作用的发挥。

（一）建立旅游跨部门的统筹协调机制

在中国旅游业管理部门的发展历程中曾多次设置相关的协调机构，又几经裁撤。2013 年颁布的《中华人民共和国旅游法》中明确规定由国务院建立健全旅游综合协调机制。2014 年国务院成立了旅游工作部际联席会议。

在地方层面，截至 2015 年，共有 28 个省（自治区、直辖市）成立了旅游业发展领导小组。其中 12 个省（自治区、直辖市）由省长（主席）担任产业发展领导小组组长，另外 16 个省（自治区、直辖市）由副省长（副主席、副市长）牵头。这些旅游业发展领导小组都由与旅游业相关的各个部门组成，发挥统筹协调作用。

（二）赋予旅游部门更多协调职能

我国旅游业的发展由政府主导，旅游部门的协调能力往往决定着一个地区旅游业的发展水平。近年来很多省市都将旅游局升格为旅游委，以此为平台来提高旅游部门的综合协调能力。上海曾是全国率先成立旅游委的，当时叫上海市旅游事业管理委员会，于 1997 年成立。旅游委下辖绿化、园林、民航等多个单位。这在中国旅游行政体制改革中实现了首创，很多做法也被其他省市学习借鉴。但 2009 年又改回了上海市旅游局。说明旅游部门的职能设置要与当地旅游业的发展水平保持一致，改革太快或是太慢都不能很好地适应发展。这也符合经济基础与上层建筑的关系。2011 年上海市成立旅游发展领导小组，采取建立旅游跨部门统筹协调机制的方式。2001 年杭州市旅游局升格为杭州市旅游委员会，并列入市政府组成部门。2009 年海南省旅游局升格为海南省旅游发展委员会，纳入省政府组成部门，以适应海南国际旅游岛的建设需要。2011 年北京市成立旅游发展委员会，建立起市交通委、商务委、文化局等 6 个部门的相关负责人担任旅游委兼职委员和领导班子成员的制度，进一步增强了旅游委的协调能力。2013 年云南省旅游局更名为云南省旅游发展委员会，其下属 16 个州市中有 10 个都在此前后建立了旅游委。据不完全统计，截至 2015 年，全国共有 5 个省级单位建立了旅游发展（管理）委员会，有 26 个地市级城市建立了旅游发展（管理）委员会。（见表 5-5）

表 5-5　各省市旅游委统计表

序号	成立时间	省市	名称
1	2009 年 5 月		海南省旅游管理委员会
2	2011 年 4 月		北京市旅游发展委员会
3	2013 年 2 月		云南省旅游发展委员会
4	2014 年 3 月		江西省旅游发展委员会
5	2014 年 3 月		广西壮族自治区旅游发展委员会
6	2015 年 2 月		西藏自治区旅游发展委员会
7	2001 年	浙江	杭州市旅游委员会
8	2009—2015 年	河北	秦皇岛市旅游发展委员会
9		江西	上饶市旅游产业委员会
10		江苏	南京市旅游委员会
11		云南	大理州旅游发展管理委员会
12		河南	洛阳市旅游发展委员会
13		云南	红河州旅游发展委员会
14		云南	昆明市旅游发展委员会
15		云南	德宏州旅游发展委员会
16		云南	临沧市旅游发展委员会
17		云南	玉溪市旅游发展委员会
18		云南	普洱市旅游发展委员会
19		云南	怒江州旅游发展委员会
20		云南	迪庆州旅游发展委员会
21		云南	昭通市旅游发展委员会
22		辽宁	抚顺旅游产业发展委员会
23		山西	陵川县旅游管理委员会
24		广西	南宁市旅游发展委员会
25		四川	广元市旅游发展委员会
26		广西	桂林市旅游发展委员会
27		安徽	六安市旅游委员会
28		安徽	旌德县文化旅游发展委员会
29		浙江	宁波市旅游协会委员会
30		陕西	韩城市旅游发展委员会
31		江苏	镇江市旅游发展委员会
32		贵州	贵阳市旅游产业发展委员会

注：根据网上公开资料整理。

旅游业由于其在资源认识和管辖权上的原因，既是从国家旅游局到省市、地方旅游局的垂直管理体系，又是资源属地化的管理格局，同时资源还存在分属不同条线部门的情况。条条分割、条块分割的现象突出，也造成管理层次过多、职能交叉等问题。在旅游市场执法的过程中，有时是多头执法，但又常常是无人执法，权责不清。旅游委员会的设立能够将原本分散的行政资源进行统一。以往旅游局实行的是单一部门的行业管理，是“小旅游”的范畴。旅游委员会则是多个部门相协调的综合管理，实现“大旅游”的格局（王晓华，2007）。

旅游局变旅游委，不只是简单的名称改变，更代表了旅游产业发展理念的升华，体制机制的创新，工作职能的优化以及工作思路的拓展。

从 2009 年到 2015 年大量省市建立旅游委员会的做法，正好与中国旅游业大发展的态势相吻合，也恰好与 2008 年国家实行新的休假制度相一致（见第三章）。反映出政策调控对于旅游业发展的强大促进作用，同时行政部门顺应旅游市场变化而做出调整的良性联动效应。（见图 5-3）

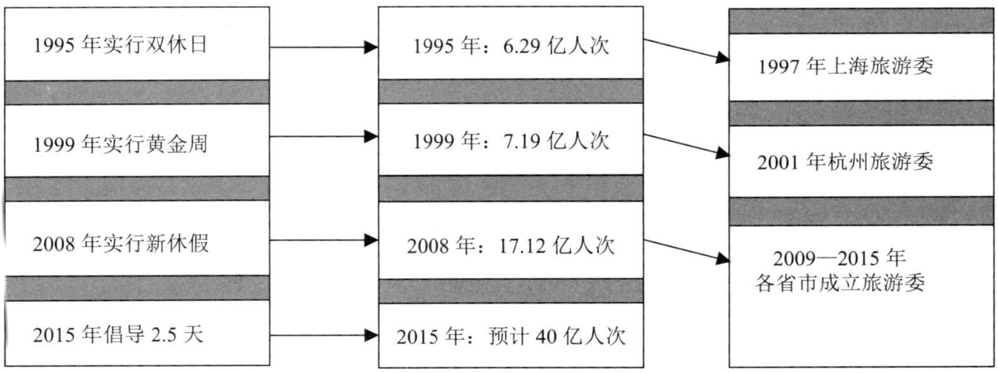

图 5-3　法定休假、国内旅游、管治主体关系对应

（三）旅游行业协会的建立及作用的发挥

行业协会（Association），是社会中介组织，是伴随着分工的发展、市场的扩大、城市的发展以及商品经济的发展而逐渐产生的。它以同行业的企业为主体，建立在自愿原则的基础上，谋取和增进全体会员企业的共同利益。在现代社会中，行业协会还必须具有法人资格，是介于政府和企业之间的团体，也是社会管治主体的重要组成部分。

中国旅游协会于 1986 年成立，1999 年经民政部核准重新登记，是我国第一个旅游全行业组织。经过近 30 年的发展，国家级协会会员 5600 余家，涵盖了国内大型旅游企业集团、旅行社、星级饭店、世界遗产、著名旅游景区和旅游院校等。全国 31 个省、区、市旅游局及新疆生产建设兵团，已全部成立了旅游协会。各省份所管辖地级市 80% 左右已成立旅游协会，部分区县也拥有自己的旅游协会（龙飞，2013）。中国旅游协会设立了 8 个分会和专业委员会，分别是：旅游城市分会、旅游教育分会、妇女旅游委员会、温泉分会、休闲农业与乡村旅游分会、民航旅游专业委员会、休闲度假分会和旅游商品与装备分会。另外在中国旅游协会指导下，还有 4 个相对独立开展工作的专业协会：中国旅行社协会、中国旅游饭店业协会、中国旅游车船协会和中国旅游报刊协会①。

可见，旅游行业协会有着广泛的市场基础，成为连接旅游企业与政府主管部门的重要纽带。尽管在发展的历程中常常与政府管理部门之间存在职责不明、缺乏自主发展的能力等各种问题，但随着旅游休闲市场的大发展，政企分开、政事分开以及政会分开等改革的推进，旅游行业协会将会更好地发挥代表旅游企业参与城市旅游休闲公共空间管治的主体作用。

三、城市旅游休闲公共空间的管治模式

（一）城市旅游休闲公共空间的管治模式

不同的学者对于各种城市旅游休闲公共空间基本单元的管治做了不同的总结归纳。如陶峰（2007）认为城市公园有三种管理模式——政府主导型、市场主导型、免费开放型。王绍昕（2011）则将城市公园总结为另外三种模式，分别是公共部门管理途径、公私混合合作模式和以市场为导向的公众模式，等等。究其根本来看，都是对“委托—代理”关系的呈现。

旅游休闲公共空间是公共旅游休闲资源在空间上的载体。而公共旅游休闲资源则是指国家所有或全民所有的，能对市民、游客产生强大吸引力的自然和历史文化资源。在我们国家公共旅游休闲资源的所有权属于全民或集体，但全体国民不可能对其直接管理，就需要以授权的方式委托政府代为管理。这就是第一层的委托—代理关系，中央政府接受全体国民的委托，代理全体国民管理全国的公共旅游休闲资源。但全国的资源又分布在各个省、区、市，中央政府不可能全部深入一线进行管理，这就需要委托各省市地方政府进行管理。尽管是行政上下级的隶属关系，但在中央、地方财税分立的前提下，这就形成了第二层的委托—代理关系。地方政府基于运营管理专业性或有效性的角度考虑，会采取设置专门机构管理，或者委托专业公司管理的模式，这就形成了第三层的委托—代理关系。

① 中国旅游协会，协会简介 http://www.chinata.com.cn/Introduce.

基于委托—代理关系在属地化管理中的各种现象，可以总结为三种模式。

1. 以地方政府为主体的管治模式

即对旅游休闲资源以及对应的空间设置相应级别的人民政府，将整个空间行政化，成为行政区。旅游休闲产业作为这一行政区的主打产业，再附带其他社会事务。由政府机构来直接统筹管理行政区内一切事务，也包括经营活动。如张家界武陵源景区设置了武陵源区政府，负责处理景区范围内的各项管理工作。

2. 以管委会为主体的管治模式

即由旅游休闲公共空间所在行政区的地方政府牵头，集合各相关部门及企事业单位，建立管理委员会，负责对旅游休闲空间的综合管治。地方政府会授权其对于旅游休闲公共空间内相关社会事务的管理权限，同时在具体业务工作上受各个上级主管部门指导。如九寨沟自然保护区在地域上受阿坝州政府管辖，保护区管委会在保护区内行使规划、建设、保护、治安等职能。在景区建设、植被养护等业务上受四川省住房和城乡建设厅和林业厅的指导。

黄山风景区则介于这两种模式之间，安徽省黄山市政府的主要负责人兼任黄山风景区管委会的领导，属于两块牌子，一套班子。黄山风景区内部的事务由管委会管理，风景区外部事务则由黄山市政府管理。

3. 以企业为主体的管治模式

政府采取特许经营的方式，通过公开招投标，吸纳有能力的社会机构和力量负责公共旅游休闲资源的经营和管理。政府通过法制手段对公共旅游休闲资源的经营状况进行监管。我国大多数民营企业或股份制企业经营的景区点都属于这种模式。（见图 5-4）

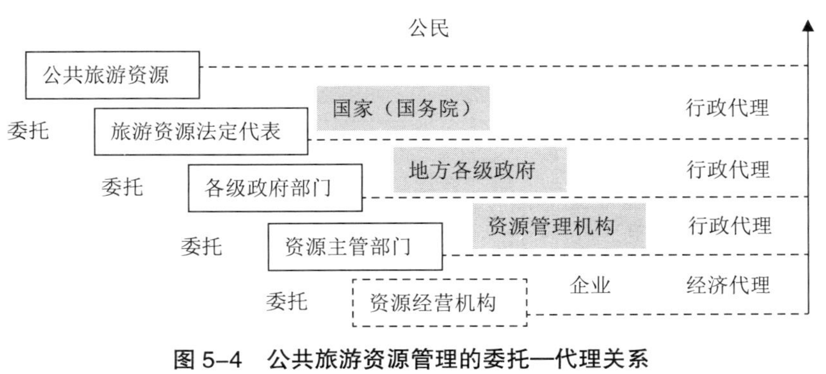

图 5-4　公共旅游资源管理的委托—代理关系

注：资料来源寇敏等（2009）。

委托—代理理论有两个原则：一是从契约经济学方面出发，要求制定合约，利用契约精神来实现代理双方共赢；二是从管理学出发，委托人通过奖惩机制来鼓励和约束代理人的行为。因为我国是全民所有制和集体所有制，各级代理机构能否充分有效地为全民提供旅游休闲的公共产品，是评判各种模式适用与否的关键所在。

由于政府具有民众赋予的合法性地位，具有其他社会组织无法比拟的公共性，组织的普遍性和权力的强制性等优势，决定了政府在直接对公共旅游休闲资源实施管治时具有非常高的有效性。然而这也造成了一个悖论，即资源所有者与资源管理者相同，管理者从接受委托管理资源转变为控制资源牟取私利，也就是当政府的管理行为难以监督或不受监督时，容易产生政府权力寻租行为的发生，最终导致公共旅游休闲资源的使用和消费违背了所有者的利益。

以企业为主体的特许经营模式既可以减轻政府在专业管理上和财政上的压力，又可以提高公共旅游休闲资源的经营效率和经济效益。公共旅游休闲资源的市场化程度越高，其价值增值程度也就相应越大。由于政府与资源经营之间关系的剥离，有利于对特许经营者进行监督，同时防止腐败。这一模式如果与改革调整后的政府行政管理相互补充，将在城市旅游休闲公共空间管治中发挥更大的作用。

（二）管治策略

对于城市旅游休闲公共空间的管治策略应该从三个环节展开，分别是基于不同环节的管治策略、基于不同手段的管治策略以及标准化管治策略，从而协调空间区域内资源要素的合理配置，实现城市旅游休闲公共空间的可持续发展。（见图 5-5）

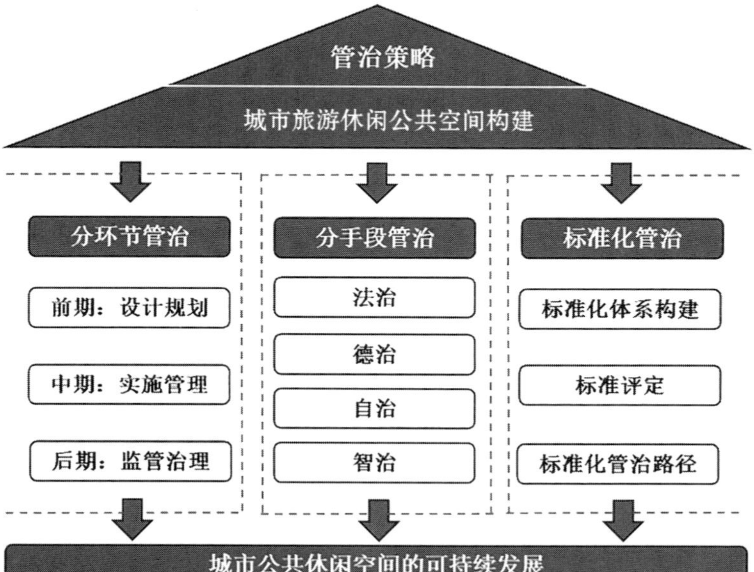

图 5-5　城市旅游休闲公共空间管治策略图

1. 分环节管治

城市旅游休闲公共空间是城市更新和社会治理协调发展重要场所，其管治得怎么样不仅可以直接反映城市的建设和发展水平，还可以反映社会治理能力的高低。在当前精细化治理的背景下，应该有效整合各类主体和各种资源，增强公共休闲空间管治的内生动力，推动其优化更新。应该注意到的是，对于城市旅游休闲公共空间的管治行为，不是一蹴而就的，而是应该分环节、分阶段地渐进式完成，并在各环节阶段通过一系列的任务、标准和机制的制定、引导，推动其可持续发展。对于城市旅游休闲公共空间管治的环节大致可以分为前期的设计规划阶段，中期的实施管理阶段，后期监管检查阶段。可以说这三个主要环节是以经济、政治、生态、文化和社会为一体，兼顾政府、市场、公众三方利益的管治，并始终贯穿于城市旅游休闲公共空间的管治之中。

（1）前期：设计规划

任何区域的管治问题，都应该建立在整体设计规划的基础之上。要充分发挥设计规划对城市旅游休闲公共空间管治的引领作用，以人的需求为基础，合理谋划空间布局，与建设运营、监管检查等环节形成有效连接，促进规划从蓝图走向实施。对于城市旅游休闲公共空间的设计规划的编制阶段，应该严格执行规划设计规范要求，着力体现其前瞻性、科学性和可操作性。从全局的角度出发，适应时代的变化，使规划更加科学完善，在现有资源的基础上，合理预测城市旅游休闲公共空间需求总量，划定相适宜的服务半径对城市旅游休闲公共空间进行总体布局，实现空间上的均衡性。同时，在规划阶段要结合国民经济社会发展规划，明确规划实施时序，从不同人群的多元需求出发，提供优质城市旅游休闲公共空间、休闲设施和休闲服务，确保规划管用、好用、能用。

（2）中期：实施管理

在设计规划完成后，实施管理也是一种管治方式，从而确保依法合规、有序运行。首先，政府应加强对城市旅游休闲公共空间涉及相关部门、社区的管理和综合协调，明确职权、明确时限、明确责任，建立起完善的城市旅游休闲公共空间管理服务体系。其次，在具体的管理实施过程中，要运用群众的思维和方式，应该采用更具温度、包容性、回应性以及人文关怀的柔性化治理方案，为后续公共休闲空间升级、为未来发展，预留空间和弹性。

（3）后期：监管治理

城市旅游休闲公共空间管治的最后一个环节是监管治理，这也是最为关键的一环。在对公共休闲空间进行运营管理后，应认真履行职权实施监督工作，确保城市旅游休闲公共空间的良性发展。但事实上，由于城市旅游休闲公共空间涉及多方主体，管理跨度较大，常出现管理部门监督力度不够的情况，特别是以罚代管、城市旅游休闲公共空间被其他用途随意侵占等现象普遍存在，导致无法达到预期目标。坚持监管规范与促进发展并重是城市旅游休闲公共空间管治的关键所在，应注重政府、市场与公众的多方联动，拓宽公众参与监管治理的范围和渠道，形成监管合力，全方位提升城市旅游休闲公共空间的管治能力。

2. 分手段管治

不仅要将设计规划、实施管理和监督检查贯穿于城市旅游休闲公共空间管治全过程，还要依托城市发展不同阶段的不同特点，以法治、德治、自治和智治相结合的手段促进城市旅游休闲公共空间管治效能的提升，让城市旅游休闲公共空间不仅能用来休憩，还要成为人们意识的载体，让人们不仅能够共享经济发展成果，还可以共享休闲空间形态的变迁。同时，通过营造不同的城市旅游休闲公共空间，满足不同阶层、不同人群、不同类型的需求，提升城市的宜居性和竞争力，创造美好的城市生活。

（1）法治

党的十九大报告提出，必须坚持和完善中国特色社会主义制度，不断推进国家治理体系和治理能力现代化。党的十九届四中全会强调必须坚定不移走中国特色社会主义法治道路，全面推进依法治国，坚持依法治国、依法执政、依法行政共同推进，坚持法治国家、法治政府、法治社会一体建设。可以看出，法治化已经成为城市治理的重要环节，对推动城市发展发挥着规范、保障和引领作用，与城市旅游休闲公共空间管治的理念有机契合。

全面依法治理是城市旅游休闲公共空间管治工作的基础和支撑，也是管治体系系统性、规范性、协调性的有效保障。城市旅游休闲公共空间管治要实现从硬性治理方式向柔性治理方式转变，从传统的粗放式管理向现代精细化治理方式转变。首先，以国家法律法规为依据，明晰管治主体权责，促使其能够各司其职，相辅相成，各归其位。其次，治理者要注重普及其法治理念和法治意识。城市旅游休闲公共空间作为一种公共资源，城市居民是管治的主体，要让法治意识深入人心，真正做到内化于心、外化于行。同时，法治也是有温情和温度的，体现在坚持以人民为中心，以人民利益为重，对人民群众积极回应，着力解决人民群众最关心、最直接、最现实的利益问题。

（2）德治

新时代背景下，不论是国家治理还是社会治理，都强调要将德治与法治相结合，以德治滋养法治。那么在城市旅游休闲公共空间管治中，德治也是推动公共休闲空间优化的重要手段。道德规范是一种内在规制，表现为一种柔性化治理的手段和方式，是人人心中皆有的一种规范和约束，并且这种道德约束内化于心，相比文本法作用更大、效力更高且适用更广。这就要求城市旅游休闲公共空间的治理者要有德治理念，要将法律规范、道德理念和社会价值追求与人们的日常生活紧密联系起来，落实每个细节，转化为实实在在的行动。同时，要从个体层面构建德治观念，加强城市旅游休闲公共空间中的道德建设，提升人民群众的社会道德素质，从而有助于城市旅游休闲公共空间管治意识的提高和管治效率的提升。

（3）自治

自治是现代社会城市治理的基本目标。新中国成立以来推行的基层群众自治制度，不仅是人民当家作主最有效、最广泛的途径，也是对自治的积极探索。城市旅游休闲公共空间是多元主体共同参与的物理空间，是城市规划设计的结果，还是广大社会成员丰富的社会实践产物。这就要求现代城市的公共休闲空间管治必须是开放式的治理结构，鼓励市民参与治理，保证其对城市旅游休闲公共空间管治的评价权利。并且要激发广大群众的参与意识和责任意识，实现政府治理和社会自治的良性互动。通过民主协商、共商共建的方式，发挥人民群众的主人翁精神，自己管理自己，自己约束自己，既完成了城市旅游休闲公共空间规划、建设到使用的融合，又进一步增强了居民的共同体意识。

（4）智治

智治是城市旅游休闲公共空间管治的重要方式和科技支撑。以智慧化、信息化为突破口，运用大数据、人工智能等技术推动城市旅游休闲公共空间管治水平的提升，从而实现精细化和高效化治理。智慧化的管理方式一方面使得原来的静态管理体系转变为动态的管理体系，能够主动发现问题，并做到实时监管。另一方面，能够对城市旅游休闲公共空间进行统筹管理，将其整合为一个整体，在空间上发挥协同效应。

上海市打造的“建筑可阅读”项目，从“扫码阅读”的 1.0 版、“建筑开放”的 2.0 版，到全新的“数字转型” 3.0 版，就是着力让市民游客体验数字化服务，不仅让上海的旧建筑重新焕发了活力，也让市民游客有了更多的科技感和智慧化的体验，切实提高了管治效率，创新了管治方式。因此，用科技提升城市旅游休闲公共空间管治能力，激发新的发展动能，是提高社会治理水平的重要举措。

3. 标准化管治

从 2011 年提出的质量强国战略，到 2017 年党的十九大提出“高质量发展”新表述，这表明现阶段中国经济已经由高速增长阶段转向高质量发展阶段。党的十九届五中全会再次明确，“十四五”时期要以推动高质量发展为主题，以“创新、协调、绿色、开放、共享”五大发展理念为基础，满足人民日益增长的美好生活需要。标准是社会进步的技术支撑，也是国家基础性制度的重要方面，标准化是市场各相关利益主体协调一致的产物，也是实现管理民主化的有效手段，在推进城市治理体系和治理能力中发挥着基础性和引领性作用。

（1）城市旅游休闲公共空间标准化体系结构

对城市旅游休闲公共空间进行标准化体系构建，是城市旅游休闲公共空间标准化发展规划的基础，也是各相关部门实现分类管理的依据。城市旅游休闲公共空间作为一种综合的空间形态，是城市的重要组成部分，也是城市功能的重要载体，对于城市建设和树立城市形象具有不可复制的重要作用。城市旅游休闲公共空间主要服务于本地居民和外来游客，因此其空间设计的出发点应该是以人为本，注重人的使用感和舒适感。同时，通过空间布局、功能分区、绿化美化等手段实现人与自然、区域特色等有机结合。

城市旅游休闲公共空间的形态和功能是多元化的，在前面的阐述中提到了不同学者对于城市旅游休闲公共空间的划分是不相同的。其中较具有代表性的划分标准是澳大利亚的文化与休闲统计系统（Australia Culture and Leisure Classification，ACLC），从功能的角度将城市旅游休闲公共空间分为四大类。（见表 5-6）

表 5-6　澳大利亚的文化与休闲统计系统分类

类型	举例
休闲遗产类	如博物馆、自然遗产保护区等
休闲艺术类	如图书馆、影剧院等
休闲体育类	如健身房、体育场馆等
其他休闲活动类	如露营地、城市中央休闲区等

资料来源：对 ACLC 文件资料整理得到。

由此，可以将城市旅游休闲公共空间的标准化体系结构做架构，通过构建目标层、要素层和应用层三个维度来体现，也是城市旅游休闲公共空间标准化工作内涵深化和外延拓展的体现。

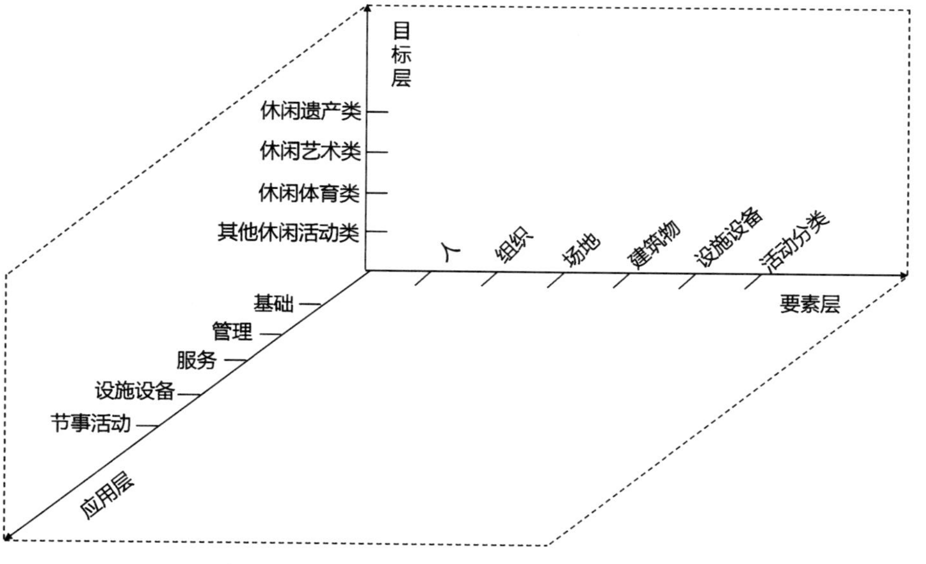

图 5-6　城市旅游休闲公共空间标准化架构

首先，目标层代表了以各类需求为导向，城市旅游休闲公共空间标准化工作开展的范围。依据澳大利亚的文化与休闲统计分类标准，将城市旅游休闲公共空间划分为休闲遗产类、休闲艺术类、休闲体育类和其他休闲活动类，是标准化服务于各类型城市旅游休闲公共空间的载体。

其次，要素是构成标准总体结构的基础。依据标准服务的对象、标准的构成内容和标准的表现形式，要素层主要由人、组织、场地、建筑物、设施设备以及活动分类等构成。

最后，应用层是指城市旅游休闲公共空间标准化工作适用的类别和范畴，将城市旅游休闲公共空间标准分为基础、管理、服务、设施设备和节事活动 5 个层面。

（2）城市旅游休闲公共空间的层级划分

城市旅游休闲公共空间的“休闲区域”是有层级的。层级反映的是这个“休闲区域”在整个城市中的知名度、影响力，也由“休闲点”“休闲通道”以及核心区域的若干个“基本单元”所决定。根据“休闲点”的资源禀赋情况和相关服务配套、“休闲通道”的交通条件以及区域建设发展空间潜力等因素进行综合考量，可以将“休闲区域”划分成不同级别。而“基本单元”根据其相应的服务等级和接待规模标准可以构成“休闲区域”等级划分的重要量化指标（见表 5-7）。

表 5-7　城市旅游休闲公共空间层级评价表

一级因子	二级因子	三级因子
休闲点基本单元资源禀赋	基本单元数量	现状数量
		潜在（规划）数量
	基本单元价值	现状价值（等级）
		潜在（规划）价值
休闲点服务配套	酒店、餐饮及购物设施	现状酒店、餐饮及购物设施数量与质量
		潜在（规划）酒店、餐饮及购物设施数量与质量
	旅游咨询中心等其他服务设施	现状旅游咨询中心等其他服务设施数量与质量
		潜在（规划）旅游咨询中心等其他服务设施数量与质量
休闲通道交通条件	轨道交通	现状轨道交通线路及站点数量
		潜在（规划）轨道交通线路及站点数量
	其他公共旅游交通	现状地面交通、水上交通等线路及站点数量
		潜在（规划）地面交通、水上交通等线路及站点数量
	静态交通	现状停车场面积
		潜在（规划）停车场面积
建设发展空间潜力	旅游休闲项目建设空间余地	—
	旅游休闲交通建设空间余地	—
	旅游休闲服务配套建设空间余地	—

基于综合发展的原则和城市旅游休闲公共空间的吸引力程度的差别，可以将城市旅游休闲公共空间进一步划分为一级城市旅游休闲公共空间、二级城市旅游休闲公共空间和三级城市旅游休闲公共空间。

一级城市旅游休闲公共空间具有国家级乃至世界级的知名度，服务种类丰富功能配套齐全，城市交通类型多元，空间区域广阔，并且具备进一步发展潜力。

二级城市旅游休闲公共空间具有省市级知名度，功能配套较为完整，城市交通便利，与城市生产、生活功能区域具有较高的空间重合度，更多立足于同一空间的复合式利用。

三级城市旅游休闲公共空间具有区县级影响力，具备基本的配套设施，交通完善，与城市居住空间具有较高重合度，生活气息浓厚，城市文化内涵丰富。

由此，由目标层、要素层和应用层构成的城市旅游休闲公共空间标准化架构，及三层级城市旅游休闲公共空间共同构成了城市旅游休闲公共空间的体系框架，为城市旅游休闲公共空间的管治有效实施提供了重要的参考和依据。

4. 城市旅游休闲公共空间的标准评定

城市旅游休闲公共空间作为城市功能的载体，承担着为人们提供休闲娱乐的功能。城市旅游休闲公共空间涉及多方利益主体，是各方利益相协调的产物。这就要求在城市旅游休闲公共空间的标准的制定过程中评价标准的方式要发生改变，不仅是由政府和管理者来制定标准，而且是要通过各方主体，例如向游客、居民、专家、官员等人群采取多种形式，广泛征求意见，体现出多方意志。由此，应该成立城市旅游休闲公共空间标准化评定委员会，作为开展标准化建设工作的支持和保障，并承担城市旅游休闲公共空间相关标准的起草、审核、宣贯、培训等工作，为城市旅游休闲公共空间的标准化管治提供保障。

随着时代的发展，标准的制定应该是一个持续、动态的过程。要与时俱进，持续改进，推动管治工作不断完善。城市旅游休闲公共空间标准化评定委员会也应该承担标准的修改、复审等工作，推进标准的实施，并监督执行标准化管治工作。

5. 城市旅游休闲公共空间标准化管治的实施路径

标准化不仅是城市旅游休闲公共空间管治的重要手段，也是实现法治、德治、自治和智治的有力保障。通过协调各方来制定标准，得到各利益相关者的认可，成为共同执行和相互监督的依据，由此确保各方的利益。

2019 年 10 月 1 日修订施行的《上海市标准化条例》是上海市标准化建设工作的重要法规。该条例立足上海城市定位，着力构建先进的上海标准化体系，助力上海现代化的国际大都市建设。在这样的背景下，要充分发挥标准化在上海城市旅游休闲公共空间管治方面的支撑作用，以标准支撑高效能治理。

（1）推进城市旅游休闲公共空间标准体系的构建与完善

通过细化、量化等多种手段，进一步明确目标与责任、强化标准理念，形成完善的标准体系，充分发挥标准体系在城市旅游休闲公共空间管治中的技术支撑和制度保障作用。

（2）加强标准宣贯

建立层次分明、权威高效的标准宣传体系，加大对城市旅游休闲公共空间标准的宣传力度。充分利用市、区部门的政务网或新媒体的公众号，发布、解读城市旅游休闲公共空间标准，统一宣传。同时可以拓展社会宣传渠道，利用报刊、互联网、微博、微信等各类媒体，广泛宣传普及标准化相关知识。

（3）遵循可持续发展理念

以标准支撑可持续发展，切实将“创新、协调、绿色、开放、共享”五大发展理念贯穿于标准化手段之中。同时，提高政府在城市旅游休闲公共空间的服务意识、管治水平和管治效率，真正做到公共休闲空间的共建共享，满足公众对休闲的需求，实现区域协调发展。

（4）建立反馈机制

利用互联网搭建反馈机制，让公众能够及时反馈城市旅游休闲公共空间相关单位的服务情况，不仅在出现问题时可以让相关管理部门及时介入解决，相关管理部门还能通过这样的方式充分了解公众对城市旅游休闲公共空间的真正需求及满意程度，从而不断提升城市旅游休闲公共空间的供给，推动城市旅游休闲公共空间标准化管治的持续改进。

（5）引导市场多元主体参与共治

鼓励市场多元主体参与建设管理，实行“政府＋协会＋企业”等模式，并通过提供优惠政策，吸引市场资本参与，带动企业进行合理开发运营，实现城市旅游休闲公共空间共建共享。

四、城市旅游休闲公共空间的管治策略

城市旅游休闲公共空间的管治是城市空间管治的一个组成部分，包括管治主体、管治对象、管治手段以及管治保障等多个方面，共同构成城市旅游休闲公共空间的管治系统，而提升整体的管治策略也应在这些方面予以进一步的完善。

（一）空间管治主体

城市旅游休闲公共空间的管治主体包括四个方面，分别是旅游行政管理部门、旅游行业协会、旅游休闲经营企业和进行旅游休闲活动的市民、游客。依据共同参与、

共同治理的公共空间管治理念，四大主体应各司其职，共同发挥作用，才能营造一个好的城市旅游休闲公共空间。

1. 提升旅游行政管理部门的综合协调职能

城市旅游休闲公共空间内各种基本单元的管理职能分布于各个相关行政管理部门，条条分割、条块分割的问题复杂。传统的旅游部门并不具备综合管治的职能，也承担不了相应的责任，应该通过提升旅游行政管理部门的综合协调职能的方式来实现有效的公共空间管治。

各地旅游局的职能调整，旅游委、旅游工作领导小组等机构的设置包含这样的探索。浙江山水自然资源丰富，很多县（市）成立的风景旅游局或文化和旅游局，都是本着有利于旅游发展的原则，基于风景与旅游、产品与市场、开发与保护相统一的管理机构（曾博伟，2011）。全国进行此类重组改革分布于县、市、省各级。县一级的有江阴市园林旅游管理局、曲阜市文物旅游局、崇州市林业和风景旅游局等。市一级的如安徽省亳州市以原市文广局和市旅游局为基础组建了亳州市文化旅游局，统管全市文化旅游业发展。海南省建设国际旅游岛，2009 年成立海南省旅游管理委员会，在政府序列中仅次于省发改委，全面统筹海南省的旅游资源。这种对旅游部门职能的调整，已经开始着眼于城市整体旅游休闲产业的发展，但依然还只是对单一部门的单一职能的扩充，并不是对区域性公共管理的改变。

2. 发挥旅游行业协会的自律职能和服务功能

行业协会由企业会员自愿组成，最基本的职能就是行业自律。各地的旅游行业协会都应完善已有的内部管理制度和监督机制，形成包括协会章程、行业公约、行业服务经营规范、行业交易规则、行业质量标准、违反职业纪律、职业道德惩戒规则、商业争议处理规则等在内的行规行约（刘斯乔，2007）。既保护协会会员企业的利益，又约束会员企业的行为。2013 年北京烹饪协会与消费者协会就餐饮业经营中的若干权利问题进行了激烈的辩论与探讨，引发社会广泛参与。此次由行业协会间所进行的权益之争是行业协会参与社会管治的一个非常好的案例。2009 年《上海市旅馆业管理办法》制定出台的过程中，关于 12 点钟退房以及旅馆对于旅客车辆的管理责任等问题，上海市旅游行业协会代表旅馆企业参与了相关条款的讨论。这些都改变了以往单纯由政府制定管理办法，实施行业管理的做法，协会的行业自律和服务功能得到发挥。

在旅游行政体制改革中，原先由旅游局行使的旅行社、饭店年审年检，星级饭店评定与复核，A 级旅游景区评定与复核，旅游企业评优等工作都已经由旅游行业协会组织实施，这给了旅游行业协会很好的参与管治的手段。2015 年国务院标准化工作改革中，提出在现有的国家标准、行业标准、地方标准、企业标准体系中增加“团体标准”这个类型。赋予了行业协会代表会员企业制订相关标准的职能，有利于调动企业的积极性，制定出更加符合市场实际的标准，同时增强企业贯标的自觉性。这将是行业协会发挥自律、服务功能，参与城市旅游休闲公共空间管治的体现。

3. 调动旅游企业参与社会管治

旅游企业是提供城市旅游休闲服务的直接主体，也是实施城市旅游休闲公共空间管治的重要主体之一。旅游企业自身经营服务面貌的好坏对城市公共环境会产生直接的影响。因此，旅游企业的经营服务行为就有了双重属性，既是企业自身的营利行为，也是社会公共管治的组成部分。这要求每个旅游企业都能做到诚信经营、优质服务。同时旅游休闲产业的产业链比较长，旅游企业往往居于产业链的前端环节，很多的服务都由后端的其他供应商提供，同时也成为其他企业的服务供应者。这对每一个旅游企业都提出了更高的要求，在做好自身管理的同时，以合同管理的方式与供应商之间相互约束，由此完成社会管治的主体责任要求。

4. 市民、游客是旅游休闲空间管治的参与者和监督者

市民、游客既是城市旅游休闲的消费者，是良好管治结果的受益方，同时也是城市旅游休闲公共空间管治的参与者。无论是在本地休闲还是在外地旅游，每个人都是社会治理结构的一个组成部分，以自己的言行参与其中。近年来不时见诸报道的游客不文明行为所损害的不仅仅是个人形象，也有损于旅游休闲空间的整体环境。而诸如邮轮游客霸船、霸占机场、冲击飞机跑道等行为，更是直接构成了对社会公共秩序的损害和影响。每位市民和游客都应该成为所在城市旅游休闲公共空间管治的主体，以自己的良好行为塑造城市的美好形象，同时自觉抵制和制止不文明现象的发生。另外，旅游质量标准的公布，使市民、游客也成了城市旅游休闲公共空间管治效果的监督者。每位游客从自身维权的角度出发，依据标准和法规合理维权，就是对旅游企业经营行为和行业主管部门工作的监督。

（二）空间管治对象

城市旅游休闲公共空间管治的对象就是空间本身。旅游休闲资源的空间分布与行政区划的范围往往不一致，传统的管理手段无法全面覆盖，需要通过调整空间的方式进行改革。

1. 对旅游休闲资源丰富的区域的集中管治

秦皇岛市北戴河新区的建立就是一个典型范例。北戴河景区滨海旅游资源丰富，是全国有名的旅游风景区和度假区。河北省政府将北戴河景区范围内原隶属昌黎县的 3 个镇、2 个乡，原隶属抚宁县的 2 个镇以及团林、渤海两个林场，南戴河、黄金海岸两个旅游度假区进行整合合并，成立了北戴河新区。秦皇岛市政府为新区设置了副厅级的管委会，赋予其市一级行政经济管理职能权限，承担新区建设管理职能。北戴河新区是一个新型旅游特区，通过行政区划调整，实现了旅游休闲功能区与行政区的重合，相应的管治措施得以有效实施，是旅游休闲公共空间建设与管治的一个创举。

2009 年成都市为推动山区旅游业发展，规划建设了两个生态旅游功能区，分别是龙门山生态旅游功能区和龙泉山生态旅游功能区，涉及成都的多个区、县，一共占到了成都市面积的一半。为推动这两个功能区形成以旅游产业为主导的发展格局，成都市专门设立了生态旅游功能区领导小组，由市委常委担任组长，对功能区内重大旅游项目有审查权。区（市）县为实施主体，领导小组对各实施主体进行目标责任考核，这在空间管治方面往前迈进了很大一步。

2. 构建产城合一的管治对象

目前大多数市政府都已设立专门的管理委员会，来承担功能区内公共事务管治职责。但管委会毕竟不具有一级政府的完整职能，因此要切实有效地实施好城市功能区的公共管理，赋予其公共事务综合管理的职能就很重要。城市旅游休闲公共空间作为一个城市区域，必然会涉及产业管理和社会管治的双重问题，两者间相辅相成，共同成为公共管治体系的组成部分。杭州西湖风景名胜区在管治体制上进行了这样的创新尝试。2002 年杭州市成立了西湖风景名胜区管委会，与原杭州市园林文物局实行合署办公，整合了原有的西湖风景区和作为行政区的西湖区。西湖街道以及其所下属的社区和村全部划归管委会管理。同时西湖风景名胜区管委会统一区域内的权责利，对总共 59.04 平方公里的区域承担保护、利用、规划、建设等职责，并负责其中约 48 平方公里托管区的社会事务管理（何利松等，2010）。这是城市旅游休闲公共空间产城合一模式的一个重要探索，在管理权限上赋予相应的经济审批和办事服务权限。市、区有关部门通过把相关的管理权限、审批职能下放给城市旅游休闲公共空间管委会，建立统分结合、事权集中、领导统一的组织协调机制，妥善处理了城市旅游休闲公共空间与所在行政区、市级有关部门之间的权责利关系。这一管理体制被全国各地效法学习。

然而由于西湖风景区的经济结构中没有工业、房地产等产业，主导产业仍以餐饮、宾馆等传统服务业为主，财政资金上的不足就成为制约西湖风景名胜区的一个难题。风景区的税收收入很大程度上依赖“客流量经济”，风景区内的传统服务业的增长空间有限，附加值不高，一旦出现公共危机、气候不佳、交通拥堵、环境变化等情况，税源将直接受到影响。对于区内社会事务支出、行政管理支出、公安支出、行政执法支出、公共绿地和水面的养护支出等公共管理成本造成困难（刘涛等，2008）。因此单一的产业结构、单纯的旅游景区收入和传统服务业收入并不足以支撑城市旅游休闲公共空间的可持续发展。作为城市的有机组成部分，城市旅游休闲公共空间应根据本身的资源禀赋大力发展高科技产业和现代服务业，提高附加值和产业竞争力，真正将工作、生活、休闲融为一体。

（三）空间管治规划

城市规划是城市空间管治主体对城市经济社会发展做出的总体安排，也是实施社会管治的重要手段。城市旅游休闲公共空间的功能、地位和作用应在城市的经济社会总体规划、产业发展规划以及区域专项规划等方面加以体现。

1. 在城市经济社会总体规划中体现旅游休闲功能

在城市经济社会发展规划、城乡规划和土地利用规划中充分考虑旅游休闲产业发展的需要。目前国内城市人均建设用地指标的人口基数是常住户籍人口，并未考虑数量庞大的国际国内游客。2014 年北京国内旅游人数突破 2 亿人次，超过常住人口的 10 倍；上海国内旅游人数达到 2.68 亿人次，也超过常住人口的 10 倍。但由于城乡规划和土地规划没有充分考虑到这个问题，使得旅游项目和旅游休闲公共服务设施建设很难落地，市民和游客在城市公共资源的使用上捉襟见肘。

2. 真正将城市旅游产业规划落地

几乎每个城市都会编制旅游产业规划。由于城市中旅游休闲资源的分散和旅游部门地位较弱等问题，城市旅游产业规划往往都是以概念性规划为主，其落地实施常常要得到其他部门的配合和支持。城市旅游休闲功能的真正实现，首先需要在城市旅游产业规划中呈现，并落实到位。2010 年海南省设立旅游规划委员会，并且以法律的形式明确省旅游规划委员会对重点景区、度假区、旅游开发区、重大旅游项目和重要旅游资源开发的规划职责。规定各部门、各县市加以落实。这是对海南建设国际旅游岛的根本保障，对全国其他地方的旅游规划起到了示范作用。

3. 编制城市旅游休闲公共空间的区域规划

城市旅游休闲公共空间区域规划是区域综合性规划，重点围绕旅游业发展需要，探索“多规合一”的规划方式，或者通过置顶式的总体规划，将旅游规划与其他相关规划有机衔接起来。比如，成都龙门山生态旅游功能区规划就是一部区域战略性规划，它以旅游业为主导，内容涵盖了自然环境、历史人文、体育休闲、土地开发、城镇化建设、景观建设、基础设施、管理服务等，并且统筹区域其他发展规划，实现了旅游业和相关领域发展的有机衔接。

（四）空间管治政策

政策引导是政府调控产业发展的一个重要方式，也是调动各个管治主体共同实施空间管治的重要手段。旅游休闲产业的发展需要各个方面的政策支持，但由于资源分散在各个领域，常常又被相关产业的主管部门制定支持政策时所忽略。应该通过对各个部门政策资源的整合来共同推动城市旅游休闲业的发展。一是在制定和推行相关政策的时候将旅游业纳入其中。比如工信部出台扶持中小企业发展的政策，就应该跳出工业领域范畴，让以旅游为代表的从事服务业的中小企业一起受益。建设部门在规定房屋建设的容积率时应该考虑到市民游客休闲度假舒适感的需要。城市对于相关产业的优惠政策，应该主动向旅游休闲产业倾斜，以扶植相关企业的发展。二是应根据旅游休闲产业自身特点，优化调整现有土地、财税、金融、建设等方面政策。

（五）空间管治机制

城市旅游休闲公共空间管治的手段很多，有法律手段、经济手段、现代科技手段等，其持续效果的产生则需要建立行之有效的空间管治机制。一是在市场监管方面，建立旅游市场联合执法监管机制、旅游投诉统一受理机制、旅游安全综合管理机制。应该按照国务院《关于促进旅游业改革发展的若干意见》要求，完善企业和从业人员的诚信记录，将其纳入社会信用体系范畴。由于旅游休闲消费涉及领域众多，只有通过整合各相关部门的执法力量，推动旅游休闲市场联合执法和综合执法，才能净化城市旅游休闲公共空间的市场环境。比如，黄山市政府成立了 21 个职能部门成员单位组成旅游市场联合执法办公室，负责全市的旅游联合执法、受理投诉、联席会议、工作通报等工作，在实践中取得了良好的效果。2015 年 10 月 5 日，中国首支旅游警察——三亚市公安局旅游警察支队被正式成立，为游客提供更好的安全保障和服务。二是在公共服务方面，应提供资讯、公共交通、金融支付以及安全、应急救援等多方面的服务。通过互联网和移动终端等形式为市民、游客提供便利。公共交通方面，应整合城市公共交通线路、轨道交通线路、出租车、汽车租赁、互联网租车等，涉及江河湖域的，还应整合水上交通线路。有的是调配问题，有的是需要扩容的问题，应将为市民游客提供的通行服务纳入其中。在金融支付方面，应增加商家付费结算的渠道和方式，提供移动互联支付的网络环境，最大限度地方便市民游客。应增设银行网点、ATM 机服务网点、外币兑换服务网点，方便市民游客消费。在安全服务方面，应做好相关的城市旅游公共管理应急预案，发动和发挥各职能部门的力量，在信息上强化调控，手段上强化引导，管理上做到内紧外松，强化社会安全防范，使用志愿者队伍，协调和发动社会力量，同时也要做好市民游客的安全意识、应急方法的培训。共同营造一个安全、便捷、舒适的城市公共旅游休闲环境。

（六）空间管治投入

社会公共产品往往是由代表全体人民的政府基于税收财政进行公共投入。但在实施中，社会发展的需求超出了财政负担的能力，传统的由政府建造并运营旅游景区的方式难以满足现在人们对于旅游休闲的旺盛需求。这就需要借助社会资本的力量来完成相应的投入。2009 年和 2014 年国务院关于旅游业发展的指导中提出要使市场在资源配置中起决定性作用，鼓励社会资本投资旅游产业，参与旅游业发展。2013 年国务院出台《关于政府向社会力量购买服务的指导意见》，明确要求要在公共服务领域更多利用社会力量[①]。这种投入模式称为PPP（政府和社会资本合作），最早起源于欧洲，指公共部门与私人部门建立伙伴关系，提供公共产品或服务。充分发挥公共部门和私营部门的各自优势，以提高公共产品或服务的效率[②]。特别适用于资金需求量大的基础设施、公用事业、城镇化和自然资源开发等大中型项目（盛和太，2013）。

前文论述，城市旅游休闲公共空间具有公共产品或准公共产品的性质，其建设需要拓展融资建设渠道，积极吸引私人资本共同投资。

PPP特许经营项目是一系列融资方式的合称，强调"公平参与、风险分担、优劣势互补和利益共享"（王守清等，2008）。具体包括BOT（建议—经营—转让）、DBFO（设计—建设—融资—运营）、PFI（私营主动融资）、BT（建设—移交）等多种方式。其中最为典型的就是BOT模式。

BOT模式是政府为代表的公共部门向私营部门授予基础设施项目的特许经营权，由私营部门负责投融资、建设、运营，并赚取合理利润，特许期结束后将项目的所有权移交给政府的合作模式（王守清等，2008）。是对社会公益性和追求经济利益的部门诉求的兼顾。我们国家的国有企业也同样是PPP模式的市场主体。

经过发展，BOT模式演变出多种新形式，如DBOT、LBOT、TOT、LROT等。结合各类旅游休闲空间的不同特征，可以采用不同的合作模式。

1. DBOT模式

DBOT模式（Design-Build-Operate-Transfer）即"设计—建设—运营—转让"，指政府规划设计城市旅游休闲公共空间，然后由项目公司负责建设以及后期的运营管理，最后再转让给政府（见图5-7）。为了保护环境和维护准公共性，城市旅游休闲公共空间的设计规划应由政府决定。该模式的特征是项目占地面积大，建设周期长，一般适合于大型主题公园、旅游小镇等。

2. LBOT模式

LBOT模式（Lease- Build-Operate-Transfer）即"租赁—建设—运营—转让"，项目公司租赁现有成熟的土地，开始新建公共旅游休闲空间，随后运营，最后再将服务项目进行转让（见图5-8）。在现有成熟的土地上新建项目，可以借名气、借设施、借客源，实现快速发展。该种模式适合大都市和旅游城市的公共旅游休闲空间发展，例如郊野公园、大型绿地等。

---

① 国务院办公厅.关于政府向社会力量购买服务的指导意见（国办发〔2013〕96号）[EB/OL].2013，[2014-02-14].http://www.gov.cn/zwgk/2013-09/30/content_2498186.htm.

② World Bank.PPIAF.Public-private partnerships reference guide, Version 1.0[R].Washington D.C.: World Bank, 2012.

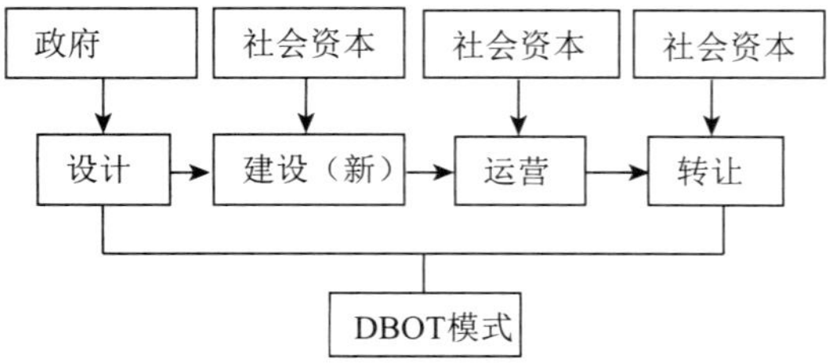

图 5-7　投融资建设 DBOT 模式

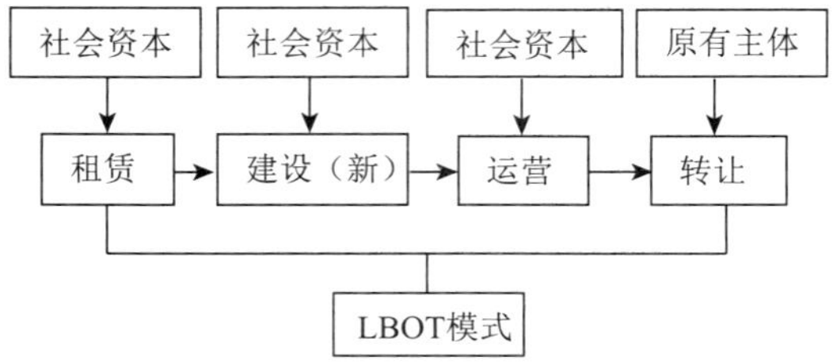

图 5-8　投融资建设 LBOT 模式

3. TOT 模式

TOT 模式（Transfer-Operate-Transfer）即“转让—运营—转让”，政府新建城市旅游休闲公共空间，然后转让给专业的管理公司负责运营管理，最后管理公司再将该旅游休闲空间转让给政府（见图 5-9）。该模式充分利用专业管理公司在城市旅游休闲公共空间经营管理方面的优势，可操作性强。

4. LROT 模式

LROT 模式（Lease-Rebuilt-Operate-Transfer）即“租赁—改建—运营—转让”，项目公司租赁场地，对其进行改建、运营管理，最后进行转让（见图 5-10）。改建后的场地兼具原有功能和旅游休闲功能。典型例子是购物中心、工业旅游点、创意园区等。

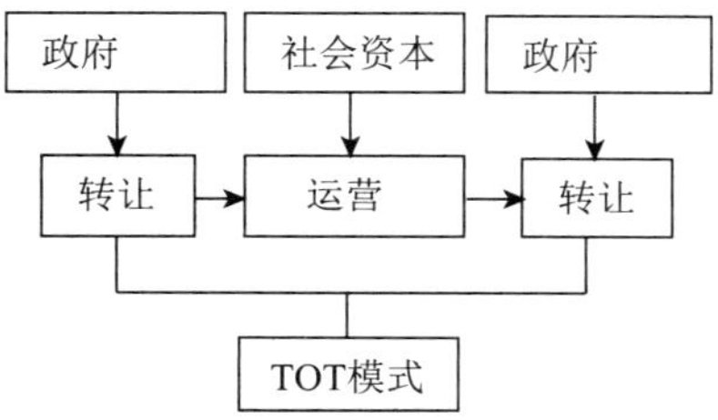

图 5-9　投融资建设 TOT 模式

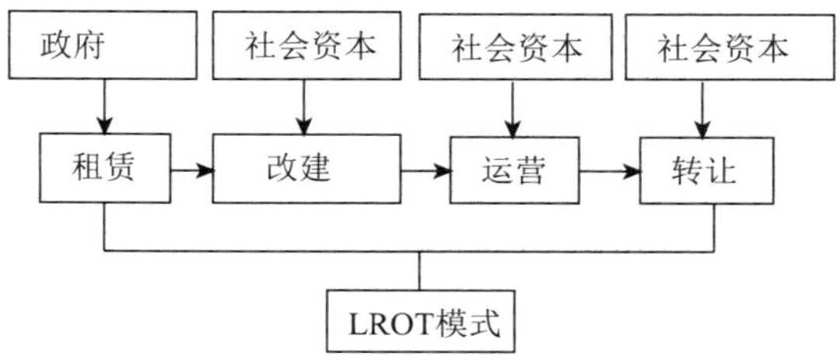

图 5-10　投融资建设 LROT 模式

注：根据网上公开资料绘制。

5. BOT 模式

BOT 模式（Build-Operate-Transfer），即“建设—运营—转让”。私营部门取得政府关于公共服务用地和基础设施项目的特许经营权，由私营部门负责公共旅游休闲空间的投融资、建设、运营，并赚取合理利润，特许期结束后将项目的所有权移交给政府（见图 5-11）。

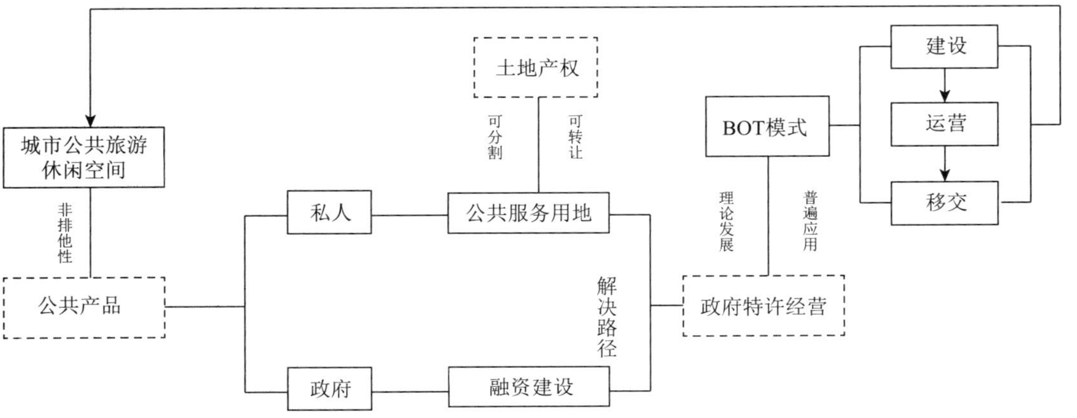

图 5-11　城市旅游休闲公共空间 BOT 模式

注：参考刘庚（2015）绘制。

本章小结

城市旅游休闲公共空间的管治是在以旅游休闲产业为主导的城市特定公共空间中的秩序、利益协调过程。政府主管部门、行业协会、市民游客以及相关企业等都在其中发挥作用。

第一，城市旅游休闲公共空间管治是一个不断进行着的过程，并不是孤立地存在，而是要受到休假时间调整、城市旅游休闲市场发展、城市土地分类标准、城市旅游休闲规划认识局限等诸多方面的影响。

第二，政府部门作为城市旅游休闲公共空间管治的主要方面依然主要发挥作用，但更强调其角色定位以及方式的转变。管治中的权力运行不再是简单的命令和执行，而要注重上下互动和横向协同，通过各个主体之间的沟通、合作、协商，来确立共同的目标，实现城市旅游休闲公共空间的最佳秩序。

第三，基于“委托—代理”视角的分析，城市旅游休闲公共空间管治模式可以分为以地方政府为主体、以管委会为主体和以企业为主体的管治模式。

第四，城市旅游休闲公共空间管治的提升可以从管治主体、管治对象、管治规划、管治政策、管治机制以及管治投入六个方面综合推进，共同营造秩序良好的城市旅游休闲公共空间。

第六章　城市旅游休闲公共空间演化的动力机制及影响因素

城市旅游休闲公共空间的演化通常会受到诸多因素的影响，在不同的阶段和不同的背景下，其演化动力的具体要素也不尽相同。例如，尹罡（2014）分析了信息技术影响下城市旅游休闲公共空间的生产机理，认为信息时代旅游休闲公共空间演化动力机制的根本动力是技术社会形态更替，同时还受到物质动力、思想动力和行为动力的共同作用。潘东燕（2016）提出旅游休闲空间的演变受到政治力、经济力、社会力和文化力的影响，四个力量间彼此的相互作用形成了旅游休闲公共空间演变的动力机制。陈玉英（2009）在论证城市休闲功能发展的机理时提出，城市休闲需求的高级化、休闲部门专业化程度提高，休闲供给规模化和城市功能服务转型都以特有方式支撑城市休闲功能的提升。

由此，本书认为城市旅游休闲公共空间演化的动力机制的基础是内外动力组成要素的共同发力。因此应该从各个动力组成要素出发，分析其协同推动的作用机理。城市更新作为城市旅游休闲公共空间供给的重要途径，是城市旅游休闲公共空间演化的外驱动力，受到来自经济、政治、社会、生态和文化五个方面的力量相互作用。城市旅游休闲公共空间管治则是促进城市旅游休闲公共空间更新的内在动力。在这一过程中，不仅能够规范城市旅游休闲公共空间秩序，也能够满足人们对优质服务的需求。城市旅游休闲公共空间管治是由诸多要素相互作用、共同发力的，包括城市规划、人们休闲时间的改变、人口密度、路网格局、居住格局和城市土地分类。总的来说，城市的更新和管治效应促使了城市旅游休闲公共空间形态的演变，在内外动力及组成要素的驱动下，共同形成了城市旅游休闲公共空间演化的动力机制。（见图 6-1）

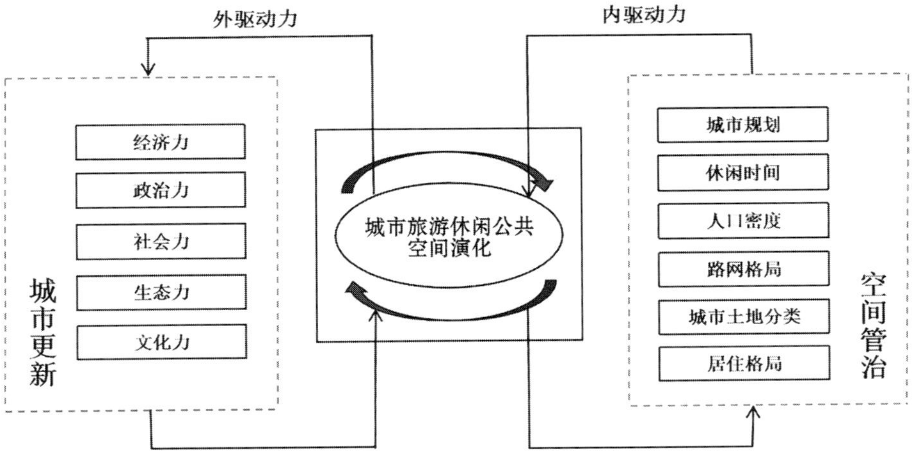

图 6-1　城市旅游休闲公共空间演化动力机制

一、城市旅游休闲公共空间演化的动力机制

（一）外驱动力

城市旅游休闲公共空间演化的外驱动力要素是动力机制的重要基础。随着城市化建设的不断推进，城市更新成为城市旅游休闲公共空间供给的重要途径，有效推动城市空间转型和产业升级，提升城市竞争力。因此，城市更新也就成为城市旅游休闲公共空间演变的外在驱动力，从政治力、经济力、社会力、文化力和生态力五个力体现城市更新对城市旅游休闲公共空间演化的影响（见图 6-2）。在五个力量的相互作用之下，共同形成城市旅游休闲公共空间演化的外驱动力。同时我们还应注意到，城市旅游休闲公共空间的形成和变化是城市内部、外部各种社会力量相互作用的物质空间反映，这里所强调的五个力并不能代表所有的力。并且，即使是这五种主要的力，也不是在所有时间和空间上均等地对城市旅游休闲公共空间的形态产生影响。

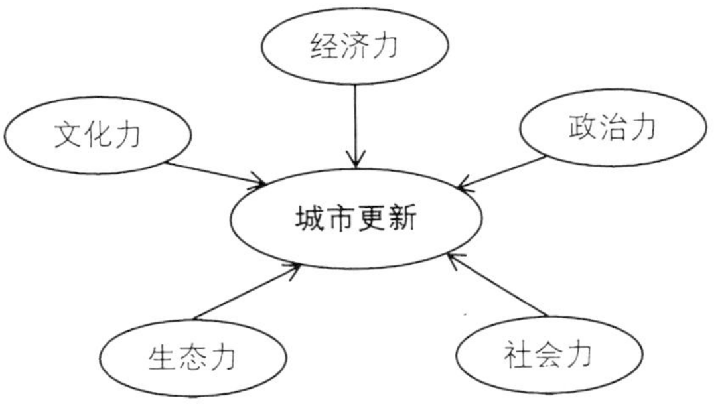

图 6-2　外驱动力要素

1. 政治力

政治力主要是指城市旅游休闲公共空间的发展战略、发展规划等政策文件以及政府对城市旅游休闲公共空间的管理作用。政府更新理念与政策对城市更新起着重要的导向作用，决定城市空间的规划和城市发展方向，科学合理地决策和规划可以有效推

动城市旅游休闲公共空间的健康发展。随着全球化趋势的加强，具有高度可开发特征的城市旅游休闲公共空间受到了更多重视，区域空间的优化也成为城市竞争力提升的有力抓手，促进城市的可持续发展。特别是现阶段，政府决策和规划已经成为城市旅游休闲公共空间演变的主要动力。事实证明，缺乏政策的支持和政府的引导，其发展的结果往往是不理想的。

2. 经济力

经济的发展是城市更新最重要的动力，也是城市旅游休闲公共空间结构形态演变的根本原因。在城市中经济功能的提升主要是通过产业结构的调整实现的，在产业发展的不同阶段，呈现出不同的趋势特征，在根本上推动了城市更新的发展。并且，产业结构的调整一定程度上表现为城市产业空间布局的变更，产业的发展带动各种资金、劳动力、技术等经济资源向城中心流动，人口的集聚与城市用地布局和城市空间形态有着密切联系。从城市的发展规律来看，产业布局的调整很大程度上会影响城市空间的划分，并且在这一过程中，一些不适应城市发展的产业用地往往会被替换成居住、商业、休闲等用地。

3. 社会力

社会力主要是指构成社会发展的各种元素。随着人类社会的不断发展，在追求各种经济指标的同时，人们越来越注重生活质量，城市的社会功能地位逐渐突出。其中社区居住功能的优化和基础设施的完善与城市旅游休闲公共空间更新关系密切。

社区居住功能是城市管理者和城市居民关注的焦点问题。从国内外的城市更新来看，中西方的城市更新、社区发展等问题都与居住功能的优化和提升相关联。从社区居住功能的完善程度往往可以看出一个区域的发展水平，是社会发展的重要环节。因此，如何通过城市旅游休闲公共空间更新改善居住空间的物质条件，从而达到二者的协调，是目前城市发展的关键问题之一。上海所打造的“15 分钟社区生活圈”就是城市旅游休闲公共空间更新的具体表现，成为上海社区公共资源配置和社会治理的基本单元。

城市基础设施是维持社会持续运行的重要基础条件，也是社会发展的基石。随着城市环境需求日益多元化，基础设施也需要不断地更新升级，从而提升城市功能，促进城市空间的可持续发展，满足人们的生活需求。因此，基础设施提升是城市旅游休闲公共空间更新的一个重要原因。

4. 生态力

社会发展对生态环境的要求提升，不仅要满足人们的优美生态环境需要，还要真正实现人与自然的和谐共生。20 世纪，工业化的发展一方面加快了城市化进程，另一方面也对生态环境造成了严重的破坏，居民的生活环境遭受侵害，生活品质明显下降。

因此，现阶段的城市规划将环境保护放到突出位置，要减少生产活动对城市生态的破坏。在调整与优化城市的用地结构的基础上，合理规划绿化用地，保护自然环境和人文环境，恢复城市的生态环境功能。例如上海在加快建设全球著名体育城市的同时，就把因地制宜打造都市运动中心、体育公园、健身绿道等作为促进城市旅游休闲公共空间更新的重要内容。

5. 文化力

城市文化是城市发展的根基，对培育城市形象、塑造城市灵魂都有着不可替代的作用。在城市旅游休闲公共空间发展中也越来越受到文化的影响。一方面表现在影响人们的物质生活、行为和思维方式，从而影响城市规划建设的提出和制定，进而在一定程度上影响城市旅游休闲公共空间的发展方向和方式；另一方面，文化已经成为众多城市发展的新引擎，许多城市纷纷通过开发文化资源、发展文化产业来吸引投资和人才，从而促进城市的更新。

城市文化功能的提升主要表现在对历史文化的保护。对已有历史文化遗产的保护是城市旅游休闲公共空间更新的基础，也是历史文脉的延续。城市文化必须始终贯穿于城市旅游休闲公共空间的规划和建设之中，并且在保护的基础上，挖掘城市历史文化内涵，有利于塑造城市特色，彰显城市文化底蕴。

（二）内驱动力

城市旅游休闲公共空间管治需要自上而下的顶层设计与自下而上的需求相结合。城市旅游休闲公共空间的管治问题涉及城市政治、经济、生态、文化等多个领域，涵盖其管理者、使用者等多类主体。因此，需要国家通过顶层设计对城市旅游休闲公共空间进行规划指引、政策支持、标准设定、价值导向等全面统筹，使其符合城市发展运行规律，符合国家整体发展战略，符合人民群众对美好城市生活的向往。城市居民是城市旅游休闲公共空间的直接使用者，要从精细化治理的角度出发，以城市居民的利益与需求作为规划行为的出发点与落脚点，运用群众工作的思维和方法，坚持问需于民听心声，合理安排生产、生活、生态空间，让广大居民享受优质公共服务。城市旅游休闲公共空间管治规划本身就是动态的过程，基层政府和社区居民通过民主协商、共商共建的方式，既完成了城市旅游休闲公共空间规划、建设到使用的融合，又进一步增强了居民的共同体意识。

城市旅游休闲公共空间管治作为城市旅游休闲公共空间更新演化的内在驱动力，也受到诸多因素的影响，具体因素如下。（见图 6-3）

1. 城市规划

公共休闲空间是以公共休闲产业为主导，兼备商业、文化等现代服务功能的为广

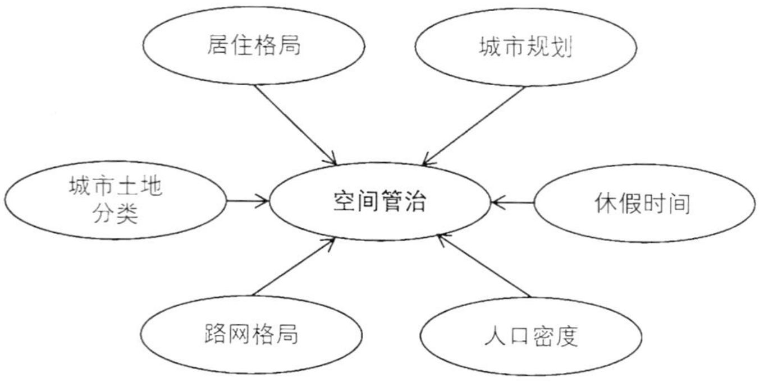

图 6-3　内驱动力要素

大市民和外来游客提供公共休闲活动所需的场地、设施和服务的城市区域，是城市公共空间的重要组成部分。对城市旅游休闲公共空间的整体规划是城市发展格局的蓝图，这既是城市公共管理的关键部分，也是实施公共管理和公共服务的先导。

对城市功能的理解往往是随着经济社会的发展而发展的，同时还有知识上的积累、理论上的更新以及理念上的革新。以往受制于人的因素以及部门分工的局限，城市规划常常滞后于城市的发展。由于历史上对城市功能的理解偏重于生产和居住，一定程度上忽略了城市的休闲功能，也就导致城市的发展与公民休闲需求之间常常存在矛盾。

2. 休假时间

《中华人民共和国宪法》中明确保障劳动者的休息权利，规定了基本的休假制度。1991 年中共中央、国务院专门印发了《关于职工休假问题的通知》，在制度上将休闲时间予以恢复。1995 年国务院出台规定，进一步缩短职工工作时长，调整每周工作时间总量。1999 年国务院对假期时间做出集中调整，开始实施“黄金周”。“黄金周”现象恰恰反映出全国人民强烈的休闲愿望和旺盛的休闲消费能力。

3. 人口密度

城市人口是公共休闲空间形成的最主要的基础要素，一方面公共休闲空间的服务对象就是居住在该区域乃至整个城市的人群，正是这些人群对于日常休闲活动的需求才促成公共休闲空间的形成，所以从人口规模数量入手，得出公共休闲空间结构形成的规律和原因；另一方面，城市旅游休闲公共空间的形成也是城市不断发展的产物，是城市各类空间互相博弈的结果，我国多数城市尚处于城市化发展阶段，人口数量多、居住密集等问题普遍存在。并且大多城市在早期的城市规划建设时并没有提前预留足够的公共休闲空间去修建休闲活动场所，在人口较为密集的区域公共休闲服务设施配备不佳，后期在用地紧张的老城区补充修建公共休闲场所不仅对区域环境造成较大压力，也缺乏现实可行性，对城市的公共休闲空间管治造成一定难度。一般情况下，人口较为密集地区的公共休闲场所分布较多。人口分布较少且分布零散的地区，公共休闲场所的密度就会降低。

4. 路网格局

城市道路交通是城市空间结构的骨架，同时也是城市发展和城市建设的基础。技术的发展使得城市的外围不断跨越原有界线，也改变着城市的路网格局和空间结构。城市道路交通不仅决定了城市中不同地点场所的可到达性和连通程度，还决定着不同区域内基础设施的布局，是城市居民进行生产生活和娱乐休闲活动的纽带和连接。在交通可达性强的区域，居民到达的可能性越高，区域的经济发展条件也就越好，因此居民在此开展活动的频次和强度也会相应增加。总之，城市道路交通状况的变化与公共休闲空间形态的演变密不可分，可以说城市交通结构决定了城市旅游休闲公共空间结构，同时城市旅游休闲公共空间结构又影响着城市的道路交通局面。因此，对于城市旅游休闲公共空间的管治和空间结构的演变，道路交通是一个不可忽视且至关重要的影响因素。

5. 城市土地分类

城市旅游休闲公共空间的基础条件在于土地。在中国，土地几乎是所有产业发展过程中最为关键的因素，也是城市旅游休闲公共空间管治得以实施的前提条件。我国的土地主要分为建设用地和非建设用地两类，建设用地一共有 9 种类型，城市旅游休闲公共空间中的公园、城市广场等都属于“绿地”类；公共图书馆、博物馆、体育场馆等属于“公共管理与公共服务用地”。“绿地”和“公共管理与公共服务用地”都是公益性质的，由政府负责投资建设，供全体市民享用。此外，这九大类中“商业服务业设施用地”则属于以营利为主要目的的商业服务设施用地，演艺场所、购物中心等属于这个范畴。现有城市旅游休闲公共空间的各种形态的存在也恰好反映了人民群众发展的需要，不同类型的划分将自然空间进行了人为的割裂，由此也造成了管理上的复杂。

6. 居住格局

城市居住空间的布局状况一定程度上影响了城市旅游休闲公共空间的分布，进而影响城市旅游休闲公共空间管治。城市居民在结束一天的工作后，通常会选择在自己的家附近开展日常休闲活动，从而释放缓解工作压力，放松身心。特别是 2023 年以来，城市居民的休闲需求与日俱增，人们更加注重锻炼身体以提高自身免疫力。尤其是在公园限制人流、避免聚集的背景下，城市居民更希望在自家门口进行休憩游赏活动，所以居所周边的公共休闲场所的数量种类都会影响城市居民的居住满意度和生活质量的提升。上海在城市总体规划中，以 15 分钟社区生活圈作为载体，打造“宜居、宜业、宜游、宜学”的生活空间。同时以“微旅游、慢生活”为导向，赋能城市系统更新，嵌入城市休闲、街区休憩等旅游功能，聚焦打造“15 分钟社区生活圈”“15 分钟体育生活圈”“家门口的好去处”等，其中既有家门口随时可达的小型公园，也有时尚街区、文化服务站、运动健身器材等社区生活设施，都为城市旅游休闲公共空间增添了新的内容和活力。

（三）管治与更新的双向互动

1. 空间管治推动城市更新

城市旅游休闲公共空间管治是当前城市治理的关键点，加强城市旅游休闲公共空间管治对于提高城市治理水平以及城市更新水平都具有重要意义。城市旅游休闲公共空间管治要体现“人民城市”理念，将以人为本的公共空间规划与共建共治共享的基层治理相结合，确保城市旅游休闲公共空间的数量和规模，体现审美性、安全性、公平性等要求，这也与城市更新的理念与目标相一致。总的来看，城市旅游休闲公共空间管治能够对城市更新产生显著的正效应，主要表现在两个方面。

（1）可以触动更大规模的城市更新

在近几年的城市更新中，北京的蓝色港湾、三里屯改造，南锣鼓巷城市更新均属于综合性的大规模改造。这些企业拥有非常强大的现金流、商业业态导入能力，对大规模地区的城市更新起到了决定性带动作用。加上政府在治理过程中，制度与政策上的支持，进一步夯实了城市更新的过程。城市旅游休闲公共空间管治需要兼顾社会需求、市场规律和公共政策，使参与的各方力量达成社会共识，在共同作用下提升城市旅游休闲公共空间品质，增强居民的幸福感和获得感。上海在这几年城市旅游休闲公共空间的塑造实践中，践行了以人为本的管治理念，从传统的空间治理手段转向以“针灸式疗法”的管治方法，为城市更新注入了新活力，也带动城市整体功能的提升。

（2）可以提升城市更新的品质

城市旅游休闲公共空间管治在政企的深入合作下，对城市更新地块的开发质量可以有更好的评估。城市旅游休闲公共空间管治本身是一个复杂的系统，包括多方利益主体，对城市旅游休闲公共空间的管治就是企业与政府的空间博弈的体现，在双方的合作下，能够进一步强化其创新能力，达到利益的最大化。因此，城市旅游休闲公共空间管治可以在一定程度上提升城市更新的品质，优化区域空间布局，为城市高质量发展提供有力保障。以上海新天地为例，通过对石库门地区的改造，增添了新兴业态，适度降低了原有的居住功能。通过不同业态的商业布局，打造全新的消费习惯和理念，充分植入了高端的休闲功能，吸引了不同圈层的消费客群，改造后的上海新天地不仅成为上海生活时尚的风向标，更是独具海派文化的休闲商业街区。从物质空间上体现了 20 世纪二三十年代的老上海风貌，从植入的功能上展示了上海最为时尚和高端的社会生活。

2. 城市更新助力空间管治

“新常态”下，城市更新成为我国城市发展的主要方式。过去的城市更新更多的是习惯于由上至下的管理方式，但现在的城市更新更注重多元互动、各方参与，强调协同共治和创造公共价值，提升人们对城市的归属感和体验感。由此，实施城市更新行动，可以对城市旅游休闲公共空间进行科学的开发利用和高效管理，提升城市旅游休闲公共空间管治水平，优化居民生活质量和人居环境质量。

随着上海城市化进程的推进，陈旧的基础设施、缺乏吸引力的景观以及被污染破坏的生态环境都难以满足人们休闲生活的需要，可见城市更新行动迫在眉睫。上海市政府在规划建设过程中对徐汇滨江重新定位，不仅将废弃的工业企业搬迁，同时也对闲置的工业遗存和历史建筑进行空间改造，以文化产业为主导，积极打造“西岸文化走廊”，重新赋予了徐汇滨江休闲功能，为人们带来了全新空间的感受。这一典型案例就是在城市更新的推动下，明确了城市旅游休闲公共空间的功能区划，促使该区域达到协调融合发展。

现阶段，上海城市更新模式已经从大拆大建向以小尺度、“微改造”为主的更新改造模式转型，在保留城市记忆、生态的基础上，更新城市功能、业态，使城市焕发出新的活力。上海通过城市微更新，不断打造城市旅游休闲公共空间，例如“15 分钟社区生活圈”“城市体育公园”“城市商业综合体”等。“十四五”期间，闵行区计划再建 100 座城市公园，以街心绿地等形式，提升老百姓家门口绿地比例，打造绿化生态领域市民“15 分钟生活圈”。这些城市公园不仅是市民休闲健身的好去处，还被赋予了教育、文化、旅游等多重功能。在城市更新中，闵行区致力于整合零散运动休闲空间，将地域文化、绿色文明等有机融合，完善生态环境便民功能，打造特色鲜明便捷可达的休闲空间，不断提升市民满意度和公共休闲空间的管治能力。

值得一提的是，上海在城市更新中，以数字化赋能，将历史街区打造成为延续城市历史记忆、展示上海形象魅力的重要窗口和文化 IP，助力上海提升城市软实力。徐汇区运用数字化智能手段，推动“建筑可阅读”从扫码阅读的 1.0 版、开放建筑的 2.0 版进入当下数字转型的全新 3.0 版，以“梧桐深处建筑可阅读”微信小程序为平台，集阅读、聆听、导览、预约、购物等功能于一身，实现建筑“云上听、线上观、实地游”的数字化体验。目前，“建筑可阅读”宜居示范区智慧导览系统已覆盖徐汇区内 498 处历史建筑，市民游客游览小程序或到现场实地观赏时，扫描二维码即可全方位、多角度、深层次地“阅读”经典建筑。以“一码管一空间”理念，提升城市旅游休闲公共空间的数字化治理能力。

二、城市更新对城市旅游休闲公共空间演变的影响因素

（一）推动因素

1. 城市休闲需求的增加

城市旅游休闲公共空间是休闲文化发展的重要领域，其发展不仅可以满足人民的

休闲需求，也直接关系到城市休闲文化和居民健康生活方式的培育及生活质量提高。人们在工作和生活之余，越来越重视日常休闲活动，通过休闲娱乐、身心放松来满足自身对生活的需求。20 世纪初，西方国家中城市人口对于休闲的需求开始产生并不断增加，一些休闲消费活动被视为财富和地位的象征。1936 年，法国开始实行带薪休假制度，人们的休闲时间显著增加，进一步刺激了休闲需求的发展。我国在经历了新冠疫情后，休闲理念和休闲行为正发生着激烈的变革，人们对于体育锻炼和强身健体的消费需求意识被唤醒，并且更希望在自家门口进行休憩游赏活动。可以看到游憩、休闲已成为城市人的基本生活方式，休闲功能成为所有城市必不可少的功能之一，推动城市旅游休闲公共空间进一步更新和丰富。

2. 产业的转型升级

产业转型升级是引导城市空间形态转变的核心动力，也是推动城市旅游休闲公共空间更新优化的重要动力。城市更新通过产业空间更新来实现产业发展的转型升级，产业转型升级则加快产业空间更新，进而加速城市更新，二者相互影响、相互促进。在产业转型升级的要求和背景下，合理重构旧建筑空间，将已经废弃的工业设施、工厂等拆除，改造为博物馆、餐饮娱乐等多元化休闲场所，使其焕发新的活力，就显得尤为重要。改革开放之初，坐落于上海宝山区的宝钢建设打下了第一桩，此后闪耀的钢花见证了我国钢铁产业的发展变迁。昔日的重工业基地实现了脱胎换骨的转型。宝山区原先的一大批老码头、老堆场、老厂房正转型升级成为邮轮港口、生态湿地、研发总部、平台经济、大数据的集聚地，逐渐成为人们休闲娱乐的好去处。产业转型升级后，仍保留了其深厚的产业底蕴，改造后的旧建筑重新焕发出新的活力，人们在休闲娱乐的同时，也能够体验到独特的历史文化。

3. 可持续发展理念的普及

可持续发展理念是促进城市旅游休闲公共空间优化的重要原因，也是当代城市更新的重要思想基础。我国《21 世纪议程》中明确指出，“可持续发展”是社会良性发展的指导性原则，并且强调在追求经济效益的同时，注重城市生态环境、功能结构、品质、精神等方面的优化和完善，从而实现社会多方面的协调发展。在可持续发展理念指导下，要求人文精神的回归和人文生态的重建，对城市内部历史文化、历史遗产的保护也是促进城市旅游休闲公共空间更新的重要原因。在这一过程中，以微更新、微循环的方式对历史遗产予以活化利用，最大程度保持历史文脉的延续性，保存城市的历史记忆。上海衡山路—复兴路历史文化风貌区的保护与更新就是可持续发展下城市更新的典型代表。

4. 重大节事活动的机遇

在全球化竞争日益激烈的背景下，举办重大节事活动已成为许多城市进行重新定位或推动城市跨越式发展的一种方法。节事活动的本质是城市大型公共活动，城市空间作为举办节事活动的载体，对城市建设的影响是巨大而广泛的。一般来说，大型节事活动举办前，往往需要场馆、基础设施等各方面的修建，这在空间上对城市形态就会产生一定的影响。节事活动的开展又会进一步扩大休闲空间范围，促进城市产业休闲化，对人们的休闲生活产生深刻影响。一方面，城市节事活动的举办可以加快城市旅游休闲公共空间更新演变的步伐，不仅塑造了城市形象、提升了城市知名度，也使节事活动日益成为城市整体发展战略的重要部分。另一方面，节事活动本身所留下的建筑遗产也使得城市旅游休闲公共空间内容更加丰富。例如，上海世博会、上海 F1 中国大奖赛、上海国际电影节、上海 ATP1000 网球大师赛等。在这些节事活动的举办地，已经形成强烈和独特的文化感召力，在实现受众“使用与满足”的基础之上不断提高知名度和影响力，为受众打造了一个全新的休闲空间。

5. 交通布局的完善

城市交通是城市形成和发展的重要条件，对城市布局有着重要影响。技术的发展和交通工具的更新使得城市空间的相互联系更加紧密，推动着城市空间的重构。城市旅游休闲公共空间的发展同样对交通有很强的依赖性。交通布局的完善可以提高出行距离，使人们休闲活动的范围更加广泛。相反，城市交通状况较差，布局不完善，则会使居民的出行距离受到限制，人们的休闲活动范围也会因此受限。城市更新的要求就是要畅通城市道路微循环，不断完善城市交通路网，构建内畅外通的交通体系，促进城市功能和交通功能的一体化发展。尤其是城市交通网络具有大量的客流量，也就势必会对城市旅游休闲公共空间布局造成重大影响。一方面，城市交通的完善在强化传统休闲空间布局的基础上，可以满足人们多层次休闲服务的需求，从而使休闲空间布局结构和层级更加合理。另一方面，城市旅游休闲公共空间布局又会对人们的休闲意识、消费理念等多方面产生显著影响。可以说，城市交通的完善为人们提供了舒适、高效率的出行方式，对于优化、拓展和提升城市旅游休闲公共空间具有重要作用。

（二）制约因素

1. 商家过度占用城市旅游休闲公共空间

城市旅游休闲公共空间承载着市民的休闲娱乐活动，但一些商家在商业运作过程中往往会对城市旅游休闲公共空间造成负面影响。这类商家对公共资源的过度使用，开放的城市旅游休闲公共空间常被各种商业活动所占据，导致公共休闲设施的使用范围缩小，其他利益相关者的合法使用权益无法得到体现，也就对城市旅游休闲公共空间的可持续性发展产生了阻碍。在城市旅游休闲公共空间，为了自己的利益，将有限的公共资源据为己有，侵占公共空间，使公共资源失去了应有的公共服务功能，最终阻碍了城市旅游休闲公共空间的更新和优化。

2. 决策规划的局限性

在城市更新的历程中，每一次战略级规划的出台，都能够带动区域价值的提升。在政府规划及决策的指导下，不同城市依据自己的发展规划，形成了各具特色的功能分区。城市旅游休闲公共空间作为城市功能分区中重要的组成部分，其发展方向深受政策规划影响。但事实上，政府的决策规划往往具有时代的局限性，并不符合每个阶段的时代特征。随着时间的推移，社会总体发展目标和经济特征随之变化，这就要求决策规划也要与时俱进。然而决策规划常会出现滞后现象，这与当时社会发展条件和人们的思想意识制约有很大关系，从而导致决策规划的实用性不强、与其他规划衔接不够完善且缺乏预见性等问题，也就意味着会制约城市旅游休闲公共空间的演变更新。

本章小结

本章在相关理论和前人研究的基础上，对城市旅游休闲公共空间演化中的驱动要素进行分析凝练。将城市更新作为外驱动力（经济力、政治力、社会力、生态力、文化力），将空间管治作为内驱动力（城市规划、休假时间、人口密度、路网格局、城市土地分类、居住格局）；并对管治与更新关系进行深入分析，发现二者为双向互动关系：空间管治推动着城市更新，城市更新反过来助力着空间管治，因而构建出了城市旅游休闲公共空间演化动力机制。

第七章　上海城市旅游休闲公共空间的管治提升

一、上海城市旅游休闲公共空间管治的嬗变

（一）上海都市旅游的创新发展

1. 兴起与发展

第一，“都市旅游”的概念最早是在上海提出并形成，并与上海城市发展相呼应。林洪岱（1990 年）在分析上海的旅游业观念发展时指出涵盖城市的“大旅游”产业发展是旅游大都市的普遍共性。用形象的话说，上海旅游业宁愿有一个完整的旅游大城市而不愿仅仅在大城市里有一个旅游业。这在一些方面开始涉及都市旅游的广义概念。1997 年上海学界和政府将上海的都市资源特色归纳为三个方面——都市风光、都市文化和都市商业。并在此基础上正式提出了“都市旅游”的概念（李文侠等，2013）。当时已经关注到了对城市综合功能的运用是都市旅游发展的关键（张海龙，2005）。应该说，这在近 20 年前的定位和理念至今在全国仍是很领先的。

第二，都市旅游理论与实践依托城市文明和发展。从 20 世纪 90 年代到 21 世纪初期，学界的系列研究对都市旅游概念进行了完整阐述，在实践中更是不断赋予都市旅游新的内涵。其中宋家增（1996）、王晓云（1999）、邱扶东（1999）、贾铁飞（2004）等比较有代表性。（见表 7-1）

表 7-1　部分学者对都市旅游的表述

学者	年份	观点
宋家增	1996	都市旅游是以都市风貌、风光、风物、风情为特色的旅游
王晓云	1999	都市旅游是指人们出于参观游览、商务会议、考察购物、休闲度假等目的，离开自己的居住地，以世界著名大城市为旅游目的地的一种旅游活动

续表

学者	年份	观点
邱扶东	1999	被集旅游诸要素于一身的都市所吸引，以都市为旅游目的地的旅游者在都市的旅游活动，及其对经济、社会和环境的影响
贾铁飞	2004	都市旅游是一个区域旅游的概念，即以城（都）市群区域为依托，辐射和覆盖整个城（都）市腹地范围的旅游系统，而非仅以城市为框架的旅游产品组合

注：根据以上学者文中观点整理。

由此可见都市旅游的含义主要体现为：（1）以现代都市文明为吸引物。（2）是发生在都市范围或大城市群地域范围内的旅游活动。（3）都市旅游发生地的都市必须具备一定的城市等级，目前都市旅游的发生地多数指北京、上海、广州等高级别的大都市。

2. 更新与深化

上海都市旅游与上海城市发展相辅相成，其发展将逐步聚焦在都市旅游吸引物泛化、城市公共空间服务与管理及城市游憩功能更新三大方面。

第一，都市旅游吸引物泛化，旅游流从单一的景点过渡到具备旅游休闲环境的城市片区。上海都市旅游吸引物演化大致经历了四个阶段：（1）传统景区为旅游吸引物，上海没有优质的传统旅游资源，不属于真正的旅游城市。这个认识多数出现在 20 世纪 90 年代上海都市旅游没有提出时以及提出后被广大学者达成共识以前。（2）上海都市旅游概念提出后，这个阶段对都市旅游吸引物的描述是以整体都市形象出现的，并没有对具体实物进行细化分析。（3）进入大旅游时代，旅游活动空间泛化，城市中的每一个角落都可能成为旅游吸引物，然而并非所有的吸引物都具备较高的旅游人气，只有那些具有良好旅游休闲环境的城市区域才是都市旅游的吸引物的重要载体。（4）2015 年原国家旅游局“全域旅游”概念的提出，给了上海都市旅游新的思考。单一的景点或小范围的城区已经很难满足年均 2 亿人次的旅游者需求，而上海城市也已经从以点带面向全面提升发展。其中中心城区的一体化发展，郊区的快速城市化发展以及长三角城市群的同城化联动发展都是新的发展趋势。

第二，都市旅游关注的管理重点从景区、景点、街区的单一、封闭式管理到城市活跃公共空间的统筹、开放式管理，包含整个城市的旅游公共服务及城市重点区域的公共服务。进入大旅游时代，每一个人都可以是旅游者，旅游活动空间泛化，旅游活动更加丰富，旅游产业综合化，都市旅游休闲活动从景区的封闭式环境中得到更多释放，都市旅游成为由区域及整体城市环境组成的开放式旅游目的地。它没有明确的范围，原本在景区中的服务进入城市环境中成为以交通、信息、安全、环境、管理为主要内容的旅游公共服务。而在城市局部区域中，旅游公共服务并无完整的如原上海市旅游局或景区管理部门去管理相关旅游活动、优化旅游服务，这就涉及对城市局部城市旅游休闲公共空间区域的规范化建设问题。

第三，都市旅游功能从城市更新功能中的亮点、特色定位上升到每个重点城市区域的必须、必然功能。随着都市旅游的发展以及城市本身的发展，无论是来自城市更新发展的需求，还是国民休闲的需求，各大城市都开展城市旅游已经成为一种公认的趋势，城市游憩功能不再仅仅是一种亮点和某些局部的特色定位，而是城市发展中的必备功能。

（二）上海市旅游公共管治体制的演变

改革开放以来，随着上海城市的人口、范围、功能的不断发展，上海旅游公共管治体制也在不断调整变化，管治目标也由以往经济发展的单一目标向经济发展、资源使用、环境改善和社会和谐等多重目标协同发展转变。

1. 上海旅游公共管治体制演变历程

（1）以外事接待与政企合一为导向的管治格局（1987 年以前）

上海是我国旅游业发展最早的城市之一。1954 年成立中国国际旅行社上海分社；1964 年华东旅游局在上海成立，这是全国最早的旅游行政管理机构之一。20 世纪 80 年代以前旅游属于市政府外事接待事业的组成部分。

实行改革开放以后，随着对外交往的增多，旅游市场的扩大，上海市政府于 1978 年成立上海市旅游局（直接管理下属企业经营活动并行使政府职能）；1984 年，为了加快上海旅游基础设施的建设，上海市旅游局组建了华亭联营公司、上海旅游公司，形成了政企合一的体制格局。

（2）以宏观调控与行业管理为导向的管治格局（1987—1997 年）

1987 年上海市旅游局开始对全市旅游业实行行业管理。上海市政府于 1987 年和 1988 年出台文件明确名称为上海市旅游事业管理局，明确其主要职能，提出按照“政企分开、统一领导、分散经营”的原则。自此上海市旅游行政管理部门不再直接经营企业，而是开展旅游宏观管理与行业管理。这是上海旅游体制的一次重要的改革，上海市旅游局在全国同行中率先迈出了政企分开的改革步伐。该阶段也成为全面实现“政企分开”管理体制改革的过渡时期。

（3）以公共服务与规制管理为导向的管治格局（1997—2011 年）

1997 年年初上海市成立上海市旅游事业管理委员会和中共上海市旅游事业工作委员会，史称“旅游两委”。上海市副市长兼任旅游委主任，成员单位包括旅游、商业、交通、园林等部门。锦江旅游集团、华亭旅游集团、衡山旅游集团以及佘山国家旅游度假区均受旅游委领导。形成了“大旅游”管治体制。

2003 年上海撤销旅游工作党委，旅游委对委属旅游企业的直接管理转变为行业管理。

2009 年随着机关职能的变化，上海市政府将上海市旅游事业管理委员会改回了上海市旅游局。2011 年上海市委、市政府成立上海市旅游发展领导小组，由常务副市长担任组长，建立了跨部门的旅游发展统筹协调管治机制。

（4）公共服务与产业管理为导向的管治格局（2011—2018 年）

2013 年上海市旅游局进行内部机构调整，组建产业处和公共服务处。将下属事业单位合并，建立旅游产业发展中心和旅游公共服务中心。完成了对旅游业属性认知的转变，从事业型转变为产业型。也完成了对旅游行政管理职能认识的转变，更加强调对旅游整个相关产业链的整体推进，发挥旅游业对社会公共发展的作用。

2. 上海市旅游行政管理部门公共管治职能转变

从 1987 年至 2018 年，上海市旅游行政主管部门的公共管理职能经历了几次大的变革。（见表 7-2）

表 7-2　上海市旅游业行政主管部门职能变革一览表

<table>
<tr><th rowspan="2">时间</th><th rowspan="2">机构名称</th><th rowspan="2">主要职责</th><th colspan="2">职能调整</th><th rowspan="2">内设机构</th></tr>
<tr><th>划入职能</th><th>转变职能</th></tr>
<tr><td>1987 年</td><td>上海市旅游事业管理局，是上海市政府统管全市旅游事业的职能机构</td><td>8 项：规划、制定政策法规、监督旅游定价、教育培训、市场开发、与外省市联合开发旅游、指导开展学术活动、协调</td><td></td><td></td><td>8 个职能处室：办公室、管理处、计财处、市场处、教育处、法规处、人保处、审计室</td></tr>
<tr><td>1997 年</td><td>上海市旅游事业管理委员会，是上海市政府的职能部门</td><td>承担全市旅游业的行业管理职能</td><td colspan="3">职能配置、内设机构、人员编制按市级机关有关“三定”的规定办理；市锦江（集团）公司、市华亭（集团）公司、市衡山（集团）公司、上海市佘山国家旅游度假区管理委员会及其办公室划归统一领导</td></tr>
<tr><td>2000 年</td><td>上海市旅游事业管理委员会，是市政府的直属机构</td><td>11 项：政策法规、总体发展、市场开发、资源普查与行业统计、标准化、行业审批、服务质量监督、教育培训、旅游配套设施规划与开发、行政复议受理、上海市政府交办的其他事项</td><td>规范管理景区（点）旅游经营活动</td><td>旅游行业的培训与考试的事务性工作、市级旅游节庆活动的事务性工作，交给有关事业单位</td><td>8 个职能处室：办公室、政策法规处、国际旅游促进处、国内旅游促进处、规划财务处、旅游市场管理处、科技教育处、综合业务处</td></tr>
</table>

续表

时间	机构名称	主要职责	职能调整		内设机构
			划入职能	转变职能	
2003 年	上海市旅游事业管理委员会，是市政府的直属机构	13 项：政策法规、发展规划、产业政策的调整、行业管理与审批、市场开发、标准化管理、信息化建设、资源普查与保护、服务质量、教育培训、协会与中介的监督管理、行政复议受理、承办其他上海市政府交办事项	旅馆业的行业指导与管理	将对委属企业的直接管理变为行业管理	10 个职能处室：办公室、政策法规处、国际旅游促进处、国内旅游促进处、规划财务处、旅游市场管理处、教育培训处、综合业务处、信息化处、人事处
2009 年	上海市旅游局	13 项：政策法规、发展规划、制定政策、行业管理、市场开发、标准化管理、信息化建设、资源普查与保护、服务质量、教育培训、指导协会与中介、行政复议受理、承办其他市政府交办事项	1. 将原上海市旅游事业管理委员会的职责划入上海市旅游局 2. 取消已由上海市政府公布取消的行政审批事项 3. 取消或停止已由上海市政府公布取消或停止的行政事业性收费项目 4. 加强旅游的综合协调的职责，参与旅游方面应急救援工作		10 个职能处室：办公室、政策法规处、组织人事处、国际旅游促进处、国内旅游促进处、规划财务处、旅游市场管理处、教育培训处、综合业务处、信息化处

注：根据《上海旅游年鉴》（1978—1996）（1997—2002）（2003）（2009）整理。

从表中可以看出，政府职能定位越来越清晰，职能转变逐步从竞争性领域中退出，让市场机制去调控，在需要政府提供公共服务的领域中，加强到位率。当然我们也应看到，近年来，现代旅游业的发展趋势是边界的模糊性，旅游业与第一产业、第二产业的融合在不断加速。产生了农业旅游、工业旅游、科技旅游、房车旅游、邮轮旅游等新兴业态；旅游业与现代服务业中的其他产业也日益交叉整合，发展出了会展旅游、节庆旅游、研学旅游、医疗旅游等新兴业态。旅游业成为现代服务业中最具整合功能的产业，外延和内涵都在发生变化。需要对大旅游产业的公共管治做出相应的调整。

政府主要通过制定中长期发展规划和目标，提出旅游经济发展战略，制定旅游产业政策，引导旅游企业、旅游市场的发展。通过必要的行政手段、法制手段和标准化手earlier段来规范和治理旅游市场秩序，创造公平、公正、有序的市场环境。

在这个历史演进过程中，上海市旅游部门的职能逐渐从产业建设、产品营销向产业促进、政策保障、城市形象营销、市场监管转变。努力实现法治政府、有限政府、高效能政府和服务型政府的建设目标。

3. 上海市旅游行业协会的作用

1990 年 3 月，上海市旅游协会成立。同一时期成立的还有上海饭店业协会、上海国际旅行社协会、上海国内旅行社协会、上海旅游教育协会。2000 年 1 月，上海市旅游协会重组，根据国家“一业一会”的精神，以上这些协会都归属到上海市旅游协会，成为分会。

2004 年 3 月，上海市旅游协会更名为上海市旅游行业协会。下辖 7 个分会，分别是饭店业分会、旅行社分会、旅游教育分会、旅游景点分会、水上旅游分会、旅游纪念品分会、在线旅游分会，现有会员 1700 余家。[①] 协会为会员单位组织相关培训，开展信息交流，提供咨询服务。饭店业分会依据国家标准，组织星级饭店评定委员会，开展上海星级饭店评定和复核工作；旅游景点分会依据国家标准，开展上海 A 级旅游景区评定和复核工作；水上旅游分会依据上海市游览船的旅游地方标准，开展黄浦江游览船星级评定和复核工作；旅行社分会依据上海市旅行社等级服务的地方标准，开展 A 级旅行社的评定与复核工作。旅游教育分会、旅游纪念品分会以及在线旅游分会各自广泛联系上海旅游高校、旅游纪念品开发企业以及在线旅游企业。上海市旅游协会成为促进上海旅游休闲市场规范有序发展的重要管治力量。

4. 上海市其他旅游休闲空间管治主体

上海城市旅游休闲公共空间的生长是一个不断发展的过程，其空间管治也由各相关部门各自承担。对行政部门的梳理，可以看出在上海这座城市对民众休闲权利的重视和保障。

（1）对城市公园绿地的空间管治

上海的城市公园在行政上归属上海市市容和绿化管理局及其下属的公园管理机构，并按标准化实行分级分类管治模式。

城市绿地的空间管治实行条块结合。在属地管理上，市和区、县政府将绿化建设纳入国民经济和社会发展计划，保障公共绿地建设和养护经费的投入。乡、镇政府和街道办事处负责开展本辖区内的绿化工作。在行业管理上，上海市市容和绿化管理局负责全市的绿化工作；区、县市容和绿化管理局负责本辖区内绿化工作。

上海市市容和绿化管理局所编制的绿化系统规划，被纳入城市总体规划，在土地、资金等方面都提供了充分的保障。

（2）对博物馆、公共图书馆、公共文化馆等的空间管治

上海市文化广播影视管理局于 2008 年设立，同时也是上海市文物局。根据其机构职能设置，管理全市群众艺术馆、文化馆、公共图书馆以及博物馆等。

根据《上海市公共图书馆管理办法》的规定，各级政府和街道办事处根据本地区的人口分布情况和图书馆事业的发展需要，对辖区内各级公共图书馆的设置实行统筹

① 上海市旅游行业协会，协会介绍，http://www.shtour.org.

规划。公共图书馆按照行政区域分级设置。

（3）对公共体育场所的空间管治

上海体育场所的上级主管部门是上海市体育局，区、县体育局负责辖区内体育场所的管理工作。上海公共体育场所发展规划由市体育局编制，纳入城市总体规划，在土地使用、资金投入方面都有着充分的保障。

（4）对购物中心的空间管治

上海市购物中心等商业业态的行业主管部门是上海市商务委员会，在其工作职责中明确规定，指导协调城乡商业网点布局。为进一步改善企业经营管理，提升整个购物中心行业的核心竞争力，促进购物中心规范、有序、健康发展，上海市商务委员会对购物中心实施标准化管理。由上海购物中心协会制定了上海市地方标准《购物中心运营管理规范》，从商业开发、项目布局，到运营管理、品牌推进、机制等方面对上海购物中心的发展进行规范。

（三）上海城市旅游休闲公共空间的政策引导

政策引导是城市旅游休闲公共空间管治的重要手段，而专项资金的设立和使用又是政策手段的重要组成部分。政府部门将部分财政经费以专项资金的形式奖励或补贴给符合政策导向的企业，既在一定程度上降低了这类企业的经营成本，减轻企业压力，同时也向市场传递发展的信号，增强这类企业的发展信心。而通过政府专项资金的背书，企业往往能获得更多的市场资金，得到更大的发展空间。

1. 文化类的政府财政专项资金

上海市文化广播影视管理局出台了多项文化类的专项资金管理办法，如《上海市公益性演出专项资金补贴办法》，用于补贴在剧场内举办的公益性演出，包括公益性专场演出、营业性演出低价票及大学生公益票，以满足上海市民观看演出的需要。出台《上海市新（改）建数字影院建设扶持专项资金补助管理办法》，鼓励各类社会资金投资数字电影院的建设，完善电影院布局，以满足上海市民就近、方便看电影的需要。2014 年、2015 年编制的《专项资金项目申报指南》对民营文艺表演团体、公益性演出、民办（社会力量举办）博物馆、公共文化示范区（项目）等给予补贴。

2. 创意产业类的政府财政专项资金

上海市经济和信息化委员会设立专项资金，鼓励扶持创意产业类的企业发展。如设立上海市信息化发展专项资金，推动信息化与工业化深度融合，推进重点领域信息化。其中产业园区信息化管理、服务体系建设、智慧社区、智慧新城、智慧商圈创建等试点示范项目以及其他具有示范带动意义的惠民信息化项目都在这个范围内。出台《上海市中小企业发展专项资金管理办法》，对全市中小企业发展提供扶持。与旅游休闲相关的很多企业单位也在这个扶持范围内。

上海市文化创意产业推进领导小组设立促进文化创意产业发展财政扶持资金，支持具有示范带动作用的各类文化创意产业集聚区（园区）公共服务平台项目建设，很多具有文化旅游休闲功能的创意产业园区因此受益。

3. 农业旅游专项扶持资金

上海市农业农村委员会出台农业旅游专项扶持资金，对农业资源丰富、农业产业特色明显、具有一定生产规模的农业旅游集聚区进行扶持，鼓励各农业旅游景点“串点成线、连线成片、集聚发展”。主要是指以农业生产为基础的休闲观光与体验活动项目，包括：农家乐、休闲农庄、观光农园、民俗文化村、农业旅游节庆、生态园林等服务设施配套项目。这条政策使很多郊区城镇公共旅游休闲产业的发展受益。

4. 旅游专项扶持资金

原上海市旅游局、上海市财政局设立旅游发展专项资金，对多种旅游休闲业态的发展给予扶持，包括纳入国家级旅游度假区、国家生态旅游示范区、国家公园、国家休闲区等国家级旅游区的重点项目；旅游信息服务、旅游会展、邮轮旅游、房车旅游、旅游制造业等旅游新业态、新模式项目及传统旅游产业功能提升的项目；4A 及以上国家旅游景区（点）的创建项目，包括景区的基础设施建设、环境改造提升、标识导览系统建设、信息系统建设等；4A 及以上级别旅游景区（点）的功能提升项目，包括景区的产品内容丰富、服务设施完善等；包括旅游景区（含旅游特色街区等）周边环境整治、景区公共停车场、游客中心、旅游厕所等公益设施建设项目等。旅游发展专项资金的设立，表明上海市政府对于旅游业在促进上海经济发展方式转变和经济社会协调发展中所起到的作用的重视。

（四）上海城市旅游休闲公共空间管治与行政区管理协调

1. 上海外滩风景区的空间管治

外滩是上海城市的重要名片，是东西方文化交汇的缩影，来上海的游客必来外滩，但同时这里又是一个不设围墙的风景区。在行政区划上，外滩风景区属于上海市黄浦区政府外滩街道的辖区。为了维护外滩风景区的游览秩序和观光环境，1995 年由黄浦区政府负责管理外滩风景区的公共事务。设立隶属区政府的外滩风景区管理办公室，具体负责各类公共事务管理的组织和协调工作。各有关行政管理部门按照各自职责，做好外滩风景区治安、交通、环境卫生、绿化、商业经营、市容景观等的管理工作。这就在外滩风景区构建了一个功能区与行政区相互协调的管治模式。

1995 年上海市政府颁布《上海市外滩风景区综合管理暂行规定》，后来在 2004 年、2010 年、2014 年做了三次修订。《规定》明确了外滩风景区的空间四至范围，并对“公共环境卫生”“绿化”“市政公用设施”“车辆”“商业经营项目的开发和布局”等做了详细的规定，要求进入外滩风景区的单位和个人自觉遵守。

2010年3月经过外滩综合改造，风景区的管理面积达到20万平方米左右，是改造前的2.5倍[①]。管理难度加大。外滩风景管理办公室整合管治力量，建立“联合巡查，联手督察，联勤处置”的管治模式，每月举行一次综合执法工作例会，由各个部门共同参加。

2. 上海市南京路步行街的空间管治

上海南京路号称“中华第一街”，是上海都市旅游的重要代表，也是上海市民休闲的重要去处。南京路上商铺林立，国内外游客云集，每天都承载着极大的客流量，是一个典型的旅游休闲空间。但在行政区划上，南京路被一分为二，以西藏中路为界，南京东路及步行街属于黄浦区政府南京东路街道办事处所辖，南京西路属于静安区政府南京西路街道办事处所辖。

为了实施对南京东路步行街的管治，1999年上海市政府颁布《上海市南京路步行街综合管理暂行规定》，明确南京路步行街的四至范围，并对“社会秩序管理”“道路交通管理”“规划管理”“路政管理”“工商行政管理”“户外广告设施设置审批”“灯光管理”“环境卫生管理”“绿化管理”“环境保护管理”等社会管理事务都做了详细的规定。同时对环境卫生、指示标志等公共基础设施的设置，为游客提供问询、指路等公共服务的环节也做了明确规定。设立上海市南京路步行街管理委员会负责步行街的综合管理和协调工作，这个管委会是市级机构，对一些社会事务拥有行政审批权。设立黄浦区南京路步行街管理办公室负责步行街的日常管理工作。步行街管理办公室再下设南京路步行街监察队，具有行政执法权和处罚权。受市、区有关行政管理部门委托，开展执法和处罚。这就在南京东路步行街这一城市旅游休闲公共空间形成了市、区两级结合的管治模式。与外滩风景区不同的是，不再由区级各相关部门进行纵向执法，而是共同委托监察队进行属地化管理。应该说，南京东路步行街管理委员会是对城市旅游休闲公共空间管治模式的很好的探索。

3. 佘山国家旅游度假区的空间管治

佘山是上海陆地范围内唯一的自然山林资源，自古以来就是著名的风景区。1995年6月国务院批准建立上海佘山国家旅游度假区。11月，上海市政府成立佘山国家旅游度假区管理委员会，下设日常办事机构——上海佘山国家旅游度假区管理委员会办公室。在行政区划上，佘山分属泗泾镇、洞泾镇、佘山镇和方松街道。1997年佘山国

① 夏韵、宋浩．专访外滩风景区管理办公室主任周顺国：整合四种资源建设和谐外滩．2013年1月30日．新闻晨报．第五版。

家旅游度假区管理委员会由上海市旅游事业管理委员会代管。此后几经变迁，现在与上海市松江区佘山镇政府合署办公。2013 年 7 月，上海市政府发布《上海佘山国家旅游度假区建设三年行动计划（2013—2015 年）》，提出“政府引领，市场主导”“区旅一体，要素集聚”“市区联动，融合发展”“宜居宜游，持续发展”的发展原则，提出发挥政府引领作用，市级统筹，度假区发展与佘山镇、松江区的相关产业互补一体化发展的方向，要求市级相关部门要在规划、土地、项目、资金等方面加大对度假区的倾斜和集聚力度。可以说，佘山国家旅游度假区的管治探索之路非常曲折，是旅游功能区与行政区矛盾的典型代表，又历经市级旅游管理部门的变迁，至今定位和功能都没能完全明确，工作人员也没能到位，机构作用没有得到很好的发挥，这也极大地限制了佘山国家旅游度假区的发展。

4. 上海国际旅游度假区的空间管治

随着迪士尼乐园在上海的兴建，上海在浦东川沙地区构建了国际旅游度假区。总面积 24.7 平方公里。2011 年 5 月上海市政府出台《上海国际旅游度假区管理办法》，成立上海国际旅游度假区管理委员会，负责度假区的开发、建设和运营、管理。上海国际旅游度假区管理委员会是上海市政府的派出机构，具有编制规划，制定政策，协调市、区相关部门，推进落实的职能；管委会受有关部门的委托，对投资管理、建设规划、土地使用、工程施工、环境评估、市容绿化、河道管理、民防管理等进行行政审批；负责统筹安排发展资金，促进投资环境和公共服务的完善；管委会协调市、区政府，履行行政执法职责。公安、消防、食品药品监管和税务等行政管理部门设立驻区机构或者派驻办事人员，履行相关行政管理职能，提供公共服务。上海市还专门设立了国际旅游度假区产业发展资金，用于支持国际旅游度假区的开发、建设和管理。可以看到，上海国际旅游度假区的管治已经是一种新型的城市空间管治模式，是完全打破原有的行政区划，建立一个以旅游休闲为主导的新的行政区域。

5. 徐家汇源景区的空间管治

2012 年 10 月，徐家汇源景区被评为国家 4A 级旅游景区，成为全国首个开放型都市旅游景区。徐家汇源景区是一个融历史建筑、宗教、文化、教育等多个方面为一体的综合人文景区。在徐家汇街道所辖范围内。景区内的教堂、学校、藏书楼等参观点隶属不同行政管理系统，这在上海以都市观光、都市商业、都市文化为主的旅游发展中非常具有典型特征。为协调好参观、保护和各单位日常工作的关系，徐家汇源景区形成了三个层面的管理体系。一是在徐汇区政府建立了徐家汇源景区领导小组，由副区长为组长，徐汇区旅游局和徐家汇街道办事处主要领导为副组长；二是建立徐家汇源景区工作小组，徐汇区旅游局副局长和街道办事处分管主任负责，街道办事处专门成立了徐家汇源国家 4A 级旅游景区办公室来负责相应的组织协调工作；三是成立徐家汇源旅游发展有限公司来进行日常旅游业务的运作管理。构成了政府托管，企业化管理运作模式。旅游公司会同各景点单位、徐家汇商城集团、市政、公安、工商等职能部门，形成景区联席会议制度，充分依靠政府和社会力量，实施开放式景区空间综合管理机制。这在上海都市旅游的管理体制机制上是一个很大的创新。

6. 黄浦江公共旅游码头的空间管治

黄浦江是上海的母亲河，浦江游览一直都是上海市民和游客旅游休闲的重要方式。随着黄浦江航运功能的变迁，旅游休闲的功能更加凸显。黄浦江两岸岸线码头资源由上海市申江两岸开发建设投资（集团）有限公司（简称申江集团）管理，申江集团是上海市国有资产公司，作为功能类国资企业，受政府委托来管理黄浦江岸线码头的开发、经营和使用。申江集团于 2003 年 12 月成立的控股子公司上海金岸企业发展有限公司，对黄浦江公共旅游码头实施专业化管理。目前运营管理的码头有十六铺旅游中心、秦皇岛路码头、其昌栈码头、复兴码头、新华码头等。金岸公司“坚持港航分离，坚持统一管理”，探索公共旅游码头的运营管理模式。2009 年 1 月 1 日推出了“旅游码头信息化系统”，利用信息化手段，从制度上建立了旅游码头的运营管理模式，实现了航班计划管理、泊位调度管理、票务管理、检验票管理、信息服务和统计结算等主要功能，使码头管理的规范化程度大幅提高。然而，由于黄浦江上涉及的管理部门众多，有港口、水务、海事、公安、消防等，仅公安部门就分为岸上公安、港口公安和水上公安三种，各有各的职责权限。黄浦江流经浦东、宝山、杨浦、黄浦、徐汇、闵行等各区，各区的相关部门也都有自己的一套管理措施。作为经营管理主体的金岸公司在处理与各种管理机构的关系上就要耗费大量的精力。从 2008 年奥运会时起，在安保制度要求下，黄浦江公共旅游码头从公共开放空间转变成了全封闭式管理。这与市民和游客希望亲近浦江、旅游休闲的愿望形成了无法调和的矛盾。

由现状总结可以看出上海在城市旅游休闲空间管理体制机制上形成的三种模式——以政府为主的空间管治模式，以企业为主的空间管治模式以及政府 + 企业的空间管治模式。（见表 7–3）

表 7–3　上海城市旅游休闲公共空间管治模式

模式	成立时间	行政区域	机构	管治手段
以政府为主的空间管治模式	1995 年	外滩街道	外滩风景区管理办公室	外滩风景区管理办公室直接隶属黄浦区政府。具体负责外滩风景区各类公共事务管理的组织和协调工作。各有关行政管理部门应当按照各自职责，做好外滩风景区治安、交通、环境卫生、绿化、商业经营、市容景观等的管理工作

续表

模式	成立时间	行政区域	机构	管治手段
以政府为主的空间管治模式	1999 年	南京东路街道	上海市南京路步行街管理委员会；黄浦区南京路步行街管理办公室；南京路步行街监察队	上海市南京路步行街管理委员会是市级协调机构，负责步行街的综合管理和协调工作。黄浦区南京路步行街管理办公室隶属黄浦区政府，负责步行街的日常管理工作。南京路步行街监察队隶属步行街管理办公室，受市、区有关行政管理部门委托，按照有关法律法规、规章、办法的规定实施行政处罚或者采取强制措施
	1995 年	分属泗泾镇、洞泾镇、佘山镇和方松街道	佘山国家旅游度假区管理委员会	佘山国家旅游度假区管理委员会是市级的协调机构，具体社会事务由各职能部门分别管理
	2011 年	上海国际旅游度假区	上海国际旅游度假区管理委员会	上海国际旅游度假区管理委员会是上海市政府的派出机构，接受上海市或者浦东新区有关行政管理部门的委托在度假区范围内行使审批权；协调市有关行政管理部门和浦东新区政府，在度假区内行使行政执法权；公安、消防、食品药品监管、质量技监、工商行政管理、税务等行政管理部门在度假区内设立驻区机构或者派驻办事人员，履行相关行政管理职能
以企业为主的空间管治模式	2003 年	黄浦江沿线各区	上海金岸企业发展有限公司	功能类国资企业，受政府委托来管理黄浦江公共旅游码头的开发、经营和使用。黄浦江涉及的众多管理部门的条线管理和黄浦江流经浦东、宝山、杨浦、黄浦、徐汇、闵行等各区的块状管理
政府＋企业的空间管治模式	2012 年	徐家汇街道	徐家汇源景区领导小组；徐家汇源景区工作小组；徐家汇源 4A 级景区办公室；徐家汇源旅游发展有限公司	政府托管，企业化管理运作模式，公司对景区各项事务日常管理同时，会同景区各景点单位、徐家汇商城集团、市政、环卫、医院和公安、交警、城管、工商、食品药品监督管理综合执法和徐家汇商圈管委会等职能部门，形成景区联席会议制度，充分依靠政府管理职能和社会资源力量，实施都市开放式景区综合管理有效机制，及时有效地处理旅游投诉和其他相关事宜

注：根据网上公开资料整理。

上海城市旅游休闲公共空间的管治一直在探索中发展，但问题始终没有得到根本解决。

（1）条条分割和条块分割的矛盾始终存在。资源归属的历史沿革依然没有打破，按行业管理而不是按功能管理的情况也始终存在。各相关资源分属不同的部门管理，各个部门基于自己的政绩考量，重复设置了不同的财政补贴资金。垂直部门的纵向管理和区县政府的属地管理的分割矛盾是制约上海城市更新发展的一个问题。

（2）政府的改革还有待深化，法治政府、有限政府、服务政府的建设之路还很漫长。从旅游局撤委建局的发展历程，从三种现行管治模式的运行效果都能看出，跨部门的协调方式难度依旧很大，必须有高一层级的政府来协调，并形成实际的行政管理权限才能有所作为。

（3）社会化组织的缺失，在提供市场所需的公共管理、公共服务能力方面还明显不足。行业协会的发展状况没有得到明显改观，在市场上作用的发挥有限。基本还看不到行业组织在城市旅游休闲空间管治中的作用体现。而以国有企业、事业单位为主的城市旅游休闲公共空间管治模式中，政府的影响和制约的力度仍然很大。徐家汇源开放式景区在政府 + 企业的空间管治模式中做了有益的探索和尝试。

（五）上海城市旅游休闲公共空间的公共服务

1. 旅游咨询服务

信息咨询是旅游休闲活动开展的重要方面。上海市旅游咨询服务中心最早在 1998 年作为市政府实事工程而筹建，立足为市民、游客提供便捷有效的上海旅游信息咨询服务。截至 2013 年，全市各区县共建立 55 个旅游咨询服务中心（亭）。成了上海城市对外宣传的窗口。

不断顺应时代发展需要，原上海市旅游局于 2005 年 5 月 1 日开通上海旅游热线“962020”，这是官方公益性旅游热线。此后采用与全国旅游热线“12301”双号接入的模式。为游客提供全年 24 小时中英文双语免费服务。游客拨打热线，可以咨询到有关上海“食、住、行、游、购、娱”各方面的信息。

在全市星级饭店普遍配备旅游信息触摸屏的基础上，2012 年上海市政府推进旅游服务进社区，在全市 100 个社区文化活动中心内新建了旅游信息服务点，安装旅游信息触摸屏。原上海市旅游局在各个渠道发布上海旅游的全方位信息和市民出游的热门信息。

上海市旅游咨询服务虽然取得了很大的成绩，在全国范围内处于领先地位，但是从总体上看，仍旧处于起步探索阶段，普遍存在着如下特点及问题：

（1）布局不当，网点重叠或空白。许多地方尽管已经建立了旅游咨询服务体系，但在城市的交通枢纽、中心广场、重要景区景点等客流聚集地，如南京路步行街到人民广场、外滩沿岸一带的中心城区，旅游咨询点分布较为集中，与旅游资源相关度不太匹配，出现重叠区域或未覆盖区域。从咨询点分布以及与资源点的相关度的分析中看出：中心城的内部咨询点分布较集中，辐射区域有的出现重合区，中心城外围地区咨询点分布较稀少，辐射区域少；周边郊区咨询点分布少、辐射少甚至出现空白区。

（2）服务功能发挥不到位。各地现有网点的人工咨询服务、免费资料提供这两大基本功能发挥比较到位，但是资料不够充分，智能咨询服务较少，宣传手册的艺术性设计不高，另外，免费资料提供中有关成人或儿童的环境教育、环境解说方面的内容提及较少。

（3）标志体系不够醒目，知晓度不高。我国旅游咨询采用了国际通行的小写字母“i”作为统一标志，这一标志对于外国游客而言容易辨认，但国内游客普遍不了解其含义，即使对于“旅游咨询中心”中文标牌，也仍有人不能直接理解它的免费旅游信息咨询服务功能。上海市的旅游咨询服务中心在外观上不够醒目，没有明显的辨识度，有些咨询中心无法有效服务于参观者，标志体系不统一。

2. 城市旅游交通指示服务

进入城市旅游的散客时代，自驾游、自助游已经成为旅游的主要形式之一。为了给市民、游客的出游提供方便，给旅游车辆驾驶员提供清晰导向，上海通过制定和实施有关旅游指示系统的法律法规与标准，并通过各种地图、指示标志设计等方法完善旅游指示系统。主要的做法有在城市主要道路设置景区点交通道路指引标志，发布上海第一代“手机导游”App——iTravels 等。

我国在《中华人民共和国公路法》、国家标准《道路交通标志和标线》（GB 5768—2009）等相关法律法规和标准中对于旅游指示系统建设有相应的规定，《上海市道路指示牌管理规定》等地方性法规中也有要求。但是随着自驾车旅游的兴起，各类旅游景点道路指引标志陆续出现，成为以往道路标准与法规监管的空白。2007 年全国旅游行业首项覆盖长三角区域的统一标准《旅游景区（点）道路交通指引标志设置规范》（DB31/T 393—2007）由上海、江苏、浙江共同发布，成为上海旅游指示系统发展的里程碑。

依据标准，原上海市旅游局会同上海市建委、交通委、市公安局等部门规范了上海市旅游景区景点道路交通指引标志 1064 块（套），为旅游巴士和自驾车游客提供了便利。

2011 年，受原上海市旅游局委托，上海旅游网旅行服务有限公司自主研发的上海第一代“手机导游”iTravels—intelligence Travel service 正式上线发布。这一“智能旅游公共服务系统”，以多媒体方式展现旅游景点的相关信息以及综合配套信息服务，满足游客在景点和目的地城市的旅游公共服务需要，成为上海旅游指示系统中的重要组成部分。

上海的城市旅游指示系统还存在主要空间点缺失、区域衔接不足、功能薄弱等问题。

首先，在主要交通枢纽、特色旅游街区、旅游景区等空间引导式图形覆盖率不高，而且不连贯，需要优先对这些地区重点排查并建立健全指示系统。

其次，上海城区之间、上海郊区与其他省界交界处缺乏过渡性引导说明，不利于长三角旅游交流与合作，建议加强区域协作，并优先进行人流量大的衔接点的指示系统建设。

最后，旅游指示语言单一、不清不全、摆放位置不明显、标志指引不连贯等功能问题严重，建议对经常使用的标志进行归纳，设计并采用简洁易懂的标识，提倡陌生人效果检验方法来排查指示问题，并进行专人负责制，加强指示系统的精细化管理。

3. 城市旅游交通服务

为了规范促进上海的一日游市场发展，1998 年上海市政府设立上海旅游集散中心。这也是当年市政府的实事工程之一。经过十几年的发展，上海旅游集散中心已经具备上海旅游集散总站、虹口分站、杨浦分站、宝山分站、嘉定分站 5 个集散站发车站。形成旅游线路 108 条，涉及景点 235 个。年接待游客人数已经超过 600 万人次。基本完成了对浙江、江苏以及部分安徽境内的景点的覆盖，完成了对区域旅游合作的布局，也非常成功地解决了散客短线出游的问题。

相较于上海不断扩大的城区范围和郊区的快速发展，上海市旅游集散中心的站点数量还显得偏少，覆盖范围也较小，不能完全满足外来人口导入和聚集区域的市民出游需求。比如，通过集散中心出游人数位居全市第二的浦东新区至今没有集散中心站点。郊区作为新兴的旅游客源市场的地位逐渐显现，而目前集散中心的站点主要集中在中心城区，不便于郊区游客出游。

二、上海公共旅游休闲空间管治的提升

（一）上海旅游休闲从“十一五”到“十二五”规划的发展

制定和实施规划是开展城市旅游休闲公共空间管治的重要手段之一。

1.“十一五”规划

2005 年《上海市旅游业发展“十一五”规划》（以下称“十一五”规划）中首次提出了上海建设世界著名旅游城市的目标。这是在上海确立建设“四个中心”——国际经济中心、国际金融中心、国际贸易中心、国际航运中心目标后，从城市环境、消费经济的角度对上海城市定位的补充，2011 年被写进了上海市委市政府的文件。

“十一五”规划提出提升旅游自主创新能力和增强旅游国际竞争力这两条主线。可以看出，当时还是更加注重旅游业作为一种产业形态本身的发展。旅游业对于国民经济社会的发展还处在从属和协助的地位。

在空间布局上，“十一五”时期还是遵循着城乡二元结构的模式，将中心城区与郊区作为两个相互对立的主体。中心城区是上海都市旅游发展的主体[①]，重点打造特色旅游街区，将郊区视为上海旅游发展新的增长点，建设休闲度假旅游区和现代乡村旅游服务区。

① 《上海市旅游业发展“十一五”规划》文本。

规划关注到了各个地区资源禀赋的不同，中心城区的特色旅游街区以及郊区的几个休闲度假旅游区和乡村旅游服务区都已经有了旅游休闲功能区的雏形，成为以后进一步发展的基础。

2.“十二五”规划

2010 年《上海市旅游业发展“十二五”规划》（以下称“十二五”规划）延续了建设世界著名旅游城市的目标，并且进一步分解成了“国际都市观光旅游目的地”“国际都市时尚购物目的地”“国际都市商务会展目的地”“国际都市文化旅游目的地”“国际都市休闲度假目的地”以及“国际旅游集散地”①。上海的功能定位更加明确，应该说，这表明上海开始意识到休闲经济对于城市发展的作用。旅游规划并没有局限在旅游业发展的本身，而是更多地开始思考旅游业对于上海这座城市的意义和作用。

在空间布局上，规划提出整合优化存量资源，打造新兴旅游集聚区域，将旅游业发展与城市化的进程相结合，打造“一圈四区三带一岛”的空间格局。“一圈”指建设都市旅游中心圈，与中心城区重合，打造都市旅游服务功能区。这一目标着眼于旅游功能区的概念，并且注意到功能区与行政区划之间的关系，同时为 2016 年原国家旅游局“全域旅游”概念的提出做出了探索。“四区”指市郊打造“四大旅游区”——商务会展与主题游乐旅游区、山水游憩与休闲度假旅游区、乡村度假与滨海游乐旅游区和生态休闲与产业体验旅游区，形成上海都市旅游新的拓展区域。“三带”指三条黄金旅游集聚带，主要指黄浦江旅游带、苏州河旅游带和杭州湾北岸滨海旅游带。“一岛”指崇明生态旅游岛。

“一圈四区三带一岛”的空间格局的提出实质上是提出了对城市旅游休闲公共空间的思考，是基于上海既有的产业分布空间，以旅游功能叠加的方式来进行产业空间的重新认定。其明确提出以“战略转型、功能完善、空间重塑”为发展主线，更好地支撑上海国际大都市建设。

如果说“十一五”规划注重的是旅游业对各类社会资源、空间的充分利用，那么“十二五”规划则更加强调旅游业对城市以及第一产业、第二产业、第三产业的作用和影响，已经初步有了社会办旅游，而非仅仅旅游局办旅游的思路。这与社会经济发展阶段有关，各个行业都在谋求转型，旅游业的市场化效应恰恰符合发展的需求。于是上海市农委主动兴办农业旅游、上海市经信委主动兴办工业旅游、上海市交通委主动兴办黄浦江游览船旅游、上海市商务委主导的上海国际购物节、上海市文广局主导的上海国际艺术节都与上海国际旅游节融合。国家层面，国家体育总局与原国家旅游局合作开办一

① 《上海市旅游业发展“十二五”规划》文本 http://www.shanghai.gov.cn/nw2/nw2314/nw2319/nw2404/nw30556/nw30557/u26aw31364.html.

年一度的中国体育旅游休闲博览会，交通运输部、公安部等对国际邮轮旅游的发展从限制到支持等。也正是在这样的发展背景下，2011 年上海市委、市政府出台《关于加快上海旅游业发展建设世界著名旅游城市的意见》，正式把建设世界著名旅游城市列入上海城市发展的总体目标，在该文件的行动方案中对各委办局都有明确的分工。

然而“十二五”规划对于城市空间的重塑还停留在旅游市场发展的层面，没能深入认识旅游休闲的经济意义、社会意义，对中心城区都市旅游服务功能区和市郊“四大旅游区”的划定更多地还是从旅游产品供给的角度考虑，还没有使旅游休闲真正产业化。旅游休闲的发展建设和管理还没能列入上海市、区政府的考核目标。上海市政府旅游工作领导小组的工作没有常态化。面对日益庞大的旅游市场，原上海市旅游局执法力量极其薄弱，没有处罚权，每每只能依靠其他部门的联合执法，市场监管极其被动。“大产业、小政府”的格局仍然没变；各行业管理部门对于兴办旅游的做法还是各自为政；各属地管理部门还没有将旅游协调管理机制化、长效化，尚处在临时被动的阶段。

尽管提出了将旅游业培育成为人民群众更加满意的现代服务业，但“十二五”规划更多关注的还是假日经济的拉动作用。旅游主管部门和旅游企业目前主要苦恼的还是旅游市场的淡旺季问题、出入境旅游市场的发展问题以及伴生旅游大发展而越来越多的事故应急处置问题、旅游权利纠纷问题等。旅游休闲的公共服务与管理还没能常态化、社区化。黄金周的发展是对中国人旅游休闲需求的极大释放，但同时也伴生着交通拥堵、空气污染、环境破坏、旅游经济发展畸形等各种问题。也正因为如此，落实带薪休假的呼声日益高涨，实质是要求旅游休闲常态化。

从“十一五”规划到“十二五”规划，从上海旅游业近十年的发展历程中可以总结出城市旅游休闲公共空间的发展趋势。空间上，从点向面发展；时间上，从节假日向平时发展；产业上，从单一向融合发展；管理上，从临时向常态发展。所有发展指向就是城市旅游休闲公共空间的建设。（见图 7–1）

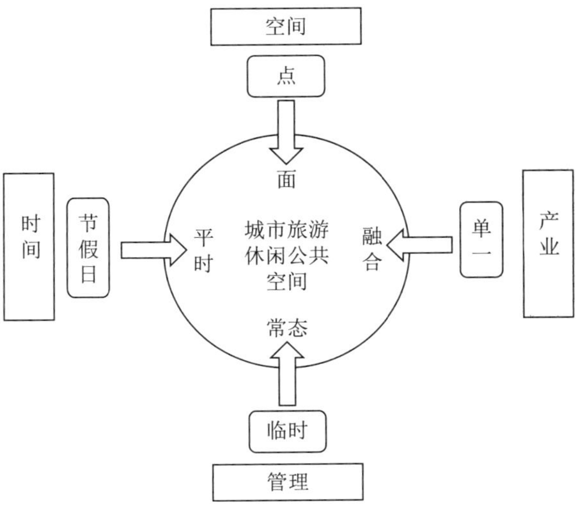

图 7–1　城市旅游休闲公共空间发展示意图

3. 国务院促进旅游业改革发展的意见

2014 年 8 月，国务院发布了《关于促进旅游业改革发展的若干意见》（以下简称《意见》），提出积极发展休闲度假旅游，要在城乡规划中考虑休闲度假需求，保障旅游用地，营造居民休闲度假空间。

《意见》对上海城市旅游休闲公共空间的发展主要有三个方面影响：一是深化旅游改革要求政府职能转变，要求上海市政府及各级部门创新市场监管方法，加强公共服务功能。二是国家对休闲度假旅游的重视，要求上海合理优化布局，营造居民休闲度假空间，争取土地利用保障政策，形成城市和郊区两大产业集聚区。三是优化旅游环境，要求上海以世界著名旅游城市的目标和标准来完善旅游交通、保障旅游安全等，突出智慧城市在目的地城市中发挥监管、提供公共信息服务等方面的作用。

（二）提升上海城市旅游休闲公共空间管治的路径

2014年上海市人均生产总值为9.73万元①，折合15847美元。其中第三产业增加值占生产总值的64.8%。三次产业的比例关系为0.5∶34.7∶64.8。第三产业成为上海市国民经济的支柱产业。

从2004年到2014年，随着上海旅游经济的高速增长，旅游业作为全市国民经济支柱产业的作用愈加凸显，旅游综合实力不断提升。2014年，上海旅游业实现增加值1449.3亿元，占上海GDP的比重达到6.2%。②。上海市民人均本地出游率达到5.7次，远高于全国平均水平，旅游消费的大众时代到来。

1.构建城市旅游休闲综合协调管理的体制机制

产业管理的体制机制对旅游休闲产业的发展至关重要，政府对旅游产业采取的管理体制直接影响着旅游休闲产业发展政策的落实。上海现有的旅游休闲产业管理体制中，旅游局的功能和作用比较局限，缺乏综合协调管理能力。上海应把完善旅游休闲产业管理体制作为深化政府行政管理体制改革的重要内容。

首先，上海亟须建立综合的协调机制。从前文的诸多分析可以看到，上海的城市公共旅游休闲资源分散在各个职能部门的管辖范围中。管理的机制、体制各不相同，条条分割、条块分割的情况明显。本书写作过程中对相关资料的查询就是一大难题。上海市政府需要贯彻落实《中华人民共和国旅游法》，进一步建立健全旅游综合协调机制。在信息发布、人数统计、活动组织、资源调配以及应急处置等方面建立协同。

其次，上海亟须强化行业管理职能。上海旅游休闲的健康有序发展需要组建旅游休闲综合执法队伍，实现市场监督、行政执法和行业管理相统一。把城市旅游休闲公共空间的管治纳入各个部门的日常工作范围。

最后，在市级层面重新构建旅游休闲产业管理部门，并在人员编制、岗位职能、

---

① 《2014年上海市国民经济和社会发展统计公报》http://district.ce.cn/newarea/roll/201502/28/t20150228_4681549.shtmlhttp://district.ce.cn/newarea/roll/201502/28/t20150228_4681549.shtml.

② 《2014年上海统计年鉴》http://www.stats-sh.gov.cn/tjnj/tjnj2014.htm.

工作机制、处理权限等方面予以明确。赋予其对全市旅游休闲产业及其各相关资源要素以相应的事权和财权。具体来说拥有组织编制或参与编制全市发展总体规划、土地利用规划、产业发展规划的权力，拥有促进全市旅游休闲产业发展资金预算编制的权力，拥有统一管理全市旅游休闲市场，监督执法的权力等。各区县政府也应该相应设置这样的旅游休闲管理部门，在本辖区范围内发挥作用，并将对旅游休闲产业的发展情况纳入对各区县政府的考核范围。

2. 对城市旅游休闲公共空间实行分级管理

分级管理是城市空间管治的重要手段。依据前文对于“游憩区域”层级划分与城市旅游休闲公共空间的对应，结合对公共旅游休闲资源分值的划分，可以对上海城市旅游休闲公共空间做出三个级别的划分，即一级城市旅游休闲公共空间、二级城市旅游休闲公共空间和三级城市旅游休闲公共空间。

一级城市旅游休闲公共空间具有国家级乃至世界级的知名度，面向全球的旅游休闲消费市场。在重要节假日里举办重大节庆活动，是上海重要的地标性旅游休闲区域。如：在生成机理上由重点旅游景区等公共旅游休闲资源为基础逐渐汇聚而成，属于前文论述的资源富集型。

此类区域具有交通便捷、设施齐全、节假日人流高度密集等特点。在公共服务上应当做好旅游大巴等的通行、停泊以及上下客的安排疏导。做好交通道路指引标识的设置以及公厕等社会公共服务设施的导向指引。应注意大型备用空间的预留。在管理上应注重日常管理与节假日峰值管理相结合，注意到“时间”“空间”“事件”和“人”四个要素在一级城市旅游休闲公共空间里高度集聚的规律，有意识地错峰疏导。比如避免在重大节假日里选择在一级城市旅游休闲公共空间举办大型活动，同时做好与二、三级城市旅游休闲公共空间的联动，做好人流疏散引导以及应急处置的日常演练等。

二级城市旅游休闲公共空间具有上海市级知名度，主要面向全国特别是邻近省市的旅游休闲消费市场，也是上海市民日常休闲消费的主要区域。如：在生成机理上由人口密集的城市中心区域转型升级而成，属于前文所论述的城区集聚型旅游休闲空间。交通枢纽型旅游休闲空间也可以在这一类城市旅游休闲公共空间中体现。在生成机理上与城区集聚型旅游休闲空间殊途同归。

此类区域店铺林立，商业发达，毗邻居住区，附属机构和设施完备。旅游、休闲、商务、通勤以及医疗、学习、购物等多重功能密集，是较为典型的城市旅游休闲公共空间，也是一个城市生活中最有魅力和生活情趣的体现。在公共服务上应该紧跟世界发达城市的更新步伐，拓展公共区域面积，改善环境，还地于民。做好公共停车和区域外围的公共交通接驳。在公共管理上，做好“时间”与“空间”两个维度的衔接配合，划分不同功能实现的时间段，既丰富多彩，又不扰民。注重在节假日“活动”举办的多样化和系列化，控制规模。变以往“毕其功于一役”的大型、超大型活动为常态化、系列化的小型活动，真正使休闲成为市民游客的生活常态。

三级城市旅游休闲公共空间具有区县级影响力，主要面向市内，特别是其周边社区的旅游休闲消费市场。是上海市民日常生活娱乐的主要区域。如生成机理上也属于城区集聚型旅游休闲空间，但较二级城市旅游休闲公共空间在规模、能级上都更小。

此类区域存在于居民区周边，是日常休闲生活的组成，体育健身、社区演艺娱乐设施齐全。在公共服务中应注重优美环境的营造与维护、民众文化娱乐活动的组织以及对不同年龄段的市民健康休闲需求的满足，特别是老人和儿童，尤其是对广场舞这种大众喜闻乐见的健身娱乐形式，在公共管理中应注意时间上的调配以及与居住环境的协调。

3. 对城市旅游休闲公共空间实行属地化管理

在前文所分析的诸多城市空间管治模式探索的基础上，进一步将城市旅游休闲公共空间的管治与行政区管理相协同，采取属地化管理的方式，才能更好地推进城市旅游休闲公共空间内的公共管理、公共服务的推进落实。在既有的城市功能区，如工业区、经济区、自贸区等的基础上，增设城市旅游休闲公共空间的设置，成为一类行政单元。一级城市旅游休闲公共空间可以效法上海国际旅游度假区的模式，打破原有所在的乡镇街道的行政区划，单独设立区域，实施社会综合管理。二级城市旅游休闲公共空间往往处于城市区域的核心地段，地处郊区县的二级城市旅游休闲公共空间通常是区县政府所在地，可以设立由区县政府直属管理的行政区块，管理委员会或办公室设置为区县政府的直属机构。三级城市旅游休闲公共空间则需要在社区管理的基础上强化旅游休闲的管理职能，有效发动社区居民自治管理。

4. 为城市旅游休闲公共空间提供用地保障

积极顺应上海城市功能的变化，主动提升城市的休闲服务能级，打破原有的基于产业功能划分的城市空间格局，统筹考虑在同一空间内居住、工作、休闲功能的实现，并以时间的维度探索对有限土地的综合利用。一是改变对城市旅游休闲公共空间用地属性的认知，改变以往将旅游用地归为商业用地的做法和标准，将城市旅游休闲公共空间用地视为城市基础设施用地和公益事业用地。二是基于产业调整和工作模式的变化，特别注重居民社区及其周边土地的休闲功能开发。三是还地于民，特别是在黄浦江、苏州河沿线、滨海临江区域建设城市旅游休闲公共空间，破除以往房地产开发和码头管理等造成的空间占据和分割，尊重市民、游客亲水休闲的权利。四是为重大旅游项目的引入预留用地，打造重点旅游休闲板块，形成品牌主题鲜明、规模效应凸显的上海旅游亮点集聚区域。五是在工业用地转型中旅游功能的引入。在中心城区、郊区零星工业用地转型中，适当考虑旅游功能，作为旅游设施、项目的建设用地。六是加强其他用地的旅游功能挖掘。针对具备一定旅游功能的非独立用地，注重旅游功能与其他城市功能的“互动共生”（王睿，2015），在不影响土地原有规划功能的基础上，充分挖掘其旅游发展潜力，为旅游休闲发展提供支撑。七是在城市规划编制过程中，对旅游用地的明确。对于划定为旅游休闲区的区域，建议编制城市规划时，明确需配置的旅游服务设施，保证旅游项目、设施的建设的用地和空间。

5. 加大对旅游休闲产业的财政支持

政府应加大对旅游休闲产业的支持力度，首先是做好城市基础设施建设，构建旅游休闲公共服务体系。应研究跟进世界城市更新的发展潮流，改变以往以生产、通勤，单纯追求效率的城市设施格局，加大对城市公共空间休闲化的改造。以创新的思维、人本主义的理念，充分利用城市的公共空间，打造宜居的城市环境，其次，集中财政力量，扶持具有增长潜力、惠及民生的休闲产业发展项目。比如养老产业、城市立体绿化产业、体育休闲产业、旅游装备制造业等。以财政的支持作为市场资金的导向，调动市场的力量做好城市的更新与转型。最后，充分培育新技术、新模式的发展，促进传统服务业向现代服务业升级转型。特别是“互联网 +”的运用，政府应允许和鼓励基于新技术、新模式带来的业态创新和产业创新，不怕触及甚至颠覆既有的管理模式，而是以更大的热情、更加宽容的态度去支持这些新事物的发展。同时，上海应充分引导和利用民间资本，促进和扶持旅游休闲产业的发展。一是设立旅游基金，形成对旅游项目的重点支持。二是建立旅游融资担保公司，为中小旅游企业的银行贷款开展信用担保。三是放开旅游资源开发限制，鼓励社会资本共同参与国有旅游资源的开发建设与经营管理。

本章小结

上海都市旅游的创新发展，由此相匹配的城市旅游休闲公共空间管治格局在全国也具有典型意义。将其作为案例研究将对上海乃至全国各个城市的发展提供导向意义。

第一，改革开放以来，随着上海城市的人口、范围、功能的不断发展，上海旅游公共管治体制也在不断调整变化，管治目标也由以往经济发展的单一目标向经济发展、资源使用、环境改善和社会和谐等多重目标协同发展转变。

第二，上海在城市旅游休闲空间公共管理体制机制上形成的三种模式——以政府为主的空间管治模式、以企业为主的空间管治模式和政府 + 企业的空间管治模式。但条条分割和条块分割的矛盾始终存在，政府的改革还有待进一步深化。社会化组织的缺失，在提供市场所需的公共管理、公共服务能力方面还明显不足。

第三，上海城市旅游休闲公共空间的管治应构建城市旅游休闲综合协调管理的体制机制，对城市旅游休闲公共空间实行分级管理、对城市旅游休闲公共空间实行属地化管理、为城市旅游休闲公共空间提供用地保障、加大对旅游休闲产业的财政支持。

第八章 上海市宝山区城市旅游休闲公共空间构建及管治

一、宝山区城市旅游休闲公共空间的发展变迁

上海市是全国最早开始城市更新实践的城市之一，积累了多年的城市更新经验。城市更新作为城市新陈代谢的一种方式，在上海城市发展过程中表现出不同特征。上海经历了以政府筹措为主的住房改造阶段（1980—1990）、以规模优先的旧城区改造阶段（1991—2000）、以创新为主的城市更新阶段（2001—2010）和以绿色可持续为主的渐进式更新阶段（2011—至今）。

从历史上来看，上海曾经是全国的工业重镇，而宝山区恰恰又是工业重镇中的重镇。所以，人们一想到宝山区，往往就会涌现出两个字，那就是“重”和“硬”。一直以来，宝山区产业结构以工业为主，工业结构中又以重工业为主，同时，由于还有不少的传统制造业，服务业比重又比较低，使得产业结构不合理、人口结构不丰富、生态环境也不尽理想。但随着“十二五”时期宝山区工业转型开始，宝山区从“钢花”到“樱花”再到“浪花”，宝山区一直是上海郊区发展建设的开垦者和探路者。随着创新、协调、绿色、开放、共享新发展理念成为城市发展的主旋律，随着《上海“十四五”规划纲要》的发布，今天的宝山区，迎来了城市建设新的目标和方向。

在将来，上海将建设成为卓越的全球城市，令人向往的人文之城、创新之城、生态之城，具有世界影响力的社会主义现代化国际大都市。宝山区作为《上海市城市总体规划（2017—2035）》（以下简称“上海 2035”）中确定的主城区组成部分，是长三角城市群一体化发展的节点门户城市，是上海追求卓越全球城市的重要发展空间。2035 年的宝山区，将是城市更新的最佳实践区，是坚持创新创意创业相促进、生态生产生活相融合、宜居宜业宜游相协调的现代化滨江新城区。

二、宝山区城市旅游休闲公共空间演化的动力机制

（一）外驱动力

1. 政治力

在空间结构方面，进一步深化落实宝山区战略发展目标，延续上轮规划的空间结构，有效衔接“上海 2035”明确的空间体系，体现新时期宝山区发展的战略要求，形成“一带两轴三分区”的空间格局。“一带”为“T”形滨江综合功能发展带；“两轴”为宝杨路—宝安公路功能拓展轴和沪太路城镇发展轴；“三分区”为北片区—罗店城镇圈、中片区—主城片区（宝山部分）、南片区—中心城区（宝山部分）。（见图 8-1，图 8-2）

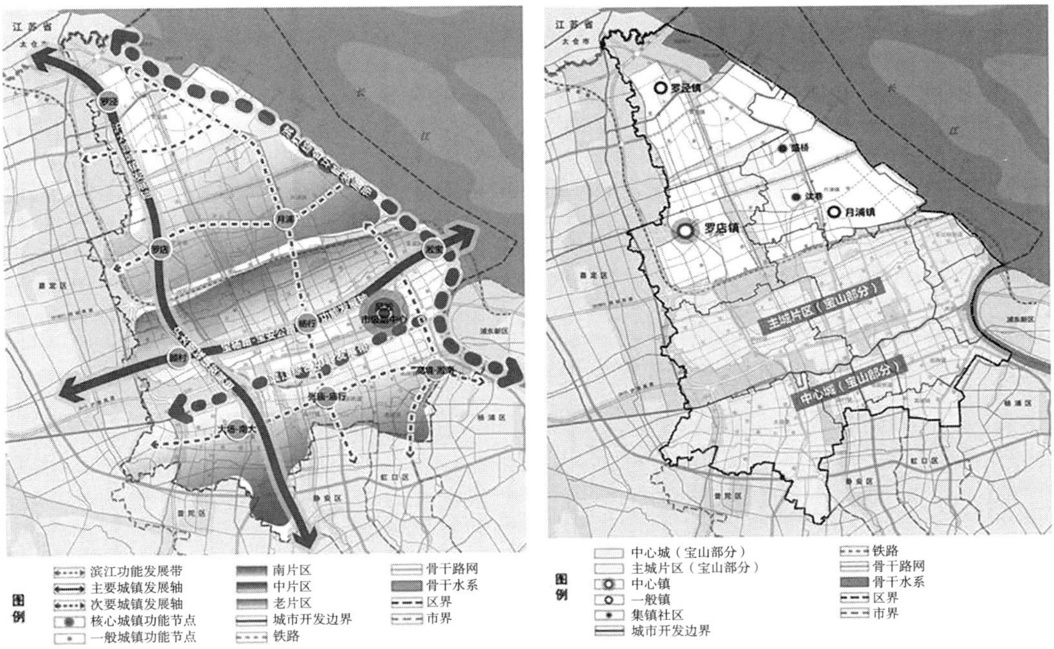

图 8-1　空间结构规划图

在公共中心体系方面，规划落实“市级副中心—地区中心—社区中心”三级公共中心，形成“1+9+X”的公共中心体系，即 1 个市级副中心、9 个地区中心、X 个社区中心。（见表 8-1）

表 8-1　公共中心体系一览表

层级体系	地域类型		公共中心名称	主要职能
	主城区	郊区		
第一层级（市级副中心）	主城副中心		吴淞市级副中心	面向所在区域的公共活动中心，同时承担面向市域或面向国际的特定职能

续表

层级体系	地域类型		公共中心名称	主要职能
	主城区	郊区		
第二层级（地区中心）	中心城、主城片区地区中心		大场—南大、顾村	面向中心城、主城片区的地区级公共中心
			张庙—庙行、淞宝、高境—淞南、杨行	面向中心城、主城片区的地区级公共中心
		新市镇地区中心	罗店	面向宝山北部地区的公共中心
			罗泾、月浦	面向新市镇镇域的公共中心
第三层级（社区中心）	中心城、主城片区社区中心	新市镇社区中心	按 15 分钟生活圈划分	以 15 分钟生活圈为范围，配置社区级公共服务设施
	产业社区中心		宝山工业园上海机器人产业园（顾村）	面向城市产业社区

2. 经济力

宝山区目前正积极贯彻落实十一届市委十次全会精神，努力进行“北转型”来完成上海市寄予宝山区新的发展目标。在产业功能的布局上，宝山区计划在北部、南部、中部分别形成先进制造业片区、科技商务集聚区、生产性服务业集聚片区和国际航运中心北部片区（见图 8–2）；并根据上海市明确的产业园区空间体系“产业基地 + 产业社区”+“零星工业用地”，明晰了宝山区的产业园区布局体系“2+5+12+N”。由六大产业园区（宝山邮轮区、宝山工业区、宝山城市工业区、顾村机器人产业园、南大智慧区、吴淞科创区）和其他产业社区发展布局构成。（见图 8–3）

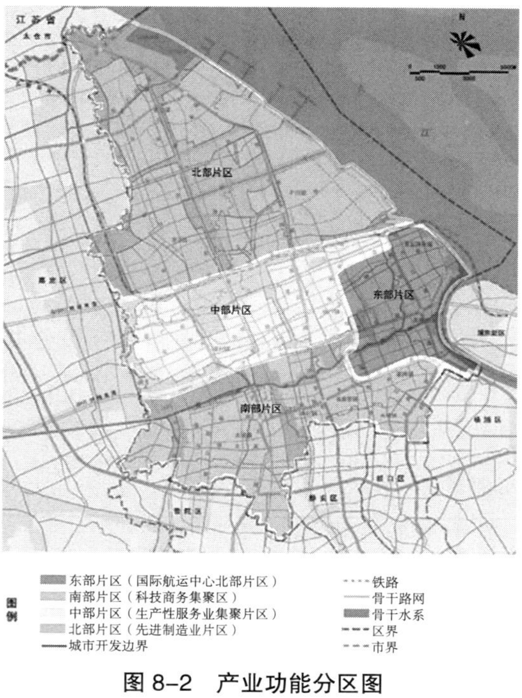

图 8–2　产业功能分区图

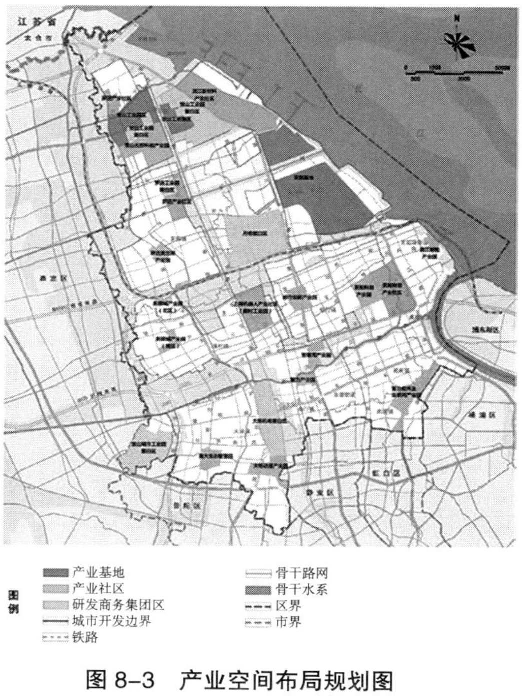

图 8–3　产业空间布局规划图

用科创来带动宝山区经济发展，从而推动宝山区高质量发展的这一行为不仅体现了产业转型，更展现出了城市发展和空间治理过程中的新理念、新思想。

3. 社会力

宝山区依托“人民城市人民建，人民城市为人民”的理念，按照人们的需求去进行相关资源的调配和配置。“上海 2035”中相关要求规定，罗店城镇圈是在宝山区主城区外围郊区空间组织和资源配备的基础单位。按照 30—40 分钟交通出行时间，以罗店镇为核心，按照居民交通出行的活动规律，有效配置公共服务资源，融食、住、行、职、医、体等生活性服务为一体，促使罗店城镇圈内产业与城市发展相融合，达到协调、平衡的状态，更有利于宝山区北部和城乡的统一发展。此外，一些相关综合体的建设也是为了更好满足人民需求所建而成。如吾品田 · 风尚天地就充分利用空间，把相关资源集中在一个综合体中，让人们的多元需求能更便捷、快速地满足。

4. 生态力

在不缩减生态空间总量、不降低湿地及野生动植物栖息地空间的情况下，宝山区积极推进生态保护和绿色建设，通过打造相关林地、农业用地、湿地等，奠定良好的生态基础，进一步加强城市绿道、城乡公园、城市森林、生态廊道体系的构建，打造协调融合的生态格局，塑造特色鲜明的滨水风貌。注重自然与人文风貌协调，注重绿化公共空间与文化特色的融合，发挥核心景观价值，提升滨江岸线生活功能和滨水地区的空间品质，展现丰富美好的地区景观特色。

在集约利用生产空间的条件下，通过合理安排生活空间从而达到对生态空间的保障，需要进一步强化空间管制。以保护城市生态环境的视角考虑，宝山区要严格把握空间开发管理的底线，做到不触碰生态保护红线；优化生产力布局，提出各类生产空间的环境准入要求，明确环境准入负面清单，将环境准入要求与宝山区生态功能衔接，与区域环境防护衔接，与区域环境质量衔接，与规划用地类别衔接，与行业资源环境效率水平衔接。

结合宝山区未来的城市转型和更新建设，倡导绿色建筑理念，在全生命期内，需尽可能提供低能源消耗、污染少、适宜人居住、健康舒适、与自然融合协调的建筑或空间。

5. 文化力

依托“两江一河”（黄浦江、长江、蕰藻浜）的滨水空间资源，顾村公园、炮台湾湿地公园等生态资源以及罗店老镇、吴淞文化等历史人文要素，打造宝山区文化新地标、完善宝山区的人文体系建设是十分必要的。通过重新组合相关环境资源，对滨水空间规划改造，呈现人与自然、文化协调共生，带有宝山区地域特色的城市宜居宜游新空间。

此外，博物馆作为能集中体现文化的空间，宝山区需要有一大批与其特定历史、调性和个性相符的博物馆。目前已经有了 3D 打印文化博物馆、玻璃博物馆、上海木文化博物馆、中国工业设计博物馆、杨明洁工业设计博物馆等，但这些还远远不够。宝山区还需要大量既有历史，又有未来，还有消费价值的工业类博物馆待建设，这些具有产业、行业特色的博物馆能较好显示出宝山区的特质、优势和文化基因。

（二）内驱动力

1. 城市规划

根据宝山区“北转型”和建设科创中心主阵地的目标，宝山区聚焦数字科创，加快推进数字化转型工作，大力推动建设“双核五圈”的示范生态圈，充分利用宝山区有空地的空间进行相互交融、相互赋能示范圈的打造。

“双核五圈”建设中:“双核”是吴淞创新城和南大智慧城;“五圈”是五个数字化转型微生态圈，包含了农、商、产、科创等多个维度，包括数字园区微生态圈、数字街区微生态圈、数字商业微生态圈、环上大数字微生态圈、数字田园微生态圈，从而进行更好的治理。

其中，南大智慧城主要以“数字经济”为发展核心，通过各种高新技术来提高智能化程度。如人工智能、金融科技、区块链等技术。

而吴淞创新城的定位则有所区别，主要为“三新两创两高”。“三新”是新经济、新硬件、新材料，“两创”是文创、科创，“两高”是高品质的特色旅游和商务商业。通过对有工业特色的建筑保留或改造，将文创和科创充分融合，吴淞作为一个工业转型地将会成为上海乃至全国的一个典型特色区。

2. 人口

宝山区的规划表明到 2035 年，宝山区常住人口将控制在 210 万人左右，其中，约 2.5 万人为农村人口。中心城（宝山部分）为了在未来满足疏散超大流动人口的需要，目前需进一步预留相应的空间来应对相关情况的发生。

此外通过提升产业结构，加大科技创新投入，实现产业发展“六个统筹”，以产业结构调整优化劳动力结构。

3. 路网格局

在土地与环境资源的双重约束下，优化交通系统、完善管理体系、整合区域交通资源，构建与宝山区城镇空间和产业发展相协调、布局合理、功能分明、安全、便捷、高效、绿色、舒适的综合交通系统，以支撑引导城市功能转型，促进区域联动、提高居民出行的便利程度，推动宝山区经济社会全面快速发展。

通过将各种交通方式进行充分连接，形成对内、对外，覆盖全面的交通体系。在对内方面，将杨行枢纽作为中心，由轨道市区线、常规公交、市域线、局域线四个方面构成公共交通系统，推动常规公交和轨道交通的结合发展从而提高绿色出行的比率。在对外方面，往苏州和江边及以吴淞国际邮轮码头国际航线为基础的“6+1”交通体系，达成广覆盖、多方式的一体化网络格局。

4. 城市土地分类

根据规划，至2035年宝山区建设用地总规模约为244.3平方公里。在建设用地规模确定的情况下，要想做到生态用地、建设用地等进一步增加，就需要节约用地，集约相关功能和资源。在城市更新过程中要转变思路，不能大规模地扩建，而应在已有存量的基础上进行改造和优化，根据土地本身的性质和环境因地制宜，达成增加生态用地、保障居住用地、生产用地的目标。

5. 居住格局

为满足宝山区城市转型发展的要求，需提高对相关人才的房屋供应，改善宝山区的住房结构，实现住房人群结构的多元化。

此外作为社区公共资源应该配置的基本单位“15分钟生活圈”，应在居住社区中心积极打造。15分钟生活圈要以社区中心为核心，在步行15分钟的范围内，将相关设施、交通等资源有机结合，从而满足居民对公共服务的需求，提升宜居、宜业、宜游的生活品质，增强居民的幸福感和获得感。

三、宝山区城市旅游休闲公共空间的发展变化

（一）宝山区工业休闲空间的变化

1. 智慧湾——科技高地和文化源地的集合

这里曾是上海第三毛纺织厂等4家企业的仓库用地。由于没有良好经营，许多设施设备闲置于此，不仅没有产能，还影响环境的美观。经过转型改造的智慧湾于2016年9月重新亮相，让人们眼前一亮。作为宝山区“一号创新带”核心园区和实行个性化定制的新型活力园区，开园以来先后获得市级文创园区、上海科普公园、上海市四星级体育旅游休闲基地和首批50家“上海市民休闲好去处”等诸多荣誉。短短两年半的时间，智慧湾已开发了三期，有企业338家，集聚以青年人为主体的员工5000多人。智慧湾目前已有80%的入住率，共计创造的年产值约6亿元，税收高达6000多万元。目前，园区环境越来越好，人气越来越旺，室内外前来参观者很多，许多企业、投资商慕名而来寻求深度合作。

智慧湾科创园是在第三毛纺织厂等企业仓库的基础上进行的改造，保留了原本的形貌特征和集装箱特色。现在从空中的角度看智慧湾，还能看出曾经仓库的影子，但是整体空间结构已经发生了天翻地覆的改变。

集装箱本来是最应该头疼如何改造的，但将其融入改造过程中后，集装箱反而成为天然的建筑材料，形成了智慧湾的一大特色。只需将其简单地改造，重新着色，挖

开门窗，就变成了一批批工业风的全新“箱空间”，一些中小微文创、科创企业便可以入住。除了供企业入驻外，有两栋“箱空间”被改造成集展示、发布、会议、表演等功能于一身的多功能展厅。这样的改造方式充分利用旧有设施，极大地减少了资源的浪费。

此外，原本进行货物装卸的码头也被改造成为艺术空间。墙壁上的涂鸦、舞池和舞台的搭建都赋予了码头更为艺术的气息。2020 年的黑池舞蹈节（中国）就在这块舞池上进行。

智慧湾除在外形特色上，还有另一大特色就是智慧湾的高新技术发展突出。许多智慧湾的景观设施都是由 3D 打印而成，如园区中的长椅、草丛中小提琴样式的花盆、《星球大战》玩偶等，成为智慧湾园区内不一样的景致。

3D 打印的混凝土桥是智慧湾内最具特色的建筑。它是一座步行桥，整个桥拱有 14.4 米，长为 26.3 米，完全是靠 3D 打印混凝土制作而成，桥身没有使用任何的钢筋，是世界上 3D 打印混凝土桥中规模最大的。整个桥的形状灵感来源于赵州桥，桥身整体体现了珊瑚纹路，而雕栏则使用了带状的模样。这座打印桥不仅便利了市民们的日常游览通行，更成为中国甚至世界 3D 打印混凝土技术最高水平的代表作。

智慧湾中有中国 3D 打印文化博物馆，其中有《星际传奇》，是全世界第一个 3D 打印的大型艺术装置；此外还有 3D 儿童活动中心和图书馆等 3000 件左右展品。家长可以与孩子在这里体验 3D 打印，从而更加了解 3D 打印技术。每年在这里会集聚各国 3D 打印领域的专家和巨头企业，进行上海国际 3D 打印嘉年华的活动。不仅如此，智慧湾中也有相关制造和机器人的智能化产品，不断朝着智慧化、科技化方向发展。

智慧湾除了发展科技外，还有一个目标是“文化源地”。智慧湾积极布局艺术产业，引进了上海市第一个用艺术家命名的戏剧专业剧场——依弘剧场以及 8 个艺术家工作室，为艺术创造提供了广阔的平台和空间。在上海国际 3D 打印嘉年华闭幕式中，演出嘉宾就曾穿着 3D 打印做的衣服，将科技与艺术完美融合，进行了精彩绝伦的表演。宋思衡还和两个智能机器人合作完成了《机器人狂想曲》的演奏。

智慧湾还积极打造“艺术之桥空间”，由英国 ACCArtBooks 和广西师范大学出版社联袂成立。该空间装修以自然、灵动为主风格，形成了流动的动态展区，十分具有艺术感。独特工业风的智慧湾还吸引了影视娱乐、赛事等产业的关注。如热播的电视剧、游戏、一些真人秀等都有着智慧湾的身影；许多商家也纷纷进驻智慧湾摆摊，使这里成为抢手之地。

智慧湾从几年前破旧不堪、几乎废弃的旧仓库在转型发展下，摇身一变成了现在科技和文化双开花的创新空间，它不仅服务各个企业，周边居民也是它服务的对象。这里有特色餐饮、茶室、咖啡馆、商务酒店、篮球场、健身馆、社区影院、书店、婚庆会馆等，包含了食住行游购娱的公共空间，为周边居民提供了便利的生活服务。

2. 新业坊——集文化、休闲、展示、娱乐于一身的公共空间

位于逸仙路 1328 号的中外运江湾仓库建于 1950 年，这里本是我国进出口的核心地带，但随着城镇化的发展，相关交通干线、道路相继建成，越来越多的人定居于此，这里便不再适合发展仓储业。从 2005 年开始，中外运江湾仓库便开始寻找自己的转型之道。

仓库一开始因为是密闭空间会产生大量噪声，十分扰民，但经过转型，该仓库已升级成有较多丰富娱乐休闲设施的公共空间——新业坊，环境也有了较大的提升。现在周边居民对这里十分满意，成为人们日常休闲娱乐的好去处。

3. 叁 9 叁 8 科创 · 文创产业园——高新科技企业的园区

月浦镇具有光荣的历史，在这里创造了灿烂的宝钢文化。1999 年创建而成的月浦工业园主要服务于宝钢的运行和配套并已形成了一定的产业集群，但是在提倡环保的今天，这种重工业则不适合继续进行，既不利于环保，也不利于经济的快速发展。随着宝山区不断倡导科技创新，月浦工业园也想在科技上有所突破，但奈何短板过多，成为月浦发展的一大阻力。

但随着资本的介入，月浦工业园区的发展迎来了“春天”。上海万时红科创文化有限公司的母公司——月浦工业园区的老企业在 2019 年对这里进行了资金投入、平台搭建和资源的对接，从而形成了一个高新科技企业集聚、绿色低碳、具有文化创意的园区，有了较好的产业生态空间。

叁 9 叁 8 科创 · 文创产业园共占地 23147 平方米，建筑面积为 17000 平方米，于 2020 年 10 月开始使用。当时虽处在疫情期间，但园区还是吸引了十多家企业，其中有 5 家都为行业中佼佼者的高科技企业。此外，园区内有一个连接“产学研用”的重要空间，一些高校、企业的项目都在这里孵化。值得一提的是，在该园区入驻的光钙（上海）高科技有限公司在复旦大学科研团队的技术支持下，已成功研发出无蓝光、无辐射的光钙台灯，并将在不久后投入市场。

（二）宝山区社区休闲空间的变化

宝山 2035 规划中提出要营造上海北部宜居社区典范。应对新常态下的生活方式转变，通过政府保障、市场运作的联合运行，积极打造“15 分钟社区生活圈”提供全覆盖、高标准的公共基础设施，构建城乡一体、多元融合的社区综合服务体系；建立完善的开敞空间体系，塑造高品质、人性化、有归属感的社区休闲空间，提升宝山居民的幸福感和归属感。

“15 分钟社区生活圈”指的是在人以步行的方式 15 分钟可到达的空间中，对相关资源进行组合、补充、完善，从而满足居民对于生活、学习、工作等的多元需求。宝山区一直以来都在积极建设“15 分钟社区生活圈”，目前已经在一号湾、吴淞、杨行社区形成了一些典型的、具有特色的生活圈，用“15 分钟”圈定万般美好。宝山区进一步通过上海城市空间艺术季，将这些好的生活圈项目进行集中展示，不仅展示了不同城市社区的阶段成果，同时进一步宣传了“15 分钟生活圈”。

1. 一号湾“15 分钟艺术生活圈”

一号湾本是高架桥下的一个区域，在“宝山 2035”落实推进之后，一号湾开始了改造的过程，主要从科创文创、共享社区两个方面展开更新工作，最终形成了“15 分钟艺术生活圈”。

首先，经过对空间的设计和统筹规划，一号湾形成了科创与文创共生的融合空间，大量的相关企业不断入驻，成功转型成为高端科创园区。桥是一号湾中的一个重点元素，除了悉心装扮的“桥空间”外，还有 3D 打印的混凝土桥、“博学多识”的“艺术之桥空间”以及变幻多端的“万年轮”等。

其次，经过改造后的服务设施质量、功能，社区环境都得到了很大的提升，社区活力逐步体现。此外，园区、社区、居民三方积极联动，一起成为社区资源共享管理的行动者，唤醒了三方共建共治意识，城市治理能力和水平得到提升。

2. 杨行社区“15 分钟活力生活圈”

杨行社区位于宝山中部，是宝山重点打造的新城区，所以有很多新鲜血液涌入，整体呈现年轻化，因此杨行社区进行了“15 分钟活力生活圈”的打造。通过与艺术进行结合，增强社区吸引力；形成多功能的“微城市”，打造便利快捷的社区生活圈；举办相关活动如废弃物改造、艺术集市等，共创共享社区美好生活。最终达成了共商、共创、共汇、共建、共评的治理体系，用满满青春活力来推动建立社区治理格局。

居民把一些有关睦邻友好的诗句、图画以及“杨行纸伞”的文化标志进行涂鸦彩绘，不仅填满了原来光秃秃的墙壁空间，为杨行社区的环境增添一抹色彩，同时还引入了新的艺术形式，让居民充分参与其中，成为居民的日常特色活动。

理想的社区，公共空间不再只是人们休憩的一部分，如何利用好公共空间，通过再创造的方式，让整体的氛围流动起来，青年艺术家李季给出了他的答案。

“花漾 YOUNG”艺术集市颠覆传统定点市集模式，搭载文化、艺术、潮玩元素，以车队巡游形式，在主要活动点位运营并售卖，新老居民即可享受逛街、购物、打卡、美食等一站式美好，感受传统与潮流的交织，体验文化与创意交融。

组织居民以杨行镇白沙公园为运动范围，让人们以跑步的形式进一步感受街道活力，呼吸新鲜空气，养成运动的良好习惯，与城市同呼吸、共进步。

以传递美好生活为核心出发点，倡导环保艺术，青年艺术家张赢携手新老居民一起，规划制作以纸箱、玻璃、塑料、易拉罐4种废料为主要改造素材，进行废物改造，从而改善社区的基础设施建设。

3. 吴淞社区“15分钟健康生活圈”

吴淞社区的老年人口较多，因此吴淞社区以轻体、轻心、轻居为中心打造“15分钟健康生活圈”。吴淞社区主要通过把艺术空间和健康融入社区中，进行相关体育设施的提质更新和空间的搭建，从而让年轻人和老年人都能更好地享受社区生活，感受吴淞文化和健康内涵。

在15分钟健康生活圈打造过程中，为了更好地展示和传承吴淞文化，一些创建的成品均是由上海的艺术家和社区居民合作完成。这是创作的极佳方式，灵感碰撞的作品才会是生动、有活力的。让社区居民参与社区建设和社区治理，不仅改善了社区环境，同时让社区居民的获得感和自豪感更加强烈。

（三）宝山区体育休闲空间的变化

人民城市人民建，人民城市为人民。随着全民健身的大力发展，宝山的体育运动空间也在不断扩建完善，以满足人民对体育日益增长的需求，达成“科创宝山，乐享体育”的目标。目前，宝山区对健身苑点进行了升级，如将体育设施进行智能化改造，增添了方便老年人、残疾人等弱势群体的健身器材等，并形成了三个示范健身苑点，引领全区的体育运动空间提质更新。此外还对健身步道、球场等进行了优化，提升了体育公共设施服务的能级，促使宝山“活”了起来。

1. 宝山七村——打造多元包容的健身苑点、提高城市旅游休闲公共空间的使用频率

宝山七村打破了以往健身苑点是老年人专属的固有思想，扩大适用群体范围，覆盖多年龄层次，同时对空间进行合理分区处理，使得各个年龄段的人都有适宜空间进行体育活动，提高了城市公共空间的使用频率。

中老年益智健身活动区根据老年人适宜的锻炼健身项目和行为方式，从而设置了相关站立型和棋类设施，符合老年人的运动特点和需求，让老年人能够充分地进行健身休闲活动。

亲子自由活动区是主要满足亲子运动需求的公共空间，相关设施依据趣味性强、安全系数高等要求进行建设，如有滑梯、跳房子等娱乐设施，可以让孩子们在放学后有方便进行简单体育运动和活动的场景、空间，也让家长带孩子更轻松些。

篮球、羽毛球等球类运动作为大众普遍喜欢的运动项目，在社区中常常出现一地难求的问题，居民想运动却无地方运动的矛盾突出。在经过相应改造计划后，宝山七村将广场进行了区域划分，并形成了相应的专业场地，居民可以在社区内体验到标准的场地设施，对居民的运动体验有较大的积极影响。

2. 宝山九村——提供便民舒适的健身空间、探索城市公共空间的服务理念

宝山九村的改造思路更多从居民的舒适度和服务细节出发。通过一个个伞庭式的小点，为居民提供随时歇脚、锻炼、避雨遮阳、打光的空间，方便居民在任何时间使用相关公共设施。相关设计十分人性化，体现了宝山九村社区的治理温度。

根据社区老年人的各种需要，宝山九村的体育设施十分丰富，有助于老年人选择合适的锻炼器材进行具体部位的针对性训练，也有适宜残障人士使用的公共设施。

3. 宝林七村——注重社区生活场景的搭建、提高城市公共空间的智慧化

首先，宝林七村注重智能化空间的打造，成功提升了体育设施服务的能级。不仅使得社区更具有吸引力，同时还为社区居民提供了更优质的运动体验。其次，所有的智能设施都配备相应的纸质和视频使用说明，同时还有不同模式选择，确保居民在使用器材时能正确、科学使用。此外，宝林七村还为社区居民提供智能化体质健康测试服务。不仅能获取线上检测数据，还可以提供相应的运动建议，更好地增强体质；同时也便于社区管理者掌握社区居民的体质情况。

4. 健身步道——有机融合多功能元素，提升公共空间活力

健身步道的建设，是 15 分钟生活圈发展的产物。但是以往的健身步道就只是一个步道，并没有将其有机地融合在城市空间中。而新改造修缮的健身步道就积极地对这个问题进行了解决，通过将健身步道与交通、环境、文化展示等资源融合，让人们在行经健身步道的同时，还能感受城市的体育文化魅力，推动城市公共体育空间的有效治理。

四、宝山区城市旅游休闲公共空间的分类

城市旅游休闲公共空间（City Tourism Leisure Public Space）是指以宜业、宜居、宜游为发展目标，以旅游休闲产业为中心，并有文化、商业等现代服务产业集聚发展的特点，有丰富的公共旅游休闲资源，能为市民、游客提供旅游休闲活动所需的环境、服务、设施及管理的城市区域。城市旅游休闲公共空间具有空间尺度范围大、可游憩性强、市场知名度高等特点。

随着城市的不断发展，人们需求的变化，打造旅游休闲空间逐渐成了一种城市更新的方向和手段。城市旅游休闲公共空间是生活与社交活动的主要区域和重要节点。在新一轮城市更新中，优化城市旅游休闲公共空间，对满足旅游休闲供求关系，进而实现对各相关行业的结构布局调整，从而在整体上优化城市产业布局和空间结构具有重要意义。

宝山区作为“上海 2035”中确定的主城区组成部分，肩负着支撑上海全球城市建设、深度融入和加强引领长三角城市群的重要使命，因此上海市宝山区规划和自然资源局于 2019 年发布了《上海市宝山区总体规划暨土地利用总体规划（2017—2035）

年》。在分目标中，该规划明确提出要打造多元融合的重要文化区：魅力滨江乐城，并要着重提升以邮轮为引领的旅游吸引力，不断提高宝山区的区域吸引力和国际影响力。在 2020 年 5 月，上海市文化和旅游局公布了上海第一批 16 个“全域旅游特色示范区域”，其中就有宝山区吴淞口国际邮轮旅游休闲区，这充分体现了全域旅游模式对于区域吸引力的提升有着较大的作用。

张剑龙等（2007）从城市规划设计的角度对城市公共空间做了多重划分。其中以空间形态将城市公共空间分为点状、线形和面状三类的方式对本书宝山区的空间分析有很好的参考意义。

五、宝山区城市旅游休闲公共空间的构建

受疫情的影响，一段时间内，大众的旅游方式也发生了改变，从境外游向国内游、本地游、乡村游转变，近程旅游市场、本地旅游市场由此拓宽发展。因此在旅游市场中外地游客和居民作为旅游消费人群的画像越来越趋同。在后续问卷调查中本研究以“游客”为研究对象，但在实际调研过程中很多都为上海的居民。

（一）旅游城市旅游休闲公共空间分类方法

1. 基于“点—线—面”的综合评价法

在 20 世纪 60 年代，城市规划理论学家凯文 · 林奇深入研究了城市景观意象之后，归纳总结出了五种景观元素：节点、路径、地标、边沿以及区域，也就是一种典型的“点—线—面”模式结构。从空间分析的角度出发，空间目标包括点、线、面以及点、线、面组成的复杂目标。由点、线、面构成空间目标集。旅游线路的设计需对旅游地的点（即景点）、线（即旅游线路）、面（即旅游区域）以及其相互之间的关系进行科学合理的设计规划，才能得以优化。随着宝山区的快速发展，城市功能区的增多，各传统的旅游集聚区被分散，游客选择旅游点较为分散，无法根据自身需求全面了解宝山区旅游产品，旅游线路的规划设计需要“点—线—面”统筹布局、协调推进。

（1）点

“旅游景点”是一个通俗的称谓，旅游景点可以很小也可以很大，小至一个公园、一所博物馆甚至是一座建筑，大至一个名景区或者一座城市。结合宝山区的特征，本书认为旅游景点指为那些在旅游活动过程中，能够满足旅游者精神需求和物质需求的地理空间单元，包括人文和自然旅游景点、旅游服务接待设施、旅游形象节点以及旅游辅助服务设施等。

A. 依据上位标准，便于分类统一

根据原国家质量监督检验检疫总局发布的《旅游资源分类、调查与评价 GBT

18972—2003》与文化和旅游部发布的《国家全域旅游示范区验收标准（试行）》作为旅游资源分类的指导文件。相关标准表示旅游资源可以分为三个等级：8 大类，31 亚类，155 基本类，并有一定的评价指标和评价方法，具有较强的实际指导意义，同时对其他行业和部门的资源开发也具有一定的参考价值。

B. 面向游客，引导消费

经过实地调研、结合问卷调查法、多元分析法等方法，对游客偏好从内部因素（游客个体特征）和外部因素（产品认知和情景感知）两方面进行分析。通过对游客的内外部因素进行分析，发现游客在宝山区旅游产品的选择中均有不同程度的偏好。对宝山区旅游产品进行分类，包含了农业、美食、红色等多种产品类型。

C. 分类指导，便于管理

在对宝山区旅游资源分类时，要确保归为同一类的资源满足同样的划分标准，同时要确保被归为不同类别的资源符合的标准存在明显的差别。这就要求在分类时，准确把握各类资源的特性，将具有相同属性的资源归为一类，属性差异较大的归为不同类。分类体系的建立要讲究实际操作中的可行性和实践性，能对现实中的各类旅游资源进行归类。可以为调查区域内的旅游资源体量提供理论框架支持，有利于掌握各类资源的现存情况，从而为旅游的发展指明方向。同时将分类与旅游资源评价、开发等后续工作充分结合，不同类别的旅游资源评价侧重点不同，可以开发的旅游产品类型也不同，通过分类可以为后续的研究提供有力支撑。

D. 方便企业，创新产品

对宝山区的旅游资源进行分类，结合游客需求、宝山区旅游市场特征，打造适宜企业运营的旅游产品，提高旅游产品的市场化能力，推动宝山区旅游产业可持续发展。

（2）线

在确定了旅游景点之后，接下来任务就是旅游线路的设计，即要“串点成线”。一条旅游线路上的各个旅游景点在质量、类型以及品位等方面或多或少都会存在一定的差异，如果将知名度较高的旅游景点安排在游览线路的最开始，那么势必会给游客留下美好的第一印象，但是在后续的旅游过程中，游客的满意度可能会越来越低，继而产生一种被欺骗的感觉。相反的，若是将最好的旅游景点放在最后面，在游览的过程中，让游客产生层层递进的感觉，这条旅游线路也将得到好评。

A. 临近原则

由于当前国内的节假日时间安排较分散这种情况，所以就近原则的旅游线路在国内旅游市场上占据了旅游线路销售的较大份额。旅游线路时间安排是否合理一方面体现在景点间的间距是否合理，另一方面也体现在有限时间内，能否以最快捷的交通工具缩短路程。

B. 同类原则

将具有相同属性或相似属性的旅游景点归为一类，被划分为同一类的旅游景点应具有相同的属性。在线路的构建中，也会具有一个甚至多个共同特征。

C. 异业合作原则

在一定区域内结合在一起的不同类型旅游资源单体，多个旅游资源结合在一起，游客可多方面感受一个地区的旅游资源，游览不同的旅游景点，拥有多样化的旅游体验。

D. 依据服务对象设计原则

不同旅游者由于年龄、地区、受教育程度、职业的不同，往往具有不同的需求。因此在旅游线路的设计中，需在提供基本线路的基础上，再提供多个景点的选择，满足不同人群的个性化需求。

（3）面

旅游线路设计中的点指的是旅游景点，线指的是旅游过程中具体的游览线路，而面则是区域内（行政区划的区域）的众多旅游线路的有机组合与衔接，众多旅游线路的组合与衔接就是要合理地安排设计旅游六要素等各方面的活动，所以旅游线路设计中的“面”体现了较强的综合性。区域内旅游线路的合理设计与规划是该区域旅游业发展成败的关键因素。

2. 空间作图法

根据宝山区各镇、各街道的矢量数据以及旅游景点分布，绘制景点密度分布的专题地图。通过 ArcGIS 软件将宝山区所有的旅游资源经纬度进行录入，绘制宝山区旅游景点的位置图，可以更加清晰直观地了解到宝山区的旅游资源分布情况。

（二）宝山区旅游城市旅游休闲公共空间的调研

1. 旅游景点的分类

（1）十类旅游产品

根据综合评价法中对“点”的定义，本书以旅游产品为主要分类方式，形成宝山区如下十类旅游产品。（见表 8-2~8-11）

表 8-2　工业旅游产品

旅游大点（经营单位）	旅游小点（产品）	产品类型	行政镇
上海玻璃博物馆	历史长廊	工业旅游产品	淞南镇
	“退火系列展览”	工业旅游产品	淞南镇
	破碎特展	工业旅游产品	淞南镇

续表

旅游大点（经营单位）	旅游小点（产品）	产品类型	行政镇
上海半岛 1919 文创园	杨明洁工业设计博物馆	工业旅游产品	淞南镇
	钟楼半岛公馆	工业旅游产品	淞南镇
	红坊设计艺术中心	工业旅游产品	淞南镇
	工业设计馆	工业旅游产品	淞南镇
	大中华纱厂和华丰纱厂旧址	工业旅游产品	淞南镇
上海智慧湾科创园	3D 打印桥	工业旅游产品	顾村镇
	上海机器人产业园	工业旅游产品	顾村镇
	集装箱星巴克	工业旅游产品	顾村镇
	蔚来汽车科技园	工业旅游产品	顾村镇
中国宝武钢铁会博中心	金色炉台	工业旅游产品	淞南镇
中成智谷	中国最早的铁轨——淞沪铁路轨	工业旅游产品	淞南镇
	绿皮火车餐厅	工业旅游产品	淞南镇
	幸福专列号	工业旅游产品	淞南镇
新业坊·源创	火车轨道	工业旅游产品	淞南镇
	老厂房	工业旅游产品	淞南镇
	老式蒸汽机车	工业旅游产品	淞南镇
中国工业设计博物馆	红旗牌轿车、上海牌轿车、蝴蝶缝纫机、永久自行车等工业产品	工业旅游产品	淞南镇
三邻桥体育文化园	三邻桥中央广场烟囱	工业旅游产品	高境镇
东海船舶修造厂	张华浜工场旧址	工业旅游产品	淞南镇
金色炉台·中国宝武钢铁会博中心	上海第一钢铁厂旧址	工业旅游产品	淞南镇
宝山钢铁（集团）公司	上海宝山钢铁总厂	工业旅游产品	友谊路街道
	上海第五钢铁厂旧址	工业旅游产品	杨行镇
吴淞创新城	吴淞煤气厂旧址	工业旅游产品	淞南镇
宝山粮食储备库	鸿昌面粉厂旧址	工业旅游产品	顾村镇
顾村新天地	俭丰织染厂	工业旅游产品	杨行镇
上海利用锁具有限公司	利用锁厂	工业旅游产品	罗店镇
后工业生态景观园	上海钢雕公园	工业旅游产品	淞南镇
特澳博集团	陶工坊	工业旅游产品	淞南镇
上海陶瓷科技艺术馆	陶瓷工艺自制体验互动区	工业旅游产品	淞南镇

表 8–3　观光旅游产品

<table>
<tr><th>旅游大点（经营单位）</th><th>旅游小点（产品）</th><th>产品类型</th><th>行政村镇</th></tr>
<tr><td>顾村老集镇“城中村”改造开发企业</td><td>顾村轧花厂旧址</td><td>工业旅游产品</td><td>顾村镇</td></tr>
<tr><td rowspan="3">顾村公园</td><td>东方鸟世界</td><td>观光旅游产品</td><td>顾村镇</td></tr>
<tr><td>恐龙乐园</td><td>观光旅游产品</td><td>顾村镇</td></tr>
<tr><td>梦熊桥</td><td>观光旅游产品</td><td>顾村镇</td></tr>
<tr><td>外环原创科创产业园</td><td>刘行码头</td><td>观光旅游产品</td><td>顾村镇</td></tr>
<tr><td>菊泉街道</td><td>菊盛公园</td><td>观光旅游产品</td><td>顾村镇</td></tr>
<tr><td>上海木文化博物馆</td><td>尊木公园</td><td>观光旅游产品</td><td>大场镇</td></tr>
<tr><td rowspan="13">上海吴淞炮台湾国家湿地公园</td><td>矿坑花园</td><td>观光旅游产品</td><td>吴淞街道</td></tr>
<tr><td>灯塔</td><td>观光旅游产品</td><td>吴淞街道</td></tr>
<tr><td>吊桥</td><td>观光旅游产品</td><td>吴淞街道</td></tr>
<tr><td>游船码头</td><td>观光旅游产品</td><td>吴淞街道</td></tr>
<tr><td>日出滨江</td><td>观光旅游产品</td><td>吴淞街道</td></tr>
<tr><td>清代古炮台</td><td>观光旅游产品</td><td>吴淞街道</td></tr>
<tr><td>长江入海口科技馆</td><td>观光旅游产品</td><td>吴淞街道</td></tr>
<tr><td>临江木平台</td><td>观光旅游产品</td><td>吴淞街道</td></tr>
<tr><td>零点广场</td><td>观光旅游产品</td><td>吴淞街道</td></tr>
<tr><td>吴淞口国际邮轮港</td><td>观光旅游产品</td><td>吴淞街道</td></tr>
<tr><td>宝山滨江公园</td><td>观光旅游产品</td><td>吴淞街道</td></tr>
<tr><td>宝杨路码头</td><td>观光旅游产品</td><td>吴淞街道</td></tr>
<tr><td>小白桥</td><td>观光旅游产品</td><td>吴淞街道</td></tr>
<tr><td>宝山钢铁（集团）公司</td><td>宝钢动物园</td><td>观光旅游产品</td><td>吴淞街道</td></tr>
<tr><td>上海闻道园</td><td>八卦荷花池</td><td>观光旅游产品</td><td>罗店镇</td></tr>
<tr><td rowspan="4">东方假日田园</td><td>紫藤长廊</td><td>观光旅游产品</td><td>罗店镇</td></tr>
<tr><td>小火车草坪广场</td><td>观光旅游产品</td><td>罗店镇</td></tr>
<tr><td>中医科普长廊</td><td>观光旅游产品</td><td>罗店镇</td></tr>
<tr><td>花伞长廊</td><td>观光旅游产品</td><td>罗店镇</td></tr>
<tr><td rowspan="7">金罗兰美兰湖景区</td><td>北欧钟楼</td><td>观光旅游产品</td><td>罗店镇</td></tr>
<tr><td>红桥</td><td>观光旅游产品</td><td>罗店镇</td></tr>
<tr><td>龟岛</td><td>观光旅游产品</td><td>罗店镇</td></tr>
<tr><td>鳄鱼山</td><td>观光旅游产品</td><td>罗店镇</td></tr>
<tr><td>美兰湖主题公园</td><td>观光旅游产品</td><td>罗店镇</td></tr>
<tr><td>亚洲婚纱摄影基地</td><td>观光旅游产品</td><td>罗店镇</td></tr>
<tr><td>诺贝尔科技公园</td><td>观光旅游产品</td><td>罗店镇</td></tr>
</table>

续表

旅游大点（经营单位）	旅游小点（产品）	产品类型	行政村镇
上海玻璃博物馆	玻璃万花筒入口	观光旅游产品	淞南镇
	玻璃迷宫	观光旅游产品	淞南镇
	璟庐水晶厅	观光旅游产品	淞南镇
	爱庐彩虹礼堂	观光旅游产品	淞南镇
天平村	天平牡丹园	观光旅游产品	罗泾镇
	天平村宝芝田梨园花海	观光旅游产品	罗泾镇
塘湾村	湾塘村母亲花文化园	观光旅游产品	罗泾镇
沪宝水产合作社	水母馆	观光旅游产品	罗泾镇
海星村	罗泾水源涵养林	观光旅游产品	罗泾镇
宝山区文物保护单位	大通桥	观光旅游产品	罗店镇
	丰德桥	观光旅游产品	罗店镇
	来龙桥	观光旅游产品	罗店镇
	积福桥	观光旅游产品	罗店镇
	宝善桥	观光旅游产品	罗店镇
	五房桥	观光旅游产品	罗店镇
	聚龙桥	观光旅游产品	罗店镇
	长春桥	观光旅游产品	罗店镇
	瑞方桥	观光旅游产品	罗泾镇
	太平桥	观光旅游产品	罗泾镇
罗泾镇	随塘河	观光旅游产品	罗泾镇
顾村文物保护建筑	杨娥桥	观光旅游产品	顾村镇
白沙公园	万寿桥	观光旅游产品	杨行镇
上海淞沪抗战纪念公园	宝山古城墙遗址	观光旅游产品	友谊路街道
杨行镇	沙浦河	观光旅游产品	杨行镇
大场镇	走马塘	观光旅游产品	大场镇
吴淞客运中心	上海大码头影视基地	观光旅游产品	吴淞街道
长江河口科技馆	吴淞炮台遗址	观光旅游产品	吴淞街道
上海吴淞口邮轮港	吴淞口邮轮码头	观光旅游产品	吴淞街道
	零点广场（看滨江）	观光旅游产品	吴淞街道

表 8–4　红色旅游产品

旅游大点（经营单位）	旅游小点（产品）	产品类型	行政村镇
上海解放纪念馆	上海解放纪念碑	红色旅游产品	友谊路街道
上海淞沪抗战纪念公园	上海淞沪抗战纪念馆	红色旅游产品	友谊路街道
	姚子青营抗日牺牲处	红色旅游产品	友谊路街道
	陈化成纪念馆	红色旅游产品	友谊路街道
	友谊路碉堡	红色旅游产品	友谊路街道
	三桥宅碉堡	红色旅游产品	友谊路街道
	宝山十村碉堡	红色旅游产品	友谊路街道
宝山区文物保护点	石家桥碉堡	红色旅游产品	罗店镇
	拾年宅碉堡	红色旅游产品	罗店镇
	罗店红十字纪念碑	红色旅游产品	罗店镇
	丝网村碉堡	红色旅游产品	罗店镇
	东小宅碉堡	红色旅游产品	罗店镇
	胡庄村碉堡	红色旅游产品	庙行镇
	共和公园碉堡	红色旅游产品	庙行镇
	庙行公园碉堡	红色旅游产品	庙行镇
	张家桥碉堡	红色旅游产品	月浦镇
	聚源桥村碉堡	红色旅游产品	月浦镇
	宝钢水库碉堡	红色旅游产品	月浦镇
	上海战役月浦攻坚纪念碑	红色旅游产品	月浦镇
	西街村碉堡	红色旅游产品	杨行镇
	西浜村碉堡	红色旅游产品	杨行镇
	杨行中学碉堡	红色旅游产品	杨行镇
上海市文物保护单位	山海工学团遗址	红色旅游产品	大场镇
	无名英雄纪念墓遗址	红色旅游产品	张庙街道
上海吴淞炮台湾国家湿地公园	军事教育基地	红色旅游产品	吴淞街道
上海市文物保护单位	吴淞炮台抗日遗址	红色旅游产品	吴淞街道
宝山区文物保护点	宝杨路碉堡	红色旅游产品	吴淞街道
	宝杨路防空洞	红色旅游产品	吴淞街道
	牌楼宅碉堡	红色旅游产品	罗泾镇
上海市文物保护单位	侵华日军小川沙登陆地点	红色旅游产品	罗泾镇
	侵华日军罗泾大烧杀遇难同胞纪念地	红色旅游产品	罗泾镇

表 8–5 节庆旅游产品

旅游大点（经营单位）	旅游小点（产品）	产品类型	行政村镇
顾村公园	顾村四季赏花	节庆旅游产品	顾村镇
	上海樱花节、荷花节、金秋游园会（赏桂花）、冬季赏梅	节庆旅游产品	顾村镇
	顾村公园消夏赏荷摄影赛	节庆旅游产品	顾村镇
朵云轩艺术中心	陈伯吹国际儿童文学奖原创插画展	节庆旅游产品	顾村镇
中成智谷创意产业园	飞镖音乐节	节庆旅游产品	顾村镇
上海宝山国际民间艺术博物馆	缤纷艺术节	节庆旅游产品	顾村镇
	上海宝山国际民间艺术节	节庆旅游产品	顾村镇
东方假日田园	罗店龙船文化节	节庆旅游产品	罗店镇
	芍药牡丹观赏季	节庆旅游产品	罗店镇
花神广场	罗店花神庙会	节庆旅游产品	罗店镇
海星村蟹逅馆	宝山湖长江蟹品鲜节	节庆旅游产品	罗泾镇
上海吴淞炮台湾国家湿地公园	邮轮文化旅游节	节庆旅游产品	吴淞街道
上海吴淞口邮轮港	亚太邮轮大会	节庆旅游产品	吴淞街道
月浦镇聚源桥村	月浦花艺节	节庆旅游产品	月浦镇
上海黑池舞蹈交流中心	黑池舞蹈节	节庆旅游产品	友谊路街道
上海市文旅局	上海旅游欢乐节	节庆旅游产品	宝山区多个街道
上海木文化博物馆	上海木文化节	节庆旅游产品	大场镇
上海半岛 1919 文创园	半岛 1919 工业文明体验季	节庆旅游产品	淞南镇
上海宝山国际民间艺术博览馆	艺享汇	节庆旅游产品	顾村镇
保利悦活荟	共享艺术季	节庆旅游产品	淞南镇

表 8–6 科普旅游产品

旅游大点（经营单位）	旅游小点（产品）	产品类型	行政村镇
上海木文化博物馆	红木科普基地	科普旅游产品	大场镇
	台湾桧木博物馆	科普旅游产品	大场镇
	匠作教室	科普旅游产品	大场镇
中华手杖博物馆	中华手杖博物馆	科普旅游产品	大场镇
宝山区文物保护单位	上海少年村旧址	科普旅游产品	大场镇
陶行知纪念馆	陶行知纪念馆	科普旅游产品	大场镇
东方假日田园	本草科普中心	科普旅游产品	罗店镇
	百草园	科普旅游产品	罗店镇

续表

旅游大点（经营单位）	旅游小点（产品）	产品类型	行政村镇
罗店龙船文化展示馆	罗店龙船文化展示馆	科普旅游产品	罗店镇
上海智慧湾科创园	上海科普公园	科普旅游产品	顾村镇
	中国 3D 打印博物馆	科普旅游产品	顾村镇
黄酒博物馆	黄酒博物馆	科普旅游产品	顾村镇
上海宝山规划展示馆	2035 全景宝山影院	科普旅游产品	吴淞街道
宝山区文物保护点	行知育才学校旧址	科普旅游产品	吴淞街道
宝山规划展示馆	城市如画主题展区	科普旅游产品	吴淞街道
吴淞十一街坊绿地淞沪铁路陈列馆	吴淞铁路淞沪铁路历史图文陈列室	科普旅游产品	吴淞街道
庙行镇图书馆	陈伯吹少儿图书馆	科普旅游产品	庙行镇
启程之旅火车模型主题馆	启程之旅火车模型主题馆	科普旅游产品	高境镇
上海长江口书画社	上海长江口书画社	科普旅游产品	松南镇
上海玻璃博物馆	儿童玻璃博物馆	科普旅游产品	淞南镇
杨行镇社区文化活动中心	宝山地震科普馆	科普旅游产品	杨行镇

表 8–7　美食旅游产品

旅游大点（经营单位）	旅游小点（产品）	产品类型	行政村镇
顾村公园	森林烧烤区	美食旅游产品	顾村镇
	蚂蚁餐厅	美食旅游产品	顾村镇
上海宝山国际民间艺术博物馆	万家灯火	美食旅游产品	顾村镇
上海智慧湾科创园	上海首家猪廊	美食旅游产品	顾村镇
上海丰收日餐饮发展有限公司	上海丰收日餐饮	美食旅游产品	顾村镇
上海闻道园	徽州特色餐饮	美食旅游产品	罗店镇
东方假日田园	农家饭庄	美食旅游产品	罗店镇
	泡泡屋餐厅	美食旅游产品	罗店镇
上海锦巷大酒店有限公司	锦巷大酒店	美食旅游产品	罗店镇
上海新明珠大酒店	新明珠大酒店	美食旅游产品	罗泾镇
东塘宅王家小院	王家小院（锅巴饭、白斩鸡等）	美食旅游产品	罗泾镇
上海点然餐饮有限公司	上海点然餐饮有限公司（高老庄绿色传奇）	美食旅游产品	罗泾镇
上海同恒实业发展有限公司	同恒大酒店	美食旅游产品	友谊路街道
五分之一品牌管理有限公司	五分之一生活私房餐厅	美食旅游产品	友谊路街道
上海宝山汇	瓷・忆瓷文化餐厅（宝山店）	美食旅游产品	友谊路街道
上海金牡丹餐饮管理有限公司	上海金牡丹餐饮管理有限公司	美食旅游产品	友谊路街道

续表

旅游大点（经营单位）	旅游小点（产品）	产品类型	行政村镇
上海宇雷工贸有限公司红露圆酒楼	红露圆酒楼	美食旅游产品	友谊路街道
望湘园(上海)餐饮管理股份有限公司	望湘园湖南菜(宝山万达店)	美食旅游产品	庙行镇
上海麦盛莉餐饮有限公司	上海麦盛莉餐饮有限公司	美食旅游产品	庙行镇
上海宝莹餐饮有限公司	上海宝莹餐饮有限公司（宝燕壹号宝山店）	美食旅游产品	庙行镇
上海昌合酒店管理有限公司	上海华美达安可酒店	美食旅游产品	庙行镇
丰收日（集团）股份有限公司	丰收日（集团）股份有限公司宝山第三分公司	美食旅游产品	庙行镇
上海众口鲜大酒店有限公司	上海众口鲜大酒店	美食旅游产品	月浦镇
中成智谷	火车站咖啡馆	美食旅游产品	淞南镇
上海金仓永华酒店管理有限公司	上海金仓永华酒店管理有限公司	美食旅游产品	杨行镇
上海艺园大酒店	上海艺园大酒店	美食旅游产品	
绍兴饭店有限公司	绍兴饭店宴会厅(大华喜庆中心店)	美食旅游产品	大场镇

表 8-8　乡村旅游与休闲农业产品

旅游大点（经营单位）	旅游小点（产品）	产品类型	行政村镇
宝山区罗店镇远景村	约客农场	农业旅游产品	罗店镇
东方假日田园	东方假日田园特色果园	农业旅游产品	罗店镇
中成智谷	火车菜园	农业旅游产品	淞南镇
天平村	开心农场	农业旅游产品	罗泾镇
塘湾村	塘湾村	农业旅游产品	罗泾镇
	泾品・小院	农业旅游产品	罗泾镇
	果蔬乐园	农业旅游产品	罗泾镇
罗泾农家风情展示馆	罗泾农家风情馆	农业旅游产品	罗泾镇
上海宝山湖生态农业园	上海宝山湖生态农业园	农业旅游产品	罗泾镇
海星村	千亩蟹塘	农业旅游产品	罗泾镇
上海中田农业产业化管理发展有限公司	中田盘江田园综合体	农业旅游产品	罗泾镇
民众村	民众村稻虾生态园	农业旅游产品	罗泾镇
洋桥村	宇红生态农庄	农业旅游产品	罗泾镇
花红村	花红村	农业旅游产品	罗泾镇
北宗村	木然农场	农业旅游产品	杨行镇
三家村	三家村合作社	农业旅游产品	杨行镇

续表

旅游大点（经营单位）	旅游小点（产品）	产品类型	行政村镇
大黄村	大黄村	农业旅游产品	杨行镇
聚源桥村	月浦泾品草莓生态园	农业旅游产品	月浦镇
	一水间花卉生态园	农业旅游产品	月浦镇
	绿荫潭多肉主题园	农业旅游产品	月浦镇
	爱萌多肉	农业旅游产品	月浦镇
沈家桥村	沈家桥	农业旅游产品	月浦镇
昇 park 文创产业园	天空之城共享农场	农业旅游产品	月浦镇
月狮村	月浦花卉基地	农业旅游产品	月浦镇

表 8–9 商业旅游产品

旅游大点（经营单位）	旅游小点（产品）	产品类型	行政村镇
顾村公园	樱花主题摩天轮	商业旅游产品	顾村镇
	小火车轨道	商业旅游产品	顾村镇
菊泉街道	菊泉文化街	商业旅游产品	顾村镇
龙湖集团	龙湖宝山天街	商业旅游产品	顾村镇
正大集团	正大乐城	商业旅游产品	顾村镇
刘行古镇	刘行新街	商业旅游产品	顾村镇
上海吴淞炮台湾国家湿地公园	滨江市集	商业旅游产品	吴淞街道
东方假日田园	东方假日田园迷你宝贝园	商业旅游产品	罗店镇
	乐驰彩虹滑道	商业旅游产品	罗店镇
金罗店美兰湖景区	北欧风情街	商业旅游产品	罗店镇
罗店古镇	欢乐星游乐园	商业旅游产品	罗店镇
宝龙地产	宝山宝龙广场	商业旅游产品	罗店镇
万豪国际集团	德尔塔酒店	商业旅游产品	友谊路街道
宝地资产	宝乐汇	商业旅游产品	友谊路街道
上海淞银投资管理有限公司	诺亚新天地	商业旅游产品	友谊路街道
友谊路街道办事处	泗塘夜市	商业旅游产品	友谊路街道
上海宝山宝钢二村社区	黄金广场	商业旅游产品	友谊路街道
万达集团	宝山万达广场	商业旅游产品	张庙街道
宜家集团	宝山宜家	商业旅游产品	大场镇
申新集团	大华虎城	商业旅游产品	大场镇
上海鼎荣房地产开发有限公司	日月光中心广场	商业旅游产品	大场镇
贵州乐百年水务开发管理有限公司	乐百年水镇	商业旅游产品	高境镇
高境镇社区文化活动中心	纪念馆欢乐孩童区	商业旅游产品	高境镇

表 8–10 体育旅游产品

旅游大点（经营单位）	旅游小点（产品）	产品类型	行政村镇
顾村公园	皮划艇基地	体育旅游产品	顾村镇
	头号赢家团建馆	体育旅游产品	顾村镇
	四季路跑主题赛事	体育旅游产品	顾村镇
	“樱你而来”体育活动	体育旅游产品	顾村镇
	女子 10 公里精英赛	体育旅游产品	顾村镇
	彩弹射击赛	体育旅游产品	顾村镇
	龙舟竞渡	体育旅游产品	顾村镇
	顾村公园游艇、划艇、儿童游乐设施	体育旅游产品	顾村镇
金罗店美兰湖景区	美兰湖高尔夫球场	体育旅游产品	罗店镇
	美兰湖游船	体育旅游产品	罗店镇
上海半岛 1919 文创园	19 区 CQB 训练营	体育旅游产品	吴淞街道
竞上体育管理公司	竞宝体育公园	体育旅游产品	吴淞街道
淞街道儿童服务中心	儿童公园游乐场	体育旅游产品	吴淞街道
上海吴淞炮台湾国家湿地公园	上海国际帆船赛	体育旅游产品	吴淞街道
	迎新跑赛事	体育旅游产品	吴淞街道
中成智谷	OMG 电子竞技俱乐部	体育旅游产品	淞南镇
	中成智谷长江球场	体育旅游产品	淞南镇
	上海 jump360 蹦床中心	体育旅游产品	淞南镇
顽酷运动工厂	蹦床、滑雪、篮球等	体育旅游产品	淞南镇
三邻桥体育文化园	攀岩、蹦床、高尔夫	体育旅游产品	高境镇
多乐岛蹦床公园	多乐岛拓展训练区	体育旅游产品	高境镇
	多乐岛灌篮高手区	体育旅游产品	高境镇
沈家桥村	沈家桥小龙虾垂钓	体育旅游产品	月浦镇
海星村	星空营地	体育旅游产品	罗泾镇
涵养林大草坪	罗泾徒步赛	体育旅游产品	罗泾镇

表 8–11 文化类旅游产品

旅游大点（经营单位）	旅游小点（产品）	产品类型	行政村镇
顾村公园	森林剧场	文化旅游产品	顾村镇
菊泉街道	菊泉故里	文化旅游产品	顾村镇
上海宝山国际民间艺术博物馆	徽州古宅	文化旅游产品	顾村镇

续表

旅游大点（经营单位）	旅游小点（产品）	产品类型	行政村镇
上海木文化博物馆	木文明展览馆	文化旅游产品	顾村镇
	木雕“中华之根”	文化旅游产品	顾村镇
	毛利独木舟“蒂卡卡诺”	文化旅游产品	顾村镇
	红楼梦文化艺术经典家具馆	文化旅游产品	顾村镇
	古木文化馆	文化旅游产品	顾村镇
VERYMUSEUM 非常博物馆	VERYMUSEUM 非常博物馆	文化旅游产品	顾村镇
智慧湾科创园	依弘剧场	文化旅游产品	顾村镇
龙现代艺术中心	融书法、绘画、篆刻、玉雕等为一体的收藏馆	文化旅游产品	顾村镇
上海吴淞炮台湾国家湿地公园	贝壳剧场	文化旅游产品	吴淞街道
上海闻道园	长风书院	文化旅游产品	罗店镇
	奇石馆	文化旅游产品	罗店镇
	古民居	文化旅游产品	罗店镇
	锦鲤观赏区	文化旅游产品	罗店镇
	古戏台	文化旅游产品	罗店镇
金罗店美兰湖景区	国际美术馆	文化旅游产品	罗店镇
月狮村	月狮姚宅	文化旅游产品	月浦镇
宝山寺	宝山寺七层万佛宝塔	文化旅游产品	罗店镇
	宝山寺佛香阁	文化旅游产品	罗店镇
	宝山寺问道轩	文化旅游产品	罗店镇
	宝山寺听钟水榭	文化旅游产品	罗店镇
	宝山寺桥亭点缀	文化旅游产品	罗店镇
金罗店美兰湖景区	美兰湖国际会议中心	文化旅游产品	罗店镇
美兰湖国际美术馆	美兰湖国际美术馆	文化旅游产品	罗店镇
天平村	明心讲堂	文化旅游产品	罗店镇
罗店古镇	王家宅	文化旅游产品	罗店镇
	敦友堂	文化旅游产品	罗店镇
	钱世桢墓	文化旅游产品	罗店镇
	梵王宫	文化旅游产品	罗店镇
	王质彬门楼	文化旅游产品	罗店镇
	潘氏墙门	文化旅游产品	罗店镇
	敦友堂	文化旅游产品	罗店镇
	承恩堂	文化旅游产品	罗店镇
	朱履谦墙门	文化旅游产品	罗店镇
	金家墙门	文化旅游产品	罗店镇
	沈氏旧宅	文化旅游产品	罗泾镇
	罗店三官堂旧址	文化旅游产品	罗店镇
	远景村王宅	文化旅游产品	罗店镇
	花神堂	文化旅游产品	罗店镇

续表

旅游大点（经营单位）	旅游小点（产品）	产品类型	行政村镇
宝山区文物保护单位	大场石牌坊	文化旅游产品	大场镇
	顾村节孝坊	文化旅游产品	顾村镇
	杨行石牌坊	文化旅游产品	杨行镇
	庙行纪念村牌坊	文化旅游产品	庙行镇
	高境庙纪念村牌坊	文化旅游产品	高精镇
	马桥纪念村牌坊	文化旅游产品	月浦镇
	潘家门楼	文化旅游产品	月浦镇
	衣周塘遗址	文化旅游产品	吴淞街道
	狮子林炮台遗址	文化旅游产品	吴淞街道
	胡公塘遗址	文化旅游产品	吴淞街道
	秦家店烽墩遗址	文化旅游产品	吴淞街道
	宝山古城墙遗址	文化旅游产品	友谊路街道
上海淞沪抗战纪念公园	东南水关遗址	文化旅游产品	友谊路街道
	宝山孔庙大成殿	文化旅游产品	友谊路街道
钱潘村	甘露寺	文化旅游产品	月浦镇
广福村	广福寺庙	文化旅游产品	刘行镇
大场镇东街	宝华寺	文化旅游产品	大场镇
淞南镇淞南路	淞南寺	文化旅游产品	淞南镇
宝山区教育局	上海陶行知纪念馆	文化旅游产品	大场镇
中国人民解放军海军航空兵第六师营区	大场烽墩遗址	文化旅游产品	大场镇
宝山区文物保护单位	大场公墓遗址	文化旅游产品	大场镇
上海木文化博物馆	国家工艺美术大师馆及精品展厅	文化旅游产品	大场镇
临展中心	临展中心	文化旅游产品	大场镇
山汉博物馆	山汉博物馆	文化旅游产品	大场镇
万玉堂艺术馆	万玉堂艺术馆	文化旅游产品	大场镇
老上海风情艺术馆	老上海风情艺术馆	文化旅游产品	大场镇
上海玻璃博物馆	热力剧场	文化旅游产品	淞南镇
中成智谷	时光月台	文化旅游产品	淞南镇

续表

旅游大点（经营单位）	旅游小点（产品）	产品类型	行政村镇
陶瓷科技艺术馆	陶瓷科技艺术馆国家级大师精品展示区	文化旅游产品	淞南镇
	陶瓷艺术品展示区	文化旅游产品	淞南镇
	陶瓷历史发展展示区	文化旅游产品	淞南镇
	陶瓷科技发展应用展示区	文化旅游产品	淞南镇
	《“30 年 300 件” 国人的记忆展》	文化旅游产品	淞南镇
榕异美术馆	榕异美术馆	文化旅游产品	高境镇

（2）各类旅游产品的空间分布

通过 ArcGIS 将各类旅游产品放置到宝山地图上，形成如下空间分布图，并得出相应空间分布特征。特别说明，因吴淞街道靠近吴淞口码头，有一定的水域，会有部分旅游产品的地理坐标不在线内。

A. 宝山区工业旅游产品分布图（见图 8-4）

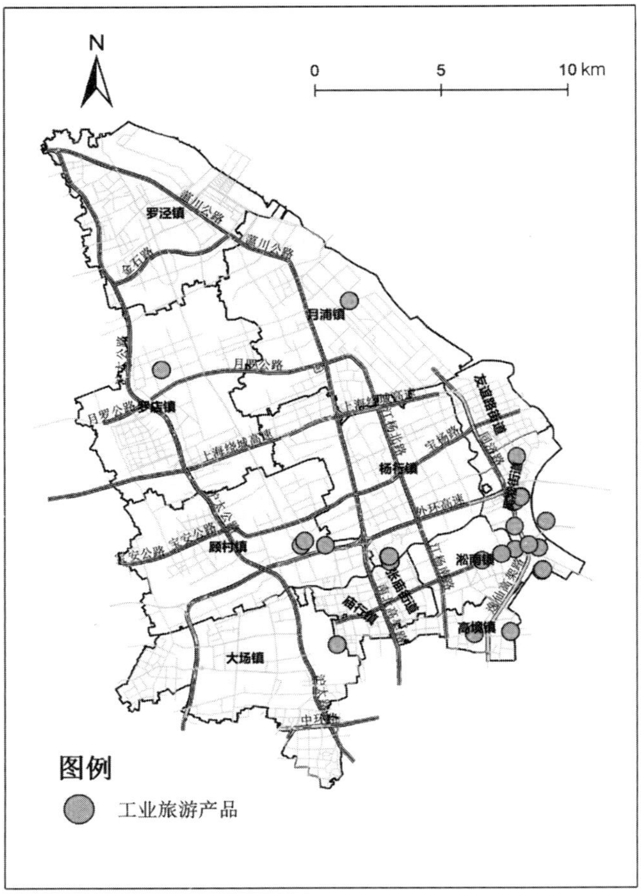

图 8-4　宝山区工业旅游产品空间分布图

分布特点：集中在吴淞街道和淞南镇，在道路分布上集中在逸仙高架路附近。

淞南镇是一个历史悠久的百年老镇，具有较多抗战遗迹；此外淞南镇随着转型升级，已形成了工业设计馆、张华浜工厂旧址等工业旅游产品，主要集中在宝山的东南部。

B. 宝山区农业旅游产品空间分布图（见图 8-5）

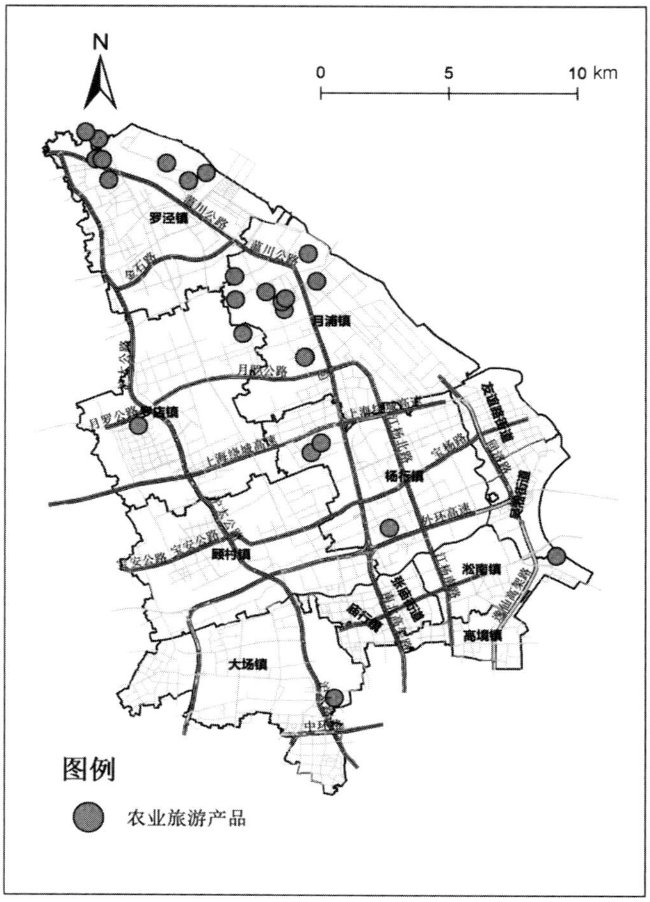

图 8-5　宝山区农业旅游产品空间分布图

分布特点：集中在月浦镇和罗泾镇，基本位于蕰川公路沿线。

罗泾镇全镇有 21 个村，5 个居委会和 1 个筹建委员会，生态农业保护区是其五大发展板块之一；而月浦镇扎实推进以基地建设为龙头的合作化生产，"好丰水"系列农产品逐渐成为当地知名品牌。

该类旅游产品主要依托当地农业资源，从而形成了果蔬乐园、罗泾农家风情馆等特色农业旅游产品，主要聚焦在宝山的北部，且基本属于农家乐产品。

C. 宝山区商业旅游产品空间分布图（见图 8-6）

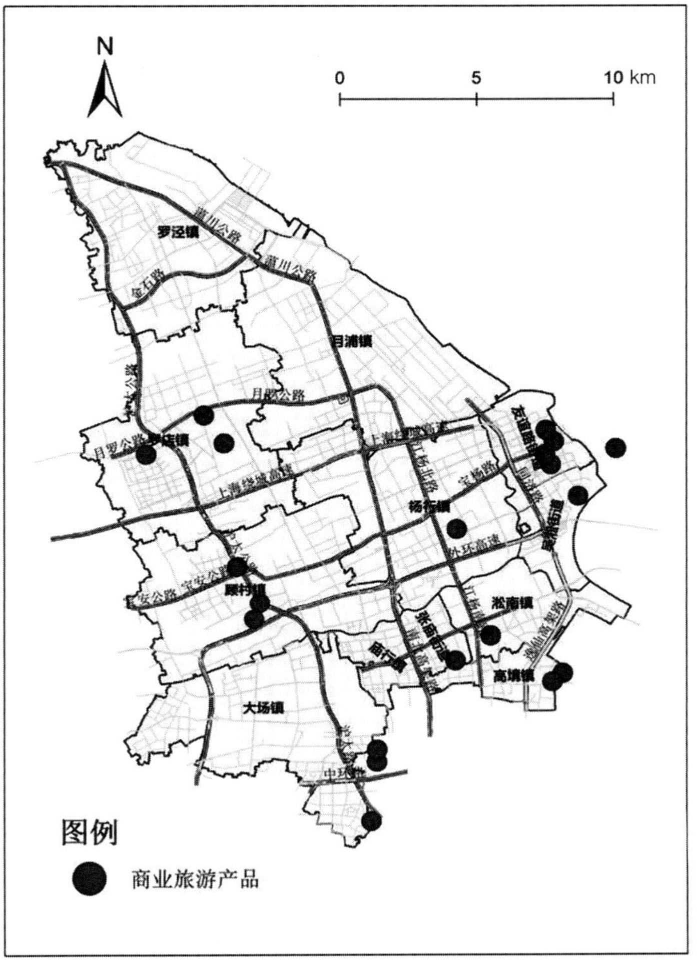

图 8-6　宝山区商业旅游产品空间分布图

分布特点：集中分布在友谊路街道，基本位于宝山主要道路。

友谊路街道是宝山区政治、经济、文化的中心，以宝钢商场、黄金广场、安信生活广场为辐射点形成了牡丹江路商业一条街，是宝山区的中心商业街。罗店镇的北欧风情街、顾村镇的龙湖宝山天街也都构成了各自的主要商业旅游产品。

通过对比发现，工业旅游产品和商业旅游产品的分布有相近之处，均集中在南部，这在一定程度上说明工业旅游的转型升级与商业旅游的发展存在着一定的关联。

D. 宝山区文化旅游产品空间分布图（见图 8–7）

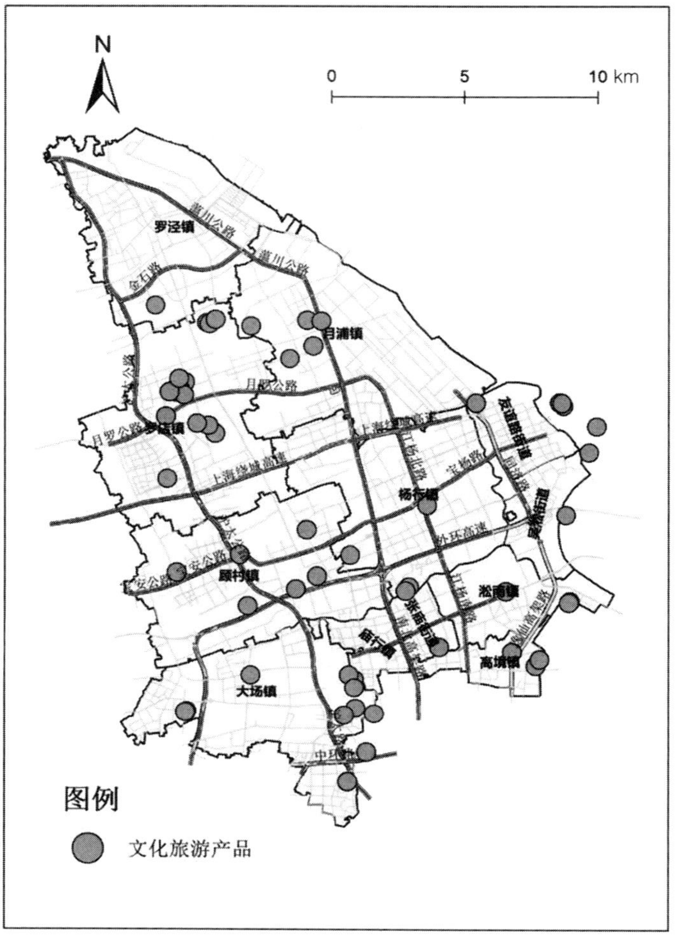

图 8–7　宝山区文化旅游产品空间分布图

分布特点：分布较广，集中在罗店镇、月浦镇、顾村镇、大场镇。

月浦镇人杰地灵，文化资源丰富，尤其是锣鼓艺术堪称一绝；罗店镇有较深的文化积淀，有许多形式多样、极具区域特征的民间艺术。在 2016 年 12 月，罗店镇被列为第三批国家新型城镇化综合试点地区，2019 年 1 月成为第七批中国历史文化名镇之一，还顺利进入 2018—2020 年度“中国民间文化艺术之乡”名单；顾村镇作为上海市的“诗歌之乡”，是宝山区的又一特色文化品牌；大场镇有众多名胜古迹，如陶行知纪念馆、龙华二十四烈士墓、古桥梁等。

从产品内容上看，罗店镇和顾村镇的人造文化旅游景点和自然文化旅游景点数量较为均衡，除罗泾镇外的其他区域的文化旅游产品则几乎均为依托历史人文所形成的文化旅游景点，如各类牌坊、遗址等。这与《上海市宝山区总体规划暨土地利用总体规划（2017—2035）》培育多元交融的宝山文化的目标有所差距。

E. 宝山区观光旅游产品空间分布图（见图 8-8）

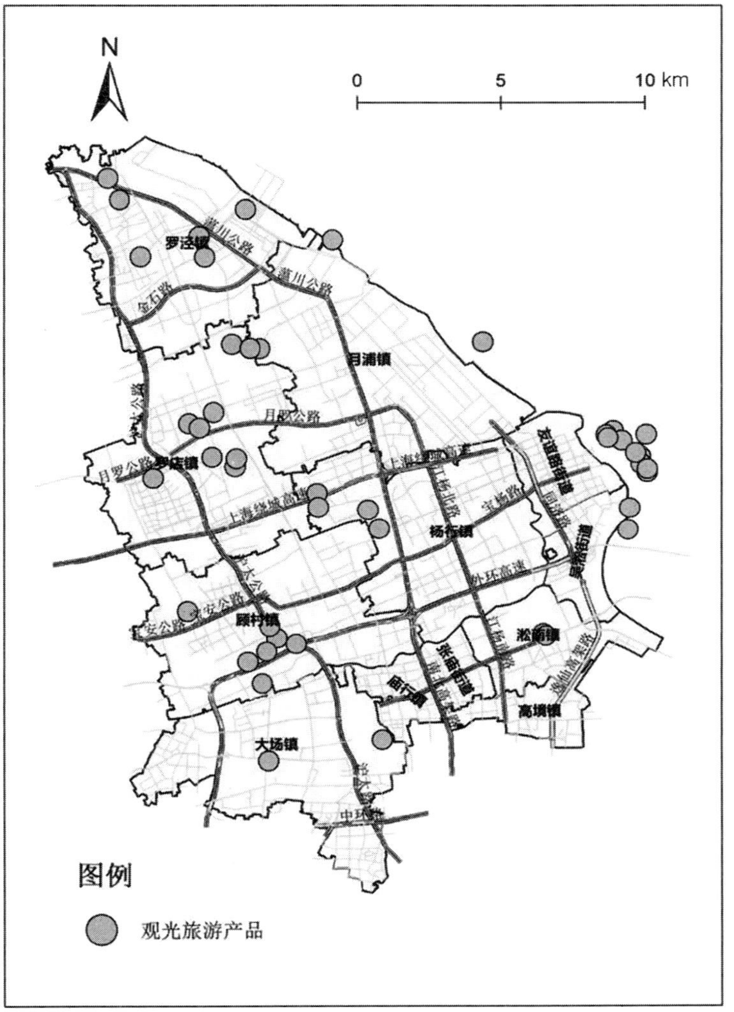

图 8-8　宝山区观光旅游产品空间分布图

分布特点：集中在罗店镇、顾村镇、友谊路街道、罗泾镇。

罗店镇在相关政策的推进下开始建设北欧风情街等工程，还多次荣获国家和相关部门的褒奖，如“上海新城市景观生态城镇”“中国著名小城镇”等；此外，友谊路街道 29 条道路中就有示范路 1 条、景观路 8 条和 8 条文明样板路以及漠河路林带、友谊公园、炮台湾湿地公园等多处生态较好的区域。

从产品分布来看，观光旅游产品与文化旅游产品的空间分布有重叠之处，这表明目前的观光旅游产品较多仍与文化历史有关。

F. 宝山区红色旅游产品空间分布图（见图 8-9）

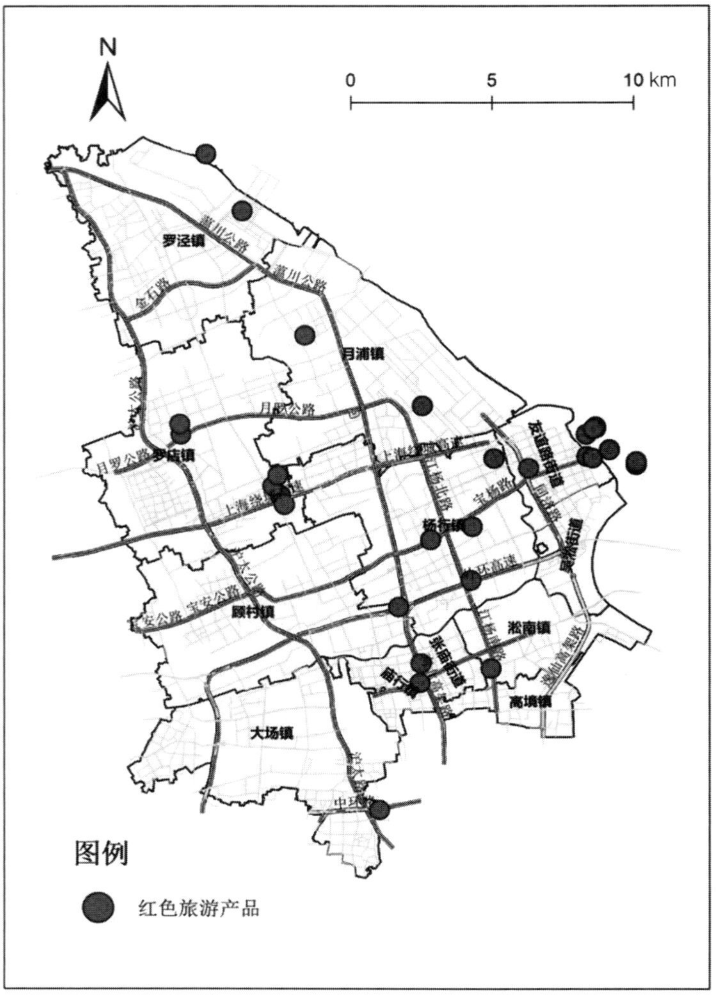

图 8-9　宝山区红色旅游产品空间分布图

红色旅游产品主要依托各地的红色资源，产品基本以碉堡类和遗址类为主。

分布特点：集中在罗店镇、友谊路街道，都分布在主干道上。

G. 宝山区美食旅游产品空间分布图（见图 8-10）

分布特点：基本处于主要干道附近，较多集中在顾村镇、张庙街道、友谊路街道。

美食旅游产品与观光旅游产品的空间分布较为相近，这表明美食点多依托旅游景点的分布而分布，且产品菜系多样、主题丰富，包含浙菜、湘菜、徽州菜以及农家乐、火车站咖啡馆等。

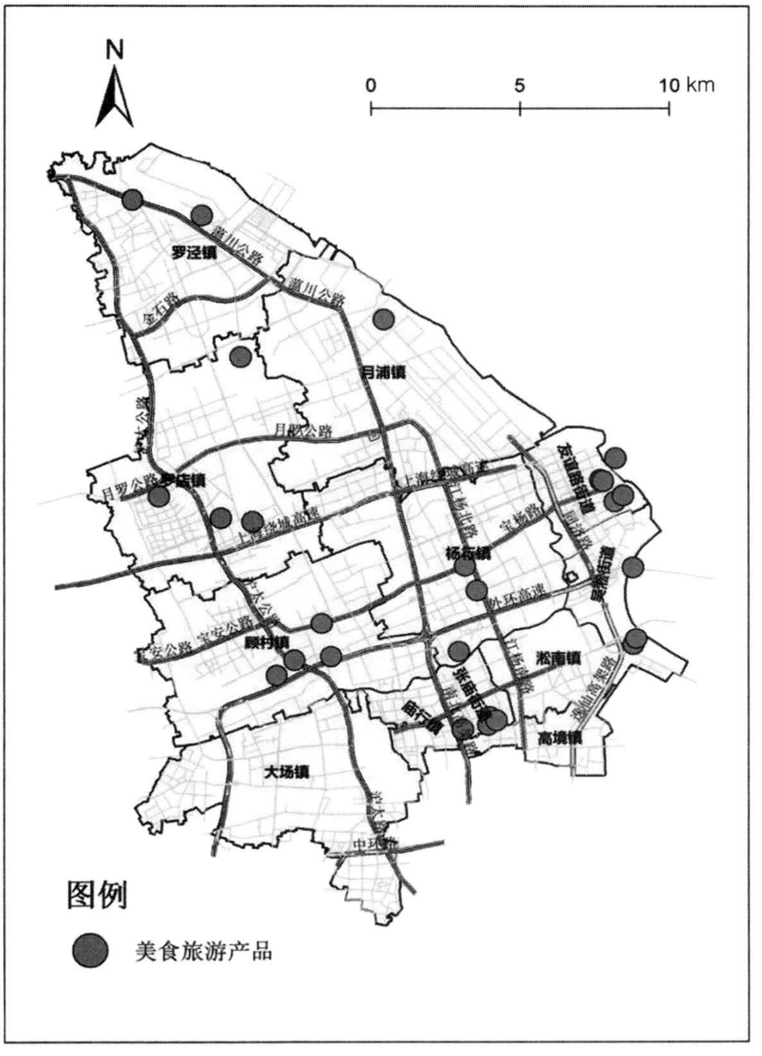

图 8–10　宝山区美食旅游产品空间分布图

H. 宝山区体育旅游产品空间分布图（见图 8–11）

分布特点：基本在沪太公路和蕴川北路中间呈条状分布。

体育旅游产品与观光旅游产品和美食旅游产品的空间分布较为相似。这在一定程度上表明体育内容主要依托旅游景点和休闲娱乐场所，在不断促进生活、就业、休闲的融合发展。

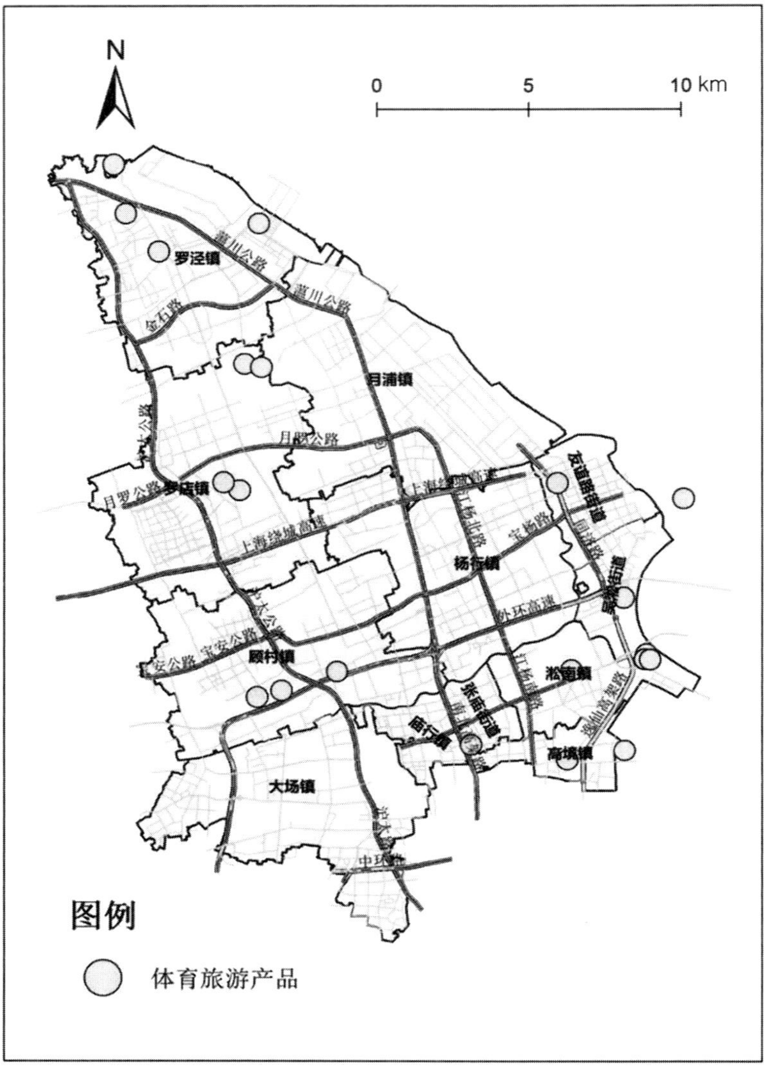

图 8-11　宝山区体育旅游产品空间分布图

I. 宝山区节庆旅游产品空间分布图（见图 8-12）

分布特点：数量较少、较为分散，在罗泾镇、罗店镇、顾村镇、大场镇、淞南镇、吴淞街道各有产品分布。

节庆旅游产品主要依托宝山当地的美食、美景、美娱，如顾村镇的樱花节、吴淞街道的上海国际帆船赛、淞南镇的上海半岛 1919 文创园工业文明体验季等。

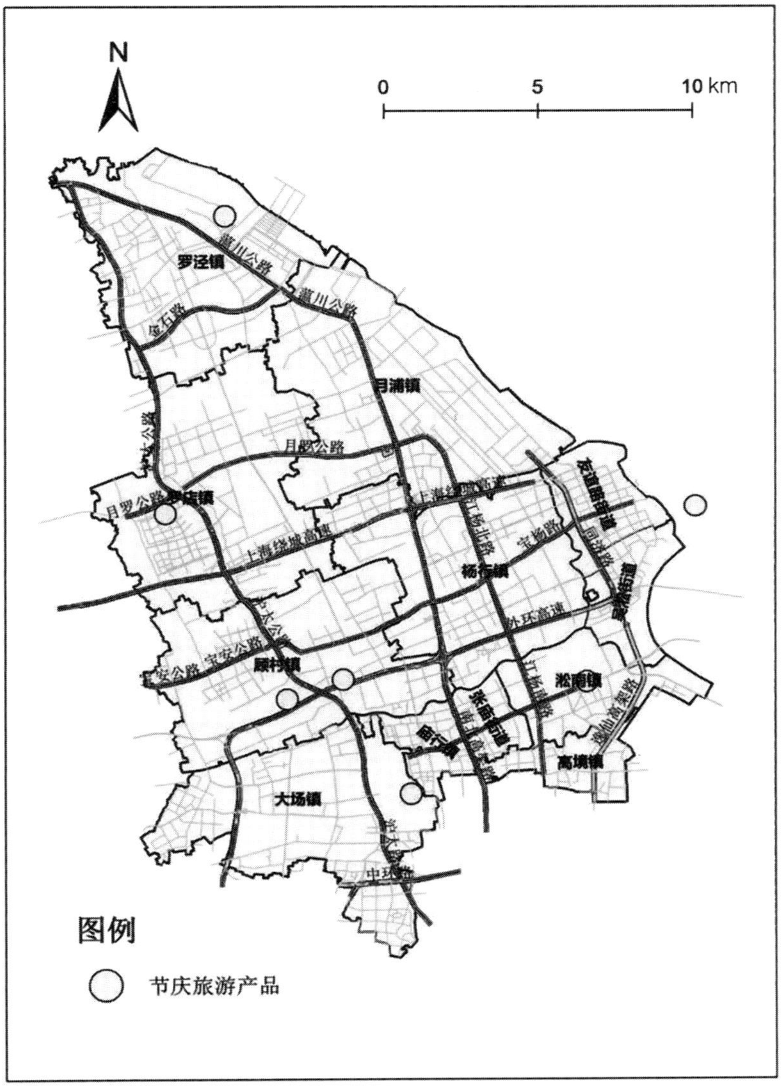

图 8-12　宝山区节庆旅游产品空间分布图

J. 宝山区科普旅游产品空间分布图：（见图 8-13）

分布特点：在罗店镇以南的位置分布均匀。

科普旅游产品主要依托宝山的生物资源、学校旧址以及一些博物馆、展览馆而形成，包含对自然、历史文化、饮食、习俗、工业等内容的教育传播。

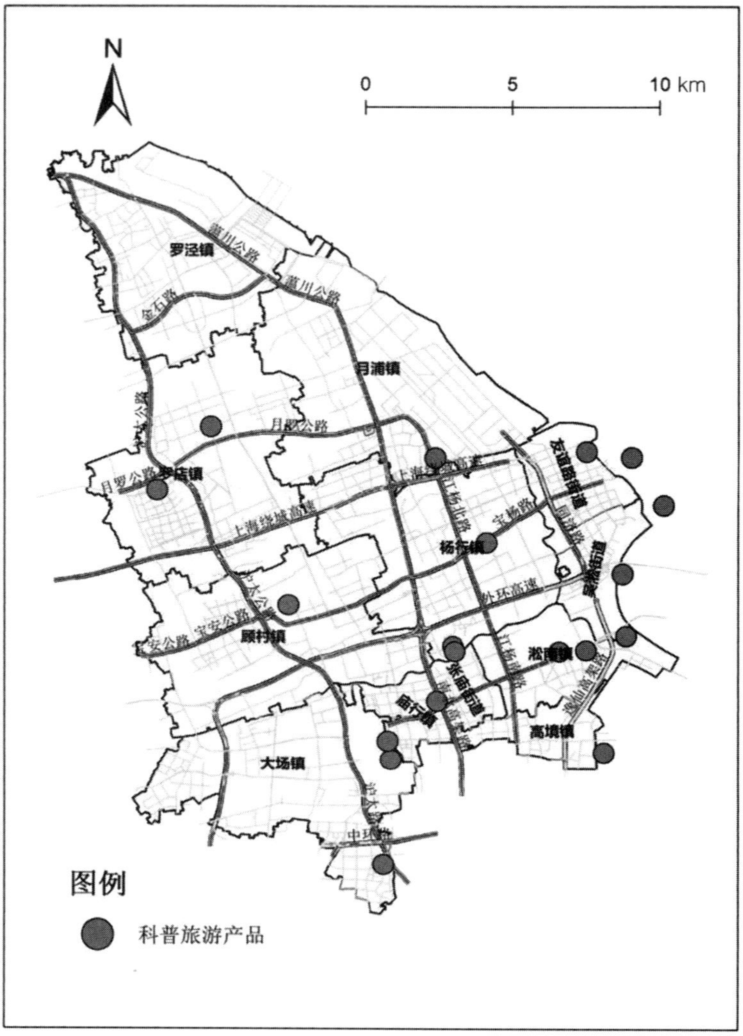

图 8-13　宝山区科普旅游产品空间分布图

通过 ArcGIS 将宝山区 10 类旅游产品叠加，可以发现，宝山东西部的旅游产品类型较为多样，而南北部的产品类型则较为单一，北部主要是农业旅游产品较为丰富，南部主要是文化旅游产品。同时在图中也有很多重叠的部分，这有可能是因为一个景点中分出了多种产品，如顾村公园里就有观光、体育、文化等多类旅游产品，同时这也体现出了宝山在转型发展过程中对既有土地综合利用的结果。（见图 8-14）

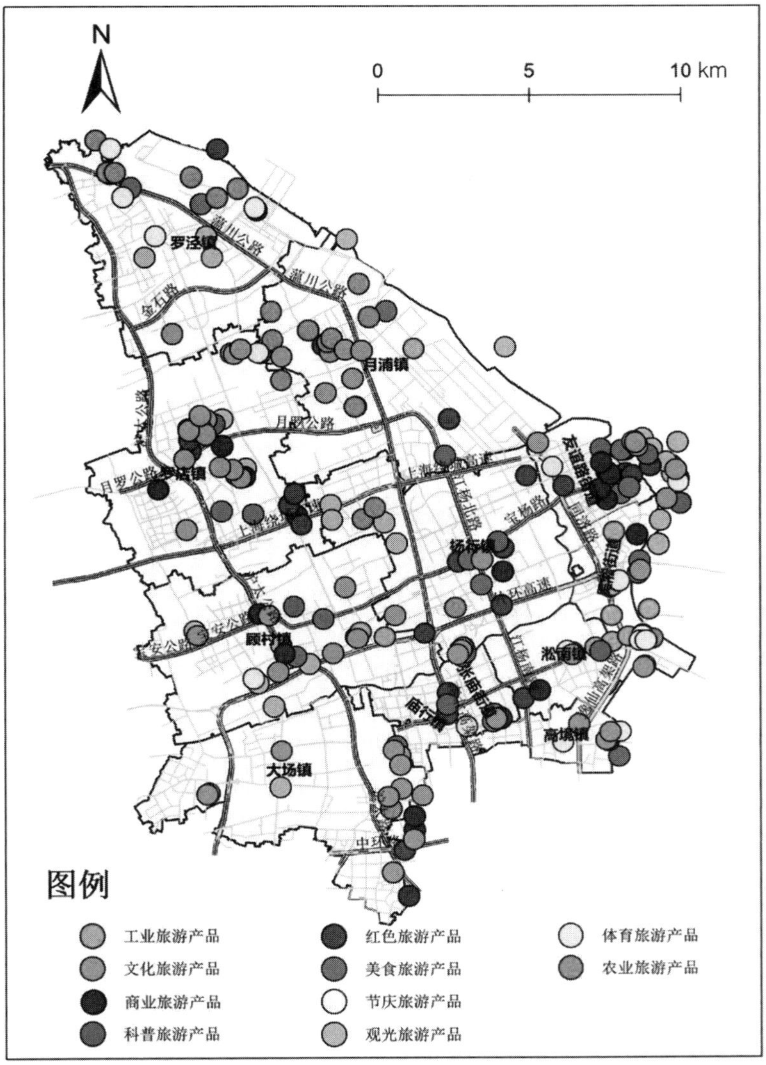

图 8-14　宝山区 10 类旅游产品空间分布图

2. 基于游客视角的宝山区旅游问卷分析

本研究问卷的调查对象是宝山区游客，发放地点为宝山各大知名旅游景点，表 8-12 为问卷发放安排的具体日期与人数。课题组成员分别在 2021 年 5 月 15 日、5 月 22 日、5 月 29 日在顾村公园、炮台湾、上海玻璃博物馆、木文化博物馆、智慧湾科创园、美兰湖景区发放相关问卷共计 402 份，发放问卷形式为线下填写，通过问卷星生成二维码面对面填写和发放纸质问卷并回收，共计发放问卷 402 份，回收 402 份，实际有效问卷 342 份，有效率为 85.07%。

表 8-12　宝山区旅游问卷发放安排表

景点	5 月 15 日	5 月 22 日	5 月 29 日
顾村公园	2 人	2 人	
炮台湾景区	2 人	2 人	
上海玻璃博物馆	2 人		
上海木文化博物馆	2 人		
智慧湾科创园	2 人		
美兰湖			2 人

（1）社会人口特征

A. 性别结构（见图 8-15）

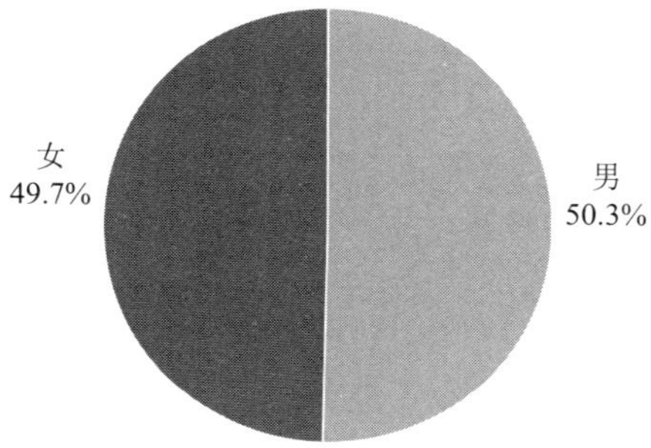

图 8-15　宝山区游客性别结构

在对宝山区游客的调查研究的 342 份有效问卷中，有 172 位男性、170 位女性，所占比例分别为 50.3% 和 49.7%。可以看出，在宝山区的旅游者群体中，男女性游客基本持平，此外，男女比重差距不超过 5%，证明女性客群市场的日益成熟。

B. 年龄结构（见图 8-16）

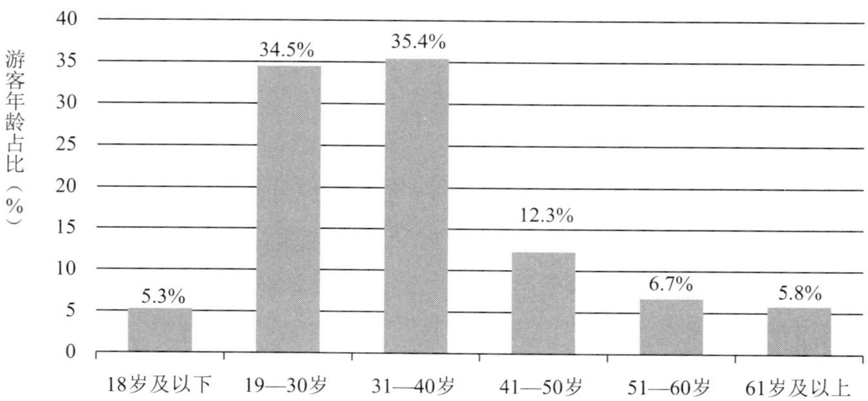

图 8-16　宝山区游客年龄结构图

调查样本的统计分析中得知，31—40岁年龄段的旅游者所占此次调查样本的主体，占35.4%，这个年龄段的群体大多都已有工作，有一定的经济基础参与出游活动。此外，繁忙的工作和家庭压力导致他们渴望得到身心的放松。其次，19—30岁这类群体主要是大学生和刚刚踏入社会的群体，他们经济基础较弱，但是有充裕的时间和身体素质条件，因而占到了34.5%。41—50岁的人群占比12.3%，这类人群与31—40岁人群特征相仿，具有一定的经济基础，旅游意愿较强。50岁以上的群体较少，这可能与宝山区的旅游资源、地理位置以及个人身体情况等有一定的相关性。

C. 学历结构（见图8-17）

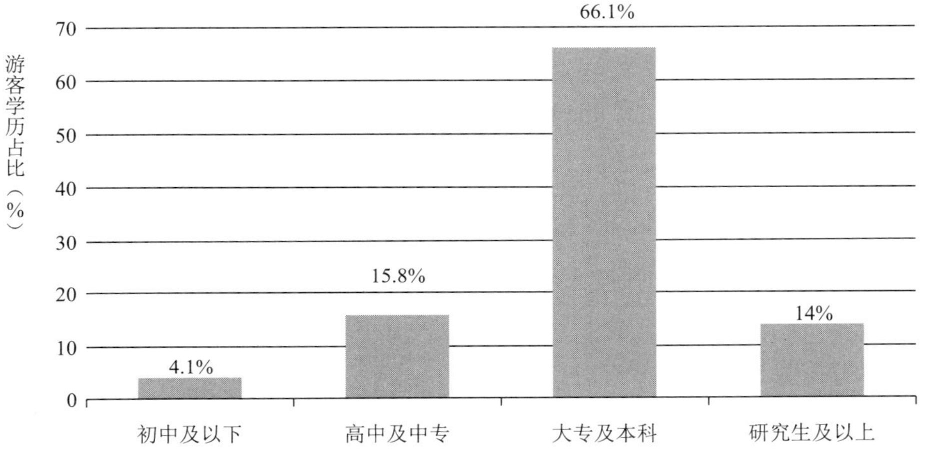

图8-17　宝山区游客学历结构图

旅游一般是认为在有钱有闲的基础上所进行的一项活动，因此，旅游活动本身就表明参与者的文化知识水平应该达到一定的标准。由表可知，研究生及以上学历占14%，大专及本科占66.1%，高中及中专占15.8%，初中及以下占4.1%，大专及本科和研究生及以上学历的游客占比达到80.1%，成为此次样本的主体调查对象。这可能是由于旅游一般是在有钱有闲的基础上所进行的一项活动，因此学历水平较高的群体相对来说收入也会更高，更有能力进行消费。此外，文化水平差异较大的游客在面对相同的景观后，可能文化水平较高的群体有更强的获得感。

D. 职业情况（见图 8-18）

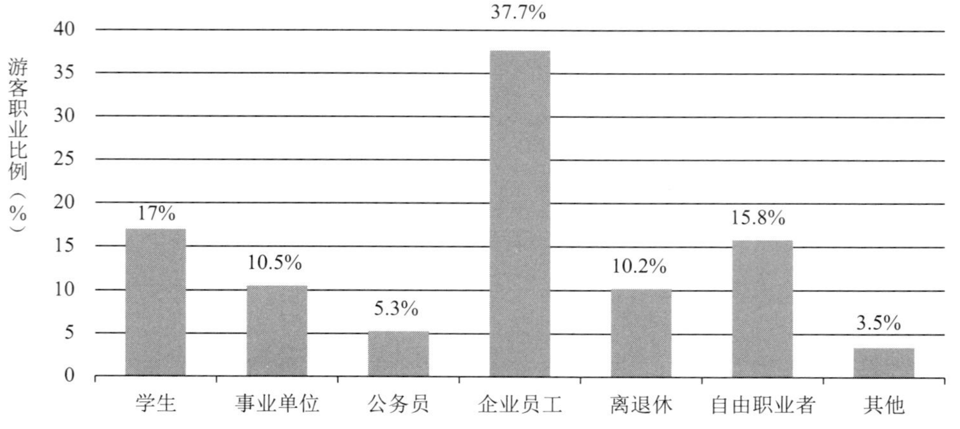

图 8-18 宝山区游客职业比例图

不同职业群体的经历不同，因此对旅游活动的需求不尽相同。本次调查研究中，企业员工人员占比 37.7%，学生占比 17%，自由职业者占比 15.8%，企业员工占比最多。企业商务人员因其工作强度大导致其出游意愿强烈，且经济收入高，因而占到此次样本容量的 37.7%。此外，学生、自由职业者、事业单位占比例相当，可能与其工作时间较为柔性和单位统一组织有关。

E. 收入情况（见图 8-19）

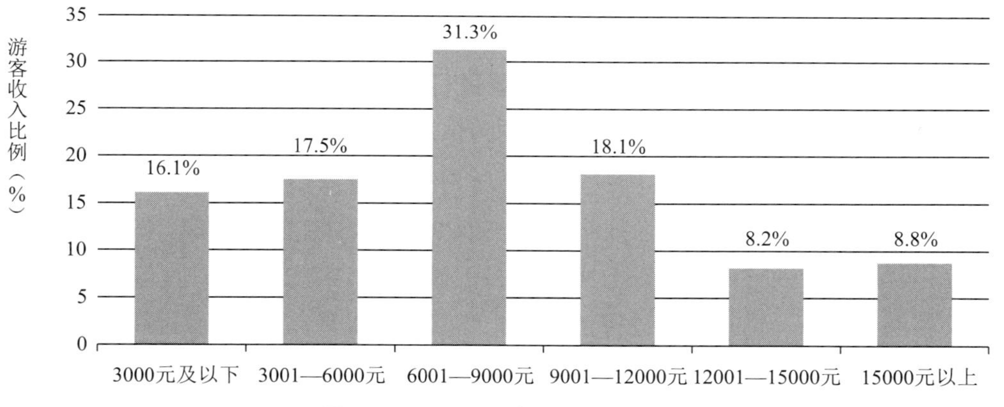

图 8-19 宝山区游客收入情况图

在本次调查中，月收入在 3000 元以下的游客占比 16.1%，3001—6000 元占比 17.5%，6001—9000 元占比 31.3%，9001—12000 元占比 18.1%，12001—15000 元占比 8.2%，15000 元以上占比 8.8%。可见，来宝山旅游群体的收入以中高收入（3000—12000 元）居多，该群体具备一定的收入能力，相对来说可支配收入较多，也比较有闲，可以为该旅游目的地旅游经济发展注入活力。此外，收入水平在 6001—9000 元最多，这可能与被调查者都是上海市居民，和上海市经济发展水平有一定关系，上海市 2019 年平均工资 9580 元[①]，众数人群工资 7855 元，这与本研究被调查者平均月收入水平范围大体一致，说明本研究收入水平调查符合客观事实。

F. 客源地（见图 8-20）

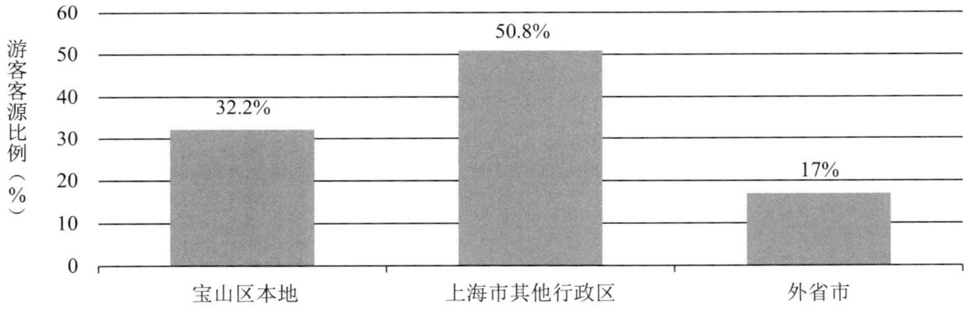

图 8-20　宝山区游客客源地分布图

游客大多来自上海本地，其中来自上海市其他行政区的游客占比 50.8%，宝山区本地的占比 32.2%，外省市的占比 17%。宝山区的客源地分布主要以上海市为主，总占比高达 83%。说明宝山区的旅游资源在上海市的知名度较高，但是吸引外省市游客来宝山旅游方面，还有待提升。

（2）旅游者行为学特征

A. 游客在宝山区旅游次数（见图 8-21）

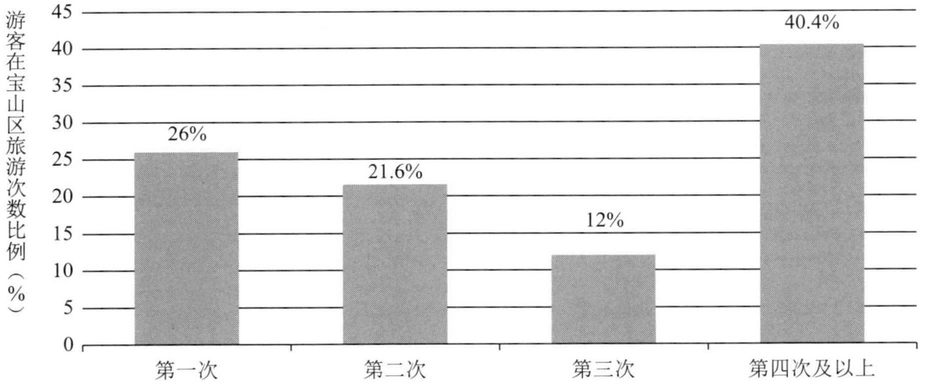

图 8-21　游客在宝山区旅游次数图

如图所示，在所有调查游客中，有 26% 的游客第一次来宝山区旅游，有 21.6 为第

① 上海市统计局 .http://tjj.sh.gov.cn/tjxw/20200629/fc54a4124e70400098921b6fc5680e1e.html.

二次来宝山区旅游，第三次来宝山区旅游的人数占比 12%，第四次及以上来宝山区旅游的人数较多，占比 40.4%，其中重要的原因来宝山区旅游的游客主要是上海本地人群和宝山区本地人群，所以去宝山区各个景点旅游的次数较多。

B. 计划停留时间（见图 8-22）

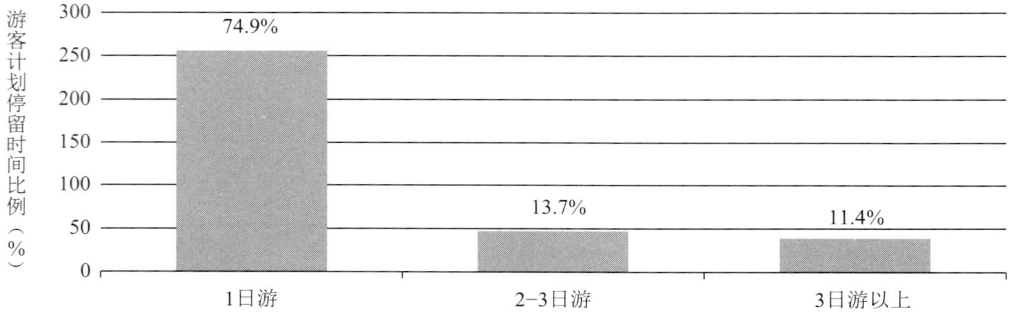

图 8-22　宝山区游客计划停留时间图

旅游者在旅游目的地的停留时间和该地旅游产业产值正相关，因而为了提高旅游产值，旅游目的地需提供多样化产品和配套服务来留住游客。在本次调查中，宝山 1 日游人数占比 74.9%，2—3 日游占比 13.7%，3 日游及以上占比 11.4%。在宝山区主要以 1 日游为主，其主要原因在于宝山区的旅游景点较分散，大多数为家庭就近出游，1 日内可往返，不能够满足旅游者留宿的意愿。

C. 出行方式（见图 8-23）

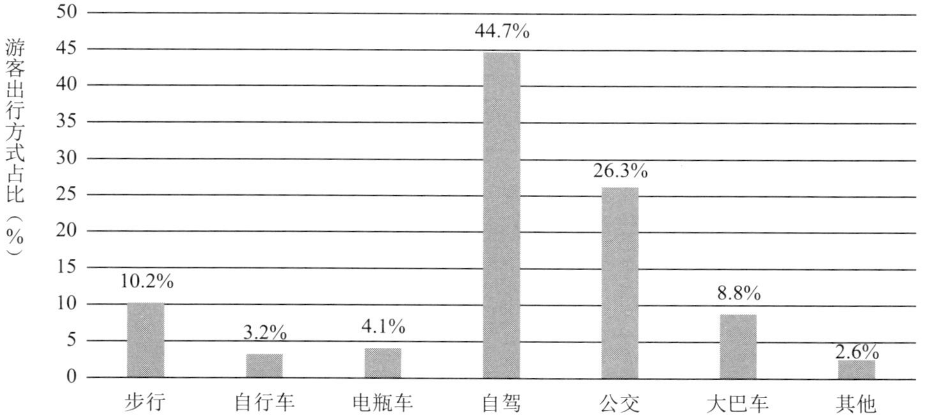

图 8-23　宝山区游客出行方式图

在关于游客所用交通工具的调查中，我们发现通过自驾来旅游的人数是最多的，占到所调查人数的 44.7%；选择乘公交方式的人数占比 26.3%；通过电瓶车、步行、自行车、大巴车来旅游的人群也占 26.3%。由此可见，随着我国居民生活水平的不断提高，自驾游逐渐成为当前旅游的主要交通方式，宝山区可加快自驾游相关配套设施的建设，满足此类人群旅游需求。

D. 了解宝山区旅游景点的渠道（见图 8-24）

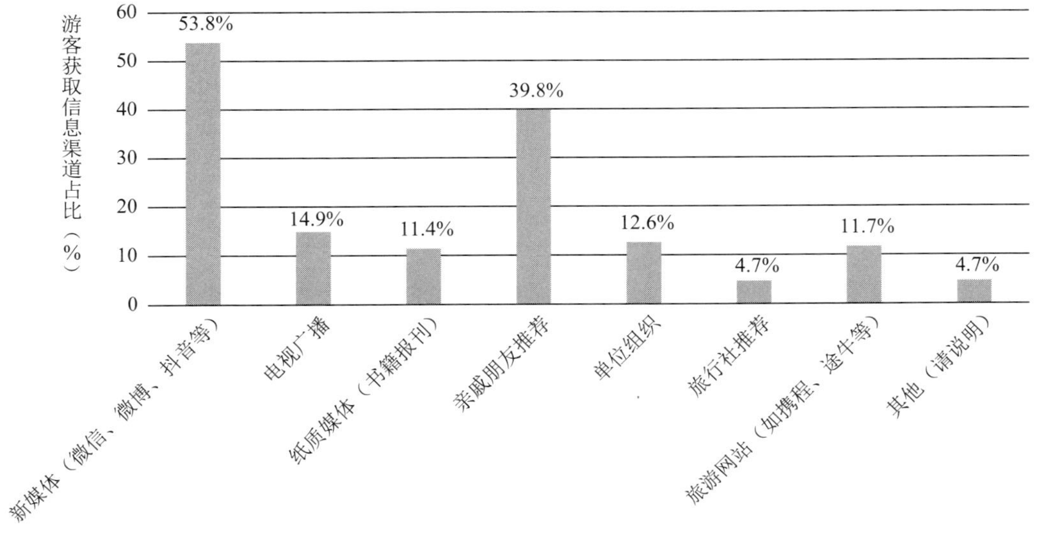

图 8-24　宝山区游客获取信息渠道图

旅游者在进行旅游活动前，会通过各种信息手段获取该旅游目的地的相关信息。经统计分析，旅游者通过新媒体（微信、微博、抖音）获取信息占比 53.8%，通过亲戚朋友推荐获取信息的占比 39.8%，通过电视广播获取信息占比 14.9%，通过旅游网站（携程、途牛等）占比 11.7%，通过纸质媒体（书籍报刊）获取信息占比 11.4%，通过旅行社和其他渠道获取信息的都低于 5%。由此可见，人们经常通过新媒体和亲戚朋友推荐来获取旅游目的地的相关信息。新媒体渠道占比最高，因而宝山区在进行旅游市场宣传时要着重网络板块的建设。此外，亲戚朋友占比第二位，证明人和人之间的信息沟通、口碑宣传依然是信息传递较为主流的方式，因而旅游目的地要积极提升游客满意度，增强旅游的获得感。

E. 游客去过的旅游景点（见图 8-25）

景点旅游人数从一定程度上说明了该旅游景点的知名度，调查的人群中有 67.8% 去过顾村公园，有 57.3% 去过吴淞炮台湾国家湿地公园，44.4% 的人去过美兰湖景区。顾村公园、吴淞炮台湾国家湿地公园、美兰湖景区是来宝山旅游游客的三大主要景点，其他知名度相对较少的景点要加快景区特色的宣传，提高景区的知名度。

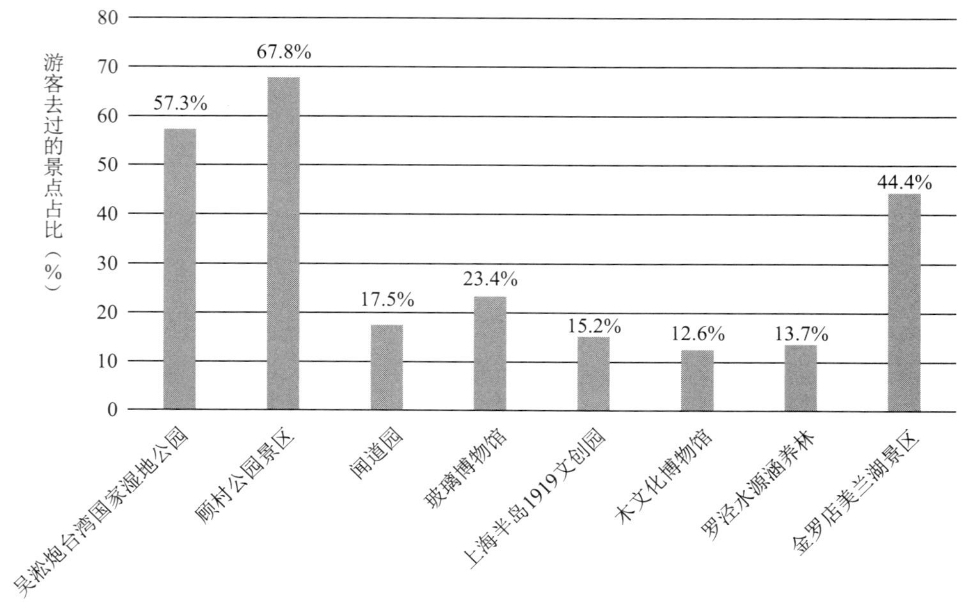

图 8-25 宝山区游客去过的景点图

（3）数据样本统计分析

A. 变量描述性统计

表 8-13 宝山区游客对旅游景点满意度统计表（n=342）

分类	感知描述	均值	各维度均值	标准偏差
生态环境	空气质量良好	4.28	4.235	0.736
	水体质量良好	4.19		0.786
	环境氛围良好	4.32		0.708
	服务设施对大自然没有造成太大的破坏	4.15		0.748
旅游资源	具有特色的景观资源	4.05	3.954	0.772
	旅游资源富有特色	4.03		0.833
	旅游资源丰富多样	3.98		0.785
	旅游资源分布合理	3.96		0.822
	旅游项目互动性强	3.75		0.803
宝山区风貌	村镇景观优美独特	4.08	4.103	0.736
	整体环境卫生状况良好	4.14		0.751
	生态环境景观富有特色	4.09		0.706

续表

分类	感知描述	均值	各维度均值	标准偏差
基础设施	交通服务设施便利	3.96	3.994	0.772
	食宿服务设施便利	3.85		0.785
	管理到位、游览秩序井然	4.16		0.706
	基础生活设施（公共厕所等）完备	3.9		0.922
	各类标识醒目，指示明确	4.1		0.746
旅游服务	当地社会治安良好	4.34	3.875	0.673
	民俗节庆活动丰富	3.73		0.85
	可以品尝当地特色美食	3.71		0.887
	当地的产品或纪念品富有特色	3.67		0.838
	当地居民热情好客、乐于交谈	3.88		0.766
	游客遇到困难能主动关心并提供帮助	3.92		0.748
核心景点	休闲活动体验丰富	3.99	3.978	0.693
	我经常能从报纸、电视、网络等渠道看到该景区相关信息	3.78		0.792
	到此景点让我感到不虚此行	4.02		0.706

由表 8-13 可知，旅客感知评价的平均值分别为生态环境（4.235）、旅游资源（3.954）、宝山区风貌（4.103）、基础设施（3.994）、旅游服务（3.875）、核心景点（3.978），旅游者对旅游目的地的生态环境和宝山区风貌感到满意，其他因素的满意程度大致相当，其中宝山旅游服务中的民俗节庆、特色美食、当地的纪念品满意程度较低，还有待开发，提升旅游产品的供给质量，增强游客满意度。样本标准差在 0.6-1 之间波动，样本可信度较高。

B. 总体满意度评价分析（见表 8-14）

表 8-14　宝山区游客总体满意度描述统计（n=342）

感知描述	均值	标准偏差
在同等条件下，您会优先选择宝山区旅游	3.77	0.859
您会向亲戚朋友推荐来宝山区旅游	4.01	0.783
实际感知情况——您对该旅游目的地的整体满意	4.08	0.593
如果有机会，您还会再来宝山区旅游	4.08	0.715
与期望值相比，您对这次旅行感到满意	4.12	0.683

由上表可知，总体满意程度均值为 4.08，期望满意度均值为 4.12，重游意愿为 4.08，推荐别人来宝山旅游满意度均值为 4.01，其分值均较高，说明旅游者对该旅游

目的地的旅游经历感到满意，也愿意推荐他人来宝山旅游。但同时发现，旅游者优先游览该目的地的分值较低，可能的原因在于宝山旅游目的地与上海市其他旅游目的地的吸引力相比较低，其旅游竞争力不够，导致旅游者在同等条件下，不会优先选择宝山区。

C. 相关性分析

a. 人口特征与来宝山旅游次数的相关分析（见表 8-15）

本部分分析了游客人口统计学特征（月收入、性别、年龄、学历、职业）和游客行为学特征（来宝山旅游次数、停留时间）的相关关系。具体分析可知：

表 8-15　宝山区游客人口特征与来宝山旅游次数的相关分析（n=342）

主要题项	统计系数	性别	年龄	学历	职业	月收入
来宝山旅游的次数	皮尔逊相关性	−0.055	0.249*	−0.106*	0.234*	0.218*
	Sig.（双尾）	0.274	0	0.034	0	0

注 a：*sig<0.05

来宝山旅游的次数与年龄、学历、职业、月收入共 4 项之间全部均呈现出显著性，相关系数值分别为：0.249、−0.106、0.234、0.218。意味着来宝山旅游的次数与年龄、学历、月收入存在着正相关关系，说明月收入越高、年龄越大来宝山旅游次数越多。同时，性别与来宝山区旅游次数不会呈现出显著性，相关系数值接近于 0，说明性别与来宝山区旅游次数之间并没有相关关系。

b. 人口特征与计划停留时间的相关分析（见表 8-16）

表 8-16　宝山区游客人口特征与计划停留时间的相关分析（n=342）

主要题项	统计系数	性别	年龄	学历	职业	月收入状况
您一般计划停留的时间	皮尔逊相关性	−0.053	−0.031	−0.023	0.043	0.024
	Sig.（双尾）	0.329	0.564	0.673	0.433	0.657

注 a：*sig<0.05

计划停留的时间与性别、年龄、学历、职业、月收入状况共 4 项之间不会出现显著性，相关系数值分别为：−0.053、−0.031、−0.023、0.043、0.024。意味着来宝山旅游计划停留的时间与年龄、学历、月收入不存在相关关系。

D. 交叉分析（见图 8-26）

有 0.6% 的游客对宝山区的旅游整体状况不满意，有 1.2% 的游客感到不太满意，有 7.0% 的游客感到一般，有 72.5% 的游客对宝山区旅游状况感到比较满意，有 18.7%

的游客感到非常满意。

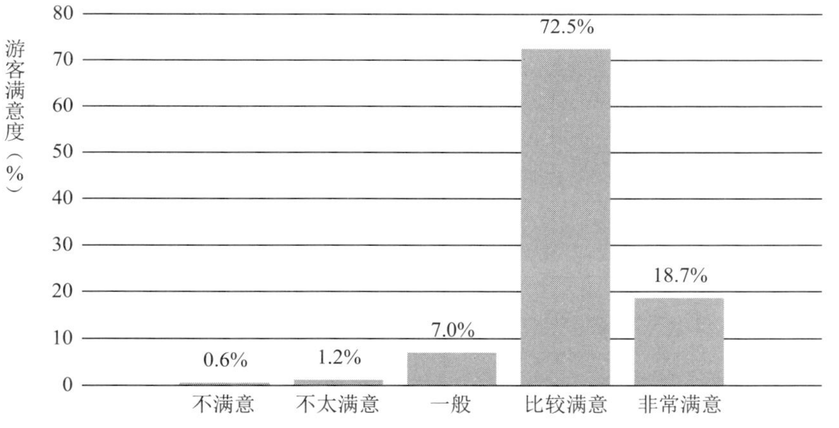

图 8-26　宝山区游客整体满意度情况

a. 人口特征与整体满意度交叉分析

不同性别对宝山旅游整体满意度情况如图 8-27：

在通过此次对宝山旅游的游客调研当中，有近 90% 的人群对宝山区的旅游经历感到比较满意，在对宝山区旅游满意度感到一般及以下的人群中，有 7.6% 的男性人群和 6.5% 的女性，有 3.0% 的女性人群和 0.6% 的男性人群感到不太满意宝山的旅游。反映了大部分人群对宝山的旅游情况感到较为满意。

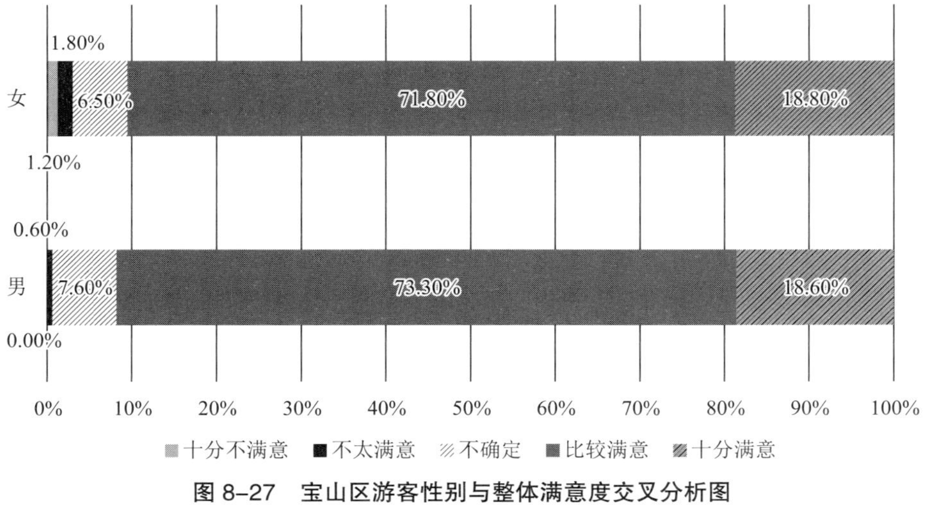

图 8-27　宝山区游客性别与整体满意度交叉分析图

不同年龄对宝山旅游满意度情况如图 8-28：

在不同年龄段对宝山旅游情况满意状况调查当中，18 岁及以下的人群对宝山旅游满意度感到一般的比例为 11.11%，其次有 10% 的 61 岁及以上人群对宝山旅游感到一般，感到不满意及非常不满意的人群比例都低于 5%。感到比较满意和非常满意的人群比例较高，说明宝山区的整体旅游状况较好。

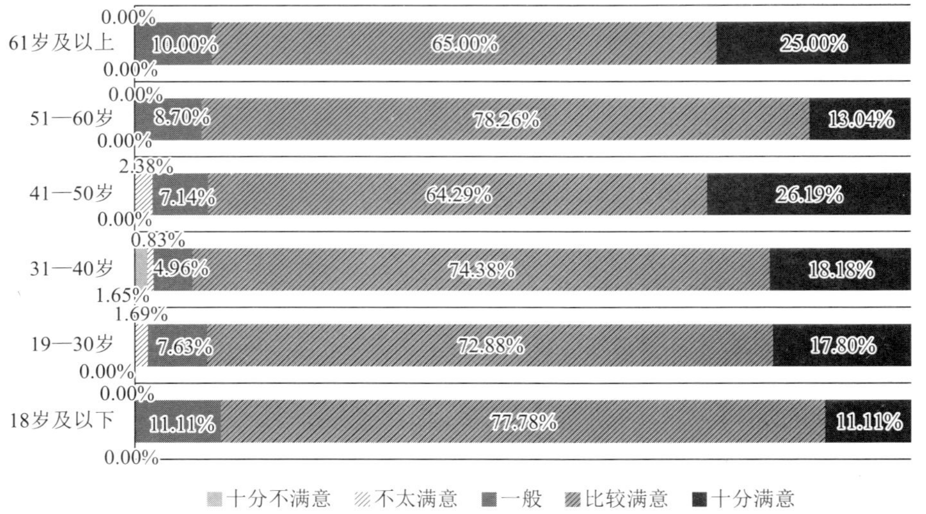

图 8-28　宝山区游客年龄与整体满意度交叉分析图*

不同地域对宝山旅游满意度情况如图 8-29：

从不同地域游客对宝山区旅游总体满意度较高，三类客源人群中都有 70% 左右的人群对宝山区旅游目的地整体感到比较满意，外省市的客源有 24.1% 的人群对宝山感到非常满意，有 20.9% 的本地游客对宝山区旅游目的地整体感到非常满意。

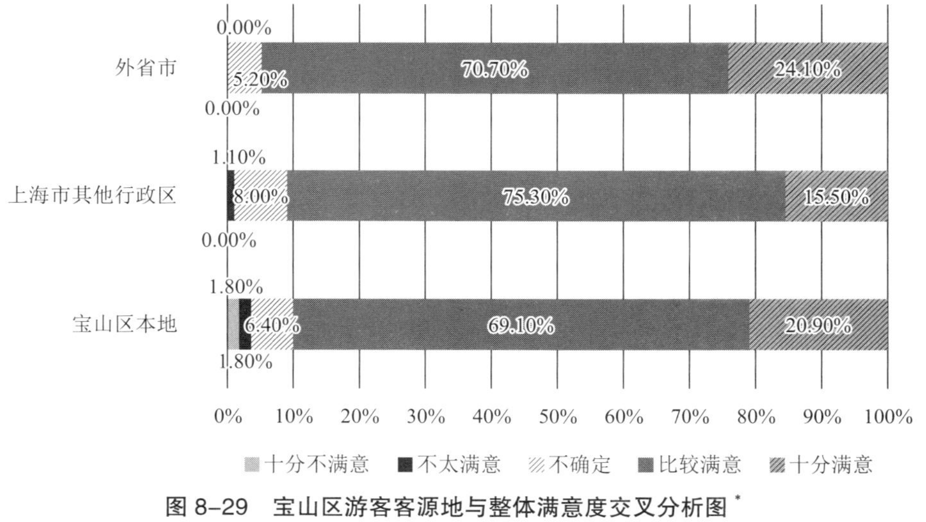

图 8-29　宝山区游客客源地与整体满意度交叉分析图*

* 图上所标注的数字皆为保留小数点后两位，四舍五入的结果。

不同学历对宝山旅游满意度情况如图 8-30：

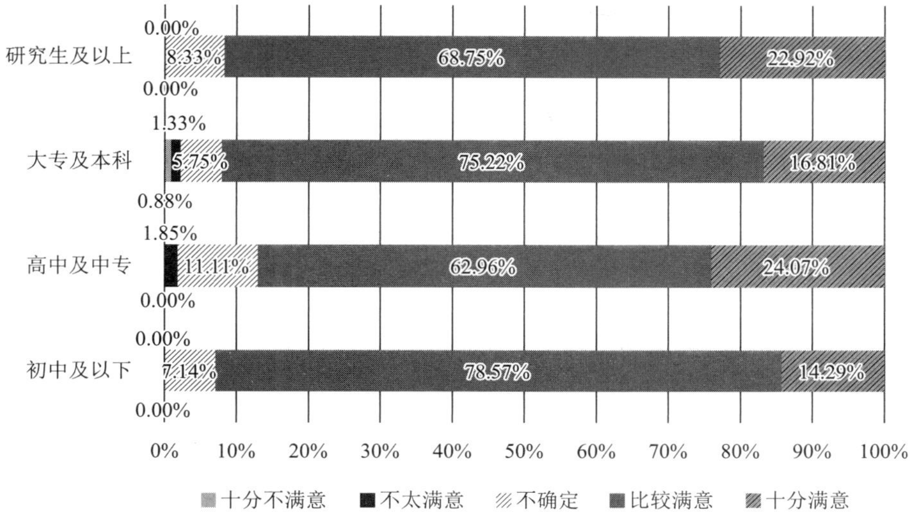

图 8-30　宝山区游客学历与整体满意度交叉分析图*

不同职业对宝山旅游满意度情况如图 8-31：

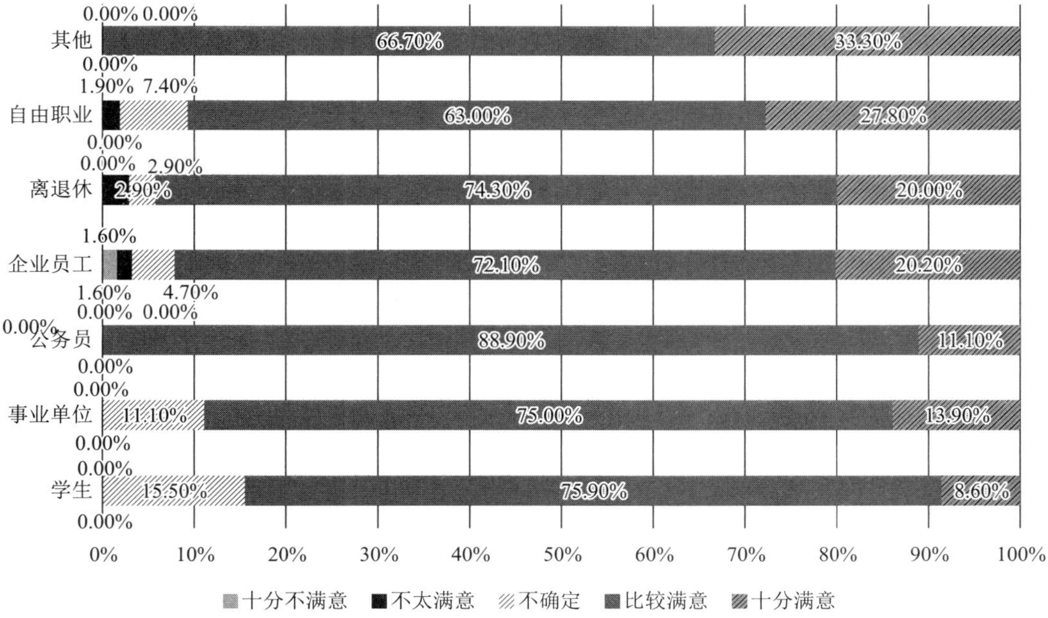

图 8-31　宝山区游客职业与整体满意度交叉分析图*

来宝山区旅游不同次数与整体满意度分析如图 8-32：

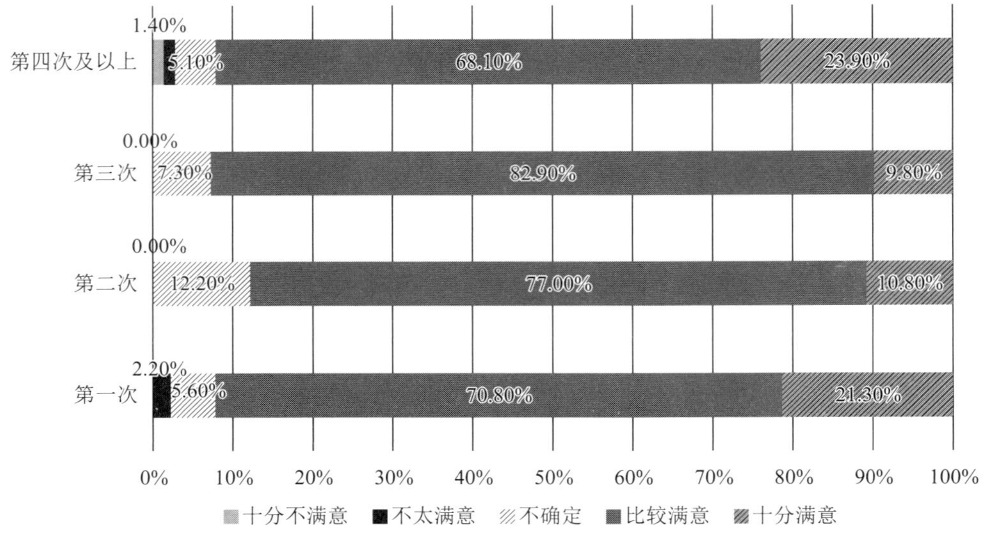

图 8–32　宝山区游客旅游次数与整体满意度交叉分析图 *

b. 不同客源地与其他旅游行为的交叉分析

不同客源地出游的方式如图 8-33：

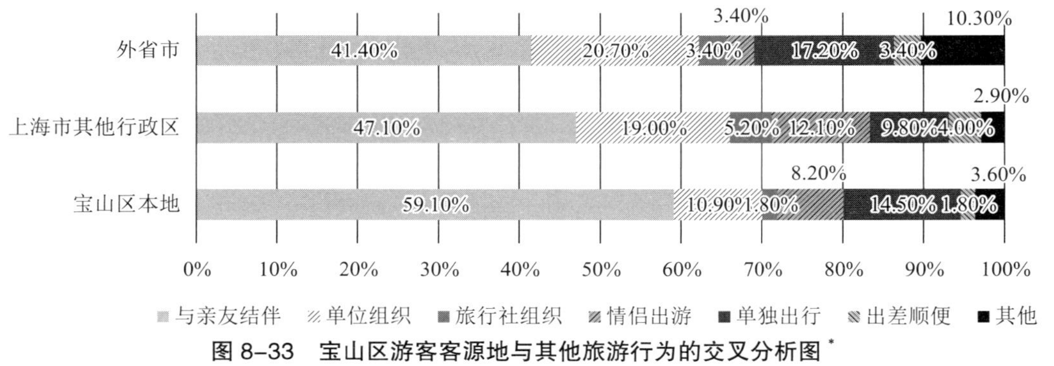

图 8–33　宝山区游客客源地与其他旅游行为的交叉分析图 *

各类地域的游客以亲友结伴为主要的出游方式比重最高，其中宝山区本地占比达到 59.1%，占比最高。其次是上海市其他行政区，占比 47.1%，最后是外省市客源，占比 41.4%。宝山本地游客旅游大多是以日常休闲、放松身心为主，把旅游作为家庭活动的重要方式，宝山区可加快相关家庭亲子类的产品开发，满足家庭出游型游客需求。第二，是以单位组织来宝山旅游的比例占该人群总数的 16.7%，第三是单独出行，占到总人数的 12.6%，宝山区可以提供公司团建拓展类项目满足公司员工团建需求，同时也可以定制宝山自由行旅游线路，满足单独出行的游客需求。最后，以旅行社组织来宝山旅游的人群较少，多为散客，说明宝山区的旅游资源对团体旅游市场吸引力较弱。

不同客源地选择交通的方式如图 8-34：

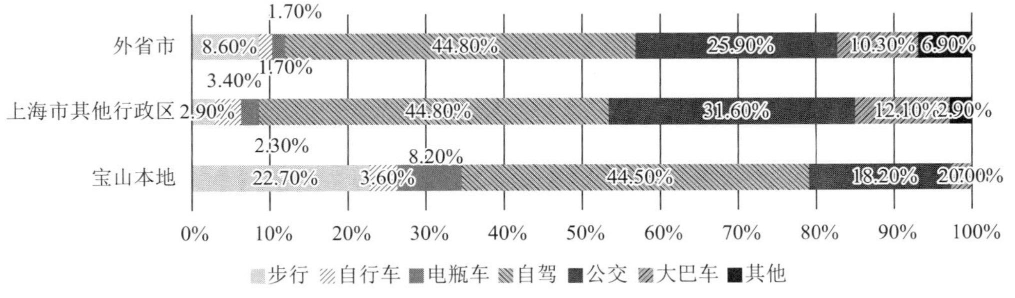

图 8-34　宝山区游客客源地与交通方式的交叉分析图[*]

可以看出自驾是当前游客选择来宝山区旅游的主要方式。通过步行、自行车、电瓶车等短距离交通方式来宝山区旅游的主要是以本地人为主，在宝山区本地游客中占比 34.5%。由于宝山各个主要景点都有直达地铁和公交站台，出行旅游较为方便，占比相对较高。宝山区应加快自驾游服务产品的供给，特别是节假日私家车的停车、加油、售票服务，做好车辆的疏导工作，满足游客出行需求。

不同客源地来宝山区旅游的次数如图 8-35：

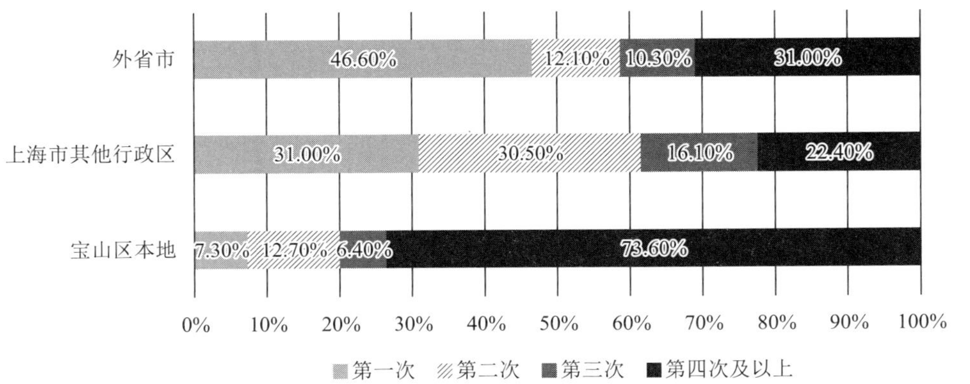

图 8-35　宝山区游客客源地与在宝山区旅游次数的交叉分析图[*]

从不同客源人群的旅游次数来看，外省市和上海市其他行政区第一次来宝山旅游人数比例较高，分别占该地域人群的 46.6% 和 31%，宝山区本地第四次及以上在宝山区旅游的人群占比达到 73.6%，上海市其他行政区和外省市第四次及以上来宝山旅游的比例较低。应提高外地游客的再游意愿，开发旅游产品，满足非本地游客的旅游需求，提高旅游服务供给质量。

3. 旅游线路的设计

（1）旅游线路的设计要点

A. 点的选择

a. 满足旅游者需求

首先，在旅游线路设计中，选择的旅游景点要考虑旅游者需求。是否能满足旅游者的需求是检验旅游线路设计是否合理的根本因素，只有旅游线路的设计满足旅游者的需求，旅游线路才可能引导消费，产生效益。

b. 数量合理科学

其次，一条旅游线路中旅游景点的数量设计要合理而科学，既要避免节奏太快而出现走马观花式的旅游，同时还要注意数量过少无法满足游客的需求，最终导致游客满意度较低。

c. 分类选择、协调发展

由于旅游景点中资源类型的不同，所以在旅游线路设计的过程中要注意不同类型的景点合理搭配、交错安排，以避免游客感到乏味无趣。

B. 点的排列及组合

一条旅游线路中的旅游景点的数量和类型选择好之后，就要对旅游景点的先后顺序及线路进行计划和安排。总体来说，对旅游景点的设计应该关注以下几个方面：

a. 旅游景点合理搭配

任何旅游目的地中总有一些旅游景点是开发成熟的、知名度较高的，然而也有一些旅游景点知名度较低，如果在旅游线路的设计过程中，总是选择比较“冷”的旅游景点，必然会影响游览的质量以及游客满意度。所以，在旅游景点的选择过程中，要统观全局，将知名度较高的景点和知名度较低的景点合理搭配、协调安排，创造旅游效益最大化。

b. 旅游景点要“动静结合”

“动”即让游客动起来，充分参与到旅游体验活动中，例如，在线路中安排游客体验射箭、徒步等活动；“静”即让游客处于相对静止的状态之中，例如，在旅游线路设计中，设计游客观看宝山区的民俗、工艺表演，不至于因游客过于疲劳而导致游览效果不佳。

（2）旅游线路的设计

A. 景点间近距离线路设计

“初心之旅”以罗泾镇为主要的目的地，通过整合不同的旅游景点，让游客感受罗泾不同的人文与自然风景；“滨江风情之旅”游客通过步行就可游览全部景点，感受滨江码头的风情，了解入海口的地理水文特征，知晓炮台湾湿地公园的红色历史。

线路一：初心之旅

侵华日军罗泾大烧杀遇难同胞纪念地—罗泾水源涵养林—美丽乡村塘湾—塘湾村母亲花文化园—罗泾农家风情馆。

解读：在新时代乡村振兴中学“四史”，红色精神引领下，牢记使命建设新农村。

线路二：滨江风情之旅

吴淞口国际邮轮港—上海吴淞炮台湾国家湿地公园—长江河口科技馆—上海淞沪抗战纪念馆—上海解放纪念馆。

解读：感受滨江码头的风情，了解入海口的地理水文特征，知晓炮台湾湿地公园的红色历史。

B. 深度专项化线路设计

“建筑里的老时光”与“振兴之旅”主要介绍宝山区的工业历史文化遗存，“筑梦之旅”通过各大不同类型的博物馆将宝山区不同的文化类型串联；而“花果乡村之旅”将宝山区的乡村旅游资源进行组合，在忙碌之余体验采摘收获的快乐。

线路一：建筑里的老时光

中成智谷—上海半岛 1919 文创园—新业坊 · 源创。

中成智谷：西部牛仔火车、上海 jump360 蹦床中心、淞沪铁路文化长廊；

上海半岛 1919 文创园：6 号楼（半岛公宿）、云台广场、1919 手绘涂鸦墙、宝山纺织工业文明展示馆；

新业坊 · 源创：“新业坊号”火车头、参号库。

解读：无论是在中成智谷，还是上海半岛 1919 文创园，这些由旧仓库、老厂房转型而来的产业园区，无不保留着工业时代曾经的印记，让我们在微旅行之中慢慢品读建筑里的老时光。

线路二：筑梦之旅

上海解放纪念馆—上海淞沪抗战纪念馆—吴淞口国际邮轮港—上海吴淞炮台湾国家湿地公园（上海长江河口科技馆）—宝山规划展示馆。

解读：在浪花澎湃中学“四史”。红色精神引领下，改革创新发展邮轮产业。

线路三：振兴之旅

上海玻璃博物馆—智慧湾科创园（中国 3D 打印文化博物馆）—三邻桥体育文化园—上海半岛 1919 文创园——中成智谷。

解读：在探寻工业记忆中学“四史”红色精神引领下，改革创新促工业区转型。

线路四：花果乡村之旅

“一水间”花卉生态园—木然农场—月浦泾品果蔬生态园—罗泾水源涵养林—萱草文化园—国内首个母亲花主题园—沪宝垂钓中心—民众村稻虾生态园。

解读：以采摘、赏花为主题的宝山花果之旅，体验宝山的乡村特色。

C. 多样化体验线路设计

“文复之旅”与“文化体验之旅”将宝山区滨江旅游资源、景观旅游、农业旅游、工业旅游等具有代表性的景点进行串联，提高游客的再游意愿和旅游满意度。

线路一：文复之旅

上海宝山国际民间艺术博览馆—顾村公园—上海大学博物馆（溯园）—上海木文化博物馆—龙现代艺术中心—上海市陶行知纪念馆。

解读：在文化艺术滋养中学“四史”红色精神引领下，传承弘扬中华优秀文化。

线路二：文化体验之旅

上海玻璃博物馆—2019 黑池舞蹈节（宝山体育中心）—智裁湾科创园（依弘剧场）。

解读：这个夏天走进上海玻璃博物馆的“Illuminated Space→光域”展，艺术家用玻璃浇铸出柔和的色调，焕发出一种难以捉摸的内在光芒。发源自英国黑池小镇的黑池舞蹈节是著名的国际标准舞专业赛事活动，是国际知名的体育舞蹈竞演品牌，黑池舞蹈节（中国）于 8 月在宝山拉开帷幕，众多国内外舞坛大咖为观众献上精彩的视觉盛宴。依弘剧场是全市首个以戏剧艺术名家命名的剧场，定期为喜爱国粹的观众献上一场场视听盛宴，如《失街亭》《空城计》《斩马谡》《四郎探母》等剧目。

D. 不同群体类型线路设计

以家庭亲子群体为例，“快乐亲子之旅”以亲子为主要服务对象开展一系列的主题旅游活动。

线路一：快乐亲子之旅

智慧湾科创园—三邻桥体育文化园。

智慧湾科创园：中国 3D 打印文化博物馆、3D 打印混凝土步行桥、猪廊、依弘剧场、集装箱星巴克；三邻桥体育文化园：中央广场烟囱、“瓶瓶”雕塑、香樟大道。

解读：一场遇见未来的亲子旅行是给孩子们最好的惊喜。VR、3D 打印、运动……孩子们在这条线路里可体验未来科技，邂逅邻里温情，感受活力和热情兼容并包的文旅休闲新场景。

4. 城市旅游休闲公共空间类型的构建

基于空间成因、政府管理以及空间形态三个维度，目前可以把城市旅游休闲公共空间划分为三种类型，分别为“城区集聚型城市旅游休闲公共空间”“资源富集型城市旅游休闲公共空间”“交通枢纽型城市旅游休闲公共空间”。

根据10类产品的空间结构，可以划分出如下三类城市旅游休闲公共空间，如图8-36所示。可以看出，“城区集聚型旅游休闲空间”集中在宝山区的北部，以农业旅游产品为特征；“交通枢纽型旅游休闲空间”通常出现在交通结点处，多为文化、商业、美食旅游产品；而“资源富集型旅游休闲空间”多出现在交通的末端，形成多类旅游产品集中的城市旅游休闲公共空间。

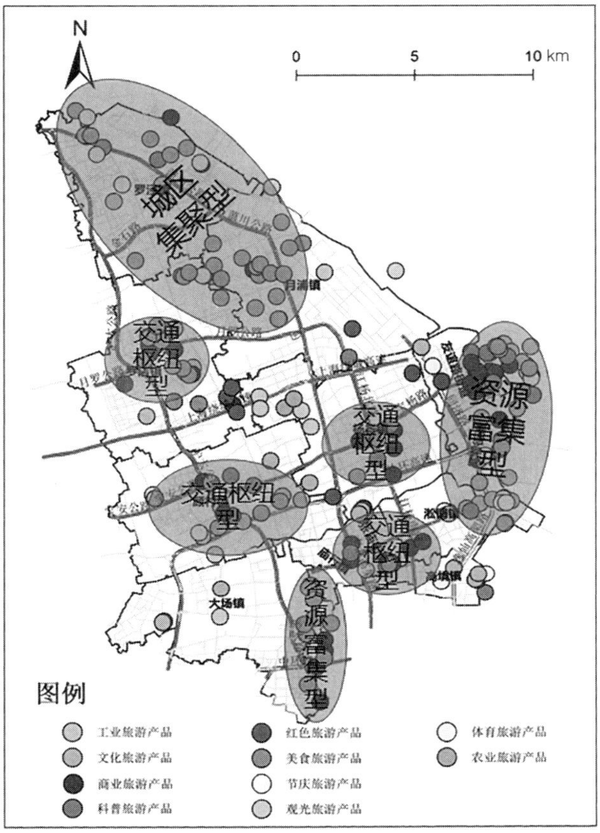

图 8-36　宝山区三类城市旅游休闲公共空间布局

由于城市旅游休闲公共空间具体形态多样复杂，本书对宝山区城市旅游休闲公共空间的分类是基于在不同情况下，各种不同形态的旅游休闲空间相互叠加、组合，对呈现出的不同主要特点进行归纳得出。随着城市空间功能的转化，会不断有新的城市旅游休闲公共空间形态出现，并不能穷尽所有城市旅游休闲公共空间类型，只能做出大致特征总结，以供参考。

六、宝山区城市旅游休闲公共空间的发展建议

宝山区的城市旅游休闲公共空间已经形成了政府、企业、民众多元治理的模式，这是目前新公共管理理论所提倡的社会治理发展趋势。

（一）塑造整体形象，提升宝山旅游竞争力

提起宝山区工业，老上海人都会下意识地想起“宝钢”，因此常说宝钢以宝山而得名，宝山以宝钢而闻名。随着时代的发展，宝山区传统工业的转型升级，也成了宝山区华丽转身的依托，以宝钢为代表的工业资源也就不足以代表今日的宝山区。如今依托工

业遗迹，宝山区形成了各种类型的旅游资源，虽然旅游资源具有多样性，但同时存在旅游形象不突出的问题。因此宝山区在发展旅游业过程中，也应该思考如何塑造旅游的整体形象认知，打造旅游特色名片，从而突出宝山区整体亮点，提升旅游竞争力。

（二）依托长三角城市群，发挥城市区域联动效应

作为上海北大门的宝山区是接轨江苏的重点区域，肩负着强化上海对长三角城市群引领作用的重要使命。在地域上，宝山区通江达海，长江、黄浦江和蕰藻浜在这里交汇，有很好的水域条件和岸线资源，能够在区域资源整合、产业联动等方面发挥其地理优势。同时，在转型过程中，宝山区传统旅游的非优区，形成了旅游发展的洼地。但目前，宝山区的转型发展大多依托老工业区资源，呈现诸多产业相互融合的情况，这也将成为下一轮发展的机遇。也可以说，对资源的创新认知能够带动宝山旅游洼地的新发展，同时依托上海和长三角城市群，能够发挥更有效的联动效应，促进旅游业的发展。

（三）整合旅游资源，联创旅游品牌

从地图可以看出，宝山区被东西、南北几条主干道割裂成了不同的区域。道路割裂城市空间使得旅游资源较为分散，不利于规模化发展。目前，上海市文化和旅游局组织中共一大、二大、四大纪念馆联合开展国家5A级旅游景区申报工作，不仅有红色旅游观光巴士专线，相应的服务配套设施也十分齐全，这对于宝山有积极的借鉴意义。宝山区可以以此为契机，整合不同区域内的旅游资源，形成区域联动，并提供相应的配套设施，联创具有特色化的旅游品牌。

（四）以特色节事活动打造宝山新亮点

宝山区依托区位优势和资源特色，联动商旅文体农，打造了许多市级节庆品牌。例如春季主打上海樱花节，秋季主打以上海邮轮旅游文化节为支撑、上海木文化节、顾村金秋游园会等多方参与的上海旅游节宝山系列活动，提高了区域影响力，引领旅游产品的创新升级。因此，可以加强以体育文化会展为代表的节事活动，形成不同领域的联动效应，打造新高潮，凸显新亮点。

（五）凸显旅游产品综合化发展趋势和生活化特征

从空间上可以看出，宝山区在同一空间内，有多项旅游产品资源的重合和叠加。这也反映出，宝山区的旅游产品不再是单一化发展，而是呈现多维度综合化的发展趋势。对应大众个性化、自由化的旅游需求，内容丰富、产品多样的特色化发展已经成为现阶段旅游发展的新要求。同时可以看到，在例如携程、驴妈妈等传统的旅游网站中，宝山区的旅游产品不具有显著性，旅游产品能级有待提高。但在美团、小红书等偏向生活化的网站中，所展示的旅游产品更加丰富和明显，也体现了宝山区旅游产品

日常化、休闲化和生活化的特征。

（六）强化旅游产品中的科技化和信息化

在老工业基地的基础之上催生新经济是宝山区转型的亮点所在。依托钢铁产业的深厚基础，宝山区已集聚了大批工业互联网相关优势企业，为传统工业有效赋能。但在旅游产品中，具有科技化的产品较为有限，无法与宝山区所打造的“科创宝山”相匹配。目前上海在全市范围内推广“建筑可阅读”“乐游上海”等活动，但在这些产品中所涵盖的宝山区旅游产品不够显著，因此可以结合此次调研结果，形成宝山区的在线旅游平台，打造更具有科技化和信息化的旅游产品，拓展宝山区旅游产品类型。

（七）以人的城镇化为核心，发挥宝山区在城市转型中的引领示范作用

城市发展的核心是“以人为本”，也就是人的城镇化。作为著名的老工业基地，宝山区经历了从近郊、城郊接合部到主城片区的转型升级。作为上海的老工业基地，宝山区在传统产业转型发展的过程中，保留了大量的工业遗存，这些资源为宝山区的转型提供了良好的基础。宝山区原先的老码头、老仓库、老厂房等正转型升级成为邮轮港口、生态湿地、研发总部、博物馆、大数据的集聚地，彰显着产业新活力。产业的转型使得宝山区的老工业区由“重”变“轻”，除了钢铁、物流等传统产业，宝山区加快打造文化创意产业集群，与新兴互联网融合实现转型升级。可以说宝山区正在打造以城带产、以产兴城、城乡一体、产城融合的产业新城。宝山区的发展是上海工贸转型的一个缩影，也是全国工业城市转型升级的优秀案例，应坚持以人为本，民生至上的理念，不断发挥其引领示范带头作用。

七、宝山区城市旅游休闲公共空间的管治

宝山区城市旅游休闲公共空间的管治主要体现在与城市更新的相互作用上。空间管治确定了城市更新过程中开发边界的规模、文化保护控制线，对空间的规范引导着产业的发展，从而使得城市更新更加规范化、有效化；而城市更新的不断发展反过来也助力着空间管治形成分区管治、精细化管治等。

（一）空间管治推动城市更新

1. 确定城市开发边界规模

为控制建设用地无序蔓延，提高城市空间、土地利用率，对已有土地和空间进行集约、提质处理，在宝山区全区层面规划城市开发边界。

规划以 2020 年城市开发边界为基础，整合近年推进的重点项目，纳入郊野单元规划、控规等已批规划成果，同时，依据下达的区界以及规划路网、基本农田图斑等

图 8-37　宝山区城市开发边界规划图

要素，对部分城市开发边界的外包线进行优化。计划宝山区在 2035 年城市开发边界规模为 230.5 平方公里，保留建设用地的总规模为 221.6 平方公里。

城市开发边界内，规划建设用地总规模 216.1 平方公里，其中有 200.9 平方公里为规划保留建设用地，15.2 平方公里为新增建设用地规模；城市开发边界外，规划建设用地总规模 28.2 平方公里，其中规划保留建设用地 20 平方公里，新增建设用地规模 6.4 平方公里，机动指标 1.8 平方公里。（见图 8-37）

2. 明晰文化保护控制线

（1）历史文化保护线

历史文化保护线是历史城镇区、村落、文物与优秀历史建筑、历史风貌区与历史文化街区、风貌保护街道（街巷）与风貌保护河道等各类历史文化要素控制线的集合。

宝山区 2035 规划中将罗店老镇、吴淞工业区、大中华纱厂、华丰纱厂确定为历史文化保护线。重点引导历史文化遗存与城市空间、自然景观的协调发展，深入挖掘历史遗产的深刻内涵。禁止大面积拆除、开发；将 50 年以上的现状历史建筑全部列入历史建筑名单，原则上不得擅自拆除。在对普查成果进行甄别的基础上，明确风貌一般但对于保护地区整体风貌格局和特征有重要作用的现状历史建筑，作为保留历史建筑予以控制；建立有关评价机制，进行动态的评估，从而有机更新。

（2）自然文化景观保护线

自然文化景观保护线涵盖国家公园、历史公园、自然保护区、古树名木保护范围等承载上海城乡文化发展，体现城乡历史变迁，并与历史文化遗存紧密关联的自然环境要素。

宝山区自然文化景观保护线的划定依托上海淞沪抗战纪念公园和吴淞炮台湾国家湿地公园。这两地都有较多的自然文化景观，相关建设的建筑风格需与自然文化景观保护线内的建筑风格相统一、协调。

（3）公共文化服务保护线

公共文化服务保护线主要指的是一些公共文化服务集中并为城市文化的重要组成部分的地带，还有战略留白空间。在对公共文化服务保护线范围内的建筑设施进行改造时，应以公共文化服务为发展核心，不能随意改变用地性质。

涵盖城市中公共文化体育设施较为集聚、对城市文化发展具有重要作用的区域及战略留白空间，范围内应确保公共文化服务为主导功能，不得擅自改变公共服务设施用地的用地性质，严格控制文体功能空间规模占比下限。

3. 空间引导产业发展

（1）先进制造业

A. 产业基地

宝钢基地，总面积 1423 公顷，规划基地内至 2035 年用于先进制造业发展的工业用地规模有 1044 公顷左右。规划建设成为符合现代化城市功能和生态环境要求的绿色环保工业园区，成为以具有世界领先水平的精品钢制造为主，集聚新材料、新能源、节能环保、智能制造等产业的重要基地。着重钢铁产业的贸易流通，推进钢铁服务业发展，加强基地与城市的互动融合，进一步壮大产业影响力，拓展产业链。

宝山工业园区，总面积 522 公顷，规划至 2035 年，基地内用于先进制造业发展的工业用地规模 310 公顷左右。规划建设成为以先进制造业和战略性新兴产业为主导的，融高端智能制造、新材料、新一代信息技术、现代物流服务以及科技研发服务等为一体的产城融合、宜居宜业的科技产业园区。

B. 产业社区

上海机器人产业社区（顾村）总面积为 295 公顷，规划至 2035 年，社区内工业用地规模为 140 公顷左右，规划产业用地（含工业、研发总部、仓储、商办用地以及相应的混合用地）占比不超过 60%。

滨江新材料产业社区总面积 693 公顷，规划至 2035 年，社区内工业用地规模为 485 公顷左右，规划产业用地（含工业、研发总部、仓储、商办用地以及相应的混合用地）占比不超过 70%。

吴淞转型产业社区总面积为 358 公顷，规划至 2035 年，社区内工业用地规模为 160 公顷左右，规划产业用地（含工业、研发总部、仓储、商办用地以及相应的混合用地）占比不超过 70%。

罗泾产业社区总面积为 75 公顷，规划至 2035 年，社区内工业用地规模为 40 公顷左右，规划产业用地（含工业、研发总部、仓储、商办用地以及相应的混合用地）占比不超过 70%。

罗店产业社区总面积为159公顷，规划至2035年，社区内工业用地规模为90公顷左右，规划产业用地（含工业、研发总部、仓储、商办用地以及相应的混合用地）占比不超过60%。

C. 工业用地转型

工业用地需进行空间、功能上的融合发展，不断提高新兴产业和高端制造业的发展比重，提高坪效。积极引导低效工业用地退出。以零星工业用地对确有需要保留的地块进行控制，控制标准必须高于104个工业区块和195个保留工业用地的标准。

（2）现代服务业

根据区域级别和功能，对商务集聚区进行分类，如形成市级、地区级商业商务集聚区等。在宝山工业园、上海机器人产业社区（顾村）等产业集聚区结合产业升级转型和城市更新，形成面向集聚区内工作和生活人群，提供购物、餐饮、休闲、娱乐、会展和其他商业商务服务。此外，还需以“15分钟生活圈”为依据来打造社区级商业中心，主要以满足和拉动居民消费为目的。

（3）现代农业

农业的发展需在不触碰相关红线的基础上，调整农业的产业结构，以种植蔬菜和粮食为主，其他经济作物如水果、花卉等为辅；并积极依托当地资源进行休闲农业的开发。

（二）城市更新助力空间管治

1. 战略留白空间

规划落实“上海2035”要求，结合区域性重要交通廊道、重要转型地区等，对战略留白空间进行预留。规划划定宝山区约21平方公里用地作为战略预留区，包括宝山城市工业园留白区、罗店工业园留白区等五片，为未来发展预留空间。

在战略留白空间在上海市政府统一管理的基础上，建立启动机制，并进行动态评估，更好地把握和调控战略留白空间。

2. 建设用地分区管治

规划根据建设用地分区管制，结合城市开发边界调整，确定差异化的建设用地管制规定，划定允许建设区、限制建设区和禁止建设区。

允许建设区：允许有239.1平方公里的建设区总面积，其中囊括城镇和其他建设用地区。

限制建设区：规划限制建设区总面积119.4平方公里，包括基本农田保护区和农林复合区，以生态建设为主。

禁止建设区：规划禁止建设区总面积6.8平方公里，包括全域二类生态空间范围，不允许与生态保护无关的开发建设行为发生。

3. 精细化管治

规划对宝山区按主城区、城镇圈进行开发强度与高度控制分类引导，重点加强各级公共中心空间尺度管控，形成差异化的开发强度和高度组合关系模式，构建主城区、城镇圈梯度式的空间格局。

主城区（宝山区部分）开发强度根据轨道交通服务水平、公共设施服务水平及其他发展条件等确定强度区，按照主城区五级开发强度予以分类引导，倡导以公共交通为导向的城市空间发展模式，适度提高轨道交通站点周边的土地开发强度，另外，城市副中心和地区中心等可按照特定开发强度要求进行控制。

罗店城镇圈开发强度按城镇内部各地区与城镇公共活动中心的区位关系、交通支撑条件、人口密度等确定强度区，按照新市镇开发强度予以控制。（见图 8-38）

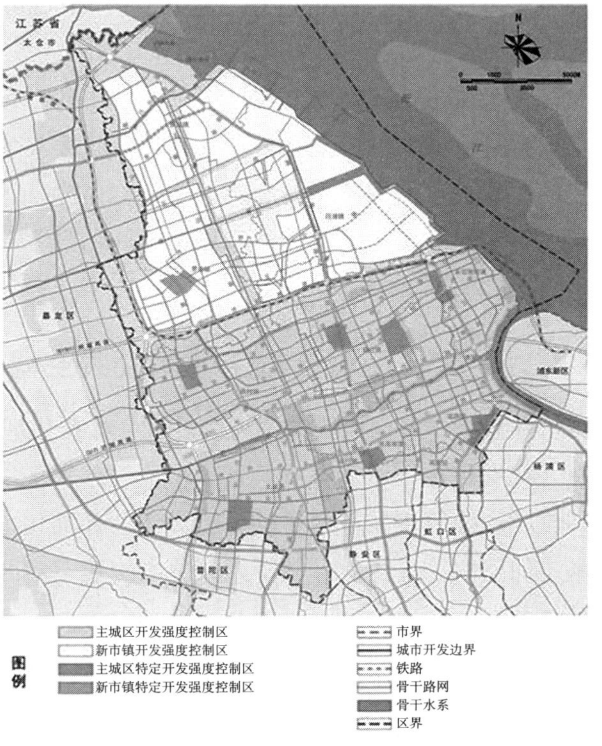

图 8-38　宝山区开发强度引导图

宝山区建筑高度采取五级分区方式予以控制，主城区范围内，地区中心和吴淞市级副中心以三级、四级高度分区为主，重点景观节点地区在满足空间尺度分区管控、机场净空及历史文化风貌区的相关管控要求的同时，经城市设计研究可适当布局标志性建筑，其中吴淞市级副中心不宜高于 330 米，地区中心不宜高于 250 米。

罗店城镇圈以二级、三级高度分区为主，形成以多层和小高层为主（24—50 米）的基准高度，罗店地区中心局部可采用四级高度分区，布局 100 米以下的标志性建筑，不宜采用五级高度分区。

另外，历史文化风貌区范围内的开发强度及建筑高度按照相关风貌保护规划执行。

八、宝山区城市旅游休闲公共空间管治思考

一是城市管理进入新发展阶段。我国社会主要矛盾已经发生改变，对城市管理的

要求从“有没有”逐步上升为“好不好”，进而“精不精”。城市管理体系有待系统性的改造提升，健全规划法规体系，加快制定重点地区相关法规十分重要。

二是城市管理开启新发展模式。上海已迈入从增量扩张转向增量与存量并重的发展转型期，新发展模式将更注重有机更新和内涵提升，城市管理的重点必然从数量导向转向品质导向，从重物质保障转向重文化传承和机制建设，在增强城市韧性基础上，进一步聚焦规划、建设、管理之间重叠并行的复杂关系。需不断加强体制机制创新，提高政府管理效能，发挥标准化的作用。

三是城市治理面临新发展要求。城市数字化转型的必然发展趋势和新基建行动的全面推进，既为城市治理现代化提供了重要技术支撑和新动力，又对城市管理的机制变革、流程再造提出了新要求。构建“监测—评估—维护”机制，整合各政府职能部门的空间信息资源，共建共享城市空间信息平台，是作为规划实施监督检查的主要技术支撑。

九、宝山区城市旅游休闲公共空间管治的标准化措施

随着世界范围内服务产业的发展，标准化理念已扩展到管理、服务等多个产业中。引入标准化理念，能够有效提高行业管理水平，推动行业内部资源的优化配置，是提高旅游产业管理质量水平的重要方法。标准化也是产业能够规范、有序、快速发展的基本保障之一。由此，基于四大原则构建宝山区旅游城市旅游休闲公共空间的服务标准体系。

（一）整体系统化原则

旅游产业以旅游目的地为主导，提供就餐、住宿、游乐、购物、娱乐、公共服务等相关服务。因此，将充分体现宝山区旅游产品整体特征。

（二）区域差异性原则

不同旅游产品市场规模具有一定差异，应在注重反映整体情况的同时，考虑产品的差异性。

（三）产业发展原则

在构建标准体系时，应明确时代任务和特征、在高质量的总体要求下，构建具有成长性、开放性和包容性的指标体系。

（四）可操作性原则

旅游产品的标准化最终要用于实践，要考虑评价的难易程度，以确保后续评价过程的切实可行。

本章小结

宝山区作为上海主城区的组成部分、2035年城市更新的最佳实践区，对宝山区城市旅游休闲公共空间的研究至关重要。本章先对宝山区城市旅游休闲公共空间的整体变迁及内外驱动力进行了说明；随后从工业休闲空间、社区休闲空间、体育休闲空间3个角度，以大量实例详细地解读了宝山区城市旅游休闲公共空间的发展变化；接着从空间管治和城市更新的双向影响来阐释宝山区城市旅游休闲公共空间的现状，并提出了相应的思考，宝山区城市管理已然进入新发展阶段、开启了新发展模式并面临着新发展要求。

以宝山区城市旅游休闲公共空间为方向深入分析。笔者先通过“点—线—面”的模式构建了宝山区的城市旅游休闲公共空间，形成了十类旅游产品；依托宝山区游客的问卷调研，根据游客的不同需求和旅游产品的空间布局形成了不同的旅游线路；在前两者的基础上，将宝山区城市旅游休闲公共空间划分为三类：“城区集聚型旅游休闲空间”“资源富集型旅游休闲空间”“交通枢纽型旅游休闲空间”。宝山区城市旅游休闲公共空间构建完成后，通过分析宝山区对城市旅游休闲公共空间的管治方式，可以发现目前已形成政府、企业、民众多元治理的模式，但由于宝山区城市旅游休闲公共空间十分多样，在高质量发展的要求下标准化是提高治理水平的重要方式，因此基于四大原则，笔者以宝山区旅游产品为单位，提出了宝山区城市旅游休闲公共空间的服务标准体系，从而使该空间能规范、有序地发展。

第九章　黄山市城市旅游休闲公共空间构建及管治

2021 年 6 月 25 日，安徽省自然资源厅发布了《安徽省国土空间规划（2021—2035 年）（征求意见稿）》。该规划中提出，安徽计划将大力加强合肥的全球竞争力，并努力争取国家中心城市；将黄山市打造成区域性中心城市，和池州、宣城共同构建皖南文化绿色城镇示范区。

黄山作为世界文化与自然双重遗产，具有重要的城市竞争力——良好的生态，它的地位无可取代。过去城市发展重视工业用地，重视平整的地区和地块，导致部分城市存在同质化。进入到新时代，如何塑造黄山市的特色魅力成为未来转型的方向，将有价值的空间开始从高楼大厦、产业园区、人口密集等特征的地区，转向山水林田湖草、个性化、人口稀疏的魅力地区。

安徽省对黄山发展寄予厚望。安徽省在第十一次党代会的报告中多次提到黄山，并积极推动黄山建设生态型、国际化、世界级休闲度假旅游目的地城市，对黄山的发展寄予了厚望。

一、黄山市城市旅游休闲公共空间的发展变迁

（一）黄山市的由来

黄山市的前身是安徽省的徽州地区。这里的徽州文化源远流长，是中华文化的一颗瑰宝，中国三大地方显学之一。曾经的徽州地区共有一府六县，包括休宁、歙县、绩溪、婺源、祁门、黟县六县。婺源曾在民国时期由江西管控，后又复回徽州，但在 1949 年婺源再次被划到江西，一直持续到今天。徽州此时因缺少了一县，原本稳定的 800 年区划开始有所变化。

一直到 1980 年，徽州地区的行政区划渐渐确定。（见图 9-1）这时的徽州地区，与以往最大的不同有：1975 年屯溪市脱离了休宁，成为独立区划；石台、旌德、太平三

个县均属于徽州地区。

后来到了 1983 年，国家开始进行第一批县级市的设立，县级的黄山市也从这里产生：将徽州地区的太平县改为黄山市，把汤口黄山乡划归到黄山市里。（见图 9-2）

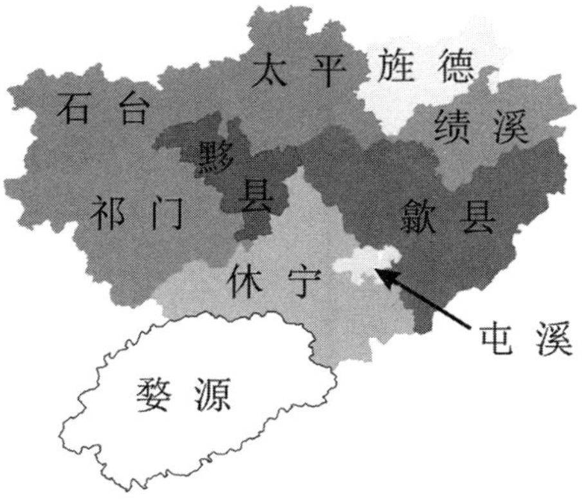

图 9-1　1980 年的徽州地区

图 9-2　1983 年的徽州地区

1987 年，现如今的地级黄山市终成定型。首先是形成了屯溪区和黄山区；其次旌德、绩溪划归给宣城，石台划给安庆；然后成立了徽州区，由歙县中的四镇三乡构成。

值得一提的是，1979 年的 7 月，75 岁高龄的邓小平以其革命家的坚毅，一路沿途考察黄山的旅游资源，并成功登顶黄山。邓小平认为黄山是发展旅游的好地方，要把黄山的牌子打出去。邓小平的这些指示，为黄山旅游业的发展指明了方向。如今，黄山已成为中外闻名的旅游胜地。（见图 9-3）

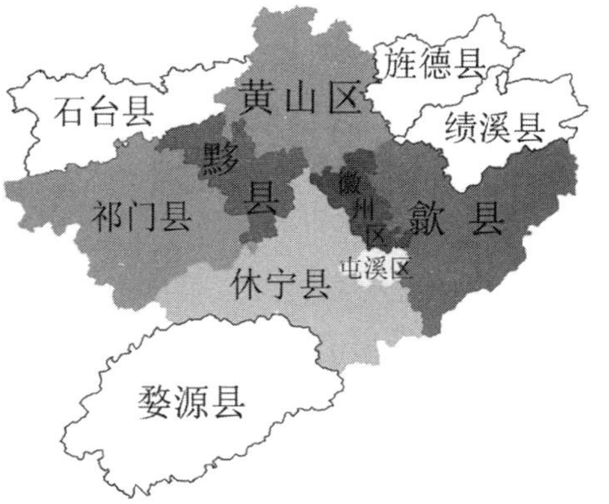

图 9-3　1987 年至今的黄山市

（二）黄山市城市形态与结构

1. 功能结构：多中心组团结构

形成了屯溪、岩寺和开发区新城区两主一副的多中心组团结构。

2. 形态结构：三城环绿心，曲水绕三城

通过建设交通，将屯溪、岩寺、新城区和相关旅游景区进行连接；同时利用横水、新安江等河流将城区环绕其中，让城市生长在绿水青山之间。（见图 9-4）

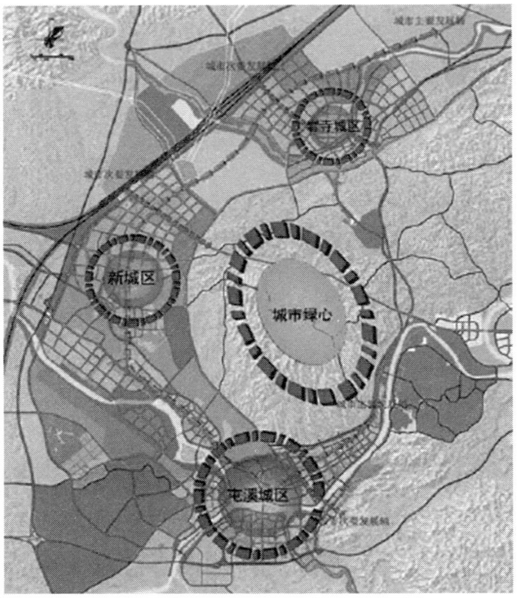

图 9-4　黄山市的形态结构

二、黄山市城市旅游休闲公共空间演变的动力机制

（一）外驱动力

1. 政治力

区域联动协作，是下活发展“一盘棋”的关键一招。安徽省一直都十分看重与上海、浙江、江苏的合作，黄山自古以来就与上海联系紧密，古徽商“业贾上海”的故事一直流传下来。因此在近几年中，随着交通的快速发展，黄山进一步加强了与沪、苏、浙的联络，积极开展产业联动。

黄山与长三角联动，在上海召开“创意黄山 · 点亮未来”活动；和上海市各大高校进行相关园区、教育等的深化合作；与上海的企业合作打造特色小镇，和相关媒体联袂创造“山海之约”的媒体矩阵等频繁互动，都让黄山通过合作的成果进一步打开宣传渠道。

2. 经济力

黄山当前主要依托旅游资源进行旅游休闲产业的打造，目前正在进行“创意黄山 · 美在徽州”的城市品牌全球推广计划。安徽省委也积极鼓励黄山，提出让黄山打造成高品质的皖南国际文化旅游示范区，希望能把黄山的品牌推向全国、推向世界，提高在全世界的知名度与影响力。

黄山在这方面做了较多努力。黄山以全域旅游为理念，积极推出丰富的新业态、新模式，不断加大文旅融合来提升产业能级，打造高品质的服务，从而对黄山旅游格局进行再造。如自2021年以来，黄山市积极推广营销，仅在一周之内就连续举办了2021中外文化创意产业安徽发展大会暨黄山旅游节、长三角区域特色小镇高质量发展论坛等活动，引起社会广泛关注。

3. 社会力

当今世界正经历百年未有之大变局，科技创新和产业变革是积极应对措施，正处于蓬勃发展中。我国积极提出国内国际双循环体系，依托国内的巨大市场，从而使国内经济发展通畅的同时，也带动着世界经济的恢复。随着人们对健康意识的提升，相关养生游、休闲度假游、体育旅游等产业链将迎来良好的发展前景。

4. 生态力

"绿水青山就是金山银山"，这表明人与自然、生态与经济在发展过程中，需充分重视生态文明。这一思想也充分践行在黄山市政府的工作中，积极构建现代环境治理体系。一方面黄山市实行着最严格的生态环境保护制度，利用相关智慧化技术进行自动监测，出台了一系列法规办法加快水排污权交易进程；另一方面黄山市积极推动生态文明示范区建设，开展全民参与过程，将环保落实到每一个市民身上，努力推动绿色生产生活方式。

5. 文化力

黄山市承载了徽州的人文文化遗产和黄山的自然文化遗产，没有准确的数据说明黄山的知名度，但其影响力和标志符号是一直存在的。徽州历史悠久，文化底蕴雄厚，人才辈出，因为地域地理条件限制所产生的徽商文化鼎立近400年。这些珍贵的文化资源都需要进行良好的保护和传承。

（二）内驱动力

1. 城市规划

放眼"十四五"规划，黄山市住房和城乡建设事业以习近平新时代中国特色社会主义思想为指引，在黄山市委市政府的正确领导下，认真贯彻落实市第七次党代会精神，抢抓"长三角一体化"等国家战略机遇，紧扣"一体化"和"高质量"两个关键点，坚持以人民为中心，坚持基础设施改善与城市转型发展相结合，坚持世界眼光、国际标准和黄山特色，为加快建设生态型国际化世界级旅游目的地城市做出贡献。

未来五年，黄山市将以落实"城市更新行动、完善住房制度、优化城市管理、增强产业动能"等主要工作为抓手，推动城市结构调整优化和品质提升，优化城市开发建设方式，夯实城市基础设施和公共服务设施水平，提升人居环境质量，积极推行智慧化建设，通过科学绿色的转型方式打造属于黄山自己的城市特色，奋力在长三角一体化发展进程中获取高质量发展的强大动能，不断提高城市综合承载力。其中，城市更新和城市治理是最重要的两翼。

2. 路网格局

黄山市境内铁路线少，公路是黄山市境内最主要的交通方式，在区域综合运输网中占的比例最大，但黄山市作为旅游资源丰富的城市，发展旅游业离不开路的通畅。黄山市政府已意识到了这个问题，近些年来积极进行公路、铁路的建设，但目前尚未形成全覆盖的交通运输体系，有待进一步建设完善。只有在良好的道路条件下，黄山市的各类资源才能进一步协调发展，从而实现黄山市打造世界性、综合性旅游目的地的目标。

3. 居住格局

黄山市以行业聚集、融合发展为思路，在全市各区域居住人口均衡的空间结构基础上，形成各区域产业的集中，并且积极引领各个产业之间的相互融合。

三、城市产业结构的调整对黄山市的影响

（一）促进城市功能的转变

随着城市的不断发展，人口的不断聚集，社会的进步，黄山市的城市功能也在不断发生变化。黄山市旅游资源未开发之前，城市功能主要以农业为基础；但由于黄山市旅游资源的丰富和独特，使得黄山市在未工业化时，旅游业便已迅猛发展，目前也依旧以旅游业为核心，进行更多元化、更高质量的发展，对服务能力和服务水平提出了进一步的要求。随着黄山市主城区旅游产业结构的调整，其作为区域旅游集散中心的地位不断提高，城区功能在第三产业为主导的基础上，尤其突出旅游交通枢纽、服务接待以及高附加值的休闲度假产业功能。

（二）升级引起城市用地布局的变化

首先产业的升级必然会引起城市用地结构的变化；其次由于着重发展旅游业，土地、政策都会向其倾斜，会造成相关资源的拆分和重新组合；此外需求的变化、生产要素的流动，都会使得城市用地规模、性质等发生改变。

（1）城区内部仓储用地比重显著减少，工业用地在数值比重上也有小幅下降，第二产业逐步向开发区等城区外围空间迁移，服务业逐步占据城市产业的主导地位；

（2）公共服务设施用地比重略有增加，空间布局调整明显，这主要是由于随着城区的商业金融、商贸以及旅游服务接待等方面功能的不断完善，城市公共用地中的商业和金融服务业用地的绝对数量和比重都有所增加，且其空间分布受到城市产业功能布局的调整而变化显著；

（3）城区环境得到较大改善。相关公共设施服务体系不断丰富、完善，促使人居

环境协调共生。

（三）带来了城市新空间的出现

旅游业的蓬勃发展，促使该产业在空间上形成聚集，已经出现“大融合，小集聚”的趋势。大融合主要体现在与旅游业相关的上、下游产业已经形成了融合，如一些综合性旅游休闲实体环屯溪旅游产业等；小集聚主要体现在旅游业的具体要素形成了集聚，如酒店群、餐饮娱乐街等。未来，随着黄山市全域旅游的进一步发展，还会形成更多新的城市空间格局。

四、黄山市的发展空间布局

黄山市作为中国现代旅游的源头和国际旅游城市，经过黄山市人民和政府的不懈努力，目前已经发展得较为成功。但作为长三角一体化、“一带一路”、中部高质量发展的三大战略交汇点，黄山市在未来仍需继续努力，打造国际知名品牌，创建国际旅游目的地。

在产业发展方面，需积极推进各产业融合发展、全要素耦合发展，紧紧抓住文化资源和产业资源，将文化资源融入新的产业发展中，用创新的方式与沪、苏、浙积极合作，带动黄山市经济发展，打造具有特色的全域旅游。

在空间布局方面，黄山市应积极搭建“一群二片两轴”的城镇体系空间结构。（见图 9-5）

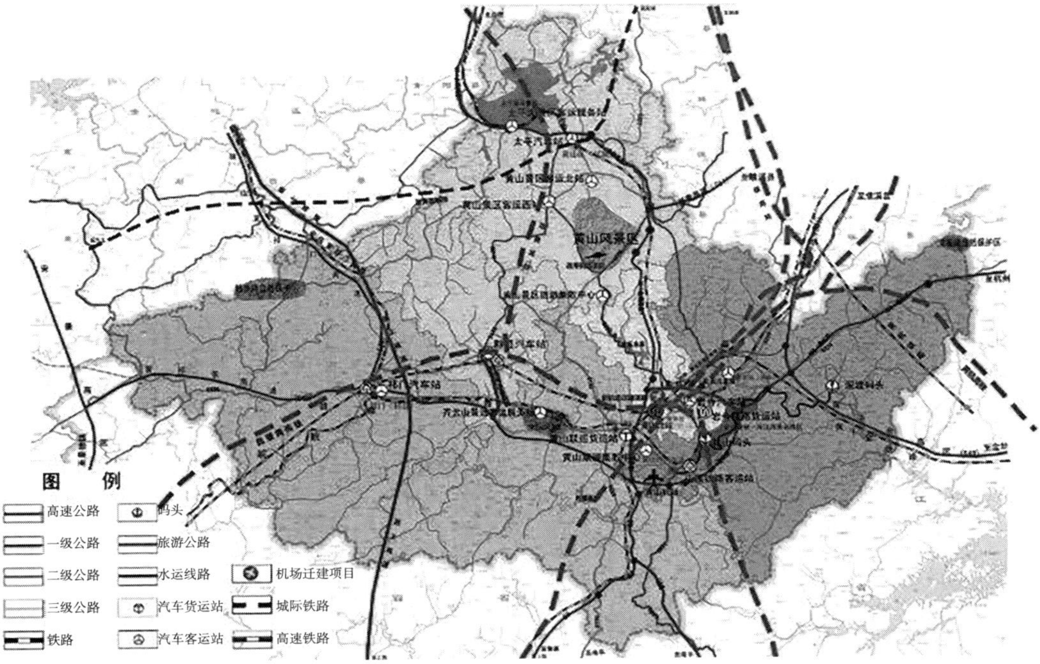

图 9-5　黄山市“一群二片两轴”的城镇体系空间结构

"一群"——黄山南部城镇群：其中包含黄山南部中心城区、休宁海阳、歙县的徽城、齐云山镇、岩寺的西溪南镇等。

"二片"——世界文化遗产地城镇密集区、环黄山城镇密集区。世界文化遗产地城镇密集区以西递镇、碧阳镇、祁山镇、宏村镇为点，以世界文化遗产为主要内容，进行相关的开发与保护。环黄山城镇密集区以黄山风景名胜区为中心，以旅游服务为核心，打造联合紧密的城镇密集区。

"两轴"——以东西、南北两个方向的两条城镇开展轴的打造，主要基于公路、铁路等交通干线。

五、黄山市城市旅游休闲公共空间的分类和空间结构

（一）黄山市城市旅游休闲公共空间的空间结构（见图 9-6）

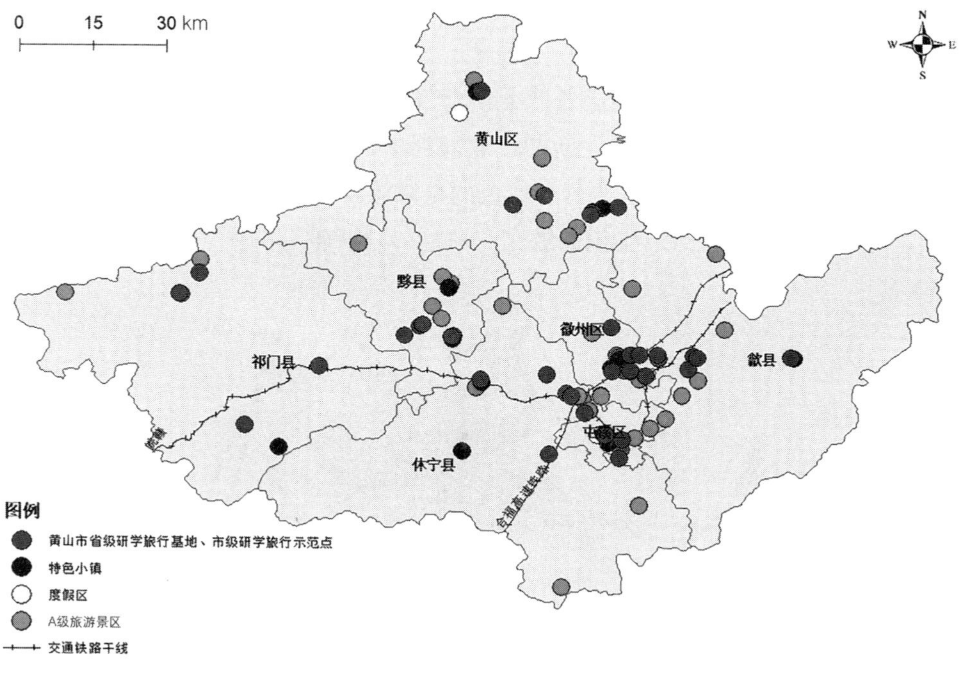

图 9-6　黄山市旅游景点空间结构示意图

1. 黄山市旅游景点

（1）黄山市 A 级旅游景区

截至 2022 年，黄山市共有 5A 级旅游景区 8 个，4A 级旅游景区 23 个，3A 及以下旅游景区 28 个，具体如表 9-1 所示。

表 9–1　黄山市 A 级旅游景区

序号	所处位置	景区名称	景区等级
1	黄山区	黄山风景区	5A
2	黟县	西递	5A
3	黟县	宏村	5A
4	徽州区	唐模	5A
5	徽州区	呈坎	5A
6	徽州区	潜口民宅	5A
7	歙县	牌坊群和鲍家花园	5A
8	歙县	徽州古城	5A
9	屯溪区	花山谜窟	4A
10	黄山区	东黄山度假区	4A
11	黄山区	翡翠谷	4A
12	黄山区	太平湖	4A
13	黄山区	九龙瀑	4A
14	歙县	新安江山水画廊	4A
15	歙县	雄村景区	4A
16	休宁县	齐云山风景区	4A
17	黟县	赛金花—归园景区	4A
18	黟县	南屏景区	4A
19	祁门县	牯牛降	4A
20	黄山区	芙蓉谷景区	4A
21	徽州区	丰乐湖	4A
22	屯溪区	新安江滨水旅游区	4A
23	黄山区	黄山虎林园	4A
24	黟县	打鼓岭	4A
25	休宁县	休宁古城岩	4A
26	徽州区	新四军军部	4A
27	祁门县	历溪景区	4A
28	屯溪区	黎阳 in 巷	4A
29	黟县	屏山景区	4A
30	祁门县	祥源—祁红产业文化博览园	4A
31	徽州区	黄山徽州区谢裕大茶文化博物馆	4A
32	黄山区	石门峡景区	3A

续表

序号	所处位置	景区名称	景区等级
33	歙县	许村古村落	3A
34	休宁县	三溪风景区	3A
35	黟县	木坑	3A
36	祁门县	九龙池	3A
37	休宁县	徽州大峡谷	3A
38	休宁县	黄山麟圣古文化园	3A
39	屯溪区	徽州糕饼博物馆	3A
40	休宁县	松萝茶文化博览园	3A
41	徽州区	徽茶文化博物馆	3A
42	休宁县	见明堂博物馆	3A
43	徽州区	金紫祠景区	3A
44	歙县	山中天谷景区	3A
45	黄山高新区	徽州印象博物馆	3A
46	黟县	黟县古城景区	3A
47	徽州区	无极雪矿泉水科普基地	3A
48	歙县	屯之谷景区	3A
49	屯溪区	程大位故居	2A
50	屯溪区	戴震纪念馆	2A
51	休宁县	夹溪河漂流	2A
52	黟县	木雕楼	2A
53	黟县	五里景区	2A
54	黟县	深冲景区	2A
55	歙县	北岸瞻琪景区	2A
56	歙县	丝绸文化博览园	2A
57	徽州区	圣丹源石斛园	2A
58	休宁县	盛榨堂古法木榨文化园	2A
59	祁门县	祁红小镇文化博览园	2A

黄山风景区代表景观有“四绝三瀑”，地理学家徐霞客曾游历黄山时，发出“登黄山，天下无山，观止矣！”的赞叹。人们总是会被黄山的丰富文化遗产所吸引。自唐代诗人李白游黄山题诗后，历代文人墨客、官宦士绅慕名相继来黄山，创作了许多诗书文画。其中，黄山是明末清初所创建的黄山画派的发祥地，黄山画派在中国山水画的发展历史过程中具有重要地位和作用。经过多年的开发，黄山在国内外都具有一定的

知名度，在国际上黄山与长江、长城、黄河一起被当作中国的标志。

（2）黄山市旅游度假区

截至 2021 年 2 月，黄山市旅游度假区共有两个，分别为屯溪区的雨润国际旅游度假区和黄山区的太平湖旅游度假区。

雨润国际旅游度假区是雨润集团旗下的第一家五星级酒店群，融高尔夫球场、涵月楼酒店、休闲、娱乐等为一体的综合性旅游度假区。2015 年成功入选省级旅游度假区名单，以提供周到、私密、专业的服务出名。

太平湖旅游度假区则风景优美、景致错落，生态环境十分好，有“黄山情侣”“东方日内瓦湖”等称号。

（3）黄山市特色小镇

黄山市共有 12 个特色小镇（见表 9–2），除溪口汽配特色小镇外，其他基本是以旅游休闲为核心。在特色小镇的规划中，黄山市“因地制宜”，根据地区特色形成不同小镇独特的发展思路。

表 9–2　黄山市特色小镇

特色小镇名称	所处区域
黄山文创小镇	黄山现代服务业产业园
黎阳休闲小镇	屯溪区黎阳镇
太平湖运动休闲小镇	黄山区太平湖镇
东黄山国际小镇（谭家桥知青小镇）	黄山区谭家桥镇
西溪南创意小镇	徽州区西溪南镇
潜口养生小镇	徽州区潜口镇
深渡山水画廊小镇	歙县深度镇
齐云旅游小镇	休宁县齐云山镇
溪口汽配小镇	休宁县溪口镇
宏村艺术小镇	黟县宏村镇
西递遗产小镇	黟县
祁红故里小镇	祁门县平里镇

（4）黄山市省级研学旅行基地、市级研学旅行示范点（见表 9–3）

作为全国知名的旅游城市，黄山市很早就开发了研学旅行的产品，如亲子游、师生游等。现在已经出台了有关研学旅行的政策法规《黄山市研学旅行管理暂行办法》，通过对相关部门和安全管理进行要求，形成良好的监督机制，从而促进黄山市研学旅行的规范发展。

表 9–3 黄山市省级研学旅行基地、市级研学旅行示范点

示范点	示范类型
黄山风景区	全国中小学生研学实践教育基地（教育部门）
黟县徽黄西递旅游开发有限公司（西递景区）	
黄山风景区	安徽省首批省级研学旅行基地（旅游部门）
唐模古村落	
黟县徽黄旅游开发有限公司	安徽省第一批研学旅行实践基地（教育部门）
齐云山生态文化旅游区	
红军北上抗日先遣队纪念馆	
岩寺新四军军部旧址	
安徽省陶行知纪念馆	
黄山市牯牛降旅游发展有限公司	
戴震纪念馆	
黄山市徽州呈坎八卦村旅游有限公司	2018 年度安徽省中小学生研学实践教育基地（教育部门）
屯溪胡开文墨厂	
黄山京黟旅游开发有限公司	
黄山途瑞露营地管理有限公司	
安徽润一生态建设有限公司	
祥源祁红产业文化博览园	
黄山市城市展示馆	2018 年“黄山市中小学生研学旅行基地”（教育部门）
胡兴堂文化发展有限公司徽州糕饼博物馆	
东黄山旅游度假区有限公司	
黄山丰大国际大酒店有限责任公司	
徽派雕刻博物馆	
慎裕堂茶文化有限公司	
安徽新华发行集团黄山华迅教育咨询有限责任公司	
歙县聚墨堂墨业有限公司	
松萝茶文化博览园有限公司	
京黟旅游开发有限公司（南屏景区）	
祁门县平里特色小镇	
徽字号雕刻文化有限公司	
休宁县万安吴鲁衡罗经老店有限公司	

续表

示范点	示范类型
黄山市文投资产管理有限公司	2019 年“黄山市中小学生研学旅行基地”（教育部门）
安徽中国徽州文化博物馆	
黄山太平湖云阳旅游发展有限公司	
黄山市徽州区唐模旅游发展有限公司	
黄山土人教育咨询有限公司	
黄山市歙县牌坊群鲍家花园开发有限公司	
歙县老胡开文墨业有限公司	
黄山市蓝天方圆实业有限公司	
黄山市黄川旅游开发有限公司安徽省轩辕农业发展有限公司	
休宁琅斯海阳山庄	
黟县徽黄旅游景区管理有限公司（屏山景区）	
黄山市合一实业有限公司祁门分公司（历溪景区）	

2. 黄山市旅游线路

黄山有很多条旅游线路，通过黄山市政府的表述和本书的总结归纳，根据出行方式和目的的不同从而形成如下五类黄山市旅游线路。

（1）红色缅怀线路

该线路主要通过探访红色遗址，寻找历史留下的印记，来缅怀革命先辈。在旅途中聆听党史，在行走中感受红色文化，在休闲游玩的同时接受红色精神的洗礼。

线路举例：“初心如磐·不屈军魂”精品线路

安徽省黄山市红军北上抗日先遣队陈列馆—黄山市岩寺新四军军部旧址—宣城市派县皖南事变烈士陵园及新四军军部旧址—六安市皖西烈士陵园—裕安区独山革命旧址群—舒城县新四军第四支队纪念馆—合肥市庐江县新四军江北指挥部旧址—滁州市来安县新四军二师师部旧址

（2）乡村振兴线路

该线路以具有乡村性的自然和人文景观为旅游吸引物，依托农村区域的优美景观、自然环境、建筑和文化等资源，在传统农村休闲游和农业体验游的基础上，拓展开发会务度假、休闲娱乐等项目。

线路举例:“古徽州·新农村”精品线路

安徽省六安市金寨县花石乡大湾村—黄山市翡翠新村—黄山市黟县宏村—黄山市黟县西递村—黄山市歙县雄村—江西省上饶市婺源县晓起村—上饶市婺源县江湾景区—上饶市条源县篁岭

线路举例:“醉美”乡村黄山1号风景道线路

浦溪河休闲旅游区—“醉美”218精华路段—途瑞房车黄山露营地—五丰源巾帼创业示范基地—汤家庄秧溪河农庄、稻香小院“徽姑娘”农家乐—乌石杨家寨

（3）休闲游玩线路

该线路以旅游资源为依托，以休闲为主要目的，有别于日常的工作节奏，是让身心均得到放松的调整过程。

线路举例：黄山市黟县花海+乡村休闲2日游线路

油菜花开正当时，金浪滚滚的花海在柯村涌动；南屏村披上黄金甲；五里村桃花娇艳；卢村铺上金黄色地毯；从宏村国际滑翔伞基地俯冲直下，可以360度观赏春景大片。

线路举例：黄山市新安江山水画廊+油菜花海2日游线路

春满新安江，两岸油菜花海美得纯粹；石潭一片片清新的嫩黄，引来全国各地的摄影人；站在上游的渔梁坝，倾听千年涛声；雄村桃花传递最早的春讯。

（4）自驾运动线路

该线路属于自助旅游，是有别于传统的集体参团旅游的一种新的旅游形态，具有自由化、个性化、灵活化等特点。

线路举例：黄山区“悦野三丰线”线路

新华环湖渔场观光穿越、新丰游山林场十八拐穿越、永丰古名居旅游穿越和好汉坡挑战及一条高难度挂壁公路穿越

线路举例:“黄山218”自驾精品线路

黄山218起点位于甘棠的庄里村，终点在黟县渔亭镇，全长78公里。沿途有神秘的黄山西海、时尚的途居房车营地、淳朴的千年古郭村、奢华的悦榕庄酒店、世界遗产西递宏村。

（5）户外“驴行”古道线路

“驴行”是驴友们以各种形式外出旅行的一种旅游方式，也是一种很时尚户外锻炼身体的活动。该线路通过让驴友们在古道线路中用“驴行”的方式充分感受古道的魅力。

线路举例：必吉岭古道

位于黄山市黄山区永丰乡，现存长2.5公里，宽约1.5米，是太平古道北线主入口，现为第八批省级文物保护单位。始建于明代，是当地郡守征调民众开辟的通往沿江、中原的战略要道，同时也是连接古徽州府和安庆府的重要官道，徽商兴起后，更是成为重要的粮食、盐和山产的运输要道。

线路举例：箬岭古道

箬岭古道位于黄山市黄山区、歙县及宣城市绩溪县、旌德县四县交界处，有东箬岭古道和西箬岭古道之分。以黄山区谭家桥镇东黄山村岭脚组为起点，经大关洞向南行，过歙县茶坦村到茅舍村，全程约15公里（其中黄山区段8.1公里），为西箬岭古道；出大关洞后向东北方向行驶，过天星洞到旌德县白地旌旗厂，全程约20公里，为东箬岭古道。现旌德人称之为“旌歙古道”，歙县人称之为“徽青古道”，太平人称之为“隋唐古道”。该古道多为石板道，大部分保存完好，现存有越国公汪华“忠烈庙”遗址和很多庙宇、城楼等古建筑，是目前保存最好，也是最长的一条徽州古道。

3. 黄山市城市旅游休闲公共空间

黄山市政府在近几年以来一直加速建设城市新地标，如屯溪老街滨江路、徽州坊和花溪饭店等。屯溪老街滨江西路以滨江风貌为特色；徽州坊以外边溪风情街区为建设重点；黎阳in巷则着重新旧元素的融合。（见图9-7）

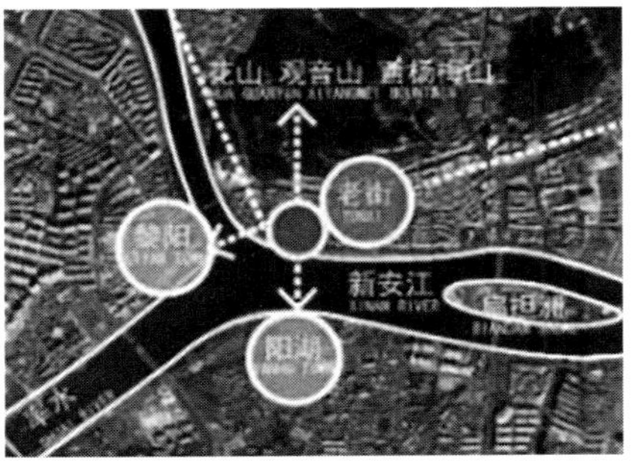

图9-7　黄山市三江口城市核心商圈

（二）黄山市城市旅游休闲公共空间类型的构建

根据城市旅游休闲公共空间类型划分，本书认为黄山市城市旅游休闲公共空间整体以两大类为主，资源富集型和交通枢纽型。资源富集型城市旅游休闲公共空间中存在较多A级旅游景区，比较密集地集中在黄山区；而交通枢纽型城市旅游休闲公共空间集中在两条交通铁路干线的交汇处，其中囊括了所有类型的黄山市旅游景点。（见图9-8）

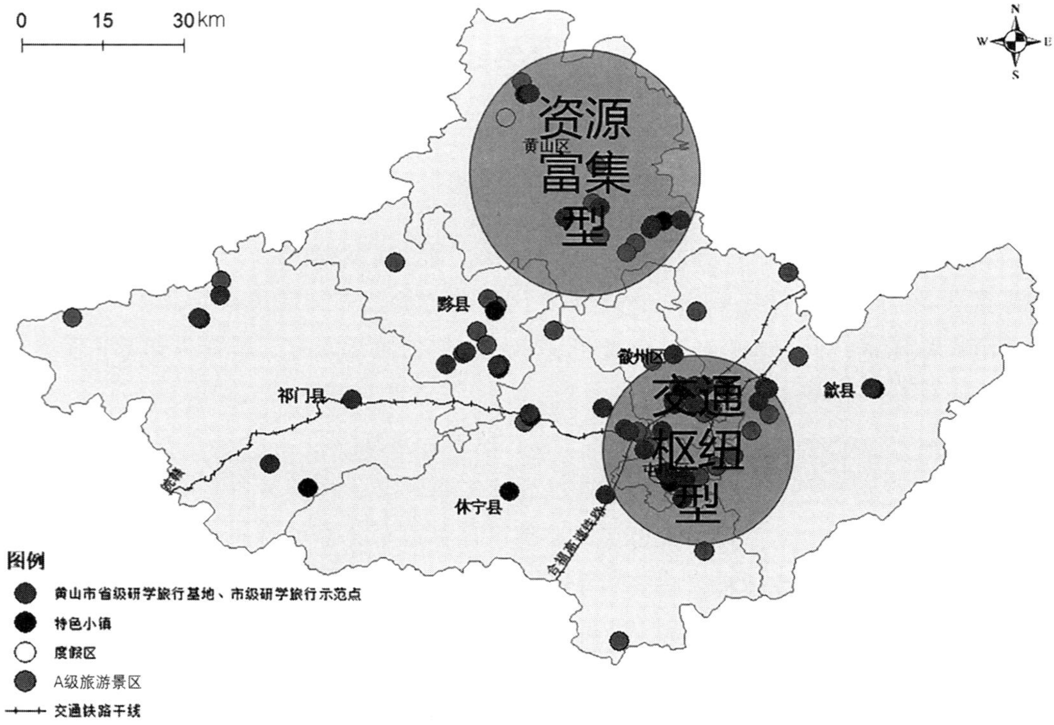

图 9-8　黄山市城市旅游休闲公共空间类型

六、黄山市城市旅游休闲公共空间与旅游环境的耦合分析

本书通过对黄山市旅游要素空间结构进行比较分析和研究旅游要素空间结构与旅游环境的耦合关系，从而判断当前黄山市旅游资源的配置是否合理，对促进黄山市旅游要素格局的空间优化以及旅游产业与旅游环境的协调发展具有积极的现实意义。

（一）数据来源与研究方法

1. 数据来源

在城市旅游系统中，景区和宾馆是关键性的供给要素，“游”作为旅游行为与其他行为最本质的区别，因此景区是最为重要的因素、是一个城市旅游的核心吸引物。“游”是旅游的动机，“行”是旅游行为得以实现的前提，“食”和“住”是旅游的必要保障，“购”和“娱”则为旅游过程中所产生的需求。因此本书以旅游景区为核心，将其他旅游要素分为餐饮、酒店、娱乐、购物、公交站点、停车场、旅游公共服务中心等 8 方面。通过黄山市黄山区人民政府、携程、大众点评等获取相关数据，并借助百度地图坐标拾取系统获取相关数据的地理坐标，从而绘制黄山市旅游要素空间分布图，以此分析黄山市旅游要素的空间结构特征与旅游环境的相关关系。

（1）旅游要素空间结构

该旅游要素空间结构数据的获取时间为2021年8月底到9月初，通过四类渠道获取。第一类为通过黄山市黄山区人民政府网站获取4A级及以上旅游景区、景区占地面积信息；第二类为通过携程网无筛选条件收集酒店数据；第三类为通过大众点评网对餐饮、娱乐、购物三方面进行全面数据采集；第四类为通过百度地图对黄山市公交站点、停车场、旅游公共服务中心进行全面数据采集。最终共收集4165条有效数据，如表9–4所示。

表9–4　黄山市旅游要素数据统计情况

统计项目	有效数据 / 条	数据来源
4A及以上旅游景区	31	黄山市黄山区人民政府
餐饮	733	大众点评
酒店	1000	携程
娱乐	659	大众点评
购物	718	大众点评
公交站点	832	百度地图
停车场	146	百度地图
旅游公共服务中心	46	百度地图
总计	4165	

（2）旅游环境评价指标

目前国内学者主要从自然、社会和经济3个方面的指标进行对旅游环境的评价。因此本研究的旅游环境评价指标也从这三方面展开。指标类型负向指示该指标值与区域旅游环境综合发展水平呈负相关，需进行归一化处理。相关数据来源于《黄山市2020年国民经济和社会发展统计公报》《2020年黄山市统计年鉴》。（见表9–5）

表9–5　旅游环境影响指标

环境影响因素	指标层	指标类型
自然	建成区绿地率（%）	正向
	平均日照时间（h/ 年）	正向
	污水排放处理率（%）	正向
社会	人口密度（人 /km^2）	正向
	人均公路里程（km）	正向
	刑事案件数（次）	负向
经济	人均GDP（元）	正向
	社会消费品零售总额（元）	正向
	第三产业增加值占GDP比重（%）	正向

2. 研究方法

（1）回转半径法

借助 ArcGIS 的空间分析工具，运用缓冲区分析模块，通过回转半径法来表现以旅游景点为物理核心的旅游要素空间分布特征。

（2）熵值法

用熵值法来确定黄山市旅游环境影响指标的权重，从而评价黄山市旅游环境的综合水平。

（3）耦合—协调模型

由于耦合度只能表征系统间相互作用的强弱，不能有效揭示协调发展水平的高低，因此引入耦合协调度模型。根据 C 值以 0.30，0.50，0.80 为分界点，将旅游要素和环境发展水平耦合度划分为 0.00—0.39，0.40—0.59，0.60—0.79，0.80—1.00 的 4 个阶段，对应低度、较低、较高和高度耦合 4 个等级。（见表 9-6）D 为协调度，根据 D 值将耦合协调度分为从极度失调到良好协调 10 种类型。（见表 9-7）

表 9-6　耦合度等级划分

耦合度 c 值	等级划分
0.00—0.39	低度耦合
0.40—0.59	较低耦合
0.60—0.79	较高耦合
0.80—1.00	高度耦合

表 9-7　耦合协调度等级划分

耦合协调度 D 值	协调部及	等级划分
（0.0—0.1）	1	极度失调
（0.1—0.2）	2	严重失调
（0.2—0.3）	3	轻度失调
（0.3—0.4）	4	轻度失调
（0.4—0.5）	5	濒临失调
（0.5—0.6）	6	勉强协调
（0.6—0.7）	7	初级协调
（0.7—0.8）	8	中级协调
（0.8—0.9）	9	良好协调
（0.9—1.0）	10	优质协调

（二）黄山市旅游要素空间结构

1. 旅游要素总体空间分布特征

根据各旅游要素点的地理坐标信息，利用 ArcGIS 生成黄山市旅游要素空间分布图。

（见图 9–9）与 2018 年数据相比，从空间分布来看，整体空间分布趋势仍旧呈以市中心屯溪区为中心，向四周发散的规律，旅游要素沿交通干线的特征愈发明显。（见表 9–8）这表明区位优势和交通情况对于旅游要素的分布具有显著影响。从数量上进行比较，其中变化最大的主要是公交站点和旅游公共服务中心的建设。公交站点的数据从原来的 301 条现在提高到 832 条，旅游公共服务中心的数量也增加了 14 个。这主要与黄山市政府在 2018 年 1 月发布的《黄山市创建省第二批“优先发展公共交通示范城市”实施方案（2017—2019 年）》有关，其中要求加大推进城市公共交通建设，充分发挥公共交通对改善城市交通状况，促进经济社会协调和可持续发展的作用，打造公共交通示范城市。

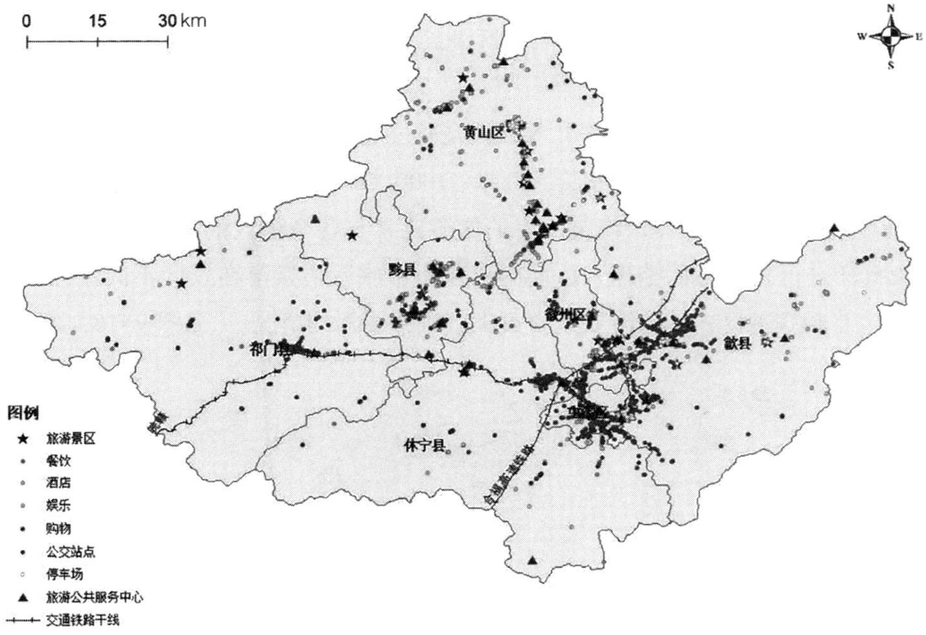

图 9–9　黄山市旅游要素空间分布图

表 9–8　2018 年与 2021 年黄山市旅游要素数据对比

统计项目	2018 年 有效数据 / 条	数据来源	2021 年 有效数据 / 条	数据来源
4A 级及以上旅游景区	31	黄山市旅游委员会网站	31	黄山市黄山区人民政府
餐饮	723	大众点评	733	大众点评
酒店	979	携程	1000	携程
娱乐	749	大众点评	659	大众点评
购物	740	大众点评	718	大众点评
公交站点	301	百度地图	832	百度地图

续表

统计项目	2018 年 有效数据 / 条	数据来源	2021 年 有效数据 / 条	数据来源
停车场	202	百度地图	146	百度地图
旅游公共服务中心	32	百度地图	46	百度地图
总计	3757		4165	

2. 旅游景点与相关旅游要素的空间相关性分析

黄山市 2021 年 2 月公布的 4A 级景区及以上共 31 家，[①] 与 2018 年相比，虽然总数未变，但其中的景区发生了变化。其中缺少了屯溪区的新安江滨水旅游、醉温泉以及黟县的塔川，新进了徽州区的黄山徽州区谢裕大茶文化博物馆和祁门县的历溪景区、祥源—祁红产业文化博览园。

在 ArcGIS 中将 31 个旅游景区导入，首先通过地理处理—缓冲区工具，分别以 31 个景区为中心，将缓冲半径距离调整为 500 米、1000 米、2000 米，从而形成缓冲区。随后，通过地理处理 Clip 裁剪工具，将黄山市的旅游要素与各个景区的不同缓冲区进行裁剪，并利用 Excel 进行相关统计整理，从而得出黄山市旅游要素落在景区不同缓冲区内的情况以及最大半径缓冲区内的旅游要素占黄山市旅游要素的情况。（见图 9-10，表 9-9）

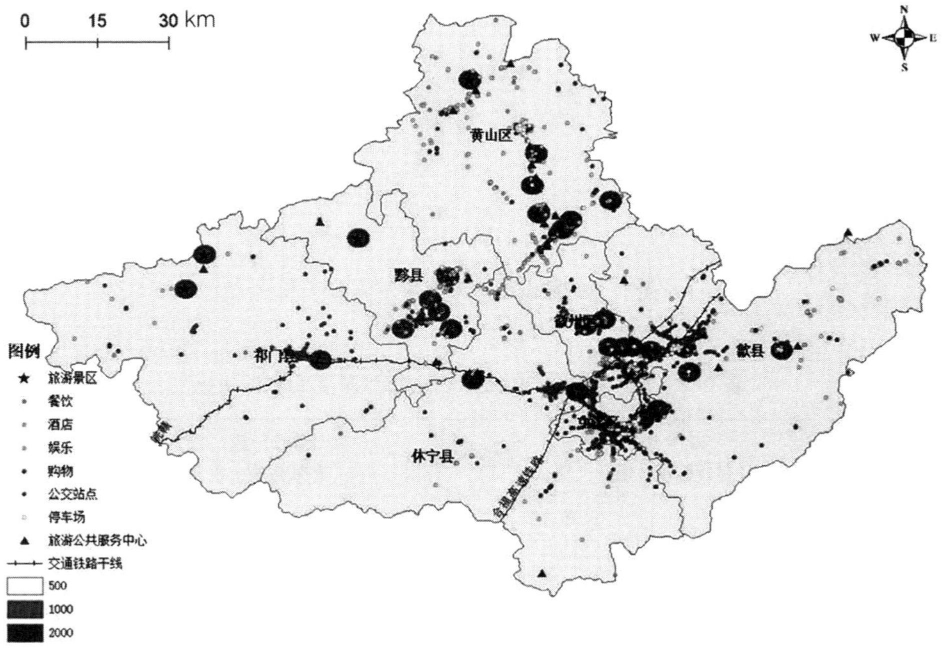

图 9-10 黄山市 31 个旅游景区不同半径的缓冲区情况

① 黄山市 A 级旅游景区、旅游度假区名单 http://www.hsq.gov.cn/zwgk/public/6615714/10091857.html.

表 9–9 黄山市旅游景区与旅游要素点回转半径统计

景区	所在辖区	以缓冲半径划分的旅游要素点 / 个			比例（%）
		500 米	1000 米	2000 米	
黄山风景区	黄山区	54	75	112	2.71
东黄山度假区	黄山区	4	7	7	0.17
翡翠谷	黄山区	15	23	42	1.02
太平湖	黄山区	11	23	30	0.73
九龙瀑	黄山区	13	34	63	1.52
芙蓉谷景区	黄山区	3	8	15	0.36
黄山虎林园	黄山区	7	9	23	0.56
唐模	徽州区	16	23	30	0.73
呈坎	徽州区	28	32	36	0.87
潜口民宅	徽州区	8	16	27	0.65
丰乐湖	徽州区	11	24	24	0.58
新四军军部	徽州区	26	74	122	2.95
黄山徽州区谢裕大茶文化博物馆	徽州区	4	10	25	0.60
黎阳 in 巷	屯溪区	79	116	310	7.50
花山谜窟	屯溪区	3	9	25	0.60
新安江滨水旅游区	屯溪区	10	40	100	2.42
西递	黟县	55	58	62	1.50
宏村	黟县	28	38	65	1.57
赛金花—归园景区	黟县	8	15	23	0.56
南屏景区	黟县	5	9	11	0.27
打鼓岭	黟县	1	1	2	0.05
屏山景区	黟县	9	23	30	0.73
徽州古城	歙县	98	142	203	4.91
新安江山水画廊	歙县	18	32	33	0.80
雄村景区	歙县	2	6	8	0.19
牌坊群和鲍家花园	歙县	4	32	60	1.45
齐云山风景区	休宁县	10	14	31	0.75

续表

景区	所在辖区	以缓冲半径划分的旅游要素点 / 个			比例（%）
		500 米	1000 米	2000 米	
休宁古城岩	休宁县	2	14	23	0.56
牯牛降	祁门县	1	2	2	0.05
历溪景区	祁门县	1	1	2	0.05
祥源—祁红产业文化博览园	祁门县	1	5	11	0.27
总计	—	535	915	1557	37.66*

* 此列数字皆是保留小数点后两位四舍五入的结果，总数是未作位数舍去的情况下的得数。

从表中可以看出，处在最大半径范围内的旅游要素点占比达到 37.66%，这表示仅有不到 40.00% 的旅游要素与旅游景区有较强关联。该结果与 2018 年的数据结果有较大差别，主要受新增的 A 级旅游景区旅游要素过少的影响，在其他一直属于 4A 级及以上的景区中，基本各个半径内的要素数量都处于上升或相差不多的状态。同时，在不同区县中，旅游要素的数量呈现显著差异。其中旅游要素数量累计占比较高的多集中在市区内，尤其是黄山市的市中心屯溪区、黎阳 in 巷的旅游要素数量累计占比高达 7.50%；而旅游要素数量累计占比低于 1.00% 的多集中于县级地区，区县发展间十分不平衡。但是黄山市政府为发展全域旅游，以县级地区的 5A 级旅游景区为抓手，先发展拓宽这些景区周边的旅游要素，如徽州古城从 2018 年的 1.26% 提升到了 2021 年的 4.91%。从以上数据中可以看出，黄山市发展全域旅游略有成效，但整体的旅游要素发展水平仍然较为滞后，旅游要素的不均衡问题依旧突出。

（三）旅游要素空间结构与旅游环境耦合

1. 黄山市旅游环境综合发展水平评价

通过熵值法对相关数据进行处理，并利用 ArcGIS 进行渲染，从而得出黄山市各区县旅游环境综合发展水平。从图中可以看出，黄山市各区县旅游环境发展差异较大。整体可以分为三个层级：第一层级为屯溪区（2.57139547）；第二层级为黄山区（1.069872962）和歙县（1.020244824）；第三层级为徽州区（0.735150978）、休宁县（0.654621946）、黟县（0.641922343）和祁门县（0.478528481）。其中，徽州区作为市辖区，它的旅游环境发展水平却在第三层级，这主要可能是受徽州区没有气象监测站，无法监测到日照时间，因而其旅游环境发展水平的计算值有所偏差所导致。（见图 9-11）

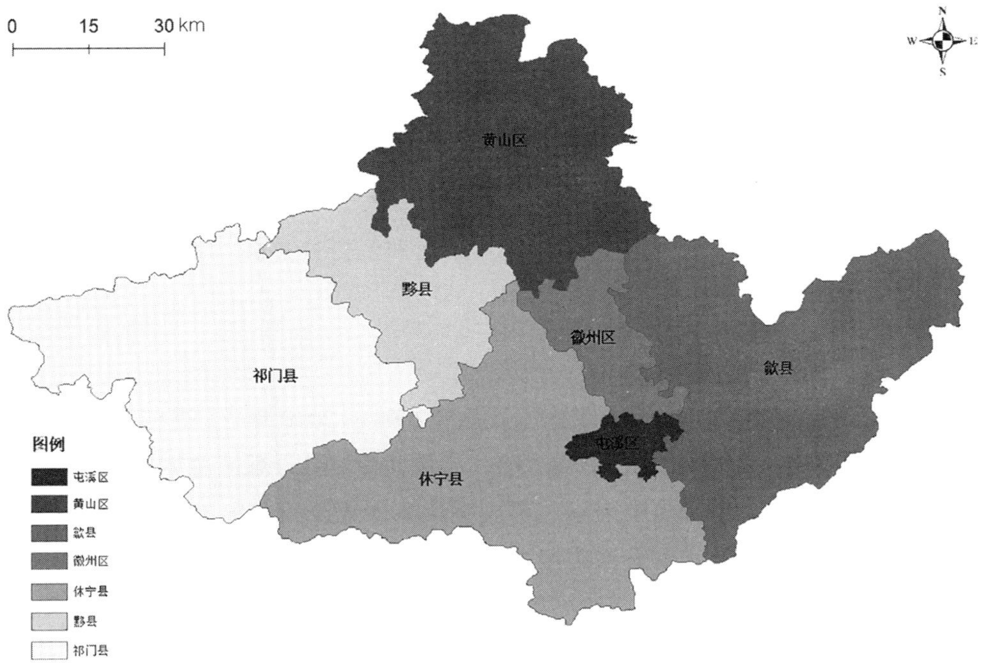

图 9-11　黄山市各区县旅游环境综合发展水平

2. 旅游要素空间结构与旅游环境的耦合协调度

在已获取旅游要素空间结构和旅游环境综合发展水平后，通过 SPSS 中的耦合协调度模型计算得出旅游要素空间结构与旅游环境发展水平的耦合协调度。（见表 9-10）

表 9-10　黄山市旅游要素空间结构与旅游环境发展水平的耦合协调度

区县	耦合度 C 值	等级划分	耦合协调度 D 值	协调等级	等级划分
黄山区	0.92	高度耦合	0.659	7	初级协调
徽州区	0.769	较高耦合	0.526	6	勉强协调
屯溪区	1	高度耦合	0.995	10	优质协调
黟县	0.749	较高耦合	0.438	5	濒临失调
歙县	0.896	高度耦合	0.652	7	初级协调
休宁县	0.999	高度耦合	0.311	4	轻度失调
祁门县	1	高度耦合	0.1	2	严重失调

从相关数据可以看出，黄山市区县的旅游要素空间结构与旅游环境发展水平有着普遍较高的耦合度，这说明二者之间相互影响作用之强，与 2018 年的数据相比也有了较大提升。但是从耦合协调度来看，只有屯溪区达到了优质协调，黄山区、歙县为初级协调，其他区县在勉强协调程度以下，该结论与各区县旅游环境综合发展水平相似。

这充分表明目前旅游要素空间结构已得到了较大的改善，但与旅游环境的耦合协调程度不佳的问题仍旧突出。应当继续推动旅游环境的发展，促使旅游要素空间结构和旅游环境发展水平的协调发展。

七、黄山市城市旅游休闲公共空间的管治

黄山市的管治策略整体为分环节管治，从前期的设计规划，到中期的实施管理，再到后期的监管检查。

（一）前期：设计规划

黄山市 2018 年对《黄山市城市总体规划（2008—2030 年）》进行了修改，并于2019年发布①，其中对城市发展目标与战略，市域城镇体系、城区总体等都进行了详细的规划。在城市有机更新部分中表示，要先解决突出地区的突出矛盾，提高土地利用效能，增强城市特色，逐步提升城市服务功能、空间环境质量和文化品质。并提出城乡空间分级管制模式，主要分为三级：监督型管制、调控型管制、指引与控制型管制。

（二）中期：实施管理

目前，黄山市正在积极按照规划进行目标的实现。总体呈现出以下几个特点。

1. 与自然和谐发展

人类赖以生存的环境就是大自然，近些年来国家一直强调注重生态保护也是因为在人的过度开发下，自然界的平衡被人为破坏，导致了一些动植物资源等相继灭绝。国家在新发展理念中将“绿色”作为理念之一，直观地表现出绿色发展的重要性。黄山作为一个本身就具有旅游资源优势的城市，在城市发展过程中更应注重保护相关资源，建立人与自然能和谐共生的城市空间。

2. 以人的需求为出发

城市的发展最关键要素在人，因为有人类的聚集，才会有其他的产业发展内容。因此在城市建设过程中，应当充分注重居民的感受，了解居民物质和精神上的需求，从而进行综合规划开发或改造。黄山市依托自然地形，用自然的水域进行划分，并根据绿化情况进行增设补充相关公共服务，将自然要素和人为要素充分融合，形成风景秀丽、空气优良的滨水和谐空间，有利于居民的身心健康发展。

3. 城市更新过程科学合理

在城市更新的过程中，规划是其中十分重要的一环。一个城市发展至今，必然有建造合理和不合理的地方。相关管理者需要站在城市战略目标的角度上，找到该地区

① http://rsj.huangshan.gov.cn/zwgk/public/6615714/9863408.html.

城市更新的先后顺序、合理的方式及实施的路径等。如果规划不科学，则城市更新的结果必然失败。黄山市当前的城市内涵是徽文化，最需改善的是城市交通。黄山市定位十分清晰，积极进行城市交通建设，促使文旅深度融合，所形成的城市新空间就是与黄山市当前发展情况相匹配的。

4. 注重美观

“所见即所得”是人们感知新事物时的直观感受，这说明了人们通常会用眼睛去了解一个事物或一座城市。因此在城市空间的打造中，需注重建筑物与建筑物之间、建筑物与环境之间的美观协调程度。一个美的城市总是会吸引人多驻足了解。黄山市在这个部分做得较好，以自然景观为基础进行其他空间的创造，会形成一个很好的视觉感受。

（三）后期：监管检查

黄山市不断创新旅游市场监管模式，实行精准监管，让旅游市场优起来。通过回答谁来查、查哪个、查什么的问题，2020 年黄山市形成了“双随机、一公开”的监管模式，进一步补足了以往市场监管的短板，更加科学有效。以问题为导向，期望以小见大，起到较广泛的震慑影响，从而进一步规范旅游行业的发展。

八、黄山市城市旅游休闲公共空间管治的标准化措施

黄山市标准化的工作开展得较晚，自 2019 年开始才出现了相关标准化的政策。如 2019 年发布的《黄山市政务服务标准化建设实施方案》、2020 年发布的《黄山市全面推进基层政务公开标准化规范化工作实施方案》、2021 年发布的《黄山市地方标准管理办法》。可以看出，黄山市政府也逐步认识到标准化管理的重要性。

在标准化管理体系的构建中，当务之急就需要对黄山市丰富的旅游城市旅游休闲公共空间进行规范，因此提出以下几点意见。

（一）成立黄山市城市旅游休闲公共空间标准化技术委员会

筹备成立“黄山市城市旅游休闲公共空间标准化技术委员会”，作为黄山市城市旅游休闲公共空间标准化建设工作的技术归口和指导机构，充分发挥跨部门、跨行业平台作用。从战略的高度强化城市旅游休闲公共空间标准的作用，明确今后旅游城市旅游休闲公共空间标准化的努力方向。加强城市旅游休闲公共空间标准化的工作规划，加大城市旅游休闲公共空间标准化的宣传力度，为旅游业的发展发挥保障作用。先期成立“黄山市城市旅游休闲公共空间标准化专家工作组”，邀请来自相关行政管理部门、院校、行业企业的专家共同组成，建立工作机制，指导黄山市城市旅游休闲公共空间标准化工作有序推进。

（二）召开黄山市城市旅游休闲公共空间标准化工作会议

召开黄山市城市旅游休闲公共空间标准化工作会议，加快推进黄山市旅游系统全面标准化建设工作。明确提出要加强对黄山市城市旅游休闲公共空间标准化工作统筹协调和组织领导，将标准化建设纳入黄山市旅游发展规划和年度重点工作计划。以旅游业发展需求为导向，结合黄山旅游发展实际和目标，拓展城市旅游休闲公共空间标准制定的领域和范围。定期对标准实施应用情况进行监督检查，收集并分析标准实施意见和建议，及时修订重要工作环节中缺失和不适用的标准，形成科学合理的监督指标和评估办法。

（三）鼓励旅游企业制定企业标准

鼓励企业把握市场需求，激发提升标准和质量的内生动力，引导企业根据需要自主制定高于国家、行业和地方标准的具有竞争力的企业标准。立足优质服务，创新产品，开展企业标准的研制和制定适应市场竞争需要的企业标准化工作机制，创建市场品牌，提升旅游服务质量。鼓励企业积极参与国际标准化活动，深化国际交流与合作，提高企业标准水平和国际化水平，提升黄山市的影响力。

（四）建立标准化专业人才队伍

打造标准化人才高地，培养标准化人才队伍。组织开展黄山市标准化工程师资格考试，丰富标准化专业理论水平，优化标准化知识结构。组织对市、区旅游主管部门、旅游企业经营管理、服务等相关人员进行标准化业务多层次、多形式的培训，增强标准化意识、丰富标准化知识，着重提高旅游标准化人员业务能力和管理服务水平。培育一批专业优势明显、知识结构合理、实践经验丰富的旅游标准化从业人员。

本章小结

黄山市作为安徽省规划中的区域性中心城市，对于其的空间管治研究是十分有意义的。本章先对黄山市的由来、目前的城市结构形态进行了阐述；然后从内外驱动力来解释黄山市城市旅游休闲公共空间演变机制，并着重分析了产业结构的调整对黄山市的影响；随后，对黄山市未来的空间格局进行了分析。笔者以黄山市城市旅游休闲公共空间为重点，依托“点—线—面”的模式，分层次地进行黄山市旅游景点、旅游线路、旅游空间的空间构建，提出黄山市城市旅游休闲公共空间的类型为：资源富集型城市旅游休闲公共空间和交通枢纽型城市旅游休闲公共空间。

在了解黄山市城市旅游休闲公共空间情况后，借助耦合—协调模型，笔者进行了黄山市城市旅游休闲公共空间与旅游环境的耦合分析，以期促进黄山市旅游要素格局的空间优化以及旅游产业与旅游环境的协调发展。结果表明目前旅游要素空间结构得到了较大改善，但仍与旅游环境的耦合协调程度不佳，需持续推动旅游环境的发展。

针对黄山市的城市旅游休闲公共空间的管治现状，整体为分环节管治，但缺少相关规范化、标准化管治措施，从而进一步提出了黄山市城市旅游休闲公共空间的标准化管治办法。

第十章　结论与展望

一、主要结论

本书以城市旅游休闲功能发展的现实需求和城市旅游休闲公共空间管治中存在的问题为导向，力图运用地理科学对于城市空间组织、管治的理论工具，结合上海城市发展实践的探索，寻求对城市旅游休闲公共空间的组织结构和管治提出理论构建，并对上海城市旅游休闲公共空间的发展提出建议。

全面梳理地理空间的相关理论，以及整理评述国内外相关研究成果，以此构成本书的研究基础。运用多种研究方法，包括规范分析、实证分析、历史分析、比较分析、理论分析以及对策研究等，运用 ArcGIS、GeoDa 等空间数据分析（ESDA）软件，遵循从理论构建到实证分析的研究思路，探讨了城市旅游休闲公共空间的组织及管治问题。

（一）在理论构建方面

在理论构建方面，本书注意到城市空间的发展与城市功能演进之间的关系。将城市作为人们生活的空间载体，不断满足人们日益提高的物质、文化、精神生活作为立论的基础。首先探讨了人的旅游休闲需求动机的发展。梳理了“休闲”“游憩”与“旅游”三者间关系的变化，结合以往学者们的研究结论，从北京、上海等国际化大都市的相关数据，工作、生活、旅游、休闲等方式的变化，总结了“休闲”和“旅游”两者间从包含到融合的发展趋势。结合城市更新理论，探讨了旅游城市化和城市旅游化双向发展对城市化进程所产生的影响和作用。提出了城市应取消“游客”与“市民”二元对立的观点，将游客也视为城市居民的组成部分，而市民在本地的旅游业成了旅游业发展的一个重要形式。城市在功能设计、空间组织以及空间管治应该以城市中的全体居民为服务对象。

1. 对于城市空间组织结构研究。

本书通过递进梳理城市空间（Urban Space）、城市公共空间（Public Space）、休闲空间（Leisure Space）、游憩空间（Recreation Space）、城市公共休闲空间（Urban Public Leisure Space）等概念，系统整理比较中央商务区（CBD）、游憩商业区（RBD）、旅游商务区（TBD）、环城游憩带（ReBAM）、中央活动区（CAZ）、旅游综合体等既有的空间组织形式，提出了城市旅游休闲公共空间（Urban Public Tourism Leisure Space）的概念。概括地说，城市旅游休闲公共空间是为包括本地市民和外来游客在内的城市居民提供观光、休闲、娱乐、社交等行为，满足其恢复体力、放松精神、提高审美、强化沟通等目的的城市公共场所。城市旅游休闲公共空间的产生是城市发展到较高阶段的产物，是城市功能提升、城市产业转型升级、城市更新发展的结果。

本书采用中观视角，以整体城市作为研究对象。通过学习运用增长极理论、“核心—边缘”理论和“点—轴”理论等，分析提炼城市旅游休闲公共空间发展的机理。选择了城市公园、城市广场、景点、体育场馆、购物中心、博物馆、图书馆、工业旅游点、特色街区以及国际青年旅舍等十种最为典型的公共场所作为研究城市旅游休闲公共空间的组织结构的基础。其中既有以旅游休闲作为主要服务目的，如城市公园、景点等，又有与文化、体育相融合，而且在提升服务理念、扩展服务对象、提升服务品质后，具有更广泛旅游休闲意义的博物馆、图书馆、体育场馆等，还有城市产业升级转型后，创新发展，功能提升的工业旅游点、购物中心，符合城市发展到较高阶段的功能特征。学习沿用了用“点—线—面”等空间形态来归纳概括空间的要素的人文地理学传统方法，同时根据实际发展情况对其内涵和外延都进行了重新界定，以符合本书分析需要。构建分级体系，特别是对“点”的内涵与外延做出了新的界定，将休闲空间与居住空间进行了整体考虑。对十种城市空间资源的简化、统一化界定，以功能作为统一考虑的角度。这些都突破了以往对单一要素休闲空间的研究。提出城市旅游休闲公共空间由“游憩点”（Recreation Node）、“游憩通道”（Recreation Route）和“游憩区域”（Recreation District）所构成。在不同的城市具有单核结构、双核结构和多核网络化结构的不同模式。总结发现了“空间集聚”和“空间扩散”两种动力机制在城市旅游休闲公共空间形成和发展中的作用。提出多个“游憩点”借助“游憩通道”实现网络化发展，是城市旅游休闲公共空间体系结构的理想状态和发展趋势的观点。表现为“多核心”“多通道”和“大区域”的特征。进而分析了城市旅游休闲公共空间所具有的“全域性与地域性相结合”“开放性与层次性相结合”“功能复合性与多样性相结合”和“稳定性与演化性相结合”这样四组八性特点。基于空间成因、政府管理以及空间形态三个维度，目前可以把城市旅游休闲公共空间划分为三种类型，分别为“城区集聚型旅游休闲空间”“资源富集型旅游休闲空间”“交通枢纽型旅游休闲空间”。建立三级因子的城市旅游休闲公共空间层级评价指标，将城市旅游休闲公共空间做出三个级别的划分，即一级城市旅游休闲公共空间、二级城市旅游休闲公共空间和三级城市旅游休闲公共空间。再结合“时间”“空间”“事件”和“人”四个要素构建了城市旅游休闲公共空间的整体系统。学习借鉴克里斯泰勒“中心地”理论正六边形模型的建模方法。将区域范围划定在城市内部，将城市空间假设为均质化的空间。构建了“城市旅游休闲公共空间体系模型”，提出了“综合化”“社会化”和“特色化”三大发展趋势。成为本书最为核心的理论建构，为实例分析的展开提供了方法。由此，本书通过研究，总结了城市旅游休闲公共空间发展演进的规律。

2. 对于空间管治的研究。

本书首先从我国休假时间的变革调整、城市旅游休闲市场的发展、城市旅游休闲公共空间用地分类标准以及影响城市旅游休闲规划的观念和困局四个角度出发，探讨了影响城市旅游休闲公共空间管治的四个关键因素。其次梳理了我国城市旅游休闲公共空间管治的体制与模式的历史沿革。通过对 1995 年以来三组数据的对比，发现了法定休假调整、国内旅游市场快速发展和旅游管理体制变革三者在时间上的对应关系。进而提出了“空间管治职能”“空间管治区域”“空间管治规划”“空间管治政策”“空间管治力量”“空间管治投入”六种城市旅游休闲公共空间的管治策略。以实现人的需求、社会和谐、经济发展和自然共处作为城市旅游休闲公共空间的管治的四大目的，以土地、机构、政策、资金、规划作为城市旅游休闲公共空间的管治的五大维度。特别是提出了土地及用地性质的问题是空间管治的关键，弥补了以往同类研究的不足。

（二）在实证分析方面

1. 本书以上海为主要研究对象，从上海城市旅游休闲公共空间体系嬗变及管治模式变迁中总结城市旅游休闲公共空间的一般规律。

旅游休闲公共资源基于其物理空间基本固定，对研究城市旅游休闲空间的发展具有客观性，其研究结果较为理想，因此在方法上具有可行性。本书在理论分析空间基本单元的基础上，以具有独立法人或管理机构以及部门统计的实际出发，选择了城市公园、景点、体育场馆、购物中心、博物馆、图书馆、工业旅游点以及演艺场所等八种基本单元，共 1199 个数据点。运用 ArcGIS 工具对这些基本单元进行空间矢量数据提取，生成各个基本单元的空间分布图。为了更好地显示上海城市旅游休闲公共空间的分布情况及历史演进状况，进一步采用核密度估计法，来分析研究上海不同时期公共旅游休闲资源的空间热点。利用 ArcGIS 中的空间平滑技术，对点状数据进行处理，生成不同历史时期上海旅游休闲公共空间的热力分布图。运用 GeoDa 空间数据分析（ESDA）软件，对上海城市旅游休闲公共空间做自相关分析。同时对人口分布与城市旅游休闲公共空间的分布变迁，做双变量全局自相关分析。充分运用理论部分所设计的“城市旅游休闲公共空间层级评价指标”和“城市旅游休闲公共空间体系模型”对上海城市旅游休闲公共空间进行选划和体系构建。运用城市旅游休闲公共空间管治策略，提出提升上海城市旅游休闲公共空间管治的路径建议。

（1）对于上海旅游休闲公共空间的历史演进分析。本书以 2014 年上海 208 个街道、镇、乡等行政单元作为基准，忽略其具体变迁的情况下，对新中国成立的 60 余年间上海（以及历史上这片区域空间）的旅游休闲公共资源，依据其建成时间，进行阶段性图层叠加。发现上海拥有公共旅游休闲资源的行政单元，从 1949 年以前的 14 个，增加到 2015 年的 200 个，每个阶段都呈现出递增的态势，表明上海城市旅游休闲公共空间的均衡度在不断提升。然而城市旅游休闲公共空间的极差和标准差也同样呈逐年扩大趋势，其中极差由 1949 年前的 3 上升至 2015 年的 19，标准差由 1949 年的 0.4 上升至 2015 年的 3.43，反映随着城市化进程的不断推进，城市旅游休闲公共空间统计的集聚式发展趋势也非常明显，说明虽然以往的劣势地区都在发展，但优势地区的发展更为显著。60 余年间上海城市旅游休闲公共空间的变异系数呈现出逐年下降的趋势，由 1949 年的 4.33 下降到 2015 年的 0.83。表明上海城市旅游休闲公共空间在不断增加的过程中呈现出由低水平集聚向优化均衡发展的趋势。

运用理论构建部分对于“点—线—面”体系构建及其相关性的分析，通过对 60 余年间上海城市快速交通道路、黄浦江过江大桥和隧道的发展历程的梳理，对比分析发现以交通干道为空间扩散廊道的辐射机制在上海城市旅游休闲公共空间的发展中起着非常重要的作用。同时也发现上海存在资源相对集聚、空间叠加、功能重合、邻近居住空间这四个特点，存在资源分布与人口分布发展不均衡、城市功能区划与行政区划不匹配等问题。

（2）对于上海城市旅游休闲公共空间的自相关分析。本书采用全局 Moran’s I 统计量测度城市各街道、乡镇及其邻域公共旅游休闲资源的空间关联及差异程度。通过比较 2000 年和 2015 年两个年份的“热点”，以探索性视角阐明城市公共旅游休闲资源的统计分布特征。发现在此 15 年间，上海城市公共旅游休闲资源的 Moran’s I 指数皆大于 0，且整体呈下降的趋势，由 2000 年的 0.187 下降至 2015 年的 0.172。城市公共旅游休闲资源有从空间正相关向随机分布发展的趋势，但差距不大，空间上仍呈强集聚格局。上海中心城区旅游休闲资源具有等级高、富集度高的状况。城市公共旅游休闲资源的影响范围和服务半径在空间分布上遵循距离衰减定律，呈现出围绕公共旅游休闲资源极值区的集聚分布。15 年间，上海城市公共旅游休闲资源分布呈现出显著的集聚效应：2000 年高—高集聚区基本集聚在市中心区域，而浦东川沙地区呈现出高—低态势，表明其具备进一步发展的良好基础。果然在 2015 年随着浦东川沙迪士尼项目的发展，在这一地区生成了新的高—高集聚区。市中心则依然保持了高—高集聚态势，这在时序上具有延续性，空间上具有相对稳定性；低—低集聚区则基本集中在金山、崇明等远郊区县地区；浦东外高桥地区在 2000 年时是明显的低—低集聚区，2015 年则显示不再显著，说明了这一地区的旅游休闲资源发展正在缩小与其他地区的差距。而金山区地处偏远的地区和崇明县的大部分地区是明显的低—低集聚区，且有连片发展的态势，说明这些地区旅游休闲的发展落后于全市其他地区。低—高集聚区主要依附于高—高集聚区附近，呈零星状分布，区域在减少；高—低集聚区则散布在低—低集聚区周边，区域范围也在减少。

（3）对于上海城市旅游休闲公共空间与人口的双变量全局自相关分析。本书以第五次全国人口普查和第六次全国人口普查的数据作为分析基础，探讨 2000 年和 2015 年上海城市公共旅游休闲资源与人口之间的空间关联性。双变量全局空间自相关 Moran’ I 指数分别为 0.150 和 0.028。说明十五年来两个变量之间始终是正相关的关系，且相关性呈下降趋势。中心城区的变化趋势非常显著，2000 年时人口与公共旅游休闲资源的高—高集聚区基本在中心城区，两者间的匹配度非常高。但同样在中心城区范围，已经有许多低—高集聚区与高—高集聚区交错存在。表现为人口相对降低，而公共旅游休闲资源较高的不均衡态势。而浦东川沙地区、金山朱泾地区以及崇明县政府所在区域，则是高—低集聚区，表现为人口在增加，而相应公共旅游休闲资源配套不足。松江泖港地区、浦东外高桥地区以及崇明西沙湿地等都属于低—低集聚区，人口与资源均处在低层面的均衡状态。2015 年中心城区低—高集聚趋势扩大，而高—高集聚范围大大减少，表明中心人口在相对减少，而公共旅游休闲资源依然丰富。而宝山区杨行镇地区、淞南镇地区、闵行区的马桥镇地区等人口均在快速增加，但公共旅游休闲设施供给迟缓。浦东川沙地区发展迅猛，成为人口设施相匹配的新的高—高集聚区。

结合对上海近十年常住人口结构的变化进行分析，发现上海早已突破了传统熟人社会的局限，更加趋向国际化的人口构成。对上海城市人口扩散趋势进行分析，发现市中心人口向城市边缘扩散，全市人口密度提高，地区落差缩小。但原有的城市旅游休闲公共空间分布没能跟上这一变化趋势。

（4）对于上海城市旅游休闲公共空间选划及体系构建。本书依据理论部分设计的“城市旅游休闲公共空间层级评价指标”和“城市旅游休闲公共空间体系模型”，以地图空间作业、资源分数评定等方法，在对上海 208 个街道（镇、乡）的公共旅游休闲资源进行摸底的基础上，运用指标体系进行打分。选择其中符合上海城市旅游休闲公共空间设立条件的 105 个街道（镇、乡），划分成一级城市旅游休闲公共空间 8 个、二级城市旅游休闲公共空间 25 个、三级城市旅游休闲公共空间 72 个。研究发现，基于资源评分的选划与基于地图空间作业的初步选划结果基本相互印证，也与“十一五”“十二五”期间上海旅游业的规划发展相契合，证明了选划方法的科学性和有效性。同时本书还指出了从动态发展的角度来看，上海城市旅游休闲公共空间的数量将进一步增加，城市旅游休闲公共空间的类型将更加丰富，不同等级城市旅游休闲公共空间会有动态成长，相邻的城市旅游休闲公共空间之间将相互合并，成为更大空间。

（5）对于上海旅游休闲公共空间的管治。本书对 1978 年以来上海旅游行政管理体制演变历程、城市公园绿地、博物馆、图书馆等文化场馆、公共体育场所以及购物中心等空间单元的管理情况，上海市政府对各类城市旅游休闲公共空间的引导政策以及上海城市旅游休闲公共空间所开展的公共服务等都做了整理。通过对外滩风景区、南京路步行街、佘山国家旅游度假区、上海国际旅游度假区、徐家汇源景区以及黄浦江公共旅游码头 6 个区域所开展的空间管治探索情况进行总结，归纳为以政府为主、以企业为主，和政府 + 企业三种空间管治模式。总结在既有城市旅游休闲公共空间的空间管治中存在的条条分割和条块分割的矛盾始终存在；政府行政管理的力量依然过强，法治政府、有限政府、服务政府的建设之路还很漫长以及社会化组织缺失、市场力量不足等三个方面的问题。运用理论部分对空间管治策略的构建，提出“构建城市旅游休闲综合协调管理的体制机制”“对城市旅游休闲公共空间实行分级管理”“对城市旅游休闲公共空间实行属地化管理”“为城市旅游休闲公共空间提供用地保障”“加大对旅游休闲产业的财政支持”5 条提升上海城市旅游休闲公共空间管治的路径建议。

2. 本书将上海市宝山区作为理论验证的研究对象，在城市更新的总目标下研究宝山区城市旅游休闲公共空间的整体变迁及管治模式。

（1）宝山区作为上海主城区的组成部分，2035 年城市更新的最佳实践区，对宝山区城市旅游休闲公共空间的研究具有典型意义。本书先对宝山区城市旅游休闲公共空间的整体变迁及内外驱动力进行了说明；随后从不同角度：工业休闲空间、社区休闲空间、体育休闲空间，以大量实例详细地解读了宝山区城市旅游休闲公共空间的发展变化；接着从空间管治和城市更新的双向影响来阐释宝山区城市旅游休闲公共空间的现状，并提出了相应的思考。宝山区城市管理已然进入新发展阶段、开启了新发展模式并面临着新发展要求。

（2）以宝山区城市旅游休闲公共空间为方向深入分析。先通过“点—线—面”的模式构建了宝山区的城市旅游休闲公共空间，形成了十类旅游产品；依托宝山区游客的问卷调研，根据游客不同需求和旅游产品的空间布局形成了不同的旅游线路；在前两者的基础上，将宝山区城市旅游休闲公共空间划分为三类：“城区集聚型旅游休闲空间”“资源富集型旅游休闲空间”“交通枢纽型旅游休闲空间”。

（3）宝山区城市旅游休闲公共空间构建完成后，通过分析宝山区对城市旅游休闲公共空间的管治方式，可以发现目前已形成政府、企业、民众多元治理的模式，但由于宝山区城市旅游休闲公共空间十分多样，在高质量发展的要求下标准化是提高治理水平的重要方式，因此基于四大原则，本书以宝山区旅游产品为单位，提出了宝山区城市旅游休闲公共空间的服务标准体系，从而使该空间规范、有序地发展。

3. 黄山市是以旅游立市的典型城市，同时也在产业选择中开展城市更新。本书选择黄山市作为验证城市旅游休闲公共空间规律的对象城市，也具有典型意义。

（1）黄山市作为安徽省规划中的区域性中心城市，对于其的空间管治研究是十分有意义的。本书先对黄山市的由来、目前的城市结构形态进行了阐述；然后从内外驱动力来解释黄山市城市旅游休闲公共空间演变机制，并着重分析了产业结构的调整对黄山市的影响；随后，对黄山市未来的空间格局进行了分析。本书以黄山市城市旅游休闲公共空间为重点，依托“点—线—面”的模式，分层次地进行黄山市旅游景点、旅游线路、旅游空间的空间构建，提出黄山市城市旅游休闲公共空间的类型为：资源富集型城市旅游休闲公共空间和交通枢纽型城市旅游休闲公共空间。

（2）在了解黄山市城市旅游休闲公共空间情况后，借助耦合—协调模型，本书进行了黄山市城市旅游休闲公共空间与旅游环境的耦合分析，以期促进黄山市旅游要素格局的空间优化以及旅游产业与旅游环境的协调发展。结果表明目前旅游要素空间结构得到较大改善，但仍与旅游环境的耦合协调程度不佳，需持续推动旅游环境的发展。

（3）针对黄山市的城市旅游休闲公共空间的管治现状：整体为分环节管治，但缺少相关规范化、标准化管治措施，从而进一步提出了黄山市城市旅游休闲公共空间的标准化管治办法。

二、本书创新点

旅游休闲已经成为当今人们的一种生活方式。国家大力提倡拉动内需、倡导消费，进而从供给侧的角度来重新调整生产结构，以适应人们不断丰富变化的精神文化生活需求。旅游休闲产业成为国家战略性支柱产业。旅游休闲产业布局以及旅游休闲供求行为在城市地理空间上的呈现就是城市旅游休闲公共空间。尽管已有学者在开展城市旅游目的地等相关研究，但到目前为止还很少有学者从城市功能演化视角对城市旅游休闲公共空间组织及其管治进行系统的理论和实践方面的研究。本书的选题符合当前理论与实证研究趋势，具有时代性，可以说就是一种创新。

图表演示、以图释文成为本书研究方法上的一大特色。本书绘制了各类图表，用以对城市旅游休闲公共空间的组织结构进行抽象表述，采用量化、图形化的方式直观呈现研究结论。本书注重理论研究与实证研究的结合，并采用定量的分析工具来辅助研究。如运用 GeoDa 空间数据分析（ESDA）软件，对上海城市旅游休闲公共空间做自相关分析。对人口分布与城市旅游休闲公共空间的分布变迁做双变量全局自相关分析。

本书的主要内容，体现出如下创新点。

（一）提出了城市旅游休闲公共空间组织结构的层次化划分

通过对国内外城市空间结构要素分析研究成果的学习借鉴，本书将城市旅游休闲公共空间组织结构基本要素抽象为“游憩点”“游憩通道”和“游憩区域”，且相互依存、相互作用。提出根据资源禀赋及相关服务配套、交通条件以及区域建设发展空间潜力等因素进行综合考量，可以将城市旅游休闲公共空间划分成不同层次级别，并由此构建了城市旅游休闲公共空间体系模型。这对进一步细分研究和空间管治的有效实施奠定了基础，具有一定的理论创新和实践价值。

（二）提出了城市旅游休闲公共空间组织结构的网络化发展趋势

在总结城市旅游休闲公共空间组织结构的主要特征基础上，分析其结构形成及演进的过程，提出城市旅游休闲公共空间总是处于不断的发展变化之中，且空间极化和空间扩散是城市旅游休闲公共空间组织结构演化的动力机制。遵循由单核结构、双核结构，向多核网络结构发展的趋势。同时从旅游休闲供求均衡的角度，多核网络化结构是城市旅游休闲公共空间发展的理想状态。

（三）阐释了空间管治对于城市旅游休闲公共空间发展演进起积极作用

提出应该从“休假时间”“等级空间”“事件”和“人”四个维度来对城市旅游休闲公共空间进行合理调配。同时提出政府、协会、企业、市民游客四个方面的主体，通过城市规划、制定政策、建立机构、保障投入等管治策略将有效地促进城市旅游休闲公共空间的发展。阐述了空间管治与空间组织结构主客观之间的关系，具有一定的创新性，对城市规划建设管理的有效开展具有实际指导意义。

（四）提出上海城市旅游休闲公共空间组织结构优化的趋势是网络化均衡发展

本书对上海城市旅游休闲公共空间结构演化历程以及旅游休闲空间管治的发展进行系统分析。对上海城市旅游休闲公共空间进行选划分析后，认为网络化均衡发展是上海城市旅游休闲公共空间组织结构优化的趋势性选择。同时对上海城市旅游休闲公共空间的管治措施提出了系统化建议。在实践中具有一定的应用价值。

学术界的理论研究工作与政府、企业实践工作相脱节的状况比比皆是，成为制约我国城市旅游休闲发展的因素之一。本书通过对城市旅游休闲公共空间组织结构演进的系统研究，总结其结构模型、动力机制、演进模式及发展趋势等，同时结合社会实际，从空间管治的角度对政府、协会、企业、市民游客的管治措施对建构合理的城市旅游休闲公共空间进行了探讨，还结合上海城市发展的实践进行实证研究，对理论研究成果进行了检验，总体上为城市旅游休闲公共空间系统研究提供新的思路，具有一定理论创新意义和实践指导价值。

三、研究展望

城市旅游休闲公共空间的优化是城市更新的组成部分，无论是在理论研究方面还是在实践方面，全国各地尚处于探索阶段。受实证研究条件的限制，本书研究内容的深度、广度都还有待进一步拓展。在后续研究中，应重点关注以下内容。

第一，在理论研究方面，城市有着不同的类型，在空间尺度和人口结构上存在不同。作为一个理论构建，城市旅游休闲公共空间除了上海此类特大型城市外，还应兼顾中、小城市的情况，并由此形成更加完善、立体综合的分类指导体系。

第二，城市旅游休闲公共空间的管治是一个不断发展的过程，存在千差万别的情况和问题。本书的结论和建议还需要在实践中得到进一步的印证、丰富和完善。

第三，旅游休闲公共空间基本要素的发展遵循市场化的原则，发展非常迅速。受可获数据资料的限制，本书只探讨了在部分现有的旅游休闲资源的叠加状况，并未探讨各类资源相互组合之后所产生的变化和发展。同时对房车营地、露营地、游步道等新生业态和资源，对交通道路、水域航道等多重功能的动态变化等情况也尚未涉及，这些都有待进一步研究。

第四，“互联网 +”时代各类科技手段运用所带来的空间变化、同城化时代所带来的跨省市区域旅游联动所带来的资源共享等也都值得进一步研究。

参考文献

［1］Bramwell B. User satisfaction and product development in urban tourism［J］. Tourism Management，1998，19（1）：35-47.

［2］Briton S G. The spatial organization of tourism in a neo-eolonial economy：A Fiji case study［J］. Pacific Viempoint，1980，21（2）：144-165.

［3］Christaller W. Some consideration of tourism location in Europe：the Peripheral region-underdeveloped countries recreation areas［J］. Papers and Proceedings of Regional Science Association，1964，12（1）：95-105.

［4］Christopher Hood. A Public Management for All Seasons［M］. Public Administration，Vol. 49，No. 1.

［5］Coelho M. P. Urban Governance in Brazil. In P. L. Mccarney（Ed.）. Cities and Governance：New Directions in Latin America，Asia and Africa［M］. Toronto：University of Toronto Press，1996.

［6］Costanza R.，Andrade F.，et al. Principles for sustainable governance of the oceans［J］. Science，1998，281（5374）：198–199.

［7］Davidson Rob. Travel and Tourism in Europe（Second Edition）［M］. NY：Addison Wesley Longman Limited，1998.

［8］Dellaert B，Borgers A，Timmermans H.A day in thecity：Using corjoint choice experiments tomodel urban tourists' choice of activity packages［J］. Tourism Management，1995，16（5）：347-353.

［9］Ellen Furlough.Making mass vacations：tourism and consumer culture in france，1930s to 1970s［J］. Comparative Studies in Society and History，1998，40（2）.

［10］Elson M J. Activity space and recreational spatial behavior［J］. Town Planning Review，1976，47：241-255.

［11］Flemnig，LaurenceandGore，AThe English Garden［M］. London：SpringBooks，1988.

[12] Foley P，Martin S . A new deal for the community ？ Public participation in regeneration and local service delivery [J] . Policy & Politics，2000，28（4）：479-492.

[13] Friedman J，Weaver C. Territory and Function. The evolution of regional planning [M]. London：Edward Amold，1979.

[14] Getz D. Planning for Tourism Business Districts [J] . Annals of Tourism Researeh，1993（20）：583-600.

[15] Gladstone D L. Tourism urbanization in the United States [J] . Urban Affairs Review，1998，33（1）：3-27.

[16] Goodwin M. The governance of rural areas：some emerging research issues and agendas [J] . Journal of Rural Studies，1998，14（1）：5-12.

[17] Gormsen E. The spatio-temporal development of international tourism：attempt at a center-periphery model [M] . In La Consommation D' espace Preservation，Chet，Aix-en-Provence，1981.

[18] Hackworth J，Smith N. The changing state of gentrification [J] . Tijdschrift Voor Economische En Sociale Geografie，2010，92（4）：464-477.

[19] Haggett P，Chiff A D，Frey A. Locational analysis in human geography [M] . London：Edward Amold，1977.

[20] Hall C M，Page. Tourism in south and south-east asia：Case and issue [M] . Oxford：Butterworth and Heinemann.

[21] Hall，Edward T .The Hidden Dimension [M] . NewYork：Doubleday，1996.

[22] Harvey J Miller.Measuring Space-Time Acceessibility Benefits within TransPortation Networks：Basic Theory an Computational Procedures [J] . Geographic Analysis，1999，31（1）：1-26.

[23] Hills，TL，Lundgren J. The impact of tourism in the Caribbean，A methodological study [J] . Annals of Travel Research，1977，4（5）：248-267.

[24] Jane D，Sarah D. Principles for sustainable governance of the coastal zone：in the context of Jane M. Jacobs，Edge of Empire：Postcoloniali-sm and City [M] . London：Routledge，1996.

[25] Judd D R. Promoting Tourism in US Cities [J]. Tourism Management，1995，16（1）：175-187.

[26] Kang S. ，Perdue R..Long-term lmpact of a Mega-event on International Tourism to the Host Country：aConceptualModelandtheCaseofthe1988Seoul Olympics [J] .

TheJournalof International Consumer Marketing，1994，（3）.

[27] Kaplan，M. LeisureinAmerica：A Social Inquiry [M]. Newyork：Johnwilye&Sons，1960.

[28] Keith G. Debbage. Spatial Behavior in a Bahamian Resort [J]. Annals of Tourism Research，1991，18（2）：251–268.

[29] Keogh B. The Measurement of Spatial Variations in Tourist Activity [J]. Annals of Tourism Research，1984，11（2）：267–282.

[30] Kinley TR，Josiam BM，Kim Y，K.Why and Where Tourists shop：Motivations of Tourists? Shoppers and their preferred shopping center attributes [J]. Joumal of Shopping Center Research，2002，9（2）：7–28.

[31] Leiper N. Tourist attraetion researeh [J]. Annals of Tourism Research，1990，17（2）：367–384.

[32] LeiPer Neil. The framework of tourism：towards a definition of tourism，tourist and the tourist industry [J]. Annals of Tourism Researeh，1979，6（1）：390–407.

[33] Little，C.E.Green ways of America [M]. Baltimore，M. D：Johns Hop kings University，1990.

[34] Lowndes V，Skelcher C. The Dynamics of Multi–organizational Partnerships：an Analysis of Changing Modes of Governance [J]. Public Administration，1998，76（2）.

[35] Lue C，J Crompton，D Fesenmaier.Conceptualization of multidestination pleasure trip [J]. Annals of Tourism Research，1993，20（2）：289–301.

[36] Martin Oppermann.Convention Participation Decision–making Process [J]. Annals of Tourism Researeh，1997，24（1）：178–191.

[37] Martin，P.and Ottaviano，G.1.P.Growth and Agglomera–tion [J]. Intemational Economic Review，2001，42（4）：947–968.

[38] Miossec JM. Elements pour une Theorie de l' Escape Touristique [M]. Les Cahiers Du Tourisme，Chet，Aix–en–Provence，1976.

[39] Mitchell L.S.Recreational Geography：Inventory and Prospcet [J]. Pros. Geogro，1985，37（1）：6–15.

[40] Murphy，P. E. and Rosenblood，L. Tourism：an exercise in spatial search [J]. The Canadian Geogragher，1974，18：201–210.

[41] Newman. Changing Patterns of Regional Governance in the EU [J]. Urban Studies，2000，37（5–6）：895–909.

[42] Oxford University Press. Our Global Neighborhood: The Report of the Commission on Global Governance [J]. George Washington Journal of International Law & Economics, 1995 (3): 754-756.
[43] Paul Knox, Steven Pinch.Urban Social Geog-raphy: An Introduction [M]. Edinburgh: Pear-son Educational Limited. 2000 (Fourth Edition).
[44] Pearce D GTourism development in paris: Public intervention [J]. Annals of Tourism Research, 1999 (1): 77-97.
[45] Pearce, D.G.Tourism Today: A Geographical Analysis [M]. Longman Group Ltd. UK, 1987.
[46] PJ.Taylor, DRF.Walker, et al.Diversity and power in the world city network [J]. Cities, 2002, 19 (4): 231-241.
[47] Robert P, Sykes H.Urban regeneration: A handbook [M]. London: Sage Publications, 2000.
[48] Stephen L.J.Smith 著，吴必虎等译，保继刚 . 校 . 旅游地理学：理论与方法 [M]. 北京：高等教育出版社，1992.
[49] 保继刚，楚义芳 . 旅游地理学 [M]. 北京：高等教育出版社，1999：1.
[50] 毕丽芳，马耀峰，高楠 . 国内旅游空间结构研究进展 [J]. 资源开发与市场，2012，28 (3)：270.
[51] 卞绍斌 . 现代性视域中马克思的“社会”概念 [D]. 吉林大学博士论文，2008.
[52] 曹灿明 . 中国休假制度变迁研究 [J]. 苏州大学学报（哲学社会科学版），2009，30 (6)：33-36.
[53] 曾坤生 . 佩鲁 . 增长极理论及其发展研究 [J]. 广西社会科学，1994 (2)：16-20.
[54] 常乃军，乔玉成 . 社会转型视域下城市休闲体育生活空间的重构 [J]. 体育科学，2011，31 (12)：14-20+72.
[55] 陈道山 . 旅游的概念研究：回顾与展望 [J]. 许昌学院学报，2010，29 (4)：42-46.
[56] 陈福军 . 城市治理研究 [D]. 东北财经大学，2003.
[57] 陈萍萍 . 上海城市功能提升与城市更新 [D]. 华东师范大学，2006.
[58] 陈胜兰 . 长沙市城市公园休闲文化及其空间载体研究 [D]. 中南林业科技大学，2013.
[59] 陈渝 . 城市游憩空间的发展历程及类型 [J]. 中国园林，2013，29 (2)：69-72.
[60] 陈玉英 . 城市休闲功能扩展与提升研究 [D]. 河南大学，2009.
[61] 陈正伟 . 居民休闲方式统计分析 [J]. 改革，2002 (5)：111-117.

[62] 程必定 . 区域和区域经济学的研究对象 [J] . 安徽财贸学院学报，1989 (3)：62-66.
[63] 戴道平 . 工业旅游：增强企业活力的一种有益尝试 [J] . 改革与战略，2002 (10)：26-28.
[64] 德・哈贝马斯，公共领域，汪晖译，汪晖，陈燕谷主编 . 文化与公共性 [M] . 北京：生活・读书・新知三联书店，2005：125.
[65] 邓名奋 . 论公民与政府委托 - 代理关系的构建 [J] . 国家行政学院学报，2007 (5)：39-42.
[66] 涤湘 . 城市更新背景下的文化旅游发展研究——以广州为例 [J] . 城市观察，2014 (1)：82-89.
[67] 翟斌庆，伍美琴 . 城市更新理念与中国城市现实 [J] . 城市规划学刊，2009 (2)：75-82.
[68] 董玛力，陈田，王艳丽 . 西方城市更新发展历程和政策演变 [J] . 人文地理，2009 (5)：42-46.
[69] 杜浩，陆亨伯，车雯，郝思增 . 论我国体育场馆公共服务的概念、机理及类型 [J] . 浙江体育科学，2014 (5)：33.
[70] 杜立柱 . 关于公共空间的思索 [J] . 国外城市规划，2002 (3)：42.
[71] 方可 . 西方城市更新的发展历程及其启示 [J] . 城市规划汇刊，1998：59-61.
[72] 冯维波 . 城市游憩空间分析与整合研究 [D] . 重庆大学博士学位论文，2007.
[73] 冯奕东 . 旅游业市场化与政府行为 [J] . 广西经贸，2002 (3)：41-43.
[74] 付达院 . 基于休闲经济发展的城市休闲空间体系及其拓展 [J] . 城市观察，2014 (1)：53-60.
[75] 高燕妮，周山 . 论政府经济行为中的委托 - 代理关系 [J] . 特区经济，2007 (9)：256-257.
[76] 高燕妮 . 试论中央与地方政府间的委托 - 代理关系 [J] . 改革与战略，2009 (1)：29-30.
[77] 葛荃，社会性与公共性析论——兼论中国社会三层次说及其方法论意义 [J]，学习与探索，2013 (10)：45.
[78] 谷艳艳 . 城市旅游公共服务体系构建与质量评价 [D] . 上海师范大学，2011.
[79] 顾朝林，沈建法，姚鑫等编著 . 城市管治——概念・理论・方法・实践 [C] . 南京：东南大学 .
[80] 顾朝林，张敏 . 长江三角洲城市连绵区发展战略研究 [J] . 现代城市研究，2000 (1)：7-11+62.

[81] 顾朝林 . 发展中国家城市管治研究及其对我国的启发［J］. 城市规划，2001（9）：13-20.

[82] 管其平 . 我国城市空间生产的实践逻辑及其空间张力［J］. 太原理工大学学报（社会科学版），2021，39（5）：48-54+62.

[83] 郭晓勇 . 城市公共休闲空间刍议［D］. 四川大学，2006.

[84] 郭子健 . 新时代城镇化背景下休闲空间变迁研究［J］. 西部学刊，2019（2）：125-128.

[85] 国家旅游局政策法规司曾博伟 . 旅游资源一体化及其实现形式［N］. 中国旅游报，2011（11）.

[86] 海杨，王金兰，刘明丽，张玉钧 . 节事庆典在旅游景区管理中的作用 - 以北京市八大处公园中国园林茶文化节为例［J］. 四川林勘设计，2007（9）：33.

[87] 韩凤 . 城市空间结构与交通组织的耦合发展模式研究［D］. 东北师范大学，2007.

[88] 何利松，倪伟俊 . 杭州市开发区和城市功能区管理体制创新的实证研究［J］. 中共杭州市委党校学报，2010（2）：4-8.

[89] 侯春蕾 . 长春城市广场空间结构及其适应性研究［D］. 东北师范大学，2013.

[90] 胡磊 . 城市休闲体育空间结构合理性及评价体系构建研究［J］. 重庆工商大学学报（社会科学版），2019，36（5）：54-58.

[91] 胡萍，卢姗 . 浅谈非政府组织在区域管治中的作用［J］. 经济前沿，2007（Z1）：31-34.

[92] 胡群英，郭湛 . 哲学视野下公共性的历史生成与转换［J］. 理论导刊，2010（8）：50-52.

[93] 胡群英 . 中国古代早期的公观念及公共性思想探微［J］. 社科纵横，2009（8）：114-116.

[94] 胡税根 . 公共管理学［M］. 北京：中国社会科学出版社，2014：46.

[95] 胡纹，尚革 . 创造建筑学、规划学、园林学交融的城市公共空间——兼议重庆 21 世纪城市公共空间规划设计［J］. 规划师，1999（1）：28-32.

[96] 黄光宇，张继刚 . 我国城市管治研究与思考［J］. 城市规划，2000（9）：13-18.

[97] 黄羊山 . 游憩初探［J］. 桂林旅游高等专科学校学报，2000（2）：10-12.

[98] 黄鹰，安然 . 城市治理主体的职责定位［J］. 开放导报，2015（3）：13-15.

[99] 黄震方，吴江，侯国林 . 关于旅游城市化问题的初步探讨［J］. 长江流域资源与环境 .2000，9（2）：160-165.

[100] 贾康，白景明 . 县乡财政解困与财政体制创新［J］. 经济研究，2002（2）：3-9.

[101] 贾铁飞，张振国 . 上海都市旅游发展的若干问题［J］. 旅游科学，2004（4）：

39-43.

[102] 贾英健 . 公共性的出场与马克思哲学创新的当代视域［J］，湖南社会科学 2008（4）：6.

[103] 建国 . 城市设计［M］. 南京：东南大学出版社，1999：112-115.

[104] 姜虹 . 体育场馆休闲产业化渐成趋势［N］. 中华工商时报，2008-12-22（009）.

[105] 姜慧琳，分析国际青年旅舍在中国的发展现状与前景［J］. 旅游管理研究，2015（1）：69.

[106] 蒋满元 . 论公共旅游资源经营模式 – 对三种典型模式的剖析［J］. 中南林业科技大学学报（社会科学版），2008（1）：50-53.

[107] 杰弗瑞 · 戈比 . 你生命中的休闲［M］. 云南：云南人民出版社，2000，8（1）：4.

[108] 金银日 . 城市居民休闲体育行为的空间需求与供给研究［D］. 上海体育学院，2013.

[109] 巨扶东 . 都市旅游行为的心理学分析［J］. 华东师范大学学报（哲学社会科学版），1999 年都市旅游研究专辑：25-30.

[110] 柯毅纯 . 滨水休闲空间在城市住区的应用研究［J］. 城市建设理论研究：电子版，2013，000（31）：1-4.

[111] 寇敏，马波，郭为 . 基于委托 – 代理理论的公共旅游资源管理制度分析［J］. 旅游论坛，2009（4）：509-512.

[112] 匡林 . 集权还是分权：政府发展旅游业的两难境地［J］. 旅游学刊，2001（2）：23-26.

[113] 劳炯基 . 城市管理经济手段理论机制研究［J］. 城市问题，1998（6）：2-7.

[114] 雷霞 . 关于我国开发区管理体制的类型及其改革的思考［J］. 齐鲁学刊，2007（6）：154-157.

[115] 雷霞 . 我国开发区管理体制问题研究［D］. 山东大学，2009.

[116] 李德华主编 . 城市规划原理 · 第三版［M］. 北京：中国建筑工业出版社，2001：491.

[117] 李海瑞 . 都市旅游与上海模式——应上海“都市旅游国际研讨会”之邀而作［J］. 旅游学刊，1996（1）：20-23+78.

[118] 李明媚 . 从马斯洛需求层次理论看旅游服务品质的提高［J］. 中国外资，2011（20）：21-23.

[119] 李铭，方创琳，孙心亮 . 区域管治研究的国际进展与展望［J］. 地理科学进展，2007，26（4）：107-120.

[120] 李铭. 区域管治的理论探讨与实证研究[D]. 北京：中国科学院研究生院，2008.

[121] 李文俠，李煜. 现代城市旅游标志物的选择模式[J]. 社会科学家，2013(4)：90-92+102.

[122] 李小建，李庆春. 克鲁格曼的主要经济地理学观点分析[J]. 地理科学进展，1999(2)：3-8.

[123] 李小明. 中央与地方政府的关系问题研究——基于委托代理理论的分析[J]. 经济视角(中旬)，2011(7)：9.

[124] 梁志超. 广州市A区中小学校项目建设布点规划研究[D]. 华南理工大学，2013.

[125] 刘纯. 关于旅游行为及其动机的研究[J]. 心理科学，1999，18(22)：67-69.

[126] 刘庚. 房车营地融资建设的BOT模式研究[D]. 华东师范大学，2015.

[127] 刘恒飞. 城市RBD形态模式研究--以上海、武汉为例[J]. 商丘师范学院院报，2008，24(6)：103-105.

[128] 刘俊. 区域旅游目的地空间系统初探[J]. 桂林旅游高等专科学校学报，2003(1)：42-45.

[129] 刘俊杰. 人性化的城市公共空间设计方法研究[D]. 中南大学，2007.

[130] 刘亮. 我国体育公共服务的概念溯源与再认识[J]. 体育学刊，2011(18)：34.

[131] 刘斯乔. 转型期中国旅游行业协会发展研究[D]. 西南财经大学，2008.

[132] 刘涛，赵春霞. 杭州西湖风景区管理模式探究[J]. 杭州研究.2008(1)：131-139.

[133] 刘熙瑞. 服务型政府——经济全球化背景下中国政府改革的目标选择[J]. 中国行政管理，2002(7)：5-7.

[134] 刘懿. 服务范式转变：基于公共空间的图书馆休闲价值的实现[J]. 图书馆建设，2012(9)：6.

[135] 刘英杰. 城市公共空间与雕塑[J]. 内蒙古教育学院学报，2000(12)：94.

[136] 刘有贵，蒋年云. 委托代理理论述评[J]. 学术界，2006(1)：69-78.

[137] 刘再兴. 论我国生产力布局战略[J]. 开发研究，1987(5)：11-13.

[138] 刘志林，柴彦威. 深圳市民周末休闲活动的空间结构[J]. 经济地理，2001，21(7)：504-508.

[139] 龙飞. 我国旅游行业协会发展现状与改革对策[J]. 赤峰学院学报(自然科学版)，2013(15)：83-84.

[140] 龙菲. 西方的城市治理及其对我国的启示[J]. 城市问题，2004(2)：71-74.

［141］龙祖坤．长沙城市休闲空间分异及动力研究［J］．湖南财政经济学院学报，2015（1）：106-111.

［142］鲁宜苓，孙根年，刘焱．城市旅游要素供给及产能利用率——2005—2019 年广西 14 地市的统计分析［J］．四川旅游学院学报，2021（5）：76-81.

［143］罗建兰．城市购物中心休闲功能的研究［D］．硕士论文，2007.

［144］罗小龙，张京祥．管治理念与中国城市规划的公众参与［J］．城市规划汇刊，2001，132（2）：59-62.

［145］罗歇·苏．知道什么？休闲［M］．北京：商务印书馆，1996，8（1）：3.

［146］罗震东，张京祥，罗小龙．试论城市管治的模式及其在中国的应用［J］．人文地理，2002（3）：9-12.

［147］马聪玲．从世界主要城市公园看城市公共休闲空间的形成与演变［J］．城市，2015（3）：53-56.

［148］马海韵，华笑．当前我国公民有序参与城市治理的困境及消解［J］．江西财经大学学报，2016（2）：107-113.

［149］马惠娣．人类文化思想史中的休闲——历史·文化·哲学的视角［J］．自然辩证法研究，2003（1）：55-65.

［150］马惠娣．西方城市游憩空间规划与设计探析［J］．齐鲁学刊，2005（6）：149-155.

［151］马勇．李玺．旅游规划与开发［M］．北京：高等教育出版社 .2002：40-41.

［152］欧静竹．广州市城市更新“微改造”的共治理念［J］．智能城市，2018，4（11）：86-87.

［153］潘东燕．基于城市更新的旅游休闲公共空间演变研究［D］．上海师范大学，2016.

［154］钱智，李英杰．中央活动区：现代 CBD 的新形态［J］．科学发展，2011（4）：107-112.

［155］乔治·托可尔岑著，田里等译．休闲与游憩管理［M］．重庆：重庆大学出版社，2010：52-57.

［156］全球治理委员会．我们的全球伙伴关系［M］．美国：牛津大学出版社，1995.

［157］盛和太 .PPP/BOT 项目的资本结构选择研究［D］．清华大学，2013.

［158］司艳宇．休闲视角下旅游城市广场活动的功能定位及其发展策略 - 以开封城市广场舞为例［J］．开封大学学报，2015（3）：25.

［159］宋刚．复杂性科学视野下的城市管理三维结构［J］．城市发展研究 .2007，14（6）.

［160］宋家增．发展都市旅游之我见［J］．旅游学刊，1996（3）：23-2.

[161] 宋铁男 . 城市运动休闲空间建设研究［D］. 上海体育学院，2013.
[162] 宋云峰 . 我国旧城中心区复兴的城市设计策略研究［D］. 同济大学，2006.
[163] 孙天厌 . 关注休闲：经济学视角［J］. 自然辩证法研究，2003，19（6）：92-95.
[164] 孙振华，吴国清 . 上海都市旅游［M］. 上海：上海人民出版社，2002.
[165] 唐晶，辛璐，马新蕾 . 图书馆与博物馆公共休闲服务合作探索［J］. 图书与情报，2012（4）：49.
[166] 陶峰 . 多中心治理与城市公园管理研究［D］. 上海交通大学，2007.
[167] 陶伟，戴光全，吴霞 ."世界遗产地苏州"城市旅游空间结构研究［J］. 经济地理，2002（4）：487-491.
[168] 汪宇明 . 核心一边缘理论在区域旅游规划中的运用［J］. 经济地理，2002，22（3）：372-375.
[169] 王晶，李艳梅，廖昆，杨少辉 . 拉萨市国际青年旅舍发展现状及对策研究［J］. 城市旅游规划，2014（9）：157.
[170] 王澜明 . 社会主义市场经济体制下的政府职能定位［J］. 中国行政管理，2005（1）：11-14.
[171] 王美飞 . 上海市中心城旧工业地区演变与转型研究［D］. 华东师范大学，2010.
[172] 王浦劬 . 政治学基础［M］. 北京：北京大学出版社，2006：54.
[173] 王仁波，周丽中 . 上海市博物馆事业的历史、现状和发展趋势［J］. 中国博物馆，1997（4）：6-12.
[174] 王睿 . 迈向全球城市的上海旅游空间引导体系探索［C］// 中国城市规划学会，贵阳市人民政府 . 新常态：传承与变革——2015 中国城市规划年会论文集（10 风景环境规划）. 上海市城市规划设计研究院，2015：11.
[175] 王绍昕 . 公共管理视角下的城市公园治理［J］. 东方企业文化，2011（22）：242.
[176] 王守清，柯永建 . 特许经营项目融资（BOT、PFI 和 PPP）［M］. 北京：清华大学出版社，2008.
[177] 王晓华 . 推动国际旅游岛建设——对海南成立旅游发展管理委员会的思考［J］. 今日海南，2007（8）：31.
[178] 王晓云 . 浅论旅游都市与旅游城市的异同［J］. 华东师范大学学报（哲学社会科学版），1999 年都市旅游研究专辑：35-38.
[179] 王兴斌 . 基础旅游学［M］. 北京：中国旅游出版社，2004：66-84.
[180] 王兴斌 . 休闲与都市旅游［J］. 新东方，1996（1）：39-44.
[181] 翁钢民，李凌雁 . 区域旅游流网络结构与环境响应研究——以京津冀地区为例

［J］. 地理与地理信息科学，2015，31（1）：59-63.
［182］吴必虎，董莉娜，唐子颖 . 公共游憩空间分类与属性研究［J］. 中国园林，2003，（5）：49-51.
［183］吴必虎 . 泛旅游需要更完善的旅游公共服务体系支持［J］. 旅游学刊，2012，27（3）：3-4.
［184］吴必虎 . 区域旅游规划原理［M］. 北京：中国旅游出版社，2001：9.
［185］吴晨 .“城市复兴”理论辨析［J］：北京规划建设，2005（1）：140-143.
［186］吴光芸，李建华 . 论公共服务型政府的实现路径［J］. 云南行政学院学报，2007（4）：66-68.
［187］吴国清 . 都市旅游目的地空间结构演化的网络化机理［D］. 华东师范大学，2008.
［188］吴玉宗 . 服务型政府：概念、内涵与特点［J］. 西南民族大学学报（人文社科版），2004（2）：406-410.
［189］吴志强 . 百年现代城市规划中不变的精神和责任［J］. 城市规划，1999（1）：27-32.
［190］肖陆军 . 服务型政府概论［M］. 北京：对外经济贸易大学出版社，2007（6）：59-62.
［191］谢斌，孙宏臣，李博，等 . 服务型政府——职能结构体系及其构建［J］. 陕西行政学院学报，2011，25（2）：48-52.
［192］谢媛 . 当代西方国家城市治理研究［J］. 上海经济研究，2010（4）：82-89.
［193］辛静，新公共服务理论评析—兼论对中国服务型政府建设的启示［D］. 吉林大学，2008.
［194］邢逸玲 . 预测与解释东华大学学生从事跑步、唱 KTV、上网三种休闲行为——计划行为理论的应用［D］. 东华大学硕士论文（台湾），2004.
［195］徐波林 . 城市旅游空间载体类型及形成机理研究［D］. 安徽大学，2014.
［196］徐菊凤，潘悦然 . 旅游公共服务的理论认知与实践判断——兼与李爽商榷［J］. 旅游学刊，2014，29（1）：27-38.
［197］徐明宏 . 休闲城市［M］. 南京：东南大学出版社，2004，1（1）：34-40.
［198］徐顽强，王文彬 . 中华人民共和国成立七十周年来我国城市治理变迁、经验与未来走向［J］. 西南民族大学学报（人文社科版），2019，40（8）：1-7.
［199］徐晓绵，周玉，赵旭 . 公共管理与公共服务用地分类标准重构［J］. 安徽农业科学，2013，41（33）：13021-13022+13053.
［200］许广 . 我国博览建筑公共空间初探［J］. 科技信息（学术研究），2008（16）：

41.
［201］薛培芹．城市公共休闲空间的价值及其测评研究——以西安为例［D］．西安科技大学，2008.
［202］闫晋波．在我国城市更新中城市营销与建设策划的互动研究［D］．清华大学，2013.
［203］严平．浅析旧城更新中的居住区环境设计［J］．科学之友：下，2005（Z1）：2.
［204］阎欣，尹秋怡．基于触媒理论的渔人巷子活力重塑：以厦门沙坡尾城市更新为例［J］．江苏建设，2016（5）：70-74.
［205］杨保军．城市公共空间的失落与新生［J］．城市规划学刊，2006（6）：9-15.
［206］杨国良，朱红．成都市民消费结构与休闲活动关系研究［J］．四川师范大学学报（社会科学版），2003，30（5）：30-35.
［207］杨红伟．代理悖论与多元共治：传统公共资源管理的缺陷及矫正机制［J］．经济研究导刊，2014（32）：286-288.
［208］杨虎．城市更新项目居民满意度影响因素研究［D］．重庆大学．
［209］杨华凯．基于统筹协调发展目标完善上海城市更新机制［J］．科学发展，2018（10）：88-96.
［210］杨萍芳，曾祥添，城市旅游休闲街区业态研究［J］．三明学院学报，2015（6）：92.
［211］杨仁忠，任滢．马克思人的发展思想的公共性向度［J］．吉首大学学报（社会科学版），2011，32（3）：1-4.
［212］杨志中．形体规划的系统观［J］．城市规划，1987（4）：4-5.
［213］尹罡，甄峰，席广亮．信息技术影响下城市休闲空间生产机理及特征演变研究［J］．地理与地理信息科学，2014，30（6）：121-124.
［214］于千千，皱再进，甘开鹏编著，服务型政府管理概论［M］．北京：北京大学出版社，2012（2）：11-12.
［215］俞晟，何善波．城市游憩的社会学分析［J］．华东师范大学学报（自然科学版），2003（2）：54-61.
［216］俞晟．城市旅游与城市游憩学［M］．上海：华东师范大学出版社，2003（1）：68.
［217］袁祖社．公共性真实：当代马克思主义哲学范式转换的基点［J］．河北学刊，2008（4）：10.
［218］约翰·匹格拉姆，约翰·詹金斯著，高峻等译．户外游憩管理［M］．重庆：重庆大学出版社，2011：2-6.

[219] 张翀 . 马克思公共性思想的政治哲学意蕴及其当代价值［J］. 理论探讨，2010（6）：47-50.

[220] 张海龙 . 重庆都市景观房产开发研究［D］. 重庆师范大学，2005.

[221] 张浩 . 城市更新对上海城市旅游景观嬗变的影响研究［D］. 上海师范大学，2012.

[222] 张剑龙，任绍斌 . 基于公共管理的城市设计［J］. 规划师，2007，（11）：61-64.

[223] 张金艳 . 我国政府成本的经济学分析：基于委托 - 代理理论的视角［J］. 当代财经，2009（6）：41-45.

[224] 张京祥 . 城市与区域管治及其在中国的研究和应用［J］. 城市问题，2000b，（6）：40-44.

[225] 张京祥 . 由行政区划调整到都市区管治［J］. 规划师论坛，2002，9（18）：9-12.

[226] 张磊，栾贵勤 . 中国休闲经济的定位及发展对策［J］. 工业技术经济，2002（3）：38-39.

[227] 张立生 . 城市 RBD 研究进展与展望［J］. 安阳师范学院学报，2006：104-107.

[228] 张莉华 ."唯物史观视野中的公共性问题"理论研讨会综述［J］. 思想理论教育导刊，2009（9）：121-123.

[229] 张诗雨 . 发达国家城市治理的标准与模式——国外城市治理经验研究之一［J］. 中国发展观察，2015（2）：88-91.

[230] 张雅勤，国家治理现代化的价值导向：形式公共性"与"实质公共性"相统一，江苏行政学院学报，2015（2）：116.

[231] 章明，李应忻 . 中国大百科全书・城市规划园林建筑卷［M］. 北京：中国大百科全书出版社，1988.

[232] 赵强 . 重庆市民习俗文化与街巷休闲空间研究［D］. 重庆大学，2003.

[233] 赵书军 . 历史悠久的"旅"与"游"［N］. 中国旅游报，2013（5），15003.

[234] 赵万民 . 城市更新生长性理论认识与实践［J］. 西部人居环境学刊，2018，33（6）：1-11.

[235] 赵有声，徐扬 . 克里斯托弗・胡德公共管理思想评议：主题、贡献及启示［J］. 国外社会科学，2012（4）：120-127.

[236] 郑德高，马璇，葛春晖，张晋庆，张一凡，张振广 . 追求卓越的全球城市：上海城市发展目标和战略路径研究［J］. 城市规划学刊，2017（S1）：67-74.

[237] 郑默凡，何子张 . 城市文化的空间规划与表达——东关大街街区概念规划［J］. 南方建筑，2006（1）：23-25.

[238] 钟子杰 . 新公共管理下城市公园的综合治理［J］. 北京农业，2011（2）：152.

[239] 周常春，董武亮 . 近十年国内休闲与游憩研究综述［ J ］. 桂林旅游高等专科学校学报，2004（ 5 ）：5-10.
[240] 周雪晴 . 论休闲经济中的消费特点及其需求管理策略［ J ］. 广西教育学院学报，2001（ 4 ）：67-70.
[241] 周志山，冯波 . 马克思社会关系理论的公共性意蕴［ J ］. 马克思主义与现实，2011（ 4 ）：55-58.
[242] 朱莉蓉，胡安明 . 城市公共休闲空间分类与要求解读［ J ］. 大众标准化，2014（ 11 ）：8-11.
[243] 朱姝，贾莲莲 . 基于旅游"城市化"背景下的城市"旅游化"［ J ］. 经济地理 .2006，26（ 1 ）：151-155.
[244] 朱英 . 中国近代同业公会与当代行业协会 .［ M ］. 北京：中国人民大学出版社 .2004.12.
[245] 邹瑚莹，王路 . 博物馆建筑设计［ M ］. 北京：中国建筑工业出版社，2002.
[246] 邹霞 . 论博物馆文化的内涵与品质［ J ］. 湖北行政学院学报，2004（ 2 ）：89-91.

责任编辑：张　旭
责任印制：钱　宬
封面设计：中文天地

图书在版编目（CIP）数据

城市更新背景下城市旅游休闲公共空间的构建与管治研究 / 林章林著. -- 北京 : 中国旅游出版社, 2024. 9. -- ISBN 978-7-5032-7405-3

Ⅰ. F590.75

中国国家版本馆 CIP 数据核字第 2024JV5392 号

书　　名：城市更新背景下城市旅游休闲公共空间的构建与管治研究

作　　者：林章林　著
出版发行：中国旅游出版社
（北京静安东里 6 号　邮编：100028）
https://www.cttp.net.cn　E-mail:cttp@mct.gov.cn
营销中心电话：010-57377103，010-57377106
读者服务部电话：010-57377107
排　　版：北京旅教文化传播有限公司
经　　销：全国各地新华书店
印　　刷：三河市灵山芝兰印刷有限公司
版　　次：2024 年 9 月第 1 版　2024 年 9 月第 1 次印刷
开　　本：787 毫米 × 1092 毫米　1/16
印　　张：19.5
字　　数：368 千
定　　价：58.00 元
I S B N　978-7-5032-7405-3
